汽车CAE技术及工程实践

周廷美 莫易敏 等编著

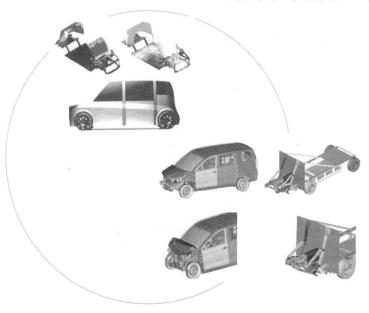

化学工业出版社

·北京·

本书系统地介绍了汽车 CAE 技术及相关的应用软件，着重介绍了 CAE 技术在汽车产品设计开发中的应用实例及最新的研究成果，力求全面反映国内外在 CAE 技术及其应用领域的最新进展。其主要内容包括 CAE 技术基础、汽车 CAE 的部分主流软件系统及其应用、基于 ADAMS 的微车后悬架螺栓受力分析、微型汽车发动机舱散热特性研究与改进设计、基于减少功率损失的微型汽车传动系统参数优化、基于碰撞安全的微车车身轻量化研究、面向正面碰撞的微型汽车前纵梁结构设计等。本书所收集的案例大多经过了试验验证，对汽车整车及零部件的设计具有一定的参考价值。

本书内容丰富、取材新颖、理论联系实际、实用性强，既可供高等学校机械工程专业和车辆工程专业的研究生及本科生的相关课程作为教材使用，也可供从事与车辆工程相关的科研、设计、质检等部门的技术人员、设计人员及管理人员参考。

图书在版编目 (CIP) 数据

汽车 CAE 技术及工程实践/周廷美，莫易敏等编著. —北京：化学工业出版社，2017.9
ISBN 978-7-122-30065-2

Ⅰ.①汽⋯　Ⅱ.①周⋯　②莫⋯　Ⅲ.①汽车-计算机辅助分析　Ⅳ.①U46-39

中国版本图书馆 CIP 数据核字 (2017) 第 154119 号

责任编辑：李玉晖　　　　　　　　　　　　文字编辑：云　雷
责任校对：边　涛　　　　　　　　　　　　装帧设计：韩　飞

出版发行：化学工业出版社（北京市东城区青年湖南街 13 号　邮政编码 100011）
印　　刷：三河市延风印装有限公司
装　　订：三河市宇新装订厂
787mm×1092mm　1/16　印张 17　字数 431 千字　2017 年 11 月北京第 1 版第 1 次印刷

购书咨询：010-64518888（传真：010-64519686）　　售后服务：010-64518899
网　　址：http://www.cip.com.cn
凡购买本书，如有缺损质量问题，本社销售中心负责调换。

定　　价：58.00 元　　　　　　　　　　　　　　　　　　　　版权所有　违者必究

前言

当今汽车工业已成为国民经济的支柱产业，其发展水平反映了国家工业技术的综合实力，而是否具有独立的产品设计开发能力则关系到民族汽车工业的生死存亡。作为先进设计技术的代表，CAE 技术已成为汽车企业产品设计开发的有效手段，其推广应用已受到国内汽车行业的高度重视，相关企业迫切需要熟练掌握 CAE 技术的高素质人才。为了适应培养高素质应用型工程技术人才的需要，编者结合多年来在汽车 CAE 技术的教学和科研中积累的经验，针对汽车设计开发的特点，有选择性地介绍了现代设计方法的常用技术及汽车 CAE 的部分主流软件系统及其应用。针对国内汽车企业对 CAE 技术日益增长的需求，以汽车产品设计开发流程为主线，实现 CAE 技术理论、理念与技能阐述的有机结合。以大量应用性的案例研究分析为主，以某微型车为研究对象，对其传动系统、主要结构件及关键零部件等采用 CAE 技术进行结构分析、流场分析及优化设计，并通过试验对比分析了 CAE 的仿真结果与试验结果之间的误差，以保证设计结果的可靠性。通过工程实例给出了解决问题的具体思路、应用技术和方法，反映了近几年 CAE 技术的最新研究成果。在编写本书的过程中，参考了国内外大量的资料，力求内容的完整、科学和新颖。

全书共分 8 章，第 1、4、5 章由周廷美、陈小希、王群撰写；第 2 章由张和平撰写；第 3 章由汤春球撰写；第 6~8 章由莫易敏、田蜜、王金涛、张杰撰写；全书由周廷美、莫易敏统稿。在书中还引用了其他一些作者的资料，在此一并致谢。

本书内容丰富、取材新颖、实用性强，既可供高等学校机械工程专业、车辆工程专业的本科生和研究生的相关课程作为教材使用，也可供从事车辆工程专业的科研、设计、质检等部门的技术人员、设计人员及管理人员参考。

由于编者水平有限，书中的疏漏之处在所难免，恳请读者批评指正。

编者
2017 年 7 月

目录

第1章 概述   1

1.1 CAE 技术的基本概念 …… 1
1.2 CAE 技术的国内外研究现状 …… 2
1.3 CAE 分析过程及模拟仿真步骤 …… 3
    1.3.1 有限元分析 …… 3
    1.3.2 优化设计的一般过程 …… 4
    1.3.3 基于虚拟样机技术的仿真步骤 …… 5
1.4 CAE 分析的研究及发展趋势 …… 6
    1.4.1 基于知识的 CAE 分析 …… 6
    1.4.2 协同 CAE 分析技术 …… 7
1.5 CAE 技术与汽车产品开发 …… 10
参考文献 …… 13

第2章 CAE 技术基础   14

2.1 有限单元法 …… 14
    2.1.1 有限单元法的基本思想及基本步骤 …… 14
    2.1.2 有限单元法在汽车工程领域的应用 …… 15
2.2 多体系统动力学 …… 17
    2.2.1 多体系统动力学建模理论 …… 17
    2.2.2 多体系统动力学的建模与求解 …… 19
    2.2.3 多体系统动力学在汽车工程领域的应用 …… 20
2.3 优化设计 …… 20
    2.3.1 优化设计建模 …… 20
    2.3.2 优化设计问题的基本解法 …… 22
    2.3.3 CAE 分析中的优化设计方法 …… 23
    2.3.4 CAE 优化设计过程 …… 24
    2.3.5 优化设计在汽车工程领域的应用 …… 26
2.4 工程数据库系统 …… 27
    2.4.1 工程数据库系统的概念及特点 …… 27
    2.4.2 数据模型 …… 28
    2.4.3 工程数据库的客户/服务器结构 …… 29
    2.4.4 工程数据库系统的构成方法 …… 31
2.5 人工智能 …… 32
    2.5.1 人工智能的定义 …… 32
    2.5.2 人工智能的应用领域 …… 33
参考文献 …… 36

第 3 章 汽车 CAE 的部分主流软件系统及其应用 37

 3.1 ADAMS 软件的功能及应用 …………………………………… 38
 3.2 ANSYS 软件的功能及应用 …………………………………… 39
  3.2.1 ANSYS 软件介绍 ……………………………………… 39
  3.2.2 ANSYS 软件的应用 …………………………………… 40
 3.3 NASTRAN 软件的功能及应用 ………………………………… 42
  3.3.1 NASTRAN 软件介绍 …………………………………… 42
  3.3.2 NASTRAN 软件的应用 ………………………………… 43
 3.4 SYSNOISE 软件的功能及应用 ………………………………… 45
  3.4.1 SYSNOISE 软件介绍 …………………………………… 45
  3.4.2 SYSNOISE 软件的应用 ………………………………… 46
 3.5 Matlab/Simulink 软件的功能及应用 …………………………… 47
  3.5.1 Matlab/Simulink 软件介绍 ……………………………… 47
  3.5.2 Matlab/Simulink 软件的应用 …………………………… 48
 3.6 RecurDyn 软件的功能及应用 ………………………………… 49
  3.6.1 RecurDyn 软件介绍 …………………………………… 49
  3.6.2 RecurDyn 软件的应用 ………………………………… 50
 3.7 ABAQUS 软件的功能及应用 ………………………………… 51
  3.7.1 ABAQUS 软件介绍 …………………………………… 51
  3.7.2 ABAQUS 软件的应用 ………………………………… 52
 3.8 LS-DYNA 软件的功能及应用 ………………………………… 54
  3.8.1 LS-DYNA 软件介绍 …………………………………… 54
  3.8.2 LS-DYNA 软件的应用 ………………………………… 55
 3.9 ADINA 软件的功能及应用 …………………………………… 57
  3.9.1 ADINA 软件介绍 ……………………………………… 57
  3.9.2 ADINA 软件的应用 …………………………………… 58
 3.10 ALGOR 软件的功能及应用 ………………………………… 60
  3.10.1 ALGOR 软件介绍 …………………………………… 60
  3.10.2 ALGOR 软件的应用 ………………………………… 61
 3.11 HyperWorks 软件的功能及应用 …………………………… 63
  3.11.1 HyperWorks 软件介绍 ……………………………… 63
  3.11.2 HyperWorks 软件的应用 …………………………… 65
 3.12 MSC.Dytran 软件的功能及应用 …………………………… 69
  3.12.1 MSC.Dytran 软件介绍 ……………………………… 69
  3.12.2 MSC.Dytran 软件的应用 …………………………… 71
 3.13 MSC.Fatigue 软件的功能及应用 …………………………… 73
  3.13.1 MSC.Fatigue 软件介绍 ……………………………… 73
  3.13.2 MSC.Fatigue 软件的应用 …………………………… 75
 3.14 STAR-CD 软件的功能及应用 ……………………………… 76
  3.14.1 STAR-CD 软件介绍 ………………………………… 76
  3.14.2 STAR CD 软件的应用 ……………………………… 77
 3.15 Fluent 软件的功能及应用 …………………………………… 80
  3.15.1 Fluent 软件介绍 …………………………………… 80

3.15.2 Fluent 软件的应用 …………………………………………… 81
参考文献 ……………………………………………………………………… 85

第4章 基于 ADAMS 的微车后悬架螺栓受力分析　87

4.1 ADAMS 的分析流程 ……………………………………………………… 87
4.2 螺旋弹簧非独立悬架及模型参数确定 …………………………………… 89
　4.2.1 螺旋弹簧非独立悬架的基本结构 …………………………… 89
　4.2.2 模型参数定义 ………………………………………………… 90
4.3 后悬架模型的建立 ………………………………………………………… 90
　4.3.1 导向机构 ……………………………………………………… 91
　4.3.2 弹性元件 ……………………………………………………… 92
　4.3.3 阻尼元件 ……………………………………………………… 93
　4.3.4 部件间的连接 ………………………………………………… 94
　4.3.5 定义通信器 …………………………………………………… 95
　4.3.6 后悬架子系统 ………………………………………………… 96
　4.3.7 轮胎与实验台架 ……………………………………………… 97
4.4 模型测试及仿真分析 ……………………………………………………… 98
　4.4.1 有限元分析 …………………………………………………… 98
　4.4.2 实验研究 ……………………………………………………… 98
　4.4.3 实验结果与仿真结果的对比分析 …………………………… 100
4.5 后悬架螺栓受力分析 ……………………………………………………… 101
　4.5.1 轮胎跳动对螺栓受力的影响 ………………………………… 101
　4.5.2 外加载荷对螺栓受力的影响 ………………………………… 102
参考文献 ……………………………………………………………………… 105

第5章 微型汽车发动机舱散热特性研究与改进设计　106

5.1 发动机舱散热数学模型 …………………………………………………… 106
　5.1.1 车身模型 ……………………………………………………… 106
　5.1.2 发动机舱数学模型 …………………………………………… 106
　5.1.3 模拟风洞的建立 ……………………………………………… 107
5.2 网格生成 …………………………………………………………………… 108
5.3 物理参数 …………………………………………………………………… 110
5.4 边界条件 …………………………………………………………………… 110
　5.4.1 计算工况 ……………………………………………………… 110
　5.4.2 外部边界条件 ………………………………………………… 111
　5.4.3 内部边界条件 ………………………………………………… 111
5.5 发动机舱内外流场特性分析 ……………………………………………… 113
　5.5.1 外流场特性分析 ……………………………………………… 113
　5.5.2 内流场特性分析 ……………………………………………… 116
5.6 发动机舱散热特性分析 …………………………………………………… 119
5.7 发动机舱进风口设计分析 ………………………………………………… 121
5.8 发动机舱温度场分析 ……………………………………………………… 122

  5.9 基于前端进气设计参数优化 ·· 123
    5.9.1 前端进风口参数对冷却风气流的影响 ······················· 123
    5.9.2 上下进气格栅进风量比例的改进 ······························ 124
    5.9.3 上下进气格栅进风角度的改进 ·································· 125
    5.9.4 上下进气格栅之间结构的改进 ·································· 127
    5.9.5 散热器两侧加装导流板 ··· 128
  5.10 冷却系统布置设计优化 ··· 130
    5.10.1 冷却系统布置方式改进 ·· 130
    5.10.2 散热器与风扇距离的改进 ····································· 131
  5.11 发动机舱散热改进设计效果分析 ································ 133
  5.12 发动机舱散热改进设计实验验证 ································ 134
    5.12.1 实验系统组成 ·· 134
    5.12.2 改进前后冷却系统散热性能对比分析 ···················· 137
    5.12.3 改进前后发动机舱空间温度对比分析 ···················· 141
    5.12.4 改进前后冷却风风速对比分析 ······························ 143
  参考文献 ··· 145

第6章 基于减少功率损失的微型汽车传动系统参数优化   147

  6.1 微型汽车传动系统功率损失模型 ··································· 147
    6.1.1 离合器功率损失模型 ··· 147
    6.1.2 搅油功率损失模型 ·· 148
    6.1.3 风阻功率损失模型 ·· 150
    6.1.4 圆柱齿轮功率损失模型 ··· 150
    6.1.5 圆锥齿轮功率损失模型 ··· 152
    6.1.6 轴承功率损失模型 ·· 155
    6.1.7 油封功率损失模型 ·· 156
  6.2 各部件功率损失仿真模型 ··· 157
    6.2.1 离合器功率损失仿真模型 ······································ 157
    6.2.2 变速器功率损失仿真模型 ······································ 157
    6.2.3 主减速器功率损失仿真模型 ··································· 157
    6.2.4 差速器功率损失仿真模型 ······································ 157
    6.2.5 半轴功率损失仿真模型 ··· 158
    6.2.6 传动系统功率损失仿真模型 ··································· 158
  6.3 微型汽车传动系统功率损失的试验研究 ························ 160
    6.3.1 微型汽车传动系统功率损失试验方案 ····················· 160
    6.3.2 微型汽车传动系统功率损失试验方案实施 ············· 164
  6.4 试验测试结果与仿真结果对比分析 ······························· 165
    6.4.1 变速箱功率损失试验测试与仿真结果对比分析 ······· 165
    6.4.2 主减速器功率损失试验测试与仿真结果对比分析 ···· 166
    6.4.3 传动系统功率损失试验测试与仿真结果对比分析 ···· 166
  6.5 基于减少功率损失的传动系统参数优化设计 ·················· 167
    6.5.1 传动系统参数对整车性能的影响 ···························· 168
    6.5.2 参数优化设计 ··· 169

  6.5.3 优化算法的选择 ·· 171
  6.5.4 优化仿真及结果分析 ·· 172
 参考文献 ·· 176

第7章 基于碰撞安全的微车车身轻量化研究 178

 7.1 微车车身结构与轻量化材料 ······································ 178
  7.1.1 微车车身结构 ·· 179
  7.1.2 微车车身轻量化材料选择 ·································· 180
 7.2 微车车身模型的创建及工况分析 ································ 189
  7.2.1 微车车身有限元模型的建立 ······························ 190
  7.2.2 微车车身弯曲刚度分析 ····································· 192
  7.2.3 微车车身扭转刚度分析 ····································· 195
  7.2.4 微车车身自由模态分析 ····································· 197
 7.3 微车车身结构件的轻量化设计 ···································· 200
  7.3.1 基于灵敏度分析的结构件筛选 ··························· 200
  7.3.2 微车车身动静态特性的灵敏度分析 ···················· 202
 7.4 微车车身模型的多目标优化 ······································ 206
  7.4.1 多目标试验设计 ·· 206
  7.4.2 建立近似数学模型 ·· 207
  7.4.3 多目标优化计算 ·· 209
 7.5 微车车身碰撞性能优化及验证 ···································· 213
  7.5.1 微车安全碰撞国家标准及工况分析 ···················· 213
  7.5.2 微车车身轻量化前后正面碰撞性能对比 ············· 215
  7.5.3 微车耐撞性结构优化及轻量化性能验证 ············· 216
 参考文献 ·· 222

第8章 面向正面碰撞的微型汽车前纵梁结构设计 224

 8.1 正面碰撞车身加速度波形目标分解 ····························· 225
  8.1.1 正面碰撞加速度的等效双台阶梯形波 ················ 225
  8.1.2 碰撞波形特征值对乘员损伤的影响分析 ············· 228
  8.1.3 前纵梁设计目标 ·· 233
 8.2 前纵梁结构设计方法及试验验证 ································ 235
  8.2.1 动态落锤试验 ·· 235
  8.2.2 轴向冲击载荷下帽形截面梁结构压溃特性分析 ···· 236
  8.2.3 前纵梁结构设计方法 ······································· 238
 8.3 正面碰撞工况下前纵梁多目标优化设计 ······················ 246
  8.3.1 近似模型方法 ·· 246
  8.3.2 空间收缩回归法 ·· 250
  8.3.3 正面碰撞台车模型 ·· 253
  8.3.4 前纵梁结构多目标优化设计 ······························ 256
 参考文献 ·· 262

第1章 概述

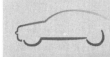

1.1 CAE技术的基本概念

计算机辅助工程（Computer Aided Engineering，CAE）从广义上说包括很多内容，从字面上讲，它可以包括工程和制造业信息化的所有方面。随着CAM及制造业信息化技术的飞速发展，CAE已作为独立的部分并在产品设计制造中得到了广泛应用，因此，目前已将CAE与CAD、CAM和PDM等并列提出。CAE主要指利用计算机及工程分析软件进行模拟仿真的过程，即以科学和工程问题为背景，建立计算机仿真模型并进行仿真分析，对工程和产品进行性能与安全可靠性分析，对其未来的工作状态和运行行为进行模拟，及早发现设计缺陷，加以改进，并证实未来工程、产品功能及性能的可行性和可靠性。制造工程协会（Society of Manufacturing Engineering，SME）将计算机辅助工程（CAE）作为计算机集成制造系统（Computer Integrated Manufacturing，CIM）的技术构成，给出了如下定义：对设计作分析和运行仿真，以确定它对设计规则的遵循程度和性能特征。

CAE分析技术是建立在计算数学、计算力学、工程学科、数字仿真技术、计算机图形学、工程数据管理等多个学科基础之上的涉及许多领域的多学科综合技术，并以成熟的CAE软件来实现对科学和工程问题的求解和分析。因此，CAE软件是一种综合多学科的知识密集型的信息产品，CAE软件可以分为两类：针对特定类型的工程或产品所开发的用于产品性能分析、预测和优化的软件，称之为专用CAE软件；可以对多种类型的工程和产品的物理、力学性能进行分析、模拟和预测、评价和优化，以实现产品技术创新的软件，称之为通用CAE软件。

CAE技术在汽车领域中的应用主要体现在以下3个方面：①运用有限元和模态分析等方法对汽车整车和零部件的结构进行强度计算、振动分析和热分析，并运用结构强度与寿命评估的理论、方法和规范，对结构的安全性、可靠性以及使用寿命做出评价与估计；②运用过程优化设计方法在满足设计、工艺等约束条件下，对汽车产品结构和参数、工艺参数进行优化设计，使产品结构性能及工艺过程达到最优；③运用多体动力学的理论和虚拟样机技术对汽车整机或相关机构进行运动学/动力学仿真，给出整机或机构的运动轨迹、速度、加速度以及动反力的数值，通过对比分析获得最优的设计方案，方便修改设计缺陷。

1.2 CAE 技术的国内外研究现状

CAE 的理论基础起源于 20 世纪 40 年代。1943 年，数学家 COURANT 第一次尝试定义在三角形区域上的分片连续函数的最小势能原理来求解圣维南（st. venant）扭转问题。1956 年，TURNER 和 CLOUGH 等采用矩阵法对飞机结构进行了受力和变形分析，应用当时的数字计算机第一次给出了用三角形单元求解复杂平面压力问题的方法。1964 年，BESSELING 等人证明了有限元是基于变分原理的里兹法的另一种形式，从而使里兹法分析的所有理论都适应于有限元法，确立了有限元法是处理连续介质问题的一种普遍方法。从此，有限元的应用从弹性力学的平面问题扩展到空间问题和板壳问题，由静力学平衡问题扩展到稳定问题、动力学问题和波动问题；分析对象的材料从弹性材料扩展到塑性、黏弹性、黏塑性和复合材料等；研究领域从固体力学扩展到流体力学、传热学、电磁学以及多场耦合等学科。

为加快 CAE 技术的应用和解决使用效率问题，在 CAE 支撑理论日益成熟的前提下，一些学者联合研究机构或公司相继成立了 CAE 软件研发公司，致力于 CAE 软件研制和开发工作。

国际上早在 20 世纪 50 年代末 60 年代初就投入了大量的人力和物力开发具有强大功能的有限元分析程序。20 世纪 60~70 年代，有限元技术主要针对结构分析进行研究，以解决航空航天技术中的结构强度、刚度以及模态实验和分析问题。世界上 CAE 的三大公司先后成立，致力于大型商用 CAE 软件的研究与开发。1963 年 MSC 公司成立，开发称之为 SADSAM（Structural Analysis by Digital Simulation of Analog Methods）结构分析软件。1965 年 MSC 参与美国国家航空及宇航局（NASA）发起的计算结构分析方法研究，其程序 SADSAM 更名为 MSC/Nastran。1967 年 Structural Dynamics Research Corporation（SDRC）公司成立，并于 1968 年发布世界上第一个动力学测试及模态分析软件包，1971 年推出商用有限元分析软件 Supertab（后并入 I-DEAS）。1970 年 Swanson Analysis System，Inc.（SASI）公司成立，后来重组后改为 ANSYS 公司，开发了 ANSYS 软件。

20 世纪 70~80 年代是 CAE 技术的蓬勃发展时期，这期间许多 CAE 软件公司相继成立。如致力于开发用于高级工程分析通用有限元程序的 MARC 公司；致力于机械系统仿真软件开发的 MDI 公司；针对大结构、流固耦合、热及噪声分析的 CSAR 公司；致力于结构、流体及流固耦合分析的 ADIND 公司等。在这个时期，有限元分析技术在结构分析和场分析领域获得了很大的成功。从力学模型开始拓展到各类物理场（如温度场、电磁场、声波场等）的分析，从线性分析向非线性分析（如材料为非线性、几何大变形导致的非线性、接触行为引起的边界条件非线性等）发展，从单一场的分析向几个场的耦合分析发展。出现了许多著名的分析软件如 Nastran、I-DEAS、ANSYS、ADIND、SAP 系列、DYNA3D、ABAQUS 等。软件的开发主要集中在计算精度、速度及硬件平台的匹配，使用者多数为专家且集中在航空、航天、军事等几个领域。从软件结构和技术来说，这些 CAE 软件基本上是用结构化软件设计方法，采用 FORTRAN 语言开发的结构化软件，其数据管理技术尚存在一定的缺陷，运行环境仅限于当时的大型计算机和高档工作站。

进入 20 世纪 90 年代以来，CAE 开发商为满足市场需求和适应计算机硬、软件技术的迅速发展，对软件的功能、性能，特别是用户界面和前后处理能力进行了大幅扩充，对软件的内部结构和部分模块,特别是数据管理和图形处理部分,进行了重大改造,使得 CAE 软件在功能、性能、可用性和可靠性以及对运行环境的适应性方面基本满足了用户的需要,它们可以在超级并行机、分布式微机群、大、中、小、微各类计算机和各种操作系统平台上运行。

目前在西方发达国家 CAE 技术已实现了实用化,将 CAE 与 CAD、CAM 等技术结合,使企业对现代市场产品的多样性、复杂性、可靠性和经济性等做出迅速反应,增加了企业的市场竞争力。在许多行业如汽车和飞机制造公司,CAE 分析已成为产品设计与制造流程中不可逾越的一种强制性的规范加以实施,其零部件设计都必须经过多方面的 CAE 仿真分析,否则不能通过设计审查。

21 世纪是信息和网络的时代,网络时代的到来对 CAE 技术的发展起到不可估量的促进作用。许多大的软件公司采用互联网、云计算等对用户进行 CAE 技术服务,使得某些技术难题,甚至是全面的 CAE 分析过程都可以得到专家的技术支持,这将进一步推广 CAE 技术的应用。

1.3 CAE 分析过程及模拟仿真步骤

CAE 技术在汽车领域中的应用主要体现在以下 3 个方面:①运用有限元方法对汽车整车和零部件的结构工作性能进行分析;②运用过程优化设计方法在满足设计、工艺等约束条件下,对汽车产品结构和参数、工艺参数进行优化设计,使产品结构性能及工艺过程达到最优;③运用虚拟样机技术对汽车整机的各种工况进行仿真,预测产品的整体性能等。

1.3.1 有限元分析

有限元法的基本思想是将连续结构离散成有限个单元,即用有限个单元表示复杂的工程结构,各单元之间通过节点连接,建立单元节点的力和位移之间的力学特性关系,得到一组以节点位移为未知量的代数方程组,从而求解节点的位移分量,由位移求出应变,由应变求出应力。有限元法对边界形状的描述具有良好的适应性,可以模拟复杂的边界情况,应用十分广泛。有限元法的基本求解步骤如图 1-1 所示。

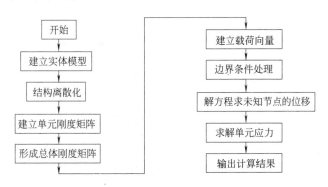

图 1-1 有限元法的基本求解步骤

应用 CAE 软件对工程或产品进行性能分析和模拟时,一般要经历以下 3 个过程:①前处理,分析结构的有限元网格划分与数据生成。运用 CAD 或 CAE 软件的建模功能对结构进行实体建模,进而建立有限元分析模型。其中包括对分析对象进行合理的简化,运用点、线、面和三维实体等几何元素构建分析对象的实体模型,有限元网格的自动化分,节点自动编号与节点参数自动生成,材料特征和载荷数据输入,公式化参数导入,有限元分析数据的生成与导出等。②有限元分析,针对上述的有限元模型进行单元分析,建立单元刚度矩阵,整体刚度矩阵的组装及整体平衡方程的建立,有限元方程的求解以及分析结果的生成等。③后处理,根据工程实际的需要对有限元分析的结果进行加工和处理,以使用户能以表格、图形、图像和动画等方式获得分析结果,如结构变形图、应力分布图和振型图等,辅助用户判定计算结果与设计方案的合理性。

1.3.2 优化设计的一般过程

目前对于汽车整车或零部件进行优化设计,还很难处理概念设计、整车和全性能的优化设计问题,一般只能在某个已确定设计方案的前提下,运用优化设计方法在满足设计、制造、使用的约束条件下,对产品的结构、工艺参数、结构形状参数进行优化设计,使产品结构性能、工艺过程达到最优。

优化设计的全过程一般可以概括为:

① 根据设计要求和目的定义优化设计问题;

② 将设计问题的物理模型、力学模型转化为优化设计的数学模型;

③ 选用合适的优化方法;

④ 确定必要的数据和设计初始点;

⑤ 编写包括数学模型和优化算法的计算机程序,求解获得最优结构参数;

⑥ 对优化结果数据和设计方案进行合理性和适用性分析。

优化设计工作的一般流程如图1-2所示。

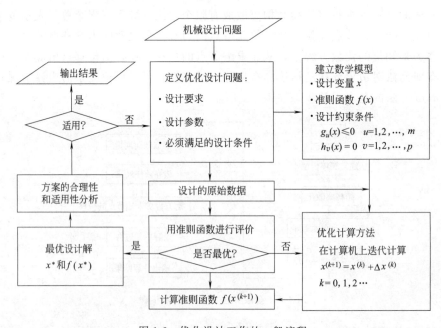

图1-2 优化设计工作的一般流程

1.3.3　基于虚拟样机技术的仿真步骤

虚拟样机技术（Virtual Prototyping Technology，VPT）又称为机械系统动态仿真技术，是国际上 20 世纪 80 年代随着计算机技术的发展而迅速发展起来的一项计算机辅助工程（CAE）技术，工程师在计算机上建立样机模型，对模型进行各种动态性能分析，然后改进样机设计方案，用数字化形式代替传统的实物样机试验。

美国国防部的定义为：虚拟样机技术是使用虚拟样机代替物理样机对设计方案进行测试和评估的过程。美国 UARK 大学虚拟样机实验室给出的定义为：虚拟样机技术是在一个人造的四维交互环境中对新的或修改过的想法、概念、产品、模式或过程所进行的设计、仿真和实验。

虚拟样机技术是一种基于虚拟样机的数字化设计方法，是各领域 CAx/DFx 技术的发展和延伸。虚拟样机技术进一步融合了先进建模/仿真技术，现代信息技术，先进设计制造技术和现代管理技术，将这些技术应用于复杂产品全生命周期和全过程的设计，并对它们进行综合管理，虚拟样机技术涉及的相关研究领域如图 1-3 所示。与传统产品设计技术相比，虚拟样机技术强调系统的观点，涉及产品全生命周期，支持对产品的全方位测试，分析与评估，强调不同领域的虚拟化协同设计。

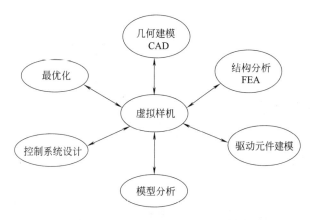

图 1-3　虚拟样机及相关研究领域

运用虚拟样机技术，可以减少产品开发费用和成本，明显提高产品质量，提高产品的系统性能，获得最优化和创新的产品设计。因此，该技术一出现，立即受到了工业发达国家、有关科研机构和大学、公司的极大重视，许多著名制造厂商纷纷将虚拟样机技术引入各自的产品开发中，取得了很好的经济效益。根据国际权威人士对机械工程领域产品性能试验和研究开发手段的统计和预测，传统的机械系统实物试验研究方法，将在很大程度上被迅速发展起来的计算机数字化仿真技术取代。

目前，国际上已经出现了基于虚拟样机技术的商业软件。在这些商品化虚拟样机软件中，ADAMS 是世界上最权威的且应用最广泛的集建模、求解、可视化于一体的虚拟样机软件。使用该软件创建虚拟样机的步骤如图 1-4 所示。

根据图 1-4 所示步骤可以完成一个复杂的机械系统的仿真分析，但在实际应用中应注意以下事项：①采用从简单分析逐步发展到复杂的机械系统分析的策略；②在进行较复杂的机械系统仿真时，可以将整个系统分解为若干个子系统，先对这些子系统进行仿真和试验，逐个排除建模仿真过程中隐含的问题，最后进行整个系统的仿真分析试验。

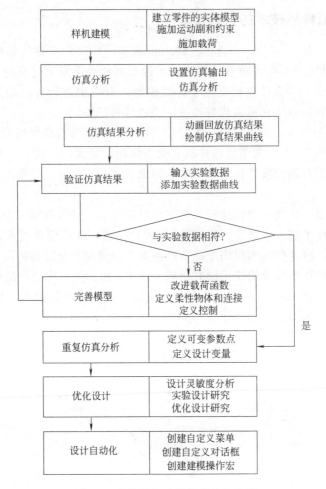

图 1-4　虚拟样机建模仿真基本步骤

1.4　CAE 分析的研究及发展趋势

1.4.1　基于知识的 CAE 分析

如前所述,目前市场上已有众多成熟的 CAE 分析软件,这些软件在汽车产品研发中对缩短设计周期、降低研制成本、提高产品质量等方面发挥着重要作用,已得到工程界的一致认可。但仅仅依靠成熟的商业软件并不能得出正确的分析结果。实际上,可靠的分析结果很大程度上取决于分析者的专业知识水平,与分析者在分析过程中对每个环节的处理都有关系,如根据物理模型建立实体模型,有限元模型包括单元选择、网格划分、载荷施加以及边界条件的确定等。为了获得准确的分析结果,不仅需要分析者对所分析产品的物理特性和工作环境有完整透彻的认识,而且还应具备一定的数学和力学基础,以及有限元分析和使用有限元软件的经验。因此,借助于专家知识,并进行正确的逻辑推理和决策是保证分析结果的正确性的最佳途径。基于知识的 CAE 分析建模总体流程如图 1-5 所示。

在基于知识的 CAE 分析过程中,首先要将复杂的物理结构按照相关规则经过规则化处理,并划分为若干子结构,针对每个子结构的几何特征、受载情况、材料特性及边界条件等

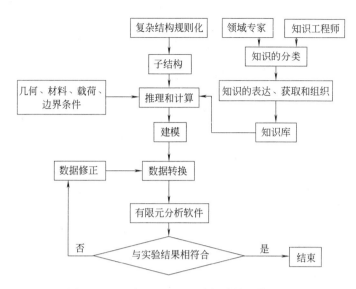

图 1-5 基于知识的 CAE 分析建模总体流程

信息,由推理机向知识库搜索必要的知识并进行推理,建立结构分析的有限元模型,并将该模型转化为所采用的结构分析软件所需的数据文件格式,通过程序计算后,如结果不满足用户要求或与试验数据不符合,则根据所得的信息借助于知识库经过推理与运算,进一步修改有限元模型,直到满足条件为止。

基于知识的 CAE 分析与传统 CAE 分析的区别在于:获取和提炼实用而有效的知识库(具备准确、详尽而精练的高质量知识库),其中知识的分类和表达方式尤为重要,是进行正确推理和运算的基础;知识推理的控制策略依据推理的方向不同分为正向推理、反向推理和混合推理。建立初始分析模型时主要采用正向推理,如果正向推理得不到有效的解再采用反向推理或交互方式寻求可能的解。对于模型修正一般采用反向推理;知识库的动态更新是当系统推理结束后,得到新的结论时,系统会将新结论存入知识库中,成为知识库中的新知识。专家和工程师可以根据情况随时更新(包括添加、删除和修改),不断完善知识库。

基于知识的 CAE 分析可借助于规范化的书本、文献和手册中的知识,也可借助于该领域专家坚实的理论基础和广博的专业知识,以及其丰富的实践经验,使分析的结果更准确。

1.4.2 协同 CAE 分析技术

随着计算机技术、网络技术以及云计算技术的飞速发展,协同设计已在各个领域得到应用。将 CAE 分析技术移植到协同环境中便可构成协同 CAE 系统。基于网络环境的面向产品结构设计的协同 CAE 系统是对传统 CAE 技术应用方式的一种创新,它主要包括 3 个方面的内容:①要求系统具有用 CAE 技术对产品结构性能进行分析与优化的能力,并保证在分析和计算结果评价的过程中具有一定的智能性;②利用网络、过程管理和数据库管理等技术实现 CAE 过程的规划、组织与管理,实现数据信息的传递与共享,实现 CAE 的协同,充分保证 CAE 协同过程的可靠和可行;③系统应具备足够的计算资源来保证系统的计算性能,同时具有对计算资源的管理与调度功能。在这三方面有机结合的情况下,形成完整的协同 CAE 系统。该系统的体系结构如图 1-6 所示。

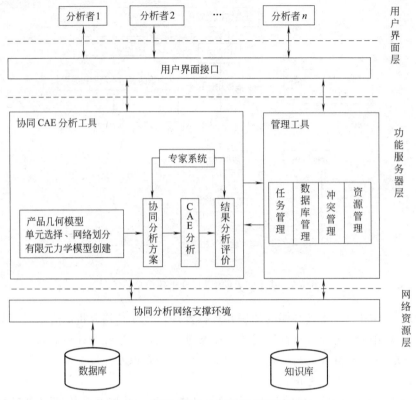

图 1-6　协同 CAE 分析系统的体系结构

协同 CAE 系统包括用户界面层、功能服务器层和网络资源层。用户界面层通过已有的网络技术，利用 *.asp 或 *.html 等 Web 页面，向远程服务器提交参数并输入相关数据，并由服务器进行后续处理工作。同样，分析者也可通过 Web 页面获取所需信息，以及对计算结果的在线浏览，实现数据共享和信息交换；功能服务器层包括协同 CAE 分析工具以及过程管理工具等。其中协同 CAE 分析工具提供协同分析优化功能。系统采用 TCP/IP 通信协议，以及运用 Win Sockets 通信方式，启动和运行远程服务器 CAE 的进程，从而实现异地用户通过 Internet 进行协同分析，实现 CAE 分析流程的协同。而管理工具的功能包括任务管理、数据库管理、冲突管理和资源管理等方面。网络资源层主要提供数据信息等资源，包括协同分析过程中所涉及的一切数据、知识和信息等，通过数据库引擎或相应的数据库驱动程序实现系统各模块间的连接。

根据汽车整车及零部件结构设计的协同 CAE 系统的特点和要求，系统功能可划分为协同 CAE 分析模块、协同服务与管理模块以及网络系统构建与网络节点资源管理三大模块，如图 1-7 所示。

汽车整车及零部件结构分析工具模块的主要功能是快速完成汽车零部件结构的 CAE 分析与优化，包括零部件的几何模型和有限元力学模型的创建以及分析与优化方案的确定。在 CAE 分析的前处理和后处理过程中，通过建立专家系统使分析过程具有一定的智能性来提高分析的效率和分析结果的可靠性。在计算结束后对计算结果进行分析与评价，为 CAD 设计提供可靠的参考；任务管理模块的主要功能是对分析任务进行组织和调度，包括对任务的分解和发布；数据管理模块的主要功能是管理协同过程和分析过程中的各种信息，包括数据库、文件、图形等多种数据格式的信息；冲突管理的主要功能是管理协同 CAE 分析过程中

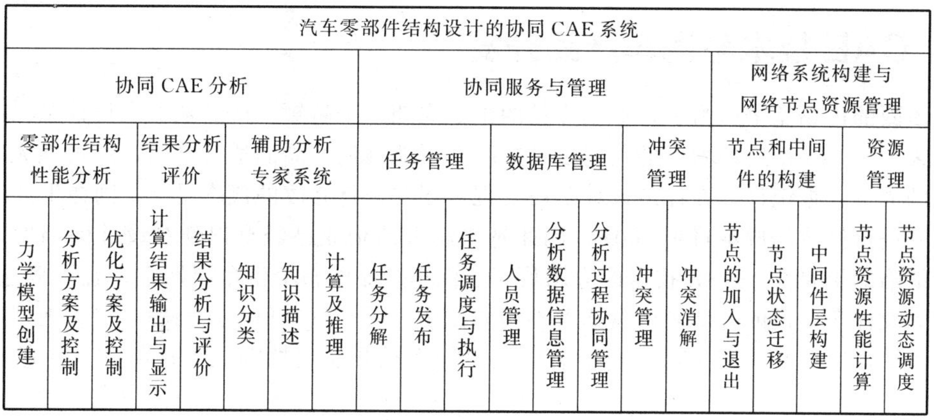

汽车零部件结构设计的协同CAE系统
协同CAE分析
协同服务与管理
网络系统构建与网络节点资源管理
零部件结构性能分析
结果分析评价
辅助分析专家系统
任务管理
数据库管理
冲突管理
节点和中间件的构建
资源管理
力学模型创建
分析方案及控制
优化方案及控制
计算结果输出与显示
结果分析与评价
知识分类
知识描述
计算及推理
任务分解
任务发布
任务调度与执行
人员管理
分析数据信息管理
分析过程协同管理
冲突管理
冲突消解
节点的加入与退出
节点状态迁移
中间件层构建
节点资源性能计算
节点资源动态调度

图 1-7　汽车零部件结构设计的协同 CAE 系统功能模块图

产生的冲突，包括对冲突的分类和对冲突的消解，保证系统工作过程的顺畅以及分析结果的可靠性；资源管理模块的主要功能是对网络节点资源的管理，包括网络节点资源的动静态性能计算以及节点资源的动态调度，使整个系统具有较强的计算能力的同时也能保证网络系统中节点资源不会出现资源不足或资源浪费的现象。

根据上述系统框架和系统功能，基于网络环境下的协同 CAE 系统的协同原理、数据信息的集成与实现方法，构建的协同 CAE 系统的技术方案，如图 1-8 所示。

分级规划法
定时轮询进程
面向对象方法
SQL Server
分解协调规划
法模糊评判法
任务管理
任务分解
任务规划
任务调度
数据库管理
数据组织
数据定义
数据操作
冲突管理
冲突产生
冲突类型
冲突消解
协同CAE系统
Web技术
ASP技术
分布式计算技术
产品建模
协同策略
分析实现
CAE分析工具
参数化建模
IGES格式转换
前序任务模型
多任务协调
前处理过程协同
CAD/CAE协同
ANSYS二次开发技术
Socket通信技术
VC++多线程技术

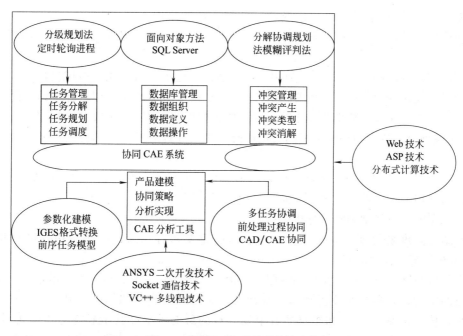

图 1-8　协同 CAE 系统的技术方案

根据对协同 CAE 体系结构和技术方案的分析可知，实现面向产品结构设计的协同 CAE 系统的关键任务是：一方面需要对协同 CAE 系统进行基础性研究，以提供针对产品结构的协同 CAE 分析功能开发的基础理论和实现方法，即协同分析方案的规划；另一方面是需要对协同 CAE 系统平台的创建提供管理服务模块进行研究，使得系统的分析优化功能在管理服务模块的支持下更好地应用。

1.5 CAE技术与汽车产品开发

在激烈的市场竞争压力下,汽车产品的生命周期越来越短,产品从概念设计到出成品的时间越来越短,设计后期发现的任何设计缺陷都可能推迟产品的适时推出,并可能大幅度提高产品的成本,据统计,在详细设计阶段发现错误并进行修改的成本是x,则在生产阶段发现错误并进行修改的成本将是$100x$,因此越来越多的企业已经意识到在设计前期发现并修改设计缺陷的重要性。CAE技术的应用贯穿于汽车产品的整个生命周期中,且在概念设计、详细设计及样车验证的各个阶段发挥着不同的作用,可有效避免上述问题,极大地缩短产品的研制周期,减少开发费用,有利于通过优化等手段开发出性能更为优越的汽车整车和零部件。

① CAE在概念设计阶段的作用。概念设计阶段要确定整个汽车产品的目标定位,确定整车、各系统的性能参数,制定各大总成设计任务书,规定设计控制数据,完成可行性报告。概念设计是汽车设计中最重要的阶段,许多整车参数都在该阶段确定,这些参数决定了整车结构尺寸的详细设计。由于汽车整个系统的复杂性,单单靠设计者的经验无法准确给出这些数据。在概念设计阶段,可以借助CAE技术以及大量经验和试验数据的整车数字化仿真体系模拟整车在不同路况下的实际响应,为各零部件的精确CAE分析提供载荷条件,从而进行复杂的非线性动力学分析、关键零部件疲劳寿命分析、整车舒适性分析、噪声和振动分析等。

② CAE技术在详细设计阶段的应用。详细设计阶段的CAE技术具有多方面的应用,它能保证设计满足强度、刚度、疲劳寿命、振动噪声要求和设计质量控制目标,达到优化设计的目的。

③ CAE技术在样车验证阶段的应用。在产品定型之前,可采用虚拟样机技术验证整车性能是否到达设计目标,进而修订整改方案。CAE技术与样车验证相结合有助于降低样车制造和试验成本,并大量减少整改次数。样车验证同时也是对CAE模型的标定,通过标定后的CAE模型可寻找影响特定性能的关键敏感因素,并针对具体问题提出切实有效的解决方案。

CAE技术在汽车产品开发的各个阶段(概念设计阶段、详细设计阶段、样车验证阶段)都有广泛的应用,这里就几个主要方面的应用加以介绍。

(1) 汽车的结构强度和刚度分析

汽车结构强度是保证汽车安全性、可靠性的重要指标,因此汽车结构强度分析也是CAE技术在汽车工程中应用最广泛的方面。

汽车结构强度分析一般都是应用有限元法对汽车的结构进行数值计算。由于汽车是一个非常复杂的结构,大多数的分析计算都是针对汽车的某些重要部件或总成(例如车架、车身、悬架、传动系等)。车架和车身的有限元分析的目的是提高其承载能力和抗变形能力,减轻其自身重量并节省材料。从而改善整车的动力学和经济性等性能。传动零部件的有限元分析可优化零部件结构,提高零部件的承载能力和使用寿命。

进行分析的主要内容包括静力分析、特征值分析以及瞬态动力分析。

通过静力分析可得到结构的应力、位移分布情况,通过这些分布情况可以判断结构在工作载荷作用下是否安全、可靠,结构的哪些部位会产生应力集中哪些部位强度不够,以便对结构进行改进设计。

通过特征值分析可以求得结构的固有频率以及相应的振型。根据固有频率和振型,可以帮助设计人员分析、查找引起结构振动的原因，进而通过改进结构避免发生共振。

通过瞬态动力分析可以计算汽车结构在动载荷作用下的应力、位移等物理量的响应情况。例如汽车在以一定速度通过颠簸不平的道路时的应力、位移；汽车在受到冲击载荷作用时的应力、位移以及这些量随时间和载荷变化的情况。

(2) 车身覆盖件成形过程的计算机仿真

车身覆盖件尺寸较大，形状复杂，多为空间自由曲面，其成形过程涉及几何非线性、材料非线性和复杂的接触与摩擦等问题。在传统的冲压生产过程中，无论是覆盖件模具的设计、制造，还是坯料形状和尺寸的确定，冲压工序、工艺参数的规划，都要设计制造原型，经过多次试生产和多次调试修正才能确定，这是一个试错逼近的过程，造成人力、物力和财力的大量消耗，生产成本高，周期长。

车身覆盖件成形过程的计算机仿真主要包括以下内容：

① 采用弹塑性有限元分析方法和动力显式格式进行大型覆盖件冲压成形过程的计算机仿真。

② 分析板坯形状、材料性能、制件形状等因素对回弹的影响和回弹的修正对模具设计的影响。

③ 采用动力显式有限元方法及预加载方式，考虑工序间的几何、变形、应力状态的相关性与继承性，进行大型覆盖件冲压过程的完整工序仿真。

④ 考虑回弹对覆盖件成形工艺进行工艺参数优化设计。以回弹结束后的冲压覆盖件形状与理想形状的误差为目标函数，以防止成形缺陷（如起皱、破裂）和特定工艺条件的限制为约束条件，对坯料尺寸、工艺参数、模具形状、毛坯初始形状、拉延筋几何数及布局、压边力大小等进行优化设计，以获得最优的工艺参数组合。

(3) 汽车碰撞安全性分析

安全、环保和节能是汽车面临的三大问题，如何提高车身的抗碰撞能力是汽车被动安全性中需要解决的问题之一。由于汽车的碰撞安全性问题是一个人命关天的问题，即使是无人驾驶的汽车碰撞试验也是破坏性试验，试验成本昂贵、代价很大。因此在汽车碰撞安全性方面采用 CAE 技术进行计算机仿真，无疑是了解汽车在碰撞过程中的特性，提高汽车的碰撞性能、提高成员的安全性的重要措施。汽车碰撞的计算机模拟研究一般包括以下三方面内容：①用有限元方法研究汽车碰撞过程中车身、车架变形及动态响应，寻求改善车身结构抗撞性的方法；②研究人体在多种碰撞条件下的响应及人体在不同形式的碰撞中的伤害机理和各部位的伤害极限；③多体动力学计算。通过汽车碰撞安全性分析，可以进行乘员约束系统的计算机模拟（包括安全气囊的计算机模拟、安全带的计算机模拟、被动安全约束系统优化）；碰撞受害者的计算机模拟；碰撞事故再现的计算机模拟等。

(4) 整车系统性能仿真

由于汽车是由轮胎、悬架、车架、车身等部件、总成组成的复杂系统，且其工作环境为承载一定的载荷，以一定的速度、加速度在各种道路上进行直线或曲线运动的动力学状态，因此要全面、准确地进行汽车整车性能的计算机仿真是非常困难的。

在整车动力学仿真中，国内常见的软件有 MSC/ADAMS，其被广泛用来进行汽车操纵稳定性、汽车行驶平顺性的动态仿真。ADAMS 中的 TIRE 模块提供若干种轮胎模型供分析时选用，以准确地建立轮胎的动力学模型。ADAMS 中的 CAR 模块专为汽车动力学仿真而设计，使用十分方便。近年来美国工程技术合作公司（ETA 公司）长期总结汽车分析工程经验，在 ANSYS/LS-DYAN 软件平台上二次开发推出的虚拟试验场技术（Virtual Proving Ground，VPG）是汽车 CAE 技术领域中的一个新发展，是一个对整车系统性能全面仿真实用软件的代表，是 ETA、LSTC 和 ANSYS 三家公司合作推出的专门应用于汽车工程的软件。VPG 以整车系统为分析对象，考虑系统各类非线性，以标准路面和车速为负荷，对整车系统同时进行结构疲劳、全频率振动噪声分析、数据处理和碰撞历程仿真。VPG 有完善和不断扩大的数据库，向用户提供全面的悬挂系统模型、轮胎模型、标准的道路条件和碰撞条件等，这使得分析模型更加方便，分析条件更加标准化。VPG 主要被应用于当前汽车产品开发中的重点问题，即整车系统疲劳、整车系统动力学、NVH 和整车碰撞安全及乘员保护等热门问题。使用 VPG 技术能够得到产品开发期的仿真样车在标准道路上实验的大部分结果，得到样车道路实验结果的"整车性能预测"效果，从而节省研制费用，减少投资风险，缩短产品开发时间，在开发时间和开发成本方面取得极大的效益。

（5）汽车结构优化设计

汽车结构优化设计的基本思想是在满足结构正常工作的各项要求的前提下，得到设计质量最轻（或造价最低）的结构。随着计算机技术的发展，有限元法的逐步成熟以及数学规划研究的进展，结构优化设计逐步发展起来，并应用于实际工程结构设计中。自 20 世纪 70 年代以来，结构优化设计得到了巨大的发展并在实际工程结构设计中发挥出日益巨大的作用。将结构优化设计方法应用于汽车结构，设计满足轻量化要求的汽车结构，这对于提高汽车的动力性、经济性以及降低汽车的生产成本都具有重要的意义。

（6）汽车空气动力学仿真

随着车速的提高，汽车外流场空气动力学性能备受关注，其研究热点问题为：进行汽车高速行驶时的气动噪声分析；分析汽车高速时空气流场对操作稳定性的影响等。

（7）汽车运动学、动力学仿真

汽车本身是一个复杂的多体系统集合，外界载荷的作用更加复杂、多变，人、车、环境三位一体的相互作用，致使汽车动力学模型的建立、分析、求解始终是一个难题。基于以往的解决方法，需经过多轮样车试制，反复的道路模拟试验和整车性能试验，不仅花费大量的人力、物力，延长设计周期，而且有些试验因其危险性而难以进行。虚拟样机技术提供了一种应用计算机进行汽车的各种运动学、动力学仿真的方法。汽车运动学、动力学仿真主要包括悬架分析和整车分析两部分。

典型的悬架分析如下。

① 车轮驱动分析。通过悬架的垂直运动考察悬架特性的变化情况。

② 旋转/垂直力分析。车轮在具有垂直力的情况下转动。

③ 转向分析。通过转向系统改变车轮的角度和位移。

④ 静载荷分析。在悬架上施加静载荷，考察轮胎与轴的情况。

典型的整车分析如下。

① 开环操纵分析。如瞬态到稳态、脉冲转向、斜路转向、分步转向、正弦转向等。

② 转向过程分析。如转弯制动、固定半径转向、固定转角。

③ 直线运动分析。如加速、制动、熄火。

④ 准静态操纵分析。如固定半径转弯、固定速度、力输入、直线加速。

⑤ 驾驶控制分析。可对整车进行闭环控制。

在汽车产品的设计中采用 CAE 技术，在汽车概念设计的同时，进行静态、动态分析，平顺性、操纵稳定性仿真，在设计阶段即可发现设计中存在的缺陷、错误，及时地改进这些缺陷和错误，可以大大减少样车的制作和试验时间。这项技术在汽车行业的推广应用，必将大大地推动企业的技术进步，提高产品的设计质量，产生巨大的经济效益与社会效益。

参考文献

[1] 纪爱敏. 机械 CAE 分析原理及工程实践 [M]. 北京：机械工业出版社，2009.
[2] 袁建国. CAE 技术在汽车产品设计制造中的应用 [J]. 农业装备与车辆工程, 2005 (1):33-36.
[3] 丁渭平. 汽车 CAE 技术 [M]. 成都：西南交通大学出版社，2010.
[4] 刘义，徐恺，李济顺，等. RecurDyn 多体动力学仿真基础应用与提高 [M]. 北京：电子工业出版社，2013.
[5] 孙靖明，梁迎春. 机械优化设计 [M]. 北京：机械工业出版社，2008.

第2章 CAE技术基础

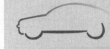

2.1 有限单元法

2.1.1 有限单元法的基本思想及基本步骤

有限单元法的基本思想是将连续结构离散成有限多个单元体，即用有限多个单元体表示复杂的工程结构。在每个单元里，假定结构的变形和应力都是简单的，各单元之间通过节点连接，建立单元节点的力和位移之间的力学特性关系，得到一组以节点位移为未知量的代数方程组，采用计算机及相关的软件可求解节点的位移分量，由位移求出应变，由应变求出应力，进而获得整个结构的变形和应力。当划分的单元足够小时，每个单元的变形和应力总是趋于简单的，计算的结果也就越接近于真实情况。理论上可以证明，当单元数目足够多时，有限单元法的解将收敛于问题的精确解，但计算量相应增大。有限单元法广泛应用于结构分析、热传导、电磁场、流体力学等多个领域。对于不同物理性质和数学模型的问题，有限单元法的基本思想和基本步骤是相同的，不同的只是具体公式的推导和运算求解不同。一般情况下，有限单元法的基本思想及基本步骤可以归纳为以下几点。

1) 模型建立。根据工程实际结构的形状、尺寸以及受载特点确定分析问题的力学模型。一个好的力学模型应满足以下两个条件：①模型能基本反映被分析对象的真实受力状态，分析计算结果能满足工程需要；②模型考虑因素尽量少，抓住主要因素，忽略次要因素，简化研究对象，以便降低有限元分析时的工作量。

有限元分析的建模过程主要包括以下3个方面：①结构简化。根据被分析对象的实际受力状态、对称和反对称等原理，在保证被分析对象的受力状态基本不变的前提下，尽量简化被分析对象的结构，达到降低计算工作量、减少数据处理的目的。如被分析对象同时对2个坐标轴对称或反对称，则只需取1/4的结构作为研究对象，就可以得到这个结构的整体受力变形状态，可大大降低计算工作量。②载荷处理。应考虑引起结构受力状态变化的主要外载荷，一些次要的载荷可暂时忽略不计。③边界条件处理。尽量利用有限元分析程序提供的各种边界处理方法来模拟被分析对象的力和位移边界条件。

建模过程是一个难度较大的技术问题，模型建立的准确与否直接关系到分析结果的可用性。

2) 结构离散化。将连续区域离散成各种单元组成的计算模型，如图2-1所示。离散后单元与单元之间利用节点相互连接。在进行结构离散时，必须注意以下 2 点：①单元类型的选择，其中单元形状、节点数和节点自由度等应视问题的性质，描述变形形态的需要和计算精度而定。②单元划分应有一定的规律性，便于计算机自动生成网格，并且有利于以后对网格进行加密处理，同一单元应由同一种材料组成。

3）单元力学特性分析。根据弹性力学的变分原理，单元节点的位移与其承受的力存在对应关系，即存在一个力-位移函数。选定单元的类型和位移模式之后，就可以按照最小位能原理推导出各个单元的力-位移方程，即

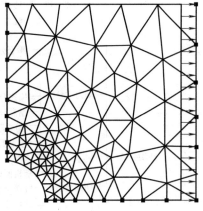

图 2-1 单元划分的示意图

$$K^e\delta^e = F^e \quad (2-1)$$

式中，e 为单元的编号；δ^e 为节点位移向量；F^e 为节点载荷向量；K^e 为刚度矩阵，在一定程度上反映了结构的刚度特性。

结构离散化后，力通过单元之间的节点相互传递，但是连续结构的单元之间是通过单元边界传递力的，因此，需要把作用单元边界上的表面力、体积力或集中力都等效到节点上，即用等效的节点力来代替所有作用在单元上的力。

4）整体分析。由上述获得的单元刚度矩阵和单元等效节点载荷向量组装成整个结构的总刚度矩阵和总载荷向量，从而建立起整个结构的已知量（总节点载荷）和整个结构的未知量（总节点位移）的关系式，即

$$K\delta = F \quad (2-2)$$

式中，K 为总刚度矩阵；δ 为节点位移向量；F 为总载荷向量。

5）求解节点位移。根据结构的受载情况施加边界条件和约束，求解各个节点的位移和应变。

6）由节点位移计算单元的应变与应力。解出节点位移后，可根据应变与位移之间的关系，以及各单元的插值函数来求得各个单元的应变以及对应的应力。

2.1.2 有限单元法在汽车工程领域的应用

有限单元法从 20 世纪 40 年代发展至今，经过 70 多年的发展和创新，它已经成为科学计算必不可少的工具。其应用已由弹性力学平面问题扩展到空间问题、板壳问题，由静力平衡问题扩展到稳定问题、动力学问题和波动问题。其分析对象从弹性材料扩展到塑性材料、黏弹性、黏塑性和复合材料等，从固体力学扩展到流体力学、渗流与固结理论、热传导与热应力问题、磁场问题以及建筑声学与噪声问题。不仅涉及稳态问题，而且涵盖材料非线性、几何非线性、时间问题和断裂力学问题等。

有限单元法在结构分析中的应用如图 2-2 所示。有限单元法在场分析中的应用如图 2-3 所示。

有限单元法不仅具有开展结构、流体、热、电磁场的单场分析功能，而且随着多学科交叉研究的需要，也能够进行多物理场的耦合分析，如热/结构耦合；热/高-低电磁耦合；流体/结构耦合；流体/热耦合；静电/结构耦合；流体/电磁耦合；静磁/结构耦合；声学/结构

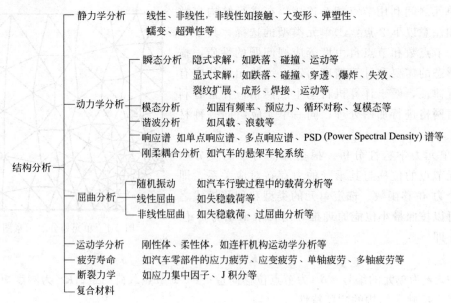

图 2-2 有限单元法在结构分析中的应用

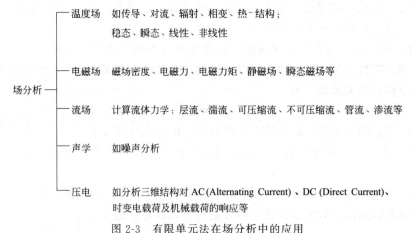

图 2-3 有限单元法在场分析中的应用

耦合;机电耦合电路分析;热/电耦合。有限单元法还能够与优化技术相结合,进行尺寸优化、形状优化和拓扑优化等。

汽车结构由多种材料组成,其部件形式各种各样,包括板壳、梁、轴、块等,通过铆接、焊接构成空间形状复杂的体系,不可能采用传统的解析法来求解。而且汽车行驶的工况具有不确定性,受各种路面激励和各种车速下惯性力的作用以及各连接之间的相互约束作用,其载荷十分复杂,不可能用经典力学方法来计算。随着现代汽车的发展,传统的弹性分析已不能完全满足汽车设计的要求。因此,在汽车工程领域中,有限单元法得到了广泛应用,主要体现在以下几个方面:

① 汽车零部件的强度、刚度和稳定性分析;
② 汽车零部件的优化设计;
③ 汽车结构件的模态分析、瞬态分析、谱响应分析,为结构件的动态设计提供方便有效的工具;
④ 汽车零部件及整车的疲劳分析,在概念或详细设计阶段估计产品的寿命或分析部件

损坏的原因；

⑤ 应用概率有限元法，为汽车零部件提供概率和可靠性设计依据；

⑥ 车身内的声学设计，将车身结构模态与车身内声模态耦合，评价乘员感受的噪声并进行噪声控制；

⑦ 车身空气动力学分析，可得到高速行驶中的升力、阻力和湍流状况，为汽车性能和造型设计提供设计依据；

⑧ 汽车碰撞历程仿真和乘员安全保护分析，提高汽车结构的被动安全性；

⑨ 现代汽车中电子和电器产品的比例越来越高，这就涉及多物理场的仿真；

⑩ 诸如少片弹簧、橡胶轮胎、悬架的大变形和零部件之间的柔性连接需要更精确的非线性分析；

⑪ 载荷不易确定是汽车零部件分析的一个难点，可以从总成系统及整车分析入手，进而得到零部件的载荷情况；

⑫ 刚柔耦合动力学分析，从传统的刚体动力学分析到考虑结构弹性的应力响应，如悬架车轮系统等。

在汽车产品开发的各个阶段，有限单元法的引入对降低开发成本、缩短研制周期、实施优化设计、减少投资风险等都有非常重要的意义，可达到产品效益最大化的目标。

2.2 多体系统动力学

2.2.1 多体系统动力学建模理论

多体系统是指由多个物体通过运动副连接的复杂机械系统。多体系统动力学是研究多体系统运动规律的科学，其中包括多刚体系统动力学和柔性多体系统动力学。多体动力学中的4个基本要素的定义如下。

（1）物体

多体系统中的构件定义为"物体"，但多体系统力学模型中的物体并不一定与具体工程对象的零部件一一对应。它的定义与研究目的有关，在运动学分析中，通常将对其运动形态特别关心的零部件定义为物体。如在曲柄滑块机构中，尽管它是由曲柄、连杆、滑块和机座组成，但如果关心的是曲柄与滑块运动关系，那么可以定义为一个由曲柄、滑块和机座这三个物体组成的多体系统作为该实际系统的力学模型。对于静止不动的零部件，如上述的机座通常可以定义为系统运动的参考系，也不必定义为物体。在动力学分析中，物体的惯性特性是影响系统的重要参数，对那些惯性较小且可忽略不计的零部件，可不定义为物体。对于低速运动的实际工程对象，其零部件的弹性变形并不影响其大范围的运动性态，在这种情况下，系统中的物体可做刚性假设，这样的多体系统被称为"多刚体系统"；由于大型、轻质机械系统的出现，高速运动工况将使系统动力学形态越来越复杂，这些现象是由于零部件的大范围运动与构件的弹性变形耦合引起的，在分析这类系统的运动学和动力学特性时，物体必须做柔性体假设。这类力学模型称为"柔性多体系统"。如上述系统中部分物体可假设为刚体，那么构成的力学模型为"刚-柔混合多体系统"，这是多体系统中最常见的模型。

（2）铰

将多体系统中物体之间的运动约束定义为铰。实际工程对象中机构的运动副是铰的物理背景。但铰的定义具有更广泛的意义。如在上述定义的曲柄滑块机构的三体运动模型中，虽然连杆不作为物体,但它限制了曲柄与滑块间的运动,故该约束的力学抽象为铰。

(3) 力元

将多体系统中物体之间的相互作用定义为力元(内力)。在实际工程对象中,零部件之间的相互联系一种是通过运动副,另一种是通过力的相互作用。通常力元的作用是通过器件实现的,力元是对系统中弹簧、阻尼器、制动器的抽象。因此,在多体系统中可以将运动副定义为铰,物体间的相互作用定义为力元。

(4) 外力(矩)

多体系统外的对物体的作用定义为外力(矩)。在外力的定义中,对于刚体,力矩的作用与作用点无关,但对于柔性体,力矩的作用与作用点有关。在实际工程对象中,外力作用的零部件没有作为物体来定义,那么在多体动力学的力学模型中应定义外力作用在等效的点上。

对于多刚体系统,从20世纪60年代到20世纪80年代,在航天和机械两个领域形成了两类不同的数学建模方法,分别称为拉格朗日方法和笛卡尔方法。20世纪90年代,在笛卡尔方法的基础上又形成了完全笛卡尔方法。这几种建模方法的主要区别在于对刚体位形描述不同。

航天领域形成的拉格朗日方法是一种相对坐标方法,是以系统每个铰的一对邻接刚体为单元,以一个刚体为参考物。另一个刚体相对该刚体的位置由铰的广义坐标(又称为拉格朗日坐标)来描述,广义坐标通常为连接刚体之间的相对转角或位移。其动力学方程的形式为拉格朗日坐标矩阵的二阶微分方程组,即

$$[A]\{\ddot{q}\} = \{B\} \tag{2-3}$$

式中,$[A]$为广义质量矩阵;q为所有铰的拉格朗日坐标阵;$\{B\}$为广义力向量。

这种形式是在解决拓扑为树的航天器问题时推出的,其优点是方程个数最少,树系统的坐标树等于系统自由度,而且动力学方程易转化为常微分方程组。但方程呈严重非线性,矩阵A和B中常常包含描述系统拓扑的信息,其形式非常复杂。但随着多体动力学研究的深入,现有几种软件采用拉格朗日方法也取得了较好的效果。

机械领域形成的笛卡尔方法是一种绝对坐标方法。以系统中每一个问题为单元,建立固结在刚体上的坐标系,刚体的位置相对于一个公共参考基进行定义,其位置坐标(又称为广义坐标)统一为刚体坐标系基点的笛卡尔坐标与坐标系的方位坐标。方位坐标可以选用欧拉角或欧拉参数。其系统动力学模型的一般形式为

$$\begin{cases} [A]\{\ddot{q}\} + [\Phi_q]^T\{\lambda\} = \{B\} \\ \{\Phi\} = \{0\} \end{cases} \tag{2-4}$$

式中,$[A]$、$\{B\}$分别为广义质量矩阵与广义力向量;$\{\Phi\}$为位置坐标阵q的约束方程;$[\Phi_q]$为约束方程的雅可比矩阵;$\{\lambda\}$为拉格朗日乘子向量。

这类数学模型是微分-代数方程组,又称为欧拉-拉格朗日方程组,其方程个数较多,但系数矩阵呈稀疏状,适用于计算机自动建立统一的模型进行处理。目前,国际上最著名的两个动力学分析商业软件ADAMS和DADS都是采用这种建模方法。

完全笛卡尔坐标方法,由GARCIA和BAYO于1994年提出,是另一种形式的绝对坐标方法。这种方法的特点是避免使用一般笛卡尔方法中的欧拉角或欧拉参数,而是利用与刚体固结的若干参考点和参考矢量的笛卡尔坐标描述刚体空间位置与姿势。参考点选择在铰的中心,参考矢量沿铰的转角或滑移轴,通常可由多个刚体共享而使未知变量减少。完全笛卡

尔坐标所形成的动力学方程与一般笛卡尔方法本质相同，只是其雅可比矩阵为坐标线性函数，便于计算。

2.2.2 多体系统动力学的建模与求解

多体系统动力学的核心是建模和求解。对于多刚体系统笛卡尔方法产生的形如式（2-4）所示的动力学数学模型，也就是著名的微分-代数方程组（Differential-Algebraic Equations，DAEs），多体动力学数值仿真的核心问题的实质是对 DAE 方程初值问题的处理，以及方程的求解计算方法。

对于复杂多体动力学计算问题，常用的方法是借助于通用的多体动力学计算软件完成的。其中包括几何模型的建立，约束的添加，运动条件的控制、运算，后处理等过程。其流程图如图 2-4 所示。

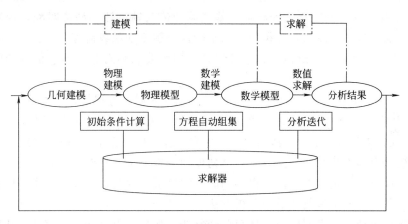

图 2-4 计算多体动力学建模与求解流程

多体动力学分析的整个流程，主要包括建模和求解两个阶段。建模又分为物理建模和数学建模。物理建模是指由几何模型建立物流模型，数学建模是指从物理模型生成数学模型。几何模型可以由动力学分析系统几何造型模块所建造，或者从通用几何造型软件导入。对几何模型施加运动学约束、驱动约束、力元、外力或外力矩等物理要素，形成表达系统动力特性的物理模型。物理建模过程中，有时需要根据运动学约束和初始条件对几何模型进行装配。由物理模型，采用笛卡尔坐标或拉格朗日坐标建模方法，应用自动建模技术，组装系统运动方程中的各系数矩阵，得到数学模型。对系统数学模型，根据情况应用求解器中的运动学、动力学、静平衡或逆向动力学分析算法，迭代求解，得到所需的分析结果。根据设计目标，对求解结果进行再分析，从而反馈到物理建模过程，或几何模型的选择，如此反复，直到得到最优的设计结果。

在建模和求解过程中，涉及几种类型的运算和求解。图 2-4 中的初始条件计算是根据运动学约束和初始位置条件进行的，是非线性方程的求解问题；方程自动组集是数学建模过程中系统运动方程的各系数矩阵自动组装过程，涉及大型矩阵的填充和组装问题；分析迭代是数值求解过程中的分析计算方法，运动学分析是非线性的位置方程和线性的速度、加速度方程的求解，动力学分析是二阶微分方程或二阶微分方程和代数方程混合求解的问题，静力学分析从理论上讲是一个线性方程组的求解问题，但实际上往往采用能量方法，逆动力学分析是一个线性代数方程组的求解问题。

在多体系统建模与求解过程中，求解器是核心。结果分析需要专门的后处理器来支持，以提供曲线、动画显示,以及各种辅助分析手段。

2.2.3 多体系统动力学在汽车工程领域的应用

汽车是由发动机、底盘、车身和电气设备所组成的高度复杂的结构,即机械动力系统,这个系统在力学中就是所谓的多体系统。汽车本身是一个复杂的多体系统,外界载荷的作用更加复杂,加上车、人、环境的相互作用,给汽车动力学研究带来很大的困难,主要障碍之一是无法有效处理复杂受力条件下多自由度分析模型的建立及求解问题。随着计算机技术的迅速发展,多体系统动力学也得到了高速发展并在汽车工程领域得到了应用,其主要应用领域如下。

① 悬架系统设计。预测悬架系统的特征,优化悬架系统,载荷及耐久性分析,总成和整车性能分析等。

② 传动系统设计。变速器、分动器、差速器和传动轴设计,系统匹配,预测变速操纵系的精确性和驾驶员的操纵力,分析换挡的平顺性,预测轴承载荷等。

③ 车身设计。门、行李箱和罩的连接杆系,挡风玻璃刮雨器运动学仿真和驱动力,座椅机构、窗机构设计等。

④ 安全装置设计。座椅安全带机构设计,安全气囊展开过程仿真,乘员碰撞仿真等。

⑤ 整车性能预测及匹配、优化。噪声及其降低,发动机悬置设计,平顺性评价,制动过程仿真,轮胎-路面相互作用的精确建模,极限工况下操纵稳定性仿真,整车寿命预测等。

多体系统动力学方法是一种高效率、高精度的分析方法。然而,在解决实际问题时如果处理不当,不仅使工作量加大,而且得不到满意的结果。因此,在实际应用中要根据具体问题的情况和问题的性质选择最有效的分析方法。

汽车多体系统动力学模型经历了从简单到复杂,从少自由度到多自由度,从模拟计算机到数字仿真的发展过程。模型越来越朝着通用性、高效性和精确性的方向发展,随着计算机网络的发展异地之间的参数调用已成为现实,更增加了模型的通用性。从CAE的角度看,汽车多体系统分析软件主要可完成3项任务:①对新设计的系统进行性能预测;②对原有的系统进行性能评估;③对原有的设计进行改进。分析的范围包括:运动分析、静态分析、动态分析、灵敏度分析等。软件还提供强大的前、后处理功能,如建模功能以及曲线、图表、动画等输出功能,以便高效率完成上述3项任务。

2.3 优化设计

优化设计是将最优化原理和计算技术应用于设计领域,为工程设计提供的一种重要的科学设计方法。该方法使得在解决复杂设计问题时能从众多的设计方案中寻求到最佳的设计方案,从而大大提高设计效率和质量。在优化设计过程中,最关键的是两方面的工作:①优化建模,即将工程实际问题抽象成优化设计的数学模型;②优化求解,选择合适的优化方法并编程在计算机上求出此模型的最优解。

2.3.1 优化设计建模

优化设计建模是根据设计要求在众多的设计参数中选取适当的设计变量,确定目标函数,并将所有的设计限制条件(约束条件)以设计变量的形式给出。

(1) 设计变量

设计变量是指在优化设计过程中不断进行修改、调整，一直处于变化状态的基本参数。又称为优化参数。设计变量的全体是一组变量，可以用列向量表示

$$\boldsymbol{x} = \begin{bmatrix} x_1 & x_2 & \cdots & x_n \end{bmatrix}^{\mathrm{T}} \tag{2-5}$$

设计变量可以是连续的，也可以是离散的。如钢板的厚度、轴承的内外径、齿轮的模数、齿数等都有满足规定的数值。对离散变量的优化可以采用离散规则求解，也可以将离散变量视为连续变量，找到最优解后再选取与之最近的离散点。

(2) 约束条件

一个可行的设计方案必须满足某些设计限制条件，这些限制条件称为约束条件。在工程实际问题中，根据约束的性质可分为 2 类：一类为性能约束，如结构件必须满足的强度、刚度或稳定性要求；另一类约束为边界约束，即设计变量的取值范围（上下限约束）。约束又可按照其数学表达式分为等式约束和不等式约束 2 类。

不等式约束

$$g_j(\boldsymbol{x}) \leqslant 0, j = 1, 2, \cdots, m \tag{2-6}$$

等式约束

$$h_k(\boldsymbol{x}) = 0, k = 1, 2, \cdots, l \tag{2-7}$$

此外，约束条件有的可以表示成显式形式，即反映设计变量之间明显的函数关系，这类约束称为显式约束。有的只能表示成隐式形式，如复杂结构的性能约束函数（变形、应力、频率等），需要通过有限单元法或动力学计算求得，机构的运动误差要用数值微分来计算，这类约束被称为隐式约束。

(3) 目标函数

优化设计是要从无数个可行方案中寻求最优方案。故需定义目标函数，又称为评价函数，用它来评价设计方案的好坏。目标函数可以是结构质量、体积、功耗、产量、成本或其他性能指标（如应力、变形等）和经济指标等。

建立目标函数是整个优化过程中比较重要的问题。当对某一设计性能有特定要求，而这个要求又很难满足时，则若针对这一性能进行优化将会取得满意的结果。但在某些设计问题中，可能存在两个或两个以上需要优化的指标，这就是多目标优化问题。如起重机的四连杆机构优化时，一方面追求臂架端点的轨迹尽可能是一条水平线；另一方面还有追求臂架的自重最轻或变幅机构的驱动力最小。

(4) 优化设计的数学模型

优化设计的数学模型是实际优化问题的数学抽象。在明确设计变量、约束条件、目标函数之后，优化设计问题可表示成一般数学形式，即

求设计变量 $\boldsymbol{x} = \begin{bmatrix} x_1 & x_2 & \cdots & x_n \end{bmatrix}^{\mathrm{T}}$ 使

$$f(\boldsymbol{x}) \to \min$$

且满足约束条件

$$g_j(\boldsymbol{x}) \leqslant 0, j = 1, 2, \cdots, m \tag{2-8}$$
$$h_k(\boldsymbol{x}) = 0, k = 1, 2, \cdots, l$$

在实际优化问题中，对目标函数一般有两种要求形式：目标函数极小化或目标函数极大化。由于求 $f(\boldsymbol{x})$ 的极大化与求 $-f(\boldsymbol{x})$ 的极小化等价，故一般讨论优化设计问题时一律采用目标函数的极小化形式。

（5）优化设计问题的分类

优化设计问题可以从不同的角度进行分类。如按有无约束条件可分为无约束优化问题和约束优化问题；按约束函数和目标函数是否同时为线性函数分为线性规划问题和非线性规划问题；如果设计变量为整数则称为整数规划；如果目标函数及约束函数具有多元多项式的形式，则称为几何规划；还可以按问题的规模大小进行分类，随着计算机容量的增大和运算速度的提高，划分界限将会有所变动。

（6）建立数学模型的基本原则

优化设计的结果是否可用，主要取决于所建立的数学模型是否能够确切而又简洁地反映工程问题的客观实际。在建立数学模型时，片面强调确切，往往使得数学模型过于复杂，增加了求解的难度，有时甚至会使问题无法求解；片面强调简洁，则数学模型可能会过分失真，以至于失去了求解的意义。合理的做法是在能够确切满足工程实际问题的基础上力求简洁，因此在建模过程中应遵循以下原则。

① 设计变量的选择。将所有的设计参数都列为设计变量不仅会使问题复杂化，而且没有必要。在充分了解设计要求的基础上，根据各设计参数对目标函数的影响程度，将主要影响因素确定为设计变量，尽量减少设计变量的数目，以简化优化设计问题；另外要注意设计变量应相互独立，否则会使目标函数出现"山脊"或"沟谷"，给优化带来困难。

② 目标函数的确定。目标函数是一项设计所追求的指标的数学反映，因此对它最基本的要求是能够用来评价设计的优劣，同时必须是设计变量的可计算函数。在工程实际中，应根据不同的设计对象、不同的设计要求灵活地选择某项指标作为目标函数。对于一般机械，可按质量最轻或体积最小的要求建立目标函数；对应力集中现象尤其突出的构件，则以应力集中系数最小作为追求的目标；对于精密仪器，应按其精度最高或误差最小的要求建立目标函数；在机构设计中，当对所设计的机构的运动规律有明确要求时，可针对其运动学参数建立目标函数，若对机构的动态特性有专门要求，则应针对其动力学参数建立目标函数，而对于要求再现运动轨迹的机构设计，则应根据机构的轨迹误差最小的要求建立目标函数。

③ 约束条件的确定。约束条件是就工程设计本身提出的对设计变量的取值范围和性能要求的限制条件，它们也是设计变量的可计算函数。在选取约束条件时应特别注意避免出现相互矛盾的约束。因为相互矛盾的约束必然导致可行域为一空集，使问题的解不存在。另外应尽量减少不必要的约束，不必要的约束不仅增加优化设计的计算量，而且可能使可行域缩小，影响优化结果。

（7）数学模型的尺度变换

数学模型的尺度变换是一种改善数学模型性态，使之易于求解的技巧。在工程实际中，目标函数通常具有更为复杂的形式，对其进行尺度变换本身就是一项相对困难的工作，因此目标函数的尺度变换使用得并不广泛。在工程实际中主要是对设计变量和约束函数进行尺度变换。

2.3.2 优化设计问题的基本解法

求解优化设计问题可以用解析法，也可以用近似的数值迭代法。解析法是将所研究的对象用数学方程（数学模型）描述出来，然后用数学解析方法，如微分、变分方法求出最优解。但实际情况中，优化设计的数学描述比较复杂，不便于甚至不可能用解析法求解；且有些对象本身的机理无法用数学方程描述，只能通过大量的试验数据用插值或拟合方法构造一个近似函数式，再来求最优解，并通过试验来验证；或直接以数学原理为指导，从任意一点出发通过少量试验（探索性计算），并根据试验计算结果的比较，逐步改进而求得最优点。这种方法属于近似的、迭代性质的数值解法。

不管是解析解法还是数值解法，都分别具有针对无约束条件和有约束条件的具体方法。

在机械优化设计中，大致可分为 2 类设计方法：一类是优化准则法；另一类为数学规划法。

（1）优化准则法

该方法是从一个初始设计 x^k 出发，着眼于在每次迭代中应满足的优化条件，按照迭代公式

$$x^{k+1} = C^k x^k \tag{2-9}$$

得到一个改进的设计 x^{k+1}，其中 C^k 为一对角矩阵。该算法无需考虑目标函数和约束条件的信息状态。

（2）数学规划法

该方法是从一个初始设计 x^k 出发，对结构进行分析，按照迭代公式

$$x^{k+1} = x^k + \Delta x^k \tag{2-10}$$

得到一个改进的设计 x^{k+1}。

在该类算法中，许多算法是沿着某个搜索方向 d^k 以适当步长 α^k 的方式实现对 x^k 的修正，以获得 Δx^k，此时式（2-10）可写成

$$x^{k+1} = x^k + \alpha^k d^k \tag{2-11}$$

而它的搜索方向 d^k 是根据几何概念和数学原理，由目标函数和约束条件的局部信息状态形成的。也有一些算法是采用直接逼近的迭代方法获得 x^k 的修正量 Δx^k 的。

数学规划法的核心一是确定搜索方向 d^k，二是计算最佳步长 α^k。

由于数值迭代方法是逐步逼近最优点，因此要考虑优化问题解的收敛性及迭代过程的终止条件。

数学规划法有一定的理论基础，其计算结果的可信度较高，精确度也较好，它已被广泛应用于优化设计的迭代算法中。

2.3.3　CAE 分析中的优化设计方法

在式（2-8）的优化设计中，当所考虑的目标函数或约束条件不能用设计变量显式表示，如模态、位移、应力、应变及用户自定义的响应等，它们是设计变量的非线性函数，一般来说，需要通过 CAE 中的有限元分析求得，即为有限元分析的直接结果或结果量的函数。有限元分析是优化的基础，故必须将有限元分析程序嵌入优化迭代过程中。但在用优化方法处理实际问题时，常常遇到与分析模型规模相当的大量设计变量（如上千个节点的三维坐标、数百个单元的截面尺寸），大量的约束条件（如第 i 种工况的第 j 个单元的第 k 个应力分量的上下限），而设计变量修改后，目标函数和约束值的计算依赖于一次次详细的有限元分析，基于梯度的算法还得获得相应的梯度以确定搜索方向，从而使每一个优化迭代周期都耗费大量的计算时间。尽管微机的解算速度有了很大提高，但其算法仍显低效。因此，在 CAE 优化设计方法中，仍需采用以下方法提高计算效率。

① 设计变量的关联。设计变量的关联技术试图用尽量少的设计变量高效地描述设计模型。在尺寸优化时，由于结构的对称性、制造尺寸等因素，用户可以选择少数几个独立的设计变量，其他设计参数可由设计变量的线性组合或函数表达，从而降低问题的复杂度。

② 约束屏蔽。实际结构中大量的约束响应如果在优化过程中全部出现将非常耗时，而这些约束对于某个优化设计周期并不都是必需的。处理方法是，先将所有的约束正则化，对

每一种类型的正则化约束 $g_j(x)\leq 0$ 都设定一个阈值 TRS，对 $g_j(x)<TRS$ 的约束在当前设计周期内将予以暂时删除，同时，由用户将约束按域分组，$g_j(x)<TRS$ 的约束如果它们同属于一个域也只取其中几个，这样就显著减少了需要处理的约束（有效约束）的数量。

③ 灵敏度分析。灵敏度分析用于产生有效约束和目标函数响应对设计变量的梯度，优化算法是依赖于梯度的，梯度也是响应函数显式近似的基础。灵敏度计算结果给出了优化设计过程中状态变量（如位移、应力、频率等）的变化结果，为下一步设计指明了方向。

④ 显式近似的响应函数。对于结构响应隐函数生成近似的显式表达是模型近似的关键，可用一阶泰勒级数对设计变量展开目标函数，经过显式近似的响应函数至少能在设计变量 10%~20% 改变量的情况下仍保持足够的精度，这样在近似模型中每次迭代过程中就无须费时的有限元分析了。

CAE 分析中的优化技术具有如下特点。

① 应用领域广泛。CAE 计算的发展已使其分析领域扩展到了各行各业，所研究的问题的深度及综合程度都在逐步提高，研究的范围已从单场转向了多场耦合分析，以达到更真实的模拟结果。CAE 软件的优化技术的适应范围也随之扩展，不但要求它能解决各种单场问题，而且应该能处理多场耦合问题的优化。

② 统一数据库。一个优化迭代过程通常是从前处理开始，经过建模、网格划分、施加载荷和约束、求解和后处理，而优化求解的过程通常需要多次的迭代才能收敛。因此，具有统一的数据库是高效的 CAE 优化过程的前提。这里所指的统一数据库是前后处理与求解所用的数据在同一个数据库中，而不是通过数据文件来传递。另外，多数通过文件来传递数据的软件的前处理与求解器之间并不完全支持，前处理的数据文件往往在投入求解器之前需要手工修改，这与优化过程的自动性相抵触。

③ 参数流程控制。优化过程实际上是一个不断自动修正设计参数的过程，因此要想保证优化过程的流畅，CAE 软件必须具有完备高效的参数流程控制技术。流程控制过程中，不但要求将要优化的数据参数化，而且要求这种流程控制具有判断分支与循环的能力，以使软件可以自动应付大型设备在优化过程中出现的各种复杂情况。

④ 智能网格划分。高精度网格是成功的有限元分析的关键因素之一。一个良好的 CAE 软件要想很好地处理优化过程，尤其是形状优化问题，必须具备智能的网格划分器，具有自适应网格划分功能，以解决模型在形状参数变化剧烈时出现的网格奇异化问题。

⑤ 非线性智能控制。提高非线性问题的收敛性的手段应视具体情况而定，而非线性优化问题的收敛性往往会受到各种因素的影响。但优化过程是程序自动控制迭代的，人不能过多参与，因此，非线性收敛的智能控制技术对非线性优化问题是不可或缺的。对于非线性，CAE 分析中采用显式积分的求解技术。这种技术通常被用来求解高速变形和高度非线性，与常用于求解静态或慢速动力学问题隐式求解技术实行互补。多数情况下，一般只选择其中的一种来求解，但实际问题中也有例外。如冲压及回弹过程模拟，通常采用显式方式模拟冲压过程，采用隐式方式模拟回弹过程，那么就存在一个从显式到隐式的切换过程，在优化过程中这种切换需要自动进行。

2.3.4　CAE 优化设计过程

基于 CAE 有限元分析的优化设计包含下列基本要素。

(1) 设计变量

设计变量是设计过程中需要不断调整的独立的设计参数。每个设计变量可能有上下限，由此规定设计变量的取值范围。设计变量可以是几何参数,也可以是材料属性和其他变量。

(2) 状态变量

设计要求满足约束条件的变量是因变量,是设计变量的函数,通常这种函数关系不是显式的,对状态变量的约束构成了约束方程,状态变量必须通过 CAE 程序计算才可以得到的数值。状态变量也可能有上下限,也可能只有上限或只有下限。常见的状态变量有应力、变形、温度和频率等。

选择状态变量时要注意:①其选择的数目尽管可以不完全描述系统,但一定要有足够的约束。例如在结构应力分析中,只选择最大应力数值作为状态变量并不好,因为在不同循环中,最大应力点的位置可能是变化的。但如果把每个单元的应力都设置为状态变量,则使得分析很困难,合理的方法是定义几个关键位置的应力为状态变量。②在 CAE 软件中,一般所有状态变量约束都是不等式的。如果要定义等式约束,可以将其定义在一个合理范围内变化;或者用两个变量分别约束上、下限,以使得程序有足够宽的范围加速逼近。如果直接定义状态变量为一个值,则程序几乎不可能达到。

(3) 目标函数

在 CAE 程序中,一般只允许设定一个目标函数,如果有多个目标,则事先必须用加权等方法变为单目标优化问题。常见的目标有重量、费用和应力等,或者某种导出结果,如方差最小、平均值最小。

(4) 优化计算方法

ANSYS 提供了两种优化方法,即零阶方法 (Zero Order) 与一阶方法 (First Order)。零阶方法属于直接解法,不需要计算目标函数和状态变量的梯度,它不是每次都通过有限元分析来得到状态变量和目标函数的值,而是在一定的分析基础上得到状态变量和目标函数与设计变量之间的拟合关系,从而求出最优解。一阶方法属于间接解法,在优化过程中需要求状态变量和目标函数对自变量的偏导数,由于其使用梯度计算确定搜索方向,所以一阶方法的计算时间比零阶方法的计算时间更长,其计算精度更高,但由于使用梯度方法搜索,故得到的搜索结果可能是局部最优化解,而不是全局最优点,这就需要借助于其他优化分析来验证。另外,ANSYS 还提供了 5 种优化工具:单步法、随机搜索法、扫描法、乘子评估法、梯度法,用来推测设计问题空间大小。MSC/NASTRAN 提供 3 种算法供用户选择:序列线性规划法、序列二次规划法和改进的可行分析法,其中改进的可行分析法是 3 种算法的核心,也是缺省的优化方法。

以 ANSYS 为例来说明优化过程中的数据流传递。优化设计过程就是一个反复改变设计变量以满足状态变量限制条件下使目标函数逼近最小值的过程。每次循环执行由分析文件生成优化循环文件 (Jobname.LOOP),并在优化设计计算中调整设计变量。一次循环是指一个分析周期,相当于改变设计变量执行一次分析文件。循环结束后,ANSYS 程序输出优化计算结果并存储在 Jobname.OPO 中。一般来说,一次优化迭代等同于一次循环,但对于一阶方法而言,一次迭代代表多次循环。每次优化的结果对应于一个优化结果序列并存储在数据文件 Jobname.OPT 中,该文件记录了当前的优化环境,包括优化变量的定义、参数、所有优化设置和设计序列集合。其优化分析中的数据流向如图 2-5 所示。

一个典型的 CAE 优化过程的步骤如下。

① 参数化建模。利用 CAE 软件的参数化建模功能将要参与优化的数据(设计变量)定义为模型参数,为 CAE 程序修正模型提供可能;

② 求解。对结构的参数化模型进行加载与求解;

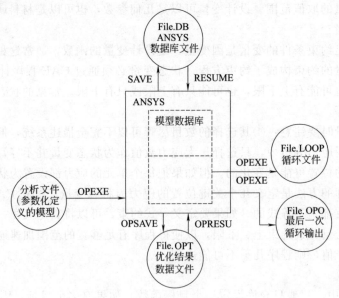

图 2-5 优化分析中的数据流向

③ 后处理。将状态变量（约束条件）和目标函数提取出来供优化处理器进行优化参数评价；

④ 优化参数评价。优化处理器根据本轮循环提供的优化参数（设计变量、约束条件和目标函数）与上轮循环提供的优化参数进行比较，确定该轮循环目标函数是否达到了最小值，或者说结构是否到达了最优，如果是最优，转步骤⑥。否则，进入步骤⑤；

⑤ 根据已完成的优化循环和当前优化变量的状态修正设计变量，转步骤②；

⑥ 获取优化设计变量值和目标函数值，退出优化程序。

2.3.5 优化设计在汽车工程领域的应用

优化设计是现代设计方法的主要内容，也是 CAE 技术的核心部分。目前汽车工程领域中，优化设计的研究与应用涉及带整车及其发动机、车身、底盘、电气设备等多层次、全方位的性能优化，并涵盖了汽车设计、制造、使用和维护的各个环节，成为汽车工业实现多品种、高质量、短周期、低成本的有力保证。

汽车优化设计的核心问题是：在努力提高汽车整体性能（包括功能和可靠性两方面）的同时，最大限度地减轻汽车质量，并降低汽车的全寿命周期的成本。因此，汽车优化设计涉及技术和经济两个方面。在汽车设计过程的三大主要环节中，优化设计的表现形式往往有不同的侧重点。

① 产品规划。随着人们对汽车的个性化需求越来越高，汽车产品的更新换代越来越快，新产品的规划阶段主要是通过相关调研、论证和决策机制来实现优化过程。

② 系统设计。在系统设计中主要依靠相关的标准、准则和规范实现整车与系统设计目标的协调，即系统的整车匹配。

③ 结构设计。结构设计中主要是采用具体的优化算法对结构进行参数优化。目前结构优化设计的理论和方法已较为成熟，人们已经把研究重点转向拓扑优化等更高层次的结构优化问题。

目前在汽车设计中，系统（及子系统）的整车匹配是最具专业特色的领域，同时也是最具挑战性的领域。它以满足整车动力性、排放与燃油经济性、平顺性、操纵稳定性、通过性、安全性、声振舒适性（NVH）等为根本出发点，并在满足整车轻量化及成本控制等要求下，实现车辆各系统（及子系统）的协调工作。这种协调是全方位的，具体落实在系统各组成元件构型、尺寸、布置、装配及特性参数等方面，并向零部件的可视化及材料层次延伸。其中，支持整车匹配设计的系统性能评价指标体系是关键，它涵盖了整车、系统（及子系统）、零部件乃至材料等各个层次。由于车辆系统本身的复杂性以及由此导致的车辆性能分析的多学科综合性，这一问题至今未得到很好的解决。以 NVH 为例，与之相应的车辆声振特性分析就涉及车身、悬架、传动系、动力总成等多个系统（及子系统）的相互作用与协同，问题的研究与解决依赖于腔体声学、结构振动及系统动力学等多个学科中的深层知识，并需要进行声振耦合、刚体与弹性体耦合特性的动力学分析，数学建模与求解极其复杂和困难。在汽车工程领域中还有很多这类问题需要研究和解决，这是现阶段汽车优化设计的主要研究方向之一，将成为汽车产品系统集成与平台化设计开发的技术支柱。

2.4 工程数据库系统

2.4.1 工程数据库系统的概念及特点

CAE 分析过程实际上是一个数据处理过程，体现为基础数据、中间结果及最终结果的收集、组织、加工、存储、抽取、传播等工作。这些数据的有效组织和管理是 CAE 系统的关键技术，是 CAE 系统集成的核心。采用工程数据库系统对所产生的数据进行管理是必然的选择。

工程数据库（Engineering Data Base，EDB）是为工程应用的特殊需要而设计的数据库。除了数据库的一般功能外，要解决的主要问题是：复杂的工程数据的表达和处理问题；大量工程数据的访问效率问题；数据库与应用程序的无缝连接问题等。为了解决这些问题，工程数据库与普通数据库相比具有以下特点：强大的建模能力，高效的存取机制，良好的长事务处理功能，版本管理功能，模式进化功能，灵活的查询功能，网络化和分布式处理功能。工程数据库是随着数据库应用的日益广泛深入而发展起来的。20 世纪 70 年代后期开始，数据库广泛应用于工程领域，典型的如 CAD、CAE 等。由于在这些领域中传统的数据模型和普通的数据库功能无法满足需求，因此，工程数据库作为数据库的一个分支诞生了。目前，工程数据库已广泛应用于各主要工程领域。

工程数据库管理系统（Engineering Data Base Management System，EDBMS）是维护数据库特征的各种控制系统和设计数据库所需要的各种语言和工具。数据库控制系统负责工程数据库的操作：提取、插入、更新、删除以及各种关联操作，并具有查询和优化处理功能。因此，工程数据库管理系统是一个软件系统（属于系统软件），同一个工程数据库管理系统可以分别或同时管理多个不同应用的工程数据库。工程数据库系统（Engineering Data Base System，EDBS）是工程数据库和工程数据库管理系统的总称。

工程数据库系统作为支持工程应用的数据库系统，具有面向对象的处理能力，与传统的商用数据库系统有很大区别，其主要特点表现在以下几方面。

① 数据模型。在工程领域中，数据的特点是大量和复杂的。如在 CAD 和 CAE 领域中实体的参数模型既有数值信息，又有非数值信息，相互联系非常复杂。一个较复杂的实体的

信息量也很大。因此，层次型、网状型、关系型这三种常用的数据模型均不能完全满足要求。而面向对象的数据模型被普遍认为是最适合工程领域的。在工程数据库中，数据模型的必备特征有：支持复合对象，支持对象标识，支持封装性，支持类或类型，支持继承性（包括多重继承）。

② 长事务处理功能。工程事务管理不同于传统的事务管理，其过程具有长期性、协作性和试探性。在工程数据库上执行的不是简单的查询，还有复杂的分析程序，如CAE分析等，涉及许多记录类型。如设计某个零件，首先需要查出所需零件的数据，用CAE软件分析得出几种设计方案，而设计过程中还必须将几种方案的结果保存起来以便于最终比较，从而选出好的设计。因此，工程数据库必须支持长事务管理，在存储管理中采用缓冲技术，以提高存取效率。

③ 工程数据库的相容性支持。工程设计应用在技术上比一般的商业应用更为复杂。因此，要求数据库管理系统为工程数据库的相容性提供更多的支持，以保证数据的有效性和操作正确性。在汽车设计中存在很多约束，应当在数据库操作中能实施所规定的约束，其中包括约束规范的形式，约束实施的时间，以及对违背约束的反应。

2.4.2 数据模型

数据库结构的基础是数据模型。数据模型是一种描述数据结构、数据操作以及数据约束的数学形式体系，即概念及其符号表示系统。其中，数据结构用于刻画数据、数据语义以及数据与数据之间的联系；数据约束是对数据结构和数据操作的一致性、完整性约束，也称为数据完整性约束。

根据数据抽象的不同级别，可以将数据模型划分为概念模型、逻辑模型和物理模型3个层次。

概念数据模型按用户的观点或认识对现实世界的数据和信息进行建模，主要用于数据库设计。

逻辑数据模型用于描述数据库数据的整体逻辑结构，也称为数据模型。它是用户通过数据库管理系统看到的现实世界，是按计算机系统的观点对数据建模，即数据的计算机实现形式，主要用于数据库管理系统的实现。常用的逻辑数据模型有以下几种形式。

① 层次模型。层次模型用树形结构表示各类实体以及实体间的联系。实体用记录来表示，实体间的联系用链接（可看作指针）来表示。现实世界中许多实体之间的联系本来就呈现出一种很自然的层次关系，如组织结构、家族结构等。层次模型的数据结构简单清晰，查询效率高，提供了良好的数据完整性支持，但层次模型在表示非层次的联系时，数据冗余多，对操作的限制比较多，而且应用程序编写比较复杂。

② 网状模型。网状模型是一个网状结构的模型，是对层次模型的扩展，允许有多个结点无双亲，同时也允许一个结点有多个双亲。在网状模型中，父子结点联系同样隐含为一对多的联系，每个结点代表一种记录型，对应概念模型中的一种实体结构。在网状数据模型实现的数据库系统中，同样需要建立和保存所有结点的记录型、父子联系型以及所有的数据值。网状模型能够更直接地描述现实世界，比层次模型灵活，存取效率高。但网状模型的结构比较复杂，随着应用规模的扩大，数据库的结构会变得越来越复杂，不利于最终用户掌握，操作语言比较复杂。

③ 关系模型。关系模型是一种简单的二维表格结构，概念模型中的每个实体和实体之间的联系都可以直接转换为对应的二维表形式。每个二维表称为一个关系，一个二维表的表

头称为关系的结构型,其表体(内容)称为关系的值。关系中的每一行数据(记录)称为一个元组,每一列数据称为一个属性,列标题称为属性名。同一个关系中不允许出现重复元组(即两个完全相同的元组)和相同属性名的属性(列)。关系模型具有坚实的理论基础,数据结构简单,查询处理方便,存取路径透明,从而具有更高的数据独立性、更好的安全保密性,也简化了程序员的工作,可提高软件的开发和维护效率。但关系数据模型的查询效率低,RDBMS(Relational Data Base Management System)实现较困难。

④ 面向对象模型。新一代数据库应用不仅要求有效地存储大量的、复杂的、不规范的数据,而且要求对其进行复杂的数据处理。以上传统的数据模型不能适应新一代数据库应用的要求,因此,许多学者试图将面向对象思想引入数据库领域,便形成了面向对象的数据库系统(Object-Oriented Database System,OODBS)。面向对象模型用面向对象的观点来描述实体的逻辑组织,对象间限制和联系等。其将客观世界的实体都模型化为一个对象,每个对象有一个唯一的标识。共享同样属性和方法集的所有对象构成一个对象类,而一个对象就是某一类的一个实例。面向对象方法具有抽象性、封装性和多态性。面向对象数据模型的核心技术包括分类、概括、聚集和联合,其核心工具包括继承(单重继承和多重继承)和传播。面向对象数据模型经过近40年的发展已日趋成熟,ODMG(Object Data Management Group)于1993年、1997年和2000年相继提出了对象数据库标准ODMG1.0、ODMG2.0和ODMG3.0。该标准对对象模型、对象定义语言、对象查询语言已经与C++等面向对象编程语言的联编等进行了全面的阐述。

⑤ XML模型。可扩展标记语言(eXtensible Markup Language,XML)是由World Web Consortium(W3C)的XML工作组定义的。XML是标准通用标记语言(Standard Generalized Markup Language,SGML)的子集,其目标是允许普通的SGML在Web上以目前超文本标记语言(Hyper Text Markup Language,HTML)的方式被服务、接收和处理。XML被设计成易于实现,且可在SGML和HTML之间互操作。XML的语法十分简单易学。只要了解其中一些简单的规则,就可以轻松上手。XML文档本质上是保存信息的结构化载体。

2.4.3 工程数据库的客户/服务器结构

(1) 对象服务器(Object-server)

对象服务器的结构如图2-6所示。从图2-6可知,工作站与服务器之间传送的是对象,工作站实际上把服务器看成一个对象存储器,它不知道任何有关对象的物理存储细节,工作站与服务器重复了对象管理功能。

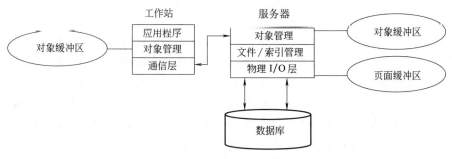

图2-6 对象服务器的结构

对象服务器的核心特点是服务器端也有对象的模式信息,并且它提供给客户的也纯粹是对象服务,对象服务器具有的所有实现上和性能上的细节特征全部基于这个特点。客户向服务器请求的数据单位是对象,这虽然给客户端的应用带来方便,但在最坏的情况下客户每请求一个对象都要进行一次网络传输,这种频繁的昂贵操作会迅速成为系统的瓶颈。

对象服务器的工程数据库系统在服务器端的模块相对庞大和复杂,在工作站功能日益强大的今天,这不符合体系结构的发展趋势。从总体上看,对象服务器在局部性好(或较好)的操作时性能很好,随机访问(特别是随机更新)性能不错,但局部性差的操作比页面服务器和文件服务器慢很多,特别是顺序访问大量小对象时更是如此。

(2) 页面服务器

页面服务器的结构如图 2-7 所示。从图 2-7 可以看到,在页面服务器中,服务器没有对象管理模块,这使页面服务器和对象服务器有某种"本质"上的区别,因为服务器不再知道任何有关对象的逻辑模式信息。在这种情况下,服务器实际上充当了一个有并发控制和恢复功能的虚拟页面存储器,工作站和服务器之间传输的也不再是对象,而是页面。

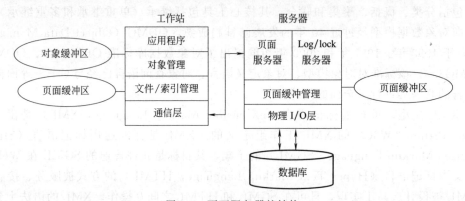

图 2-7 页面服务器的结构

页面服务器一般由一个 I/O 层、一个大的页面缓冲器以及上层的并发控制和恢复模块构成。当工作站向服务器请求一页时,服务器先给页面上合适的锁,然后从缓冲区将页面传回(若页面未被缓冲,则先要从磁盘读入),工作站的对象缓冲区也可以不设,依设计需求而定。

在页面服务器中,DBMS(Data Base Management System)中的相当一部分工作移到了工作站上,服务器只管理页面缓冲和并发控制、恢复,这使得工作站的独立性大大增强,同时,服务器负担的下降意味着服务器可以带许多客户结点,由于服务器没有对象的模式信息,因此对象级锁很难实现。在锁的粒度为页的情况下,放有全局索引的页面有可能成为系统性能的瓶颈,如何用其他手段来提高索引页的并发度是系统设计上必须考虑的一个重点。

页面服务器在顺序访问时,如页面间的数据(对象)没有交叉引用,其性能非常好,接近单用户的 DBMS;若有交叉引用,则性能有所下降。随机读取时,在聚簇率很低时,页面服务器很慢,逊于对象服务器和文件服务器。但随着聚簇率的提高,页面服务器性能提高很快,迅速超过了对象服务器。随机更新时,页面服务器的性能虽然随聚簇率的上升而提高,但总体上仍不如对象服务器。页面服务器对聚簇范围和客户端的缓冲区大小非常敏感,页面服务器的结构表明,其性能在很大程度上依赖于数据的局部性,因此,适度改进聚簇算法和加大客户端缓冲区可以给页面服务器带来性能上的飞跃。

(3) 文件服务器

文件服务器的结构如图 2-8 所示。文件服务器实际上是页面服务器的一种变型,工作站

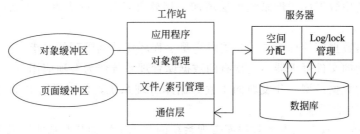

图 2-8　文件服务器结构

使用某种远程文件服务（如 NFS，Network File System）来直接读写服务器的一页，因此，文件服务器的服务器端模块变得异常简单，甚至比页面服务器还简单得多，在 NFS 包办一切物理操作的前提下，文件服务器略去了缓冲管理和物理 I/O 层。

文件服务器因为其结构与页面服务器具有相似性，因此它有页面服务器的所有特点。另外它的独特在于使用了某种绕过 DBMS 的数据读/写手段。由于文件服务器使用了直接对操作系统内核操作的 NFS 服务，完全避免了用户态进程间的切换，使得 NFS 读非常快。但是，基于 UDP（User Datagram Protocol）的 NFS 写非常慢，故页面的写操作很容易成为系统的瓶颈。

文件服务器的性能曲线在所有情况下都类似于页面服务器。在不需要写的操作中，其性能略优于页面服务器，写操作比页面服务器差许多，因此其总体性能逊于页面服务器。

与页面服务器一样，文件服务器对聚簇率、聚簇范围、客户端缓冲区大小很敏感。在这三者条件不好的情况下，文件服务器比页面服务器慢，但随着这三个条件的改善，其性能逐渐接近页面服务器，直到几乎一样为止。

（4）工程数据库的三种客户/服务器结构比较

页面服务器和文件服务器的主要优点是服务器端模块设计简单，大部分复杂工作放到工作站上去做，符合当前硬件发展趋势。其主要缺点是粒度小的多级锁难以实现，关于索引页的非二阶锁也是一个难点；对象服务器需要更复杂的服务器模块设计，虽然其数据传送效率不高，可能请求一个对象就要调用一次 RPCP（Remote Procedure Call Protocol），但它比前者优越的地方在于粒度小的多级锁实现简单，而且服务器端可以执行方法。

页面服务器比对象服务器还需要多考虑的一点是安全性问题。首先，页面服务器通过网络向客户提供的是页面服务，实际上服务器对客户端的页面存取是无法进行权限控制的，但从另一个角度看，客户端和服务器端的模块共同组成了一个系统，客户端通过网络的页面存取是系统内部的操作，数据库的正常操作应该建立在客户端模块正确操作的基础上；其次，对于外来的网络上的破坏（或窃取）操作，系统本身没有办法防止。因此，页面服务器的环境中对网络通信模块的安全性要求就提高了。

总之，这三种体系结构中没有绝对的优胜者，页面服务器在客户端缓冲区足够大，聚簇效率高时是一个很好的选择；对象服务器在局部性差的操作时很慢，但其性能在客户端缓冲区不大的情况下比页面服务器好；文件服务器若纯粹依赖于 NFS 进行读写操作，NFS 写会成为整个系统的瓶颈。

2.4.4　工程数据库系统的构成方法

由于工程数据库的特殊要求，而面向事务处理的商用数据库管理系统缺乏必要的支持手段，人们一般通过下列途径满足工程数据库管理提出的要求。

① 在现有商用数据库管理系统外层增加一层软件，弥补商用事务数据库管理系统用于工程环境的不足；

② 增加现有数据库管理系统的功能以满足工程环境数据管理的要求；

③ 建立专用的文件管理器，把现有的数据库管理系统作为一项应用；

④ 建立新的数据模型，开发新的工程数据库管理系统，使它具有新的功能和性能，满足工程数据库管理的要求。

前三种方法可在现有的事务数据库管理系统的基础上增加某些功能以满足工程应用的要求，其优点是易于实现，开发工作量小。缺点是忽视了工程数据库的整体要求，增加了界面之间的转换，使整个系统的效率下降。第四种方法是从满足工程数据库的要求出发，开发新的工程数据库管理系统，其优点是可以满足工程数据的数据模型，系统效率高，缺点是技术难度和投资大，开发工作量大，开发周期长。目前一些实用的工程数据库系统，大多采用前3种方法构成。对于开发新一代的工程数据库管理系统，将选用第四种方法。

2.5 人工智能

2.5.1 人工智能的定义

"人工智能"一词最早是在1956年达特茅斯学会上被提出的。从此，研究者们提出和验证了众多理论和原理。人工智能的概念也随之扩展。人工智能顾名思义就是人造的智能。如果智能能够严格定义，那么人工智能也就容易定义了。但其前提并不成立，因此人工智能至今还尚无统一的定义。尽管如此，在人工智能诞生的50多年里，人们还是从不同的方面给出了一些不同的解释。如著名的美国斯坦福大学人工智能研究中心的尼尔逊教授对人工智能的定义为："人工智能是关于知识的学科——怎样表达知识以及怎样获得知识并使用知识的科学。"而美国麻省理工学院的温斯顿教授认为："人工智能就是研究如何使计算机去完成过去只有人才能做的智能工作。"人工智能的一个比较流行的定义是由美国麻省理工学院的麦卡锡在1956年达特茅斯学会上提出的："人工智能就是要让机器的行为看起来就像人所表现出的智能行为一样。"这些定义反映了人工智能学科的基本思想和基本内容，即人工智能主要研究人类智能活动的规律，构造具有一定智能的人工系统，研究如何让计算机去完成以往需要人的智能才能胜任的工作，也就是研究如何应用计算机来模拟人类某些智能行为的基本理论、方法和技术，涉及数学、计算机科学、哲学、认知心理学、信息论、控制论等学科的交叉学科。

总体来说，目前对人工智能的定义可划分为4类，即机器的"类人思维"、"类人行为"、"理性思维"和"理性行为"。

(1) 类人思维

类人思维方法也称为认知模型方法，它是一种基于人类思维工作原理的可检测理论定义智能的方法。其典型代表是 BELLMAN 于1978年提出的定义："人工智能"是那些与人的思维、决策、问题求解和学习等有关的活动自动化。

认知科学是一门研究人类智能如何由物资产生和人脑怎样进行思维信息处理的科学。它把来自人工智能的计算机模型和来自心理学的实验技术结合起来，试图创立一种精确而且可检测的人脑思维过程的工作模型。这方面的典型例子是 ALLEN NEWELL 和 HERBERT SIMON 等于1960年研制的通用问题求解程序。

(2) 类人行为

类人行为方法也称为图灵测试方法，它是一种基于人类自身的智能去定义一个机器或系统是否具有智能的方法。其典型代表是 KURZWELL 于 1990 年提出的定义："人工智能是一种创建机器的技艺，这种机器能够执行那些需要人的智能才能完成的功能"。

(3) 理性思维

理性思维方法也称为思维法则方法，它是一种基于逻辑推理定义智能的方法。其典型代表是 E. CHARNIAK 和 D. MCDERMOTT 于 1985 年提出的定义："人工智能是通过计算模型的使用来进行心智能力研究的"。这里的计算模型主要是指能"正确思维"的逻辑学模型。

理性思维方法正是人工智能领域中所谓的逻辑主义观点，他们希望通过编制逻辑程序来建造智能系统。但是，这种方法存在两个主要问题：①非形式的知识用形式的逻辑符号表示不易实现，尤其是对不确定的知识；②原则上可以解决的问题与实际解决问题之间存在较大差异，需要考虑推理过程的控制。

(4) 理性行为

理性行为方法也称为理性智能体方法，它是一种基于智能体定义智能的方法，其典型代表是 N. J. NILSSON 于 1998 年提出的定义："人工智能关心的是人工制品中的智能行为"。这里的人工制品主要是指能够感知环境、适应变化、自主操作、执行动作的理性智能体（Agent）。

理性行为方法与理性思维方法相比，二者既有区别，又有联系，其强调的重点不同。理性思维方法强调的是正确思维，而理性行为强调的则是理性行为。

综上所述，可以从"能力"和"学科"两个方法给出人工智能的解释。从能力的角度看，人工智能是指用人工的方法在计算机上实现的智能。从学科的角度看，人工智能是一门研究如何构造智能机器或智能系统，使它能够模拟、延伸和扩展人类智能的学科。

2.5.2　人工智能的应用领域

(1) 机器学习

机器学习是机器获取知识的根本途径，同时也是机器具有智能的重要标志。一个计算机系统如果不具备学习功能，就不能称为智能系统。机器学习的研究是建立在信息科学、脑科学、神经心理学、逻辑学、模糊数学等多学科基础上的，并且有赖于这些学科而共同发展。机器学习是让计算机能够像人那样自动获取新知识，并在实践中不断地完善自我和增强能力，使系统在下一次执行同样任务或类似任务时，会比现在做得更好或效率更高。机器学习的研究一方面可以使机器能自动获取知识，赋予机器更多的智能；另一方面可以进一步揭示人类思维规律和学习奥秘，帮助人们提高学习效率。机器学习的研究还会对记忆存储模式、信息输入方式及计算机体系结构产生重大影响。

(2) 搜索

所谓搜索是指为了达到某一目标，不断寻找推理线路，以引导和控制推理，使问题得以解决的过程。对于搜索，可根据问题的表示方式将其分为状态空间搜索和与/或树搜索两大类。其中状态空间搜索是一种用状态空间法求解问题时的搜索方法；与/或树搜索是一种用问题归纳法求解问题时的搜索方法。博弈是一个典型的搜索问题。到目前为止，人们对博弈的研究主要是下棋程序。博弈问题为搜索策略、机器学习等问题的研究提供了一个试验场地，所发展起来的一些概念和方法对其他人工智能问题同样适用。

(3) 规划

规划是一种重要的问题求解技术。它是从某个特定问题状态出发，寻找并建立一个操作序列，直到求得目标状态为止的一个行动过程的描述。与一般问题求解技术相比，规划更侧重于问题的求解过程，并且要解决的问题一般是真实世界的实际问题，而不是抽象的数学模型问题。比较完整的规划系统是斯坦福研究所的问题求解系统，它是一种基于状态空间和F规则的规划系统。

(4) 专家系统

专家系统是依靠人类专家已有的知识建立起来的知识系统。专家系统是人工智能研究中开展较早、最活跃、成效最多的领域，广泛应用于医疗诊断、地质勘探、石油化工、军事、文化教育等各方面。它是在特定的领域内具有相应的知识和经验的程序系统，应用人工智能技术，模拟人类专家解决问题时的思维过程，来求解领域内的各种问题，并且能够达到或接近专家的水平。目前，专家系统已广泛用于工业、农业、医疗、地质、气象、交通、军事、教育、空间技术和信息管理等各个方面，大大提高了工作效率和工作质量，创造了可观的经济效益和积极的社会效益。

(5) 机器视觉

机器视觉是一门用计算机模拟或实现人类视觉功能的研究领域，其主要目标是让计算机具有通过二维图像认知三维环境信息的能力。这种能力不仅包括对三维环境中物体现状、位置、姿态、运动等几何信息的感知，还包括对这些信息的描述、存储、识别和理解。目前，计算机视觉已在人类社会的许多领域得到成功应用。如图像、图形识别领域中的指纹识别、染色体识别、字符识别等；航天与军事领域中的卫星图像处理、飞行器跟踪、成像精确制导、景物识别、目标检测等；医学领域中的基于CT图像的脏器重建、医学图像分析等；工业领域中的各种检测系统和生产过程监控系统等。

(6) 模式识别

所谓模式识别就是让计算机能够对给定的事物进行鉴别，并把它归入与其相同或相似的模式中，其中，被鉴别的事物可以是物理的、化学的、生物的，也可以是文字、图像和声音等。为了使计算机能进行模式识别，通常需要给它配上各种感知器官，使其能够直接感知外界信息。

模式识别的一般过程是先采集待识别事物的模式信息，然后对其进行各种变换和预处理，从中抽出有意义的特征或基元，得到待识别事物的模式，然后再与机器中原有的各种标准模式进行比较，完成对待识别事物的分类识别，最后输出结果。

根据给出的标准模式的不同，模式识别技术有多种不同的识别方法。其中，经常采用的方法有模板匹配法、统计模式法、模糊模式法和神经网络法等。

随着生物医学对人类大脑的初步认识，模拟人脑构造的计算机实验即人工神经网络方法早在20世纪50年代末和20世纪60年代初就已经开始，在日常生活各个方面以及军事上都有很大的用途。

至今，在模式识别领域，神经网络方法已经成功地用于手写字符的识别、汽车牌照的识别、指纹识别和语音识别等方面。近年来应用模糊数学模式、人工神经网络模式的模式识别方法得到了迅速发展，逐渐取代了传统的用统计模式和结构模式的模式识别方法，特别是人工神经网络方法在模式识别中取得了较大进展。

(7) 自然语言处理

自然语言是人类进行信息交流的主要媒介，也是机器智能的一个重要标志。计算机如能

"听懂"人的语言(如汉语、英语等),便可以直接用口语操作计算机,这将给人们带来极大的便利。自然语言处理就是研究人类与计算机之间进行有效交流的各种理论和方法,其研究领域主要包括以下3类:①自然语言理解,计算机能正确理解人类的自然语言输入的信息,并能正确答复(或响应)输入的信息。②语音处理,计算机对输入的信息产生相应的摘要,而且能够复述输入的内容。③机器翻译,计算机能把输入的自然语言翻译成要求的另一种语言,如将汉语译成英语或将英语译成汉语等。目前,在研究计算机进行文字或语言的自动翻译方面,人们作了大量尝试,但还没有找到最佳的方法,因此,实现功能较强的理解系统仍是一个比较艰巨的任务,有待于更进一步深入探索。

(8) 智能决策支持系统

决策支持系统是属于管理科学的范畴,它与"知识-智能"有着极其密切的关系。从20世纪80年代以来专家系统在许多方面取得了成功,将人工智能中特别是智能和知识处理技术应用于决策支持系统,扩大了决策支持系统的应用范围,提高了系统解决问题的能力,这就成为了智能决策支持系统(Intelligent Decision Support System,IDSS)。IDSS是以信息技术为手段,应用管理科学、计算机科学以及有关学科的理论与方法,针对半结构化和非结构化的决策问题,通过提供背景材料、协助明确问题、修改完善模型、列举可行性方案、进行分析比较等方式,为管理者做出决策提供帮助的智能型人机交互信息系统。在信息革命浪潮中,IDSS作为DSS(Decision Support System)研究的热点和主要发展方向,受到了国内外学术界和企业界的极大重视。

(9) 人工神经网络

人工神经网络试图用大量的处理单元(人工神经元、处理元件、电子元件等)模仿人脑神经系统工程结构和工作机理。在人工神经网络中,信息的处理是由神经元之间的相互作用来实现的,知识与信息的存储表现为网络元件互连的分布式的物理联系,网络的学习和识别取决于神经元连接权值的动态演化过程,在经历了几十年的曲折发展之后,到20世纪80年代,HOPFIELD在神经网络建模及应用方面提出了HOPFIELD神经网络模型,以及RUMELHART等提出了多层网络中的反向传播(B-P)算法,使神经网络的研究再次出现高潮并步入鼎盛时期,取得了许多研究成果。

(10) 自动定理证明

利用计算机进行自动定理证明(Automated Theorem Proving,ATP)是AI研究中的一个重要方向,在发展AI(Artificial Intelligence)的研究方法上起过重要作用。很多非数学领域的任务都可以转化为定理证明问题。目前自动定理证明的常用方法包括如下3类:①自然演绎法,其基本思想是依据推理规则,从前提和公理中可以推出许多定理,如果待证明的定理恰好在其中,则定理得证;②判定法,即对一类特定的问题找出统一的、可在计算机上实现的算法解;③定理证明器,它是研究一切可判定问题的证明方法,它的基础是1965年ROBINSON提出的归结原理。

(11) 机器人学

机器人和机器人学的研究促进了许多人工智能思想的发展。它所涉及和产生的一些技术可用来模拟世界的状态,并且可以用来描述从一种世界状态转变为另一种世界状态的过程。它对于怎样产生动作序列的规划以及怎样监督这些规划的执行有较好的处理方法。复杂的机器人控制问题迫使人们发展了一些方法,先在抽象和忽略细节的高层进行规划,然后再逐步在细节越来越重要的低层进行规划。智能机器人的研究和应用体现出了广泛的学科交叉,涉及众多学科,并且得到了越来越普遍的应用。

◆ 参考文献 ◆

[1] 纪爱敏.机械CAE分析原理及工程实践[M].北京：机械工业出版社，2009.
[2] 龚署光，边炳传.有限元基本理论及应用[M].武汉：华中科技大学出版社，2013.
[3] 丁渭平.汽车CAE技术[M].成都：西南交通大学出版社，2010.
[4] 刘义，徐恺，李济顺，等.RecurDyn多体动力学仿真基础应用与提高[M].北京：电子工业出版社，2013.
[5] 孙靖明，梁迎春.机械优化设计[M].北京：机械工业出版社，2008.
[6] 万常选，廖国琼，吴京慧，等.数据库系统原理与设计[M].北京：清华大学出版社，2012.
[7] 陈俊，孙建伶，董金祥.工程数据库管理系统的体系结构[J].软件学报，1999(2)：1-9.
[8] 董金祥，孙建伶.工程数据库管理系统[M].杭州：浙江大学出版社，2000.
[9] 王万森.人工智能[M].北京：人民邮电出版社，2011.
[10] 丁世飞.人工智能[M].北京：清华大学出版社，2011.

第3章 汽车CAE的部分主流软件系统及其应用

CAE在汽车行业应用非常广泛，如零部件及整车的刚度和强度计算、汽车轻量化设计、整车NVH（Noise，Vibration，Harshness）分析、机构运动学分析，车辆碰撞模拟分析，车身冲压成型分析，疲劳分析和汽车风阻分析等方面，涉及汽车的研发、设计、制造和试验等汽车整个生产过程。同时，由于汽车结构存在各种非线性结构，如发动机系统、悬挂系统、零部件间连接的能量缓冲等，汽车CAE分析已经从线性弹性分析发展到非线性结构分析，在CAE仿真分析过程中使用真实载荷与动态参数设计的方法。通过使用CAE分析软件，汽车企业可以在设计阶段预测零部件及整车的性能和设计缺陷，找出产品质量性能的改进方向，评估产品的可靠性，提高设计质量，降低研发成本，缩短新产品的研发周期。

20世纪60年代后期，由于电子计算机技术的应用和发展，有限元技术依靠数值计算方法迅速发展起来，分析的对象主要是航空航天设备的机械结构强度、刚度以及模态等力学问题，但是由于当时计算机运算速度慢，内存低，CAE处于应用的起步期。1970～1980年是CAE技术蓬勃发展的时期，SDRC、MSC、ANSYS等在技术和应用继续创新外，新的CAE软件大量涌现。有限元分析技术在结构分析和场分析领域获得了很大的成功，从力学模型开始拓展到各类物理场（如温度场、磁场、声波场）的分析；从线性分析向非线性分析（如材料为非线性、几何大变形导致的非线性、接触行为引起的边界条件非线性等）发展，从单一场分析向几个场的耦合分析发展。20世纪90年代是CAE技术的成熟壮大时期。经过30多年的发展，经历了从线框CAD技术到曲面CAD技术，再到参数化技术，直到目前的变量化技术，为CAE技术的推广应用打下了坚实的基础。当前商业化的CAE应用软件具有以下技术特点。

① 强大的建模和前处理功能。基于先进的计算机视窗和图形技术以及交互式操作方式等，用户界面友好，建模效率高。

② 先进的求解器。仿真软件能自动形成机械系统模型的动力学方程，并提供计算结果。分析软件求解工程问题的广度和深度不断提高，特别是非线性问题求解的能力取得重大进展。

③ 解决工程问题的深度和广度进一步加强。如有限元分析的范围由结构问题扩展为流体、电磁、电子以及多物理场耦合等领域，并由线性扩展到非线性和高度非线性问题。

④ 分析结果的可视化显示。以表格、图形和图像显示分析结果，并使用户更容易地获得和处理数值计算结果。以动画的形式再现结构的受载和动态过程。

⑤ 与其他 CAD/CAM 系统的集成性。为了取长补短，资源共享，许多 CAE 软件支持工业数据/几何模型交换标准，它们与 CAD 设计系统或 CAD/CAM 集成系统互留单向或双向接口。

目前国际上一些著名的 CAE 软件公司通过对自身的 CAE 软件功能的不断扩展和深化，或通过收购兼并专业软件公司来增强已有软件的功能，从而形成了一批知名品牌的 CAE 仿真分析软件，并在科学研究领域以及工程界得到广泛应用。CAE 软件的种类繁多，对于在汽车应用领域，主要分为通用 CAE 软件，专用 CAE 软件和嵌套在 CAD/CAM 系统中的 CAE 软件的分析模块。通用 CAE 软件主要是应用于通用机电产品设计的商业化 CAE 软件，这类 CAE 软件不仅可应用于汽车行业，也可应用于其他普通机电行业，虽然侧重点有所不同，但解决工程问题的领域比较宽，适应性和通用性强，如 ABAQUS、ADINA、ANSYS 和 NASTRAN 等属于这类软件。专用 CAE 软件的主要特点是针对某一专门领域开发的，其特定的功能强调专用性，如 ADAMS 和 FATIGUE 等。此外还有很多属于嵌套在 CAD/CAM 系统中的 CAE 分析模块。这类 CAE 软件主要针对不同方向设置不同的应用模块，在不改变通用性特点的情况下定向增加了市场分析需求量大的分析计算模块。如 ADAMS、ANSYS、NASTRAN 以及 ABAQUS 等，是迅速发展中的计算力学、计算数学、相关的工程科学、工程管理学与现代计算科学相结合而形成的一种综合性、知识密集型的信息产品。

3.1 ADAMS 软件的功能及应用

ADAMS（Automatic Dynamic Analysis of Mechanical Systems，即机械系统动力学自动分析）是由美国机械动力公司（Mechanical Dynamics Inc.，现已并入美国 MSC 公司）开发的虚拟样机分析软件。目前，ADAMS 已经被全世界各行各业的主要制造商采用。ADAMS 一方面是虚拟样机分析的应用软件，用户可以运用该软件非常方便地对虚拟机械系统进行静力学、运动学和动力学分析。另一方面，又是虚拟样机分析开发工具，其开放性的程序结构和多种接口，已成为特殊行业用户进行特殊类型虚拟样机分析的二次开发工具平台。

在制造领域中 ADAMS 主要应用于以下几个方面。

① 产品的外形设计。以前的汽车外形造型设计多采用泡沫塑料制作外形模型，要通过多次修改，既费工又费时。采用 ADAMS 虚拟技术的外形设计，可随时修改、评测，确定方案的建模数据，可直接用于设计、仿真和加工，甚至可用于广告和宣传。

② 产品装配仿真。机械产品的配合性和可装配性是设计人员容易出现错误的地方，以往要到产品最后装配时才能发现，导致零件的报废和工期的延误，造成巨大的经济损失。采用虚拟装配技术可以在设计阶段就进行验证，确保设计的正确性，避免损失，提高效率。

③ 产品的运动和动力学仿真。运用虚拟样机技术在产品设计阶段就能展示出产品的行为，动态地表现产品的性能。在产品设计阶段解决运动构件工作时的运动协调关系、运动范围设计、可能的运动干涉检查、产品动力学性能、强度、刚度等问题。

④ 虚拟样机与产品工作性能评测。首先进行产品的立体建模，然后将这个模型置于虚拟环境中控制、仿真和分析，可以在设计阶段就对设计的方案、结构等进行仿真，解决大多数问题，提高一次试验成功率。采用虚拟现实技术，还可以方便、直观地进行工作性能检查。

ADAMS 软件使用交互式图形环境和零件库、约束库、力库，创建完全参数化的机械系统几何模型，其求解器采用多刚体系统动力学理论中的拉格朗日方程方法，建立系统动力学方程，对虚拟机械系统进行静力学、运动学和动力学分析，输出位移、速度、加速度和反作用力曲线。ADAMS软件的仿真可用于预测机械系统的性能、运动范围、碰撞检测、峰值载荷以及计算有限元的输入载荷等。

ADAMS在汽车行业的应用，主要是利用ADAMS/Car（汽车模块），建立悬架、传动系统、转向机构、制动系统以及整车模型，并且对模型进行仿真分析、性能测试等一系列工作。

本书在第4章将详细介绍基于ADAMS的微车后悬架系统的仿真分析，这里就不再举例说明。

3.2 ANSYS软件的功能及应用

ANSYS软件是由世界上最大的有限元分析软件公司之一的美国ANSYS开发的。ANSYS是集结构、流体、声场、电场、磁场等分析于一体的大型通用有限元分析软件，ANSYS能与大多数的计算机辅助设计软件接口，实现数据的共享和交换，如Pro/Engineer、UG、Solidworks、CATIA、NASTRAN等。ANSYS功能强大，操作简单方便，现已成为国际上最流行的有限元分析软件，在历年的FEA（Finite Element Analysis）评比中都名列第一。目前，中国100多所理工院校采用ANSYS软件进行有限元分析或者作为标准教学软件，在目前有限元分析软件中占有重要的市场地位。

3.2.1 ANSYS软件介绍

ANSYS软件主要包括前处理模块、分析计算模块和后处理模块三个部分。

（1）前处理模块

前处理模块提供了一个强大的实体建模及网格划分工具，用户可以方便地构造有限元模型。前处理器在软件中的功能有多种，可以简述如下：①选用适当的元素、定义元素特性及材料性质；②建立被分析物体的实体模型；③产生有限元素模型。

有限元模型为软件在分析时实际使用的模型数据。它包含了分析时所需要的材料及物理性能等特性，因此建立有限元模型可视为前处理器最重要的任务。

（2）分析计算模块

在CAE软件的设计上，该部分为最重要的核心部分。分析计算包括结构分析（可进行线性分析、非线性分析和高度非线性分析）、流体动力学分析、电磁场分析、声场分析、压电分析以及多物理场的耦合分析，可模拟多种物理介质的相互作用，具有灵敏度分析及优化分析功能。在前处理模块中产生的有限元模型，将在该模块中设置边界条件并进行分析。因此，分析计算模块在软件中的执行角色如下：①确定分析方式及其解法选项；②设置约束边界条件；③设置外力或能量源的边界条件；④设置输入/输出控制与求解。

（3）后处理模块

后处理模块最主要的任务是将分析的结果以图形或文字的形式表现出来，以供分析判断之用。在文字输出的信息方面，包含节点及元素的变量值、应力及应变等数据。对构造简单的物体来说，所提供的文字信息或许已经足够。但对复杂的物体而言，庞大的文字信息反而造成用户无所适从的感觉，因此往往需要在图形信息中，利用颜色深浅变化表示物体的应力应变分布情况。

工程实际中，在后处理模块中将结果以图形信息输出的方式进行处理，已成为一般商用软件的通用方式。因此，大部分软件在后处理模块中也已将重点放在图形信息输出的方式上。图形信息输出的方式，除了利用颜色深浅变化外，也可以用等高线图的方式。对结构上的每一点来说，产生的应力、应变值为张量，因此也可以用向量的方式来描绘每一点，向量的长短代表应力应变值的大小，而向量的方向则代表主要应力应变的方向。

在 ANSYS 后处理模块中除了提供文字与图形显示方面的功能外，它还可以提供类似电子表格的功能，这个电子表格就是所谓的 Element Table。在该表格中，用户可以很容易地处理所运算出来的数据。因此，关于结构疲劳寿命的问题以及结构安全系数的部分，都可以在这个电子表格中进行计算。

此外，在后处理模块中，还可以将物体受不同但单纯的外力情形下的结果，组合成物体受到复杂外力作用时变化的情形，这种做法称为 Load Case Combine。每一种单纯外力情形称为 Load Case，因此在后处理模块中，可以轻易地考虑物体受到各种复杂外力作用的情形，并能预知在此外力作用下结构变形及应力应变等状况，同时也能计算疲劳寿命及结构的安全系数。

3.2.2　ANSYS 软件的应用

ANSYS 软件在核工业、铁道、石油化工、航空航天、机械制造、能源、汽车交通、国防军工、电子、土木工程、造船、生物医学、轻工、地矿、水利、日用家电等领域有着广泛的应用。其功能强大，操作简单方便，现在已成为国际最流行的有限元分析软件，在历年的 FEA 评比中都名列第一。

在汽车行业，ANSYS 在白车身模态分析、汽车安全性和零部件分析等方面有着广泛的应用。

① 白车身模态分析。在 ANSYS 软件中，通过模态分析方法了解白车身在某一易受影响的频率范围内的各阶主要模态的特性，预测白车身在该频段内在振源作用下产生的实际振动响应。如图 3-1 所示是某型轿车在 20 阶模态下的振动响应。

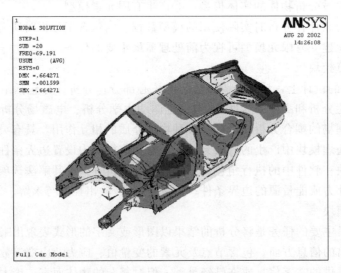

图 3-1　汽车白车身模态分析

② 汽车安全性。在汽车安全性方面，ANSYS 能够模拟车身受正向冲击的碰撞情况。如图 3-2、图 3-3 所示。

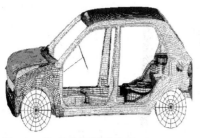 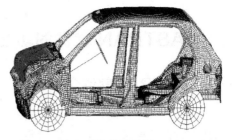

图 3-2　汽车碰撞模拟分析（$t=20$ms）　　　　图 3-3　汽车碰撞模拟分析（$t=50$ms）

此外，ANSYS 也能模拟单个部件受到冲击时的碰撞情况，图 3-4、图 3-5 是模型汽车车门在受到冲击时的变形情况。

图 3-4　车门碰撞变形（$t=0.06$s）　　　　图 3-5　车门碰撞变形（$t=0.12$s）

③ 汽车零部件分析。除了在汽车车身模态分析和汽车安全性分析方面有重要的应用外，ANSYS 还能对单个零部件进行分析，图 3-6 是利用 ANSYS 对汽车车架进行强度分析，图 3-7 是对后桥桥壳进行强度校核。

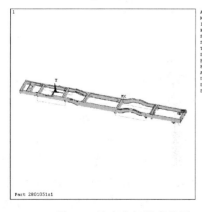 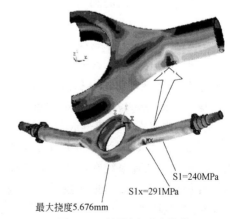

图 3-6　汽车车架强度分析　　　　图 3-7　后桥桥壳强度校核

3.3 NASTRAN 软件的功能及应用

3.3.1 NASTRAN 软件介绍

从 20 世纪 60 年代起，美国航空航天事业飞速发展，为了适应航空航天事业对结构分析提出的越来越高的要求，美国国家航空航天局（NASA）于 1966 年开始研发大型有限元分析应用程序，当时主要从事计算机辅助工程领域 CAE 产品研发的 MCS 公司参与了整个研发过程。1969 年 NASA 推出了第一版 ASTRAN，即 NASTRAN Level 12，之后又对其进行了不断地改良。1971 年，MSC 公司推出自己的专利版本：MSC.NASTRAN，MSC 对此版本进行了大量的改良和升级，使其更加通用，使用更方便，功能更完善。

如今主流的版本 MSC.NASTRAN 2013 除了在 CAE 仿真工具的高度自动化和智能化方向取得了很大进步，同时在非线性、梁单元库、h-p 单元混合自适应、优化设计、数值方法及整体性能水平方面也都有了很大改进和增强。以 ASTRAN 为核心的相关 MSC 产品线，以及 MSC.NASTRAN for Windows、MSC.Working Model 等为代表的 PC 中低端产品线的不断扩大，使得日益增长的 PC 微机用户的需求能够得到进一步的满足。

3.3.1.1 NASTRAN 软件的功能

MSC.NASTRAN 的主要动力学分析功能包括：特征模态分析、直接复特征值分析、直接瞬态响应分析、模态瞬态响应分析、响应谱分析、模态复特征值分析、直接频率响应分析、模态频率响应分析、非线性瞬态分析、模态综合、动力灵敏度分析、声学分析等。随着 MSC.NASTRAN 版本的不断更新，其力学分析能力也得到了很大的提升。例如在 MSC.NASTRAN V70.5 版中 Lanczos 算法在特征向量正交化计算速度上进一步提高，尤其是在求解百个以上的特征值时，速度较以往提高了 30%，使得复特征值分析速度大幅提高。而通过增加模态扩张法（残余矢量法）来实现估算高阶模态的功能，以确保参加计算的频率数，使得模态法的响应分析的计算精度显著提高。并且其不仅可以像其他有限元分析那样利用已知谱，还可自行生成用户所需的谱。

MSC.NASTRAN 可以进行几何非线性分析、材料非线性分析、非线性边界、非线性单元和非线性瞬态分析等多种非线性分析。这使得其能够对于材料特性进行精确地仿真，从而使设计人员能够更加全面的利用材料性能，对于其减少额外投资、有效地设计产品有着较大的作用。

MSC.NASTRAN 为非线性分析提供了丰富的迭代和运算控制方法，如 Newton-Rampson 法、改进 Newton 法、Arc-Length 法、Newton 和 ArcLength 混合法、两点积分法、Newmark β 法及非线性瞬态分析过程的自动时间步调整功能等。而与尺寸无关的判别准则可自动调整非平衡力、位移和能量增量。智能系统可自动完成全刚度矩阵更新，或 Quasi-Newton 更新、线搜索等，使得 MSC.NASTRAN 拥有十分强大的非线性分析功能。

基于一维、二维、三维热分析单元，MSC.NASTRAN 可以较好地解决包括传导、对流、辐射、相变、热控系统在内所有的热传导现象，并真实地仿真各类边界条件，构造各种复杂的材料和几何模型，模拟热控系统，进行热-结构耦合分析。通过 MSC.NASTRAN 可以实现线性/非线性稳态热传导分析、线性/非线性瞬态热传导分析、相变分析、热控分析、空气动力弹性及颤振分析、流-固耦合分析、多级超单元分析和高级对称分析等。利用

MSC.NASTRAN 可以计算出结构内的热分布状况，并直观地看到结构内潜热、热点位置及分布。用户可通过改变发热元件的位置、提高散热手段、绝热处理或用其他方法优化产品的热性能。

MSC.NASTRAN 拥有强大、高效的设计优化能力，其优化过程由设计灵敏度分析及优化两大部分组成，可对静力、模态、屈曲、瞬态响应、频率响应、气动弹性和颤振分析进行优化。

3.3.1.2 NASTRAN 的特点

相比较而言，NASTRAN 有着以下诸多特点。

① 品质优秀、功能强大。经过大量实践工程和无数测试，MSC.NASTRAN 的计算结果均高于其他质量规范，因此工业行业和一些大公司都将其作为标准来代替其他质量规范，其品质得到了有限元界的一致公认。而 MSC 公司也在不断改进 MSC.NASTRAN 软件，使其功能更加完善，精度进一步提高，运算能力更加强大，同时人机交互界面也更加简洁。其对于所处理问题的自由度数目、带宽、波前没有任何的限制，因此能够适用于绝大多数情况。

② 可靠性能高。MSC.NASTRAN 的整个研发及测试过程均是在 MSC 公司的 QA 部门、NASA、DOD（美国国防部）、FAA（联邦航空管理委员会）等有关机构的严格控制下完成的，在新版本的发行之前，都会采用不同级别的大量检验题目对其可靠性进行检测，因此该软件具有极高的可靠性。

③ 高度灵活的开放式结构。MSC.NASTRAN 的组织结构具有全模块化的特点，使其在功能强大的同时也有着很高的灵活性，根据不同的工程问题和实际需求，用户能够自主选择不同的模块进行组合，以获得在实际情况下最佳合理的应用系统。

④ 输入/输出格式为工业标准。MSC.NASTRAN 的输入/输出格式和计算结果是如今 CAE 行业的工业标准，其计算结果通常被用作评估其它有限元分析软件精度的参照标准，因此几乎所有的 CAD/CAM 软件都有与其直接相接的接口，因此其有着很广泛的应用，使其在大型工程项目和国际上一般都作为首选的有限元分析工具。

3.3.2 NASTRAN 软件的应用

MSC.NASTRAN 以其强大的性能和较高的灵活性在力学分析、汽车设计、航空航天、船舶设计等诸多方面都有着广泛的应用。

由于近年来能源问题日益突出，节能减排成为了汽车行业所面临的挑战。而降低汽车质量对提高燃油效率和降低汽车油耗有着十分显著的作用。故现在各大汽车公司都开始对车辆进行轻量化设计。而 MSC.NASTRAN 可以较好地应用在汽车轻量化设计中，现以汽车悬架系统轻量化设计为例来介绍 MSC.NASTRAN 的应用。对某款车型下摆臂进行有限元建模并求解，其初始设计参数如表 3-1 所示，静强度计算、动态计算和损伤计算结果如图 3-8 所示。

表 3-1 某款车型下摆臂的初始设计方案

零件名称	厚度/mm	材料
下摆臂本体	3.5	BR440/590HE
下摆臂加强版	3.0	BR440/590HE

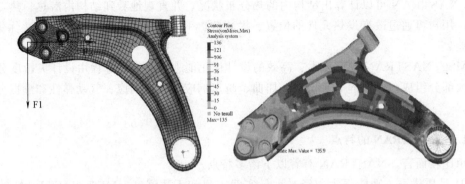

(a) 初始方案有限元模型　　　　　　　(b) 静强度计算结果界面

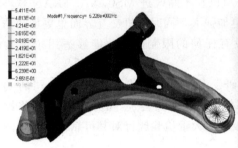 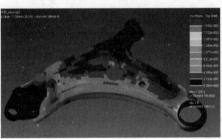

(c) 动态计算结果界面　　　　　　　　(d) 损伤计算结果界面

图 3-8　初始有限元模型及分析结果

对初始设计方案进行轻量化设计，以下摆臂本体厚度和下摆臂加强版厚度为设计变量，在保证其强度、模态和寿命的要求的前提下（将设计要求作为约束），建立以质量最轻为目标函数的优化设计模型。将相关参数输入到 NASTRAN 进行优化可以得到其最终优化结果为：下摆臂本体厚度 2.4mm，下摆臂加强板厚度为 2.8mm。此时其强度、模态及寿命均满足使用要求，其优化前后相关指标的对比如表 3-2 所示。

表 3-2　优化前后相关指标的对比

参　数	新结构	原结构
下摆臂本体厚度/mm	2.4	3.5
下摆臂加强板厚度/mm	2.8	3.0
质量/kg	3.0	3.8
最大应力/MPa	223	136
一阶频率/Hz	428	522
寿命/次	6.3E5	>1e7

由此可知：优化设计后质量减轻了 20%，同时能够满足使用要求，避免了"设计过剩"。

3.4 SYSNOISE 软件的功能及应用

3.4.1 SYSNOISE 软件介绍

LMS 公司全称为 Leuven Measurement System International，成立于 1979 年，其总部设在比利时，是一家能够提供虚拟仿真软件、试验系统和工程咨询服务等独特的组合方案的创新公司，其领域涵盖系统动力学、结构完整性、声音品质、疲劳耐久性、安全性、能源消耗等，并且其在噪声、振动、疲劳测验、疲劳分析领域处于领先地位。SYSNOISE 是该公司研发的一款大型声学分析商品软件，在声学计算分析领域占据着很重要的地位。其在声振领域的设计、故障诊断和优化有着广泛的应用，能够实现空腔的声场预测、环绕物体的声场分析甚至是计算声场作用下结构的响应，对工程师进行噪声控制、优化产品的声振特性有着很大的帮助，受到了一致好评。美国的 NASA、FORT 汽车公司、BOSE 音像公司，国内著名大学、研究所和一些知名公司如西北工业大学、上海交通大学、上海大众汽车等都采用该软件进行相关领域的研究工作。

3.4.1.1 SYSNOISE 软件的主要功能

① 声辐射、散射计算。结构在振动的时候会产生声辐射，声波在传播过程中碰到结构物会产生反射和绕射。SYSNOISE 本身具有振动响应的有限元计算功能，并能从测得的模态数据和给定的激励计算响应速度。同时也能进一步利用这些数据计算结构表面的声压和结构周围的声场分析等，如汽车发动机、空气压缩机工作的声音和汽车行驶在公路上时所产生的声音在周围环境中产生的声场。

② 声音传递计算。在日常生活中会产生各种各样的声音，这些声音遇到结构物时会被反射、吸收和传递，在这个过程中也会对结构物产生激励，导致结构物振动加剧。SYSNOISE 软件能够计算声传递过程中的传递损失，并提供在声激励下结构振动特性的计算功能，同时能够计算结构受迫振动所产生的声场。

③ 结构-声场耦合系统的响应灵敏度分析。该功能主要是分析在声场中哪些部位、哪些参数对声辐射的影响最大，哪些材料能够有效地吸收声辐射。该功能计算的主要参数可以是声学上的相关设计变量，如声压等，也可以是结构变量，如结构件的尺寸等。

④ 声学设计。SYSNOISE 拥有着强大的分析计算功能，可以对已有结构件的边界条件进行改进，以实现降低噪声的作用。

3.4.1.2 SYSNOISE 的特点

采用 SYSNOISE 软件处理结构的辐射噪声问题，相较于其他软件而言，其特点如下。

① 多种方法的使用。对于封闭的区域，有限元法能够较好地处理其内部噪声的问题，实现对该区域的共振频率和声-振模态进行预测，同时能够计算时域或者频域上在空腔中产生的声-振响应。采用无限元法作为补充，计算声-振响应和振动结构对外部声场的灵敏度等问题以及多流体问题和求解时域问题。采用边界元法求解内部声场和外部辐射声场。同时能够采用逆算法，通过灵敏度分析进行优化设计，由测得的噪声求解表面振动。

② 较强的交互能力。SYSNOISE 能够与许多 CAE 软件进行无缝连接，如 ANSYS、MSE.NASTRAN、ABAQUS 等。

③ 适用范围广。SYSNOISE 系统中包含有几个特殊模块，如 VIOLINS 模块，RAYNOISE 模块、MOSART 模块等。其不同的模块适用于不同的场合，如 VIOLINS 模块主要适用于多层

复合板的吸声特性计算，如汽车车厢内的阻尼吸声材料、飞机内衬吸声材料、潜艇外壳的消声瓦等。这使得 SYSNOISE 有着较广的适用范围。

3.4.2 SYSNOISE 软件的应用

SYSNOISE 软件在汽车、航空航天、船舶潜艇、消费类产品如高保真音响、扬声器等场合都有着很好的应用。对于降低噪声、提高声音的舒适度、声音保真方面都有着良好的应用价值。现以汽车进气噪声分析和优化这一过程对其使用进行介绍。

减少进气噪声是改善汽车 NVH 性能（噪声、振动与舒适性）的一个重要方面，合理地设计、布置消声单元，优化发动机的进气系统，能够较好地降低进气噪声，提高汽车品质，从而提高其品牌价值和市场竞争力。现选取某公司的某款车型，对其自吸发动机进气系统噪声进行优化。由于发动机的进气系统是一个非常复杂的噪声源，包含各种类型的噪声，每种噪声产生的机理也各不相同。因此，对进气系统噪声进行优化首要明确各个噪声源产生的原因，并确定各个噪声源的贡献量，再有针对性地解决噪声问题。

测试了进气口噪声和空气滤清器壳体辐射噪声并进行对比可以发现进气口噪声占主要成分。而通过测试可知，二阶噪声在 63Hz 处的峰值造成了车内的共鸣声。进一步分析发现该峰值应与声源无关，而是在传递路径中引起的。为此分析整个进气系统的传递损失，进气系统在 60Hz 处声压云图如图 3-9 所示，传递损失曲线如图 3-10 所示。

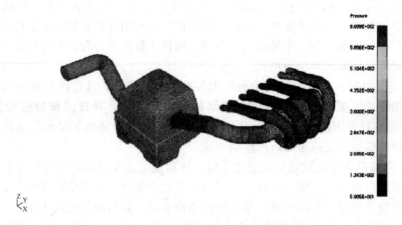

图 3-9　进气系统在 60Hz 处声压云图

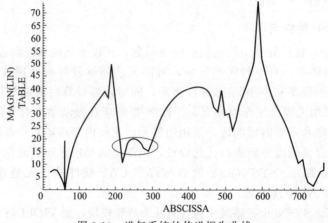

图 3-10　进气系统的传递损失曲线

从传递损失计算结果可知，整个进气系统在 60Hz 处存在谷点，在 260Hz 左右存在谷带。因此为了改善进气系统的降噪效果，需要在这两处做改进。

经分析，在进气口处布置 3L 的赫姆霍兹共振器，在出气口管周围布置 1/4 波长管后能够较好地实现降噪，布置后声压云图及进气系统的传递损失曲线如图 3-11 所示。由此可见 SYSNOISE 在进行声场分析的时候有着很优异的性能和较高的可靠性。

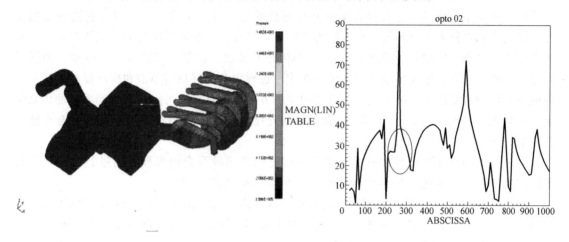

图 3-11　改进后的声压云图和进气系统传递损失曲线

3.5　Matlab/Simulink 软件的功能及应用

3.5.1　Matlab/Simulink 软件介绍

Matlab 全称为 Matrix & Laboratory，意为矩阵实验室，它是由美国 MathWorks 公司于 1984 年首次推出的商业数学软件，主要用于算法开发、数据可视化、数据分析及数值计算的高级计算机语言和交互式环境。由于其强大的计算能力在数学类科技应用软件中首屈一指，Matlab 在工程计算、控制设计、信号处理与通信、图像处理、信号检测、金融建模设计与分析等各个领域都有着较广的应用。

Matlab 的基本数据单位是矩阵，它的指令表达式与数学领域和工程领域中常用的形式十分相似，因此采用 Matlab 对实际问题进行编程解决要比采用 C、C♯ 或 FORTRAN 等计算机高级语言简单很多。同时 Matlab 也吸收了像 Maple 等软件的优点，使得其功能更加强大，也更加易于用户实际操作。在新的版本中，Matlab 加入了对 C、FORTRAN 等语言的支持，其适用的范围更加广，越来越多的人开始学习和使用 Matlab，并用它解决了各类计算分析的问题。

Simulink 是 Matlab 最重要的组件之一，它能够提供一个动态系统建模、仿真和综合分析的集成环境。在该环境中，无需大量书写程序，而只需要通过简单直观的鼠标操作，就可构造出复杂的系统。而基于 Matlab 的强大运算能力和其本身易于操作的特点使得其被广大用户所广泛应用。

Simulink 是基于 Matlab 的一种可视化仿真工具，其最主要的功能是实现动态系统建模、仿真和分析，故其被广泛应用于线性系统、非线性系统、数字控制及数字信号处理的建模和仿真中。对各种时变系统，包括通信、控制、信号处理、视频处理和图像处理系统等，

Simulink 均能提供交互式图形化环境和可定制模块库来对其进行设计、仿真、执行和测试。而构架在 Simulink 基础之上的其他产品扩展了 Simulink 多领域建模功能，提供了用于设计、执行、验证和确认任务的相应工具，其基于 Matlab 的特性使得其可以直接访问 Matlab 大量的工具来进行算法研发、仿真分析和可视化、批处理脚本的创建、建模环境的定制以及信号参数和测试数据的定义。

Simulink 最大的特点是其拥有丰富并且可以扩充的预定义模块库，同时它能够采用交互式的图形编辑器来组合和管理直观的模块图，并以设计功能的层次性来分割模型，实现对复杂设计的管理。使用者能够通过 Model Explorer 导航、创建、配置、搜索模型中的任意信号、参数、属性，生成模型代码，因此在建模过程中，能够只需单击和拖动鼠标操作就能完成，为使用者提供了一种更快捷、直接明了的方式，而且用户可以立即看到系统的仿真结果。并且其还提供 API 用于与其他仿真程序的连接或与手写代码集成，很大程度上方便了客户的使用。

Simulink 可以用连续采样时间、离散采样时间或两种混合的采样时间进行建模，它也支持多速率系统，也就是系统中的不同部分具有不同的采样速率。

此外，Simulink 还能够采用图形化的调试器来检查仿真结果，诊断设计的性能和异常行为，便于使用者对模型进行修改。同时，其能够利用模型分析和诊断工具来保证模型的一致性，确定模型中的错误，避免在模型错误下进行仿真，从而使得结果具有较高的可靠性。

3.5.2 Matlab/Simulink 软件的应用

Matlab/Simulink 主要应用于控制理论和数字信号处理的复杂仿真和设计等方面。在工程上很多时候都要对一些实际情况进行建模分析，从而获得较为近似的结果，为解决实际问题奠定基础。而 Simulink 能完成多数模型的分析。下面以建立变速箱热平衡系统的仿真模型为例来说明 Simulink 的作用及使用方法。

在建立 Simulink 仿真模型之前，需做如下假设。

① 变速箱内部各元件主要是金属材质，相对于变速箱与外界环境热阻来说，变速箱内部热阻相对小得多，变速箱内各元件温度相差不大。因此，可以把变速箱简化成一个具有统一温度的节点单元。

② 由于将变速箱作为一个单元节点，变速箱的等效热容计算可以认为是变速箱箱体材料的热容量和润滑油的热容量之和；而变速箱的热阻则认为是变速箱体与外界环境之间的热阻，主要为箱体与空气对流传热的热阻，忽略变速箱的热辐射热阻。

汽车在行驶过程中，变速箱由发动机提供转速和转矩，变速箱内各元件开始工作并产生热量，使内部各元件温度上升。要确定变速箱内部温度场分布，必须先确定变速箱的输入转速以及转矩，而输入转速、转矩则与发动机自身参数、车辆行驶工况有关。因此，首先对变速箱输入转速和转矩进行仿真，然后将变速箱输入的转速和转矩作为输入条件对整个变速箱热平衡系统进行仿真，这样仿真出来的结果能够真实反映出车辆在行驶工作中变速箱的热平衡状态。变速箱温度动态仿真模型如图 3-12 所示。

该模型中包括的主要模块如下。

① 计算内部产热量模块 $Q(n, T, t_1)$。该模块将发动机输出转速和输出转矩以及变速箱温度作为输入，根据热功率数学模型计算变速箱在某一挡位下的产热功率，由于变速箱内部温度相差不大，变速箱的温度也可作为润滑油温度。

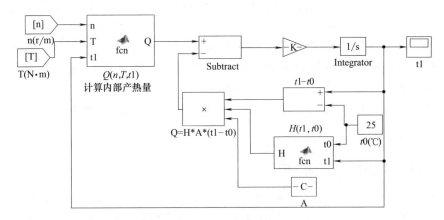

图 3-12 变速箱温度动态仿真模型

② $H(t_1,t_0)$ 模块。该模块将变速箱整体当作单元节点，计算变速箱与外界空气对流换热系数，忽略热辐射热阻。根据换热系数计算公式，可以确定变速箱与外界空气的对流换热系数。

3.6 RecurDyn 软件的功能及应用

3.6.1 RecurDyn 软件介绍

RecurDyn（Recursive Dynamic）是由韩国 FunctionBay 公司开发出来的基于相对坐标系运动方程理论和完全递归算法的新一代多体运动动力学仿真软件。其非常适合大规模及复杂接触的多体动力学问题。

采用传统的动力学分析软件来求解机构中普遍存在的碰撞问题时，其过程简化较为繁琐，效率低下，求解稳定性差，很难满足实际工程的应用需求。而 RecurDyn 软件能够很好地解决碰撞问题，并且在运算过程中能够保证快速性和较高的稳定性，同时对于传统的动力学难以解决的柔性体大变形非线性问题，柔性体之间的接触，以及柔性体与刚性体相互之间的接触问题，能够超越一般多体动力学软件只能考虑柔性体的线性变形的局限性，使其适用范围得到了极大的拓展。同时 RecurDyn 有着自己的专用工具包，能够迅速完成对履带、链、齿轮、皮带、弹簧等的建模过程。

RecurDyn 为客户提供了一套完整的虚拟产品开发平台，能够形成机、电、液一体化的集成分析，充分满足客户的需要。RecurDyn 软件有如下特点。

① 采用相对坐标系的完全递归算法，能够迅速稳定的解决机构中普遍存在的碰撞问题，结果可靠性高。

② 能够较为真实地模拟接触，其内置接触二维、三维模型十分丰富，能够进行球对球、球对曲面、曲面对曲面、线对线、多体接触等各种形式的柔性体与柔性体、柔性体和刚性体之间的接触和碰撞分析，其中的 MFBD（多柔体动力学分析技术）能够应用于柔性体大变形非线性问题，对于柔性体的运动学和动力学分析能力较强。同时，在多个物体自动接触的情况下，软件能够自动定义多个物体之间接触，避免人为进行定义，减少设计人员的工作量。

③ RecurDyn 软件有很多专用工具包，如 RecurDyn/Track（HM）高机动性履带包、

RecurDyn/Track（LM）低机动性履带包、RecurDyn/MTTT2D 2D 媒介传输包、RecurDyn/MTTT3D 3D 媒介传输包等，能够根据实际参数快速地完成各部分的集合建模，迅速建立模型，并且不同的工具包能解决其对应的相关问题，如 RecurDyn/MTTT2D 2D 媒介传输包广泛应用于进纸机构（如打印机、复印机、传送机），银行设备（如 ATM 取款机、点钞机）等。能够检查由于各种原因引起的潜在堵塞，如不同的纸张尺寸、质量和刚度等。其专用工具包还能够实现 DFSS、6σ、DOE、灵敏度和设计的优化分析等功能。

3.6.2 RecurDyn 软件的应用

RecurDyn 软件在很多行业如工程机械、国防工业、汽车制造、航空航天、医疗器械等多个领域的各个方面都有着很广泛的应用，如：履带/轮式车辆稳定性分析、汽车各子系统动力学行为和整体的动态性能（如平稳、制动、舒适、噪声等）进行分析、银行 ATM 自动取款机和点钞机等的传送系统的分析等。下面以小型履带车为例来展示其应用。

小型履带车的工作稳定性和可靠性是其性能好坏的重要指标，直接影响到其在实际工作中的效率和其运营成本，而 RecurDyn/Track（LM）工具包对小型履带车仿真有着较高的准确度，能够准确地仿真小型履带车在平稳路面的行驶情况，研究在行驶过程中的性能参数，从而对其工作的平稳性和可靠性评价提供数据，并为其各子系统选型和优化设计奠定基础。

使用 RecurDyn/Track（LM）对小型履带车进行仿真，首先要建立整车动力学模型。由于履带建模较为困难故而在 RecurDyn/Track（LM）中进行建模，而小型履带车的机架可以在 SOLIDWORKS 中直接简化建模，然后采用 Parasolid 导入其中。建模界面如图 3-13 所示。履带系统建模结果如图 3-14 所示。

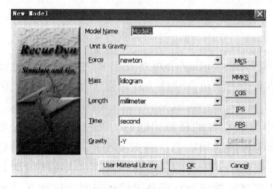

图 3-13　建模界面

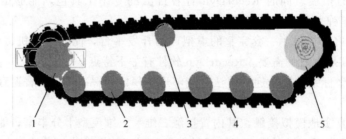

图 3-14　履带系统模型
1—驱动轮；2—支重轮；3—托带轮；4—履带；5—张紧轮

虚拟样机仿真的输入量为：STEP（TIME，0，0，2，0）+ STEP（TIME，2，0，5，－1100d）。对小型履带车进行仿真，其结果如图 3-15 所示。

实际测得的数据和仿真数据的对比如表 3-3 所示。

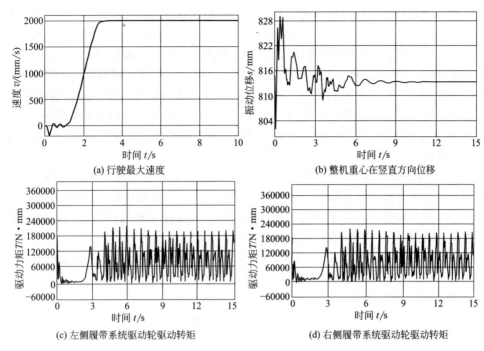

图 3-15　仿真结果

表 3-3　实际数据和仿真数据的对比

参　　数	仿真值	实验值
水平路面行驶速度/(km/h)	7.19	6.98
左侧履带驱动轮驱动转矩/N·mm	80.7	80.2
右侧履带驱动轮驱动转矩/N·mm	80.3	79.8
整机重心在竖直方向振动位移/mm	813.12	813.15

从表 3-3 可知，RecurDyn 软件在仿真时具有较高的精确性。

3.7　ABAQUS 软件的功能及应用

3.7.1　ABAQUS 软件介绍

达索（SIMULIA）公司成立于 1978 年，原名为 ABAQUS 公司，是世界知名的计算机仿真软件公司。2005 年该公司与在产品生命周期管理软件方面闻名的法国达索集团合并，成立了被公认为世界上最大最优秀的非线性力学和计算机辅助工程研究团体。其产品主要包括统一的有限元技术（Unified FEA）、多物理场分析技术（Multiphysics）和仿真生命周期管理平台（Simulation Lifecycle Management）三部分内容。

ABAQUS 软件在世界上有着很高的知名度，除了在相对简单的线性分析外，其在非线性分析方面功能也十分强大，因此被全球工业界接受，被认为是为世界上最先进的大型通用非线性有限元分析软件。ABAQUS 为广大用户提供了强大的分析功能，具有操作简单，解决复杂问题的精确性、可靠性较高，人机交互界面可操作性强的优点。ABAQUS 不仅拥有一个丰富的能模拟任意几何形状的单元库，还能模拟典型的工程材料的性能，其中包括金属、橡胶和高分子材料等，因此 ABAQUS 不但能解决大量的结构问题，还能模拟其他工程领域的许多问题。自 1997 年起中国开始引进 ABAQUS，当前越来越多的企业和高校采用 ABAQUS 作为产品研发和科学研究的工具，ABAQUS 的主要功能如下。

① 结构静态、准静态和动态分析。ABAQUS 能够完成结构在不同状态下的分析，如静态结构的线性分析，材料分析和几何非线性分析，以及结构断裂分析，动态黏弹性/黏塑性材料结构的响应分析以及在准静态下应用显式积分方法求解静态和冲压等准静态问题等。

② 热力学分析。ABAQUS 具有对某个场中产生的热传导、热辐射和热对流进行瞬态或稳态分析的功能。

③ 水下结构分析。该功能可对静水压力下所造成的质量扩散和渗流进行分析，对冲击载荷作用下的水下结构进行分析，以及海洋工程中的特殊载荷如流载荷、浮力、惯性力对海洋工程的特殊结构如锚链、管道和电缆等进行分析。对海洋工程的特殊连接，如土壤/管柱连接、锚链/海床摩擦、管道/管道相对滑动等进行分析。

④ 柔体多体动力学分析。对机构的运动情况进行分析，并与有限元功能结合进行结构和机械的耦合分析，并可以考虑机构运动中的接触和摩擦。

⑤ 良好的人机交互界面。ABAQUS 汲取了同类软件的优点，具有良好的人机交互界面，同时能够处理多任务、多工况的实际问题的建模和仿真。

除上述功能之外，ABAQUS 还拥有很多其他强大的功能，如灵敏度分析、疲劳分析、退火成型过程分析等，使其在很广泛的领域能够得到很好的应用。

3.7.2 ABAQUS 软件的应用

ABAQUS 能够应用在很多领域，如金属、橡胶、高分子材料、复合材料、钢筋混凝土、可压缩超弹性泡沫材料及土壤和岩石问题、热传导、质量扩散、航空、汽车、土木、电子、材料成型加工、石化等。

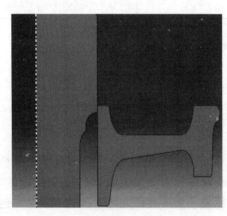

图 3-16 和谐型机车 HXD2 的轮对有限元模型

以和谐型机车 HXD2 的轮对过盈装配过程为例，采用 ABAQUS 对其进行有限元分析。在 ABAQUS 软件中建立的和谐型机车 HXD2 的轮对有限元模型如图 3-16 所示。

在轮对压装过程中车轮在插板的固定作用下是不动的，车轴在油缸的推动下慢慢和轮毂配合，根据这一压装特点，在草图模块中要加入一个刚性压头，通过压头将车轴缓慢地压入车轮轮毂中，并且定义压头和车轴之间没有摩擦。压头上建立参考点为边界条件的设置提供对象。

在 ABAQUS 的属性功能模块中加入塑性属性即建立了弹塑性模型。弹塑性模型经后处理得到的压力-位移曲线如图 3-17 所示。从图 3-17 中可以看出在弹塑性模型下，各个最大压装力比弹性变形下压装力偏小，其中过盈为 0.32mm 的弹塑性模型的最大压装力为 930.613kN，小于生产要求的最小压装力。因此可以看出在过盈量不是很大的情况下，配合面发生的是弹性变形，当过盈量超过一定值时是弹塑性变形。

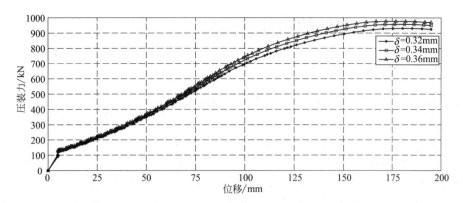

图 3-17 弹塑性模型在不同过盈量时的压力-位移曲线

由以上的分析可知，过盈量为 0.36mm 的弹塑性模型的应力云图，车轴和车轮上的应力分布趋势与弹性变形相同，由于轮毂孔的边缘有塑性变形，应力集中现象较弹性模型不是很明显。随着过盈量的增大，轴中间部位的高应力与也随之扩大，此时图 3-17 显示的相应压力位移曲线根据标准仍然是合格的，但是从曲线上不能体现图 3-18 反映的表面质量；同时由图 3-19 的应变图可知，当过盈量从 0.32mm 增大到 0.36mm 时，车轴的塑性变形由 1.4×10^{-3} 增加至 6.0×10^{-3}，轮毂的塑性应变值由 1×10^{-3} 增大到 5.68×10^{-3}。

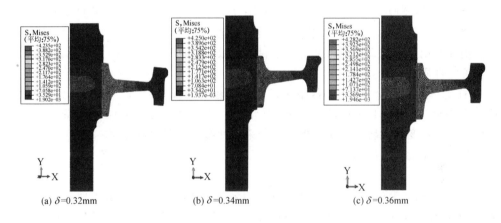

图 3-18 不同过盈量时的弹塑性应力云图

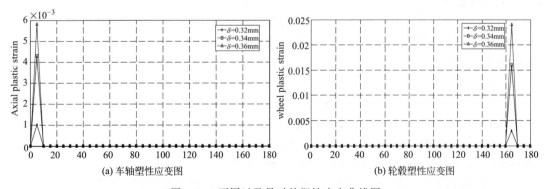

图 3-19 不同过盈量时的塑性应变曲线图

3.8 LS-DYNA 软件的功能及应用

3.8.1 LS-DYNA 软件介绍

J. O. Hallquist 主持开发完成的 DYNA 程序系列被公认为是显式有限元程序的鼻祖和理论先导,是目前所有显式求解程序(包括显式板成型程序)的基础代码。1988 年 J. O. Hallquist 创建 LSTC 公司,推出 LS-DYNA 软件系列,并于 1997 年将 LS-DYNA2D、LS-DYNA3D、LS-TOPAZ2D、LS-TOPAZ3D 等程序合成一个软件包,称为 LS-DYNA。

LS-DYNA 程序功能齐全,包含有几何非线性(大位移、大转动和大应变)、材料非线性和接触非线性程序。它以显式求解为主,兼有隐式求解功能;以结构分析为主,兼有热分析、流体-结构耦合功能;以非线性动力分析为主,兼有静力分析功能(如动力分析前的预应力计算和薄板冲压成型后的回弹计算),是显式动力学程序的鼻祖和先驱。LS-DYNA 功能特点如下:

① LS-DYNA 具有很强的分析能力,包括非线性动力分析、热分析、失效分析、裂纹扩展分析、接触分析、准静态分析、欧拉场分析、任意拉格朗日-欧拉(ALE)分析、流体-结构相互作用分析、不可压缩流体 CFD 分析、实时声场分析、多物理场耦合分析(结构、热、流体、声场等)。

② 丰富的材料模型。LS-DYNA 程序目前有 140 多种金属和非金属材料模型可供选择,如弹性、弹塑性、超弹性、泡沫、玻璃、地质、土壤、混凝土、流体、复合材料、炸药及起爆燃烧、刚性及用户自定义材料,并可考虑材料失效、损伤、黏性、蠕变、与温度相关、与应变率相关等性质。

③ 多样的单元库。LS-DYNA 程序现有 16 种单元类型,有二维、三维单元,薄壳、厚壳、体、梁单元,ALE、Euler、Lagrange 单元等。各类单元又有多种理论算法可供选择,具有大位移、大应变和大转动性能,单元积分采用沙漏黏性阻尼以克服零能模式,单元计算速度快,节省存储量,可以满足各种实体结构、薄壁结构和流体-固体耦合结构的有限元网格剖分的需要。

④ 强大的接触分析功能。LS-DYNA 程序的全自动接触分析功能易于使用,功能强大。现有 40 多种接触类型可以求解下列接触问题:变形体对变形体的接触、变形体对刚体的接触、刚体对刚体的接触、板壳结构的单面接触(屈曲分析)、与刚性墙接触、表面与表面的固连、节点与表面的固连、壳边与壳面的固连、流体与固体的界面等,并可考虑接触表面的静动力摩擦(库伦摩擦、黏性摩擦和用户自定义摩擦模型)、热传导和固连失效等。这种技术成功地用于整车碰撞研究、乘员与柔性气囊或安全带接触的安全性分析、薄板与冲头和模具接触的金属成形、水下爆炸对结构的影响等。此外程序采用材料失效和侵蚀接触可以进行高速弹丸对靶板的穿甲模拟计算。

⑤ 自适应网格剖分。自动剖分网格技术通常用于薄板冲压变形模拟、薄壁结构受压屈曲、三维锻压问题等大变形情况,使弯曲变形严重的区域皱纹更加清晰准确。对于三维锻压问题,LS-DYNA 主要有两种方法:自适应网格剖分和任意拉格朗日-欧拉网格(ALE)进行 Rezoning,三维自适应网格剖分采用的是四面体单元。

⑥ ALE 和 Euler 列式。LS-DYNA 程序具有 Lagrange 列式和 Euler 列式,Lagrange 列式的单元网格附着在材料上,随着材料的流动而产生单元网格的变形。但是在结构变形过于巨大时,有可能使有限元网格造成严重畸变,引起数值计算的困难,甚至程序终止运算。

ALE 列式和 Euler 列式可以克服单元严重畸变引起的数值计算困难,实现流体-固体耦合的动态分析。ALE 列式先执行一个或几个 Lagrange 时间步计算,此时单元网格随材料流动而产生变形,然后执行 ALE 时间步计算。在 LS-DYNA 程序中 ALE 和 Euler 列式有以下功能:多物质的 Euler 单元,可达 20 种材料;若干种 Smoothing 算法选项;一阶和二阶精度的输运算法;空白材料;Euler 边界条件:滑动或附着条件;声学压力算法;与 Lagrange 列式的薄壳单元、实体单元和梁单元的自动耦合。

⑦ SPH(Smoothed Particle Hydrodynamics)算法。SPH 光顺质点流体动力算法是一种无网格 Lagrange 算法,最早用于模拟天体物理问题,后来发现解决其他物理问题也是非常有用的工具,如连续体结构的解体、碎裂、固体的层裂、脆性断裂等。SPH 算法可以解决许多常用算法解决不了的问题,是一种非常简单方便的解决动力学问题的研究方法。由于它是无网格的,可以用于研究很大的不规则结构。

⑧ 边界元法。LS-DYNA 程序采用边界元法 BEM(Boundary Element Method)求解流体绕刚体或变形体的稳态或瞬态流动,该算法限于非黏性和不可压缩的附着流动。

⑨ 汽车安全性分析。LS-DYNA 程序具备模拟汽车碰撞时结构破损和乘员安全性分析的全部功能。

⑩ 热分析。LS-DYNA 程序有二维和三维热分析模块,可以独立运算,也可以与结构分析耦合,可进行稳态热分析,也可进行瞬态热分析,用于非线性热传导、静电场分析和渗流计算。

⑪ 不可压缩流场分析。LS-DYNA 不可压缩流求解器不仅已具有固体、结构、边界元及可压缩流场分析功能,而且 LS-DYNA 软件加入了对不可压缩流场的分析模块,同时还可用于求解低马赫数/不可压流场中的液固/液体-结构耦合作用问题。

⑫ 前后处理功能。LS-DYNA 利用 ANSYS、LS-INGRID、ETA/FEMB 及 LS-POST 强大的前后处理模块,具有多种自动网格划分选择,并可与大多数的 CAD/CAE 软件集成并有接口。

前处理功能包括:有限元直接建模与实体建模;布尔运算实现模型的细雕刻;模型的拖拉、旋转、拷贝、蒙皮和倒角等操作;完整、丰富的网格划分工具,自由网格划分、映射网格划分、智能网格划分和自适应网格划分等。

后处理功能包括:结果的彩色等值线显示、梯度显示、矢量显示、等值面、粒子流迹显示、立体切片、透明及半透明显示;变形显示及各种动画显示;图形的 PS、TIFF 及 HPGL 格式输出与转换等。

3.8.2 LS-DYNA 软件的应用

LS-DYNA 是世界上最著名的通用显式动力分析程序,能够模拟真实世界的各种复杂问题,特别适合求解各种二维、三维非线性结构的高速碰撞、爆炸和金属成型等非线性动力冲击问题,同时可以求解传热、流体及流固耦合问题。在工程应用领域被广泛认可为最佳的分析软件包。与实验的无数次对比证实了其计算的可靠性。

LS-DNYA 在汽车工业中的有着诸多应用,如汽车碰撞分析、气囊设计、乘客被动安全等。

① 汽车正面碰撞分析。采用动态显式非线性有限元技术,利用 NX、ANSA、LS-DYNA 等有限元软件对某汽车进行几何建模、网格建模和计算求解,依据计算结果分析汽车正面主要结构在碰撞中的耐撞性,并将计算结果与试验结果进行对比,以验证仿真模型的准确性。图 3-20 为在 LS-DYNA 中的碰撞效果图。

图 3-20　碰撞效果图

采用 LS-DYNA 进行后处理，得到发动机顶部加速度曲线图，如图 3-21 所示，可以看出，仿真测试结果和真实实验结果非常贴近，仿真结果可靠。

② 汽车前纵梁碰撞吸能特性的优化设计。利用非线性动力学分析软件 LA-DYNA 进行碰撞模拟仿真与实车碰撞试验的结果吻合良好，可以有效地替代实车试验进行碰撞分析。在碰撞参数和数值仿真条件等完全相同的前提下，重点研究纵梁的形状和焊点位置等设计参数对碰撞吸能量的影响，并且在指定的设计范围内，给出最佳的纵梁形状构成和焊点分布方案，为改进汽车纵梁设计提供有效的理论依据。长方形断面纵梁结构的有限元分析模型如图 3-22 所示。优化前后长方形断面纵梁受到撞击时的变形过程如图 3-23 和图 3-24 所示。

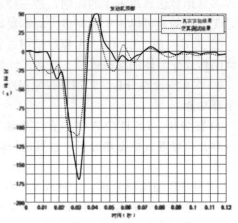

图 3-21　发动机顶部加速度曲线图

图 3-22　长方形断面纵梁结构的有限元分析模型

图 3-23　优化前长方形断面纵梁
受到撞击时的变形过程

图 3-24　优化后的前纵架结构
受到撞击时的变形过程

经过优化设计,不仅能有效地降低纵梁的重量,而且纵梁的吸能效果也得到了明显改善。优化设计后的纵梁的碰撞特性得到了很大提高。

③ 轿车侧门碰撞强度仿真分析。针对汽车侧面碰撞安全性问题,运用显式非线性有限元软件 LS-DYNA 对国产某轿车的侧面碰撞强度进行仿真分析。参照国家标准对车门进行侧面刚性柱仿真模拟,车门整体在碰撞过程中的各时间点的变形如图 3-25 所示,并对车门参数以及乘员伤害指标加以分析,最后可通过改变防撞板的结构以及材料提高了车门的防撞强度,以达到进行优化的目的。

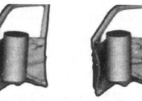

(a) 碰撞 5ms 变形　　(b) 碰撞 15ms 变形　　(c) 碰撞 20ms 变形　　(d) 碰撞 25ms 变形

图 3-25　车门整体在碰撞过程中的各时间点的变形图

3.9　ADINA 软件的功能及应用

3.9.1　ADINA 软件介绍

ADINA 软件诞生于 20 世纪 70 年代,由 Bathe 博士的研究小组共同开发出 ADINA 有限元分析软件。ADINA 的名称是 Automatic Dynamic Incremental Nonlinear Analysis 的首字母缩写。这表达了该软件的最初目标,即 ADINA 除了求解线性问题外,还要具备分析非线性问题的强大功能——求解结构以及设计结构场之外的多场耦合问题。在 1984 年以前,ADINA 是全球最流行的有限元分析程序,一方面由于其强大功能,被工程界、科学研究、教育等众多用户广泛应用;另一方面其源代码 Public Domain Code,后来出现的很多知名有限元程序来源于 ADINA 的基础代码。1986 年,Bathe 博士在美国马萨诸塞州成立 ADINA R&D 公司,开始其商业化发展的历程,到 ADINA 84 版本时已经具备基本功能框架,ADINA 公司成立的目标是使其产品 ADINA——大型商业有限元求解软件,专注求解结构、流体、流体与结构耦合等复杂非线性问题,并力求程序的求解能力、可靠性、求解效率等具有优势地位。

ADINA 软件以有限元理论为基础,通过求解线性、非线性方程组的方式获得固体力学、结构力学、温度场问题的数值解。ADNIA 是最主要的用于结构相互作用的流体流动的完全耦合的分析程序(多物理场)。因此 ADNIA 在结构非线性、流体、流/固耦合、热、热机耦合等复杂工程问题上有着强大功能。

ADINA 是一个求解多物理场问题的有限元系统,由多个模块组成。其中主要包括以下模块。

(1) 用户界面 ADINA-AUI(ADINA User Interface)

ADINA 是一个全集成系统,所有分析模块使用统一的前后处理 ADINA-AUI,易学易用,友好的交互式图形界面能实现所有建模和后处理功能。

(2) 结构分析求解器 ADINA-Structures 功能模块

该模块中包括以下模块：①静力分析模块，分析各种结构在一定边界条件和载荷作用下内力、应力和变形等分布情况问题。ADINA 是目前世界上非线性功能最有效、可靠的分析软件之一，在静力分析中能够有效地考虑各种非线性效应，几何非线性、材料非线性和状态非线性等。②动力分析模块，包括隐式瞬态动力分析、显式瞬态动力分析、模态分析、谐波响应分析、响应谱分析和随机振动分析等功能。ADINA 的模态分析功能不仅可以分析单个构件的模态，还可以分析装配体的模态，整个装配体中可以包括接触、螺栓单元等非线性因素。③结构屈曲分析模块，屈曲分析用于确定结构局部或整体失稳时的极限荷载，结构在特定荷载下的失稳模态和失稳过程。ADINA 中屈曲分析分为线性屈曲和非线性屈曲。ADINA 的 LDC（Load-Displacement Control）算法通过反复增减荷载并同时控制结构位移，寻找结构失稳的临界荷载，能够反映结构的实际受力和变形状态。

(3) 传热分析求解器 ADINA-T 模块

该模块可解决由传导、对流、辐射引起的传热问题；可进行稳态及瞬态温度场分析；材料属性可随时间变化；可考虑透明介质内部的辐射；可计算相变；有单元死活功能及相应的边界条件变化。

(4) 计算流体动力学（CFD）求解器 ADINA-F 模块

ADINA-CFD 程序为可压缩和不可压缩的流体提供了世界一流的有限元和控制流量的解决能力，流体可包含自由表面和流体间以及流体与结构间的流动界面。可用于求解不可压流体、微可压流体、低速可压流体、高速可压缩流体和多孔介质中的流体流动分析；提供包括牛顿流体和非牛顿流体等多种流体材料模式；可计算层流或湍流问题，提供了多种湍流模型，并且提供大涡模型；ADINA-CFD 采用控制体积、有限元等算法求解 Navier-Strokes 或 Euler 方程，并提供了极为丰富的边界条件描述，可计算非常复杂的流体问题；提供基于流体流动条件的流体 FCBI（Flow-Condition-Based-Interpolation）算法。

(5) 流体-结构耦合分析求解器 ADINA-FSI 功能模块

流固耦合求解是 ADINA 的绝对优势所在。ADINA-FSI 是全球领先的流固耦合求解器。由于 ADINA 的结构求解器和流体求解器都是同一公司的产品，ADINA-FSI 很容易将 ADINA-Sturctures 和 ADINA-CFD 的功能融合在一起，从而实现流体/结构耦合的高级分析。

(6) 热-机械耦合分析求解器 ADINA-TMC 模块

该模块的功能包括可进行温度应力分析、多体接触传热分析、塑性功转化为热分析、摩擦生热分析。

3.9.2 ADINA 软件的应用

目前 ADINA 广泛应用在各个工程领域，如机械制造、材料加工、航空航天、汽车、土木建筑、电子电器、国防军工、船舶、铁道、石化、能源、科学研究、岩土与地下工程、道桥工程、水利水电工程、建筑工程、采矿工程、地质灾害防治等，在众多的国内外工程项目应用中，其模拟实际复杂工程问题的能力以及结果准确性获得工程技术人员的广泛认可和推崇。

ADINA 在汽车工业中，从车身刚度、强度到转向、减振、动力、制动、进排气、轮胎等，都具有广泛的应用。该软件用于可对车辆的部件刚度、强度进行分析，发动机系统多场耦合分析，ABS 防抱死系统，油泵管道应力和流动分析，车灯照明系统（考虑灯罩内空气流动、光辐射等效应),轮胎横径向刚度,防滑特性分析等。ADINA 在汽车领域的具体应用实例如下。

① 轮胎热耦合有限元分析。通过 ADINA 有限元分析软件,在线轮胎的三维滚动轮胎力学场有限元分析基础之上,生成与力学模型相匹配的热学模型,分析该轮胎在热学场和力学场共同作用下的应力/应变场、接触及变形情况,可进一步优化轮胎结构,提高其性能。做合理的假设,在 ADINA 中建立了轮胎力学分析的有限元分析模型,并给出相应的初始条件和边界条件,以分析轮胎力场的分布情况,可得到节点温度、温度梯度、热流密度、温度场分布彩图以及矢量图等。热力耦合后的温度场分布如图 3-26 所示,Y 方向的位移如图 3-27 所示。

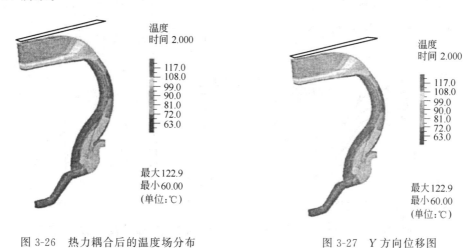

图 3-26　热力耦合后的温度场分布　　　　　图 3-27　Y 方向位移图

② 蹄-鼓式制动器热弹性耦合有限元分析。利用有限元分析软件 ADINA 建立一种新型蹄-鼓式制动器热弹性耦合动力学分析的三维有限元模型,确定对模型求解的位移边界条件和热边界条件,设定材料物性参数、加载过程及模拟工况,探讨进行制动器热弹性耦合有限元分析的过程,通过仿真计算得到制动器工作过程中摩擦副间的接触力分布、制动鼓瞬态温度场、应力场、变形场等重要信息。图 3-28 为某新型蹄-鼓式制动器的有限元分析模型。

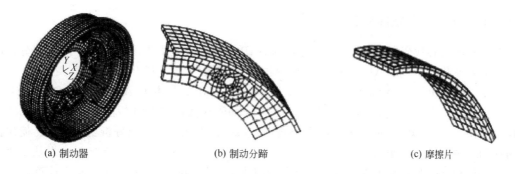

(a) 制动器　　　　　　　(b) 制动分蹄　　　　　　(c) 摩擦片

图 3-28　某新型蹄-鼓式制动器的有限元分析模型

假设车轮质量为 500kg,车辆初始速度为 50km/h,以 0.5g 的减速度制动至停车,然后加速至初始速度,整个过程历时 60s,并以此为一个循环,共为 5 个循环。据此对有限元模型进行加载和求解。图 3-29 为制动鼓表面的温度变化。

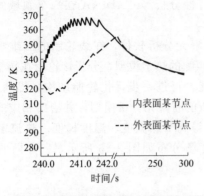

(a) 第五个循环制动鼓表面节点温度变化历程

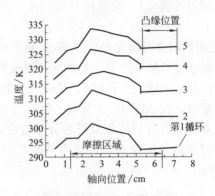

(b) 制动过程中温升最大时刻制动鼓外表面轴向温度分布

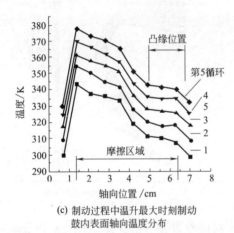

(c) 制动过程中温升最大时刻制动鼓内表面轴向温度分布

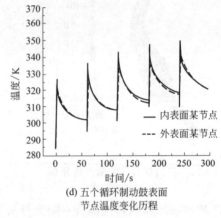

(d) 五个循环制动鼓表面节点温度变化历程

图 3-29　制动鼓表面的温度变化

3.10　ALGOR 软件的功能及应用

3.10.1　ALGOR 软件介绍

ALGOR 核心代码起源于 1970 年开发的 SAP 程序，它是由美国加州大学伯克利分校的 K. J. Bathe 等共同研制。ALGOR 最初在中国出现时被称为"SUPER SAP"。在 1995 年，ALGOR 公司推出了在 Windows95 环境下运行的 Windows 版本的 ALGOR95。在 ALGOR V14 版本中，引入了多物理场分析功能，使 ALGOR 软件在综合分析能力上更强大，软件操作更简便。ALGOR 是世界著名的大型通用有限元仿真软件，其以分析功能齐全、使用操作简便和对硬件的要求低等特点，在从事设计、分析的科技工作者中享有盛誉。自从单机版有限元分析程序问世以及 CAD 界面系统出现以来，ALGOR 软件发展壮大成为计算机辅助设计类工程软件领域内的重要一员。目前，全球有超过 20000 家用户选择使用 ALGOR 软件。ALGOR（现更名为 Autodesk Simulation）是一款大型通用的有限元分析（CAE）软件。ALGOR 拥有强大的线性、非线性分析功能，在结构、热、流场、电场等均有专业的分析模块。

ALGOR 主要有以下几个主要的分析功能。

① 静力学分析功能。其中包括：线性和非线性应力分析；复合材料分析，间隙单元分析；复合材料和间隙单元分析；线性稳定性分析；线性屈曲分析等功能。

② 线性动力学分析功能。其中包括：线性模态分析；复合材料模态分析；时间历程分析；响应谱分析；线性瞬态应力分析；复合材料瞬态应力分析；频率响应分析；随机振动分析；载荷作用下的模态分析等功能。

③ 非线性动力分析功能。其中包括非线性模态分析和非线性动态响应分析功能。

④ 热传导分析功能。其中包括稳态热传导分析、瞬态热传导分析和热辐射分析功能。

⑤ 流动分析功能。ALGOR 的流场分析功能可以模拟空气、水等各种流体介质特性，计算其流动行为；确定不可压缩流体、牛顿流体和非牛顿流体等流动设计稳态和非稳态流体流动特征，分析可以得到流速、压力等结果。其中包括：二维稳态流动分析；二维瞬态流动分析；三维稳态流动分析；三维瞬态流动分析等功能。

⑥ 电场分析功能。ALGOR 的静电场分析功能可以使工程师模拟处在电场状态下的电子元件电压和电流的分布特征。ALGOR 静电场分析还可以与其他分析场耦合起来进行分析。当与热分析耦合时，可以通过考虑焦耳热模拟电热的影响。

⑦ 疲劳分析。ALGOR 疲劳模块提供了非常直观的向导功能可以指导用户一步步地完成疲劳分析全过程。疲劳模块提供了广泛的材料疲劳数据库，方便了用户的使用。疲劳分析中可以考虑各种复杂的载荷和状况，可以指定载荷历史数据和载荷循环的重复次数，考虑结构特性和加工条件，如局部应力集中和表面打磨效应，进行结构的疲劳寿命计算，并且给出直观的寿命、安全系数等值图等结果。

⑧ 线性和非线性材料模型的机械事件仿真功能。ALGOR 软件的线性分析功能不仅种类齐全、功能深入，而且界面友好、使用方便，非常适用于工程师使用。能对线性和非线性材料进行线性、非线性材料的静力与动力分析。

⑨ 多物理场分析能力。ALGOR 在提供上述强大的单一现象分析能力前提下，另一个优势是它可以进行两个甚至多个物理场的耦合分析，可以同时模拟几个不同场环境同时作用下结构或者部件的状态。其中包括电-机械场（MEMs 应用）、热-机械场、流体-热-机械场的分析等。

⑩ InCAD 功能。直接对 Autodesk、Inventor、CADKEY、MechanicalDesktop、Pro/ENGINEER、solid Edge 和 Solidworks 建立的模型进行 CAD 模型转换，并进行有限元分析。FEMPR0 作为完整而易用的工作界面，保证了其分析能力的实现，它能支持广泛的 CAD 实体建模，并含有有限网格划分和建模工具。

3.10.2 ALGOR 软件的应用

作为中高档 CAE 分析工具的代表之一，被广泛应用于各个行业的产品设计开发中，可以模拟各种各样的现象，如结构静力、动力、流体、热传导、电磁场、管道工艺流程设计等，能够帮助设计分析人员预测和检验在真实状态下的各种情况，快速、低成本地完成更安全更可靠的设计项目。如今，ALGOR 在汽车、电子、航空航天、医学、日用品生产、军事、电力系统、石油、大型建筑以及微电子机械系统等诸多领域中均有广泛应用。

在汽车领域，ALGOR 软件的应用可以贯穿于汽车设计流程的各个环节中。采用 ALGOR 软件对车身、底盘和悬挂等重要零部件进行结构分析及优化设计，可解决大部分设计相关的问题：结构、热、流体、电学以及多场耦合问题，通过分析和测试，评价设计目标是否达到。在进入物理原型验证阶段前发现并解决大部分问题。在概念设计阶段，ALGOR 可以帮助工程师粗略确定车身、发动机以及主要零部件的拓扑和结构参数。如芬兰赫尔辛基工业设计大学的研究者们用 ALGOR 软件对一种新型出租车进行了计算优化，他们用 CATIA 建立出租车模型，用 ALGOR 计算了车体在静载和动载作用下的应力和变形。基于计算结果对车身结构进行了优化设计，优化后的原型车在 2006 年的巴黎汽车展上进行了展示。如图 3-30 所示。

① 汽车底盘优化。采用 ALGOR 软件对车身、底盘和悬挂等重要零部件进行结构分析及优化设计，可解决大部分设计相关的问题：结构、热、流体、电学以及多场耦合问题，通过分析和测试，评价设计目标是否达到。在进入物理原型验证阶段前发现并解决大部分问题。如图 3-31 为优化后的汽车底盘。

图 3-30　采用 ALGOR 优化后的汽车模型　　图 3-31　采用 ALGOR 进行汽车底盘优化设计

② ALGOR 在汽车传动系设计中的应用。载重矿车的后轴套在工作过程中，发生断裂脱离事故。智利 Marco 采矿服务公司的工程师采用 ALGOR 对事故原因进行了分析。他们采用 SolidWorks 建立车轴套的 CAD 模型，导入 ALGOR 划分网格进行计算，分析结果表明垫板处在扭转载荷作用下应力超过屈服极限，计算结果和破坏位置一致，证实了事故发生的原因。采用 ALGOR 对后轴套扭转载荷的仿真如图 3-32 所示。

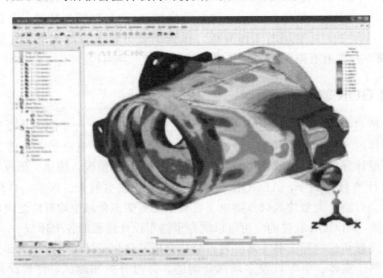

图 3-32　采用 ALGOR 对后轴套扭转载荷仿真

传动系零部件经常处于交变载荷的作用下，针对疲劳寿命的预测也非常关键，ALGOR 直观、强大的疲劳分析模块可以帮助设计工程师准确地预测疲劳寿命。零部件在任意复杂交变载荷作用下的疲劳寿命分析结果如图 3-33 所示。

③ ALGOR 在转向系和制动系中的应用。ALGOR 的线性、静动力分析以及非线性机构运动仿真功能，可以逼真地再现传动机构的工作过程，并且确定其刚度和强度。ALGOR 的机构运动仿真可以精确模拟活塞系统的工作过程，流体分析可以计算出管路中流经各阀门、油罐和油泵等处的油液流量、压力，流-固耦合分析可以计算出动力缸活塞应力，从而保证安全性。对活塞系统进行模拟、计算，得到驱动力矩的变化曲线。

图 3-33　采用 ALGOR 对零部件进行疲劳分析的结果界面

制动器本身的振动也影响其工作的可靠性与稳定性，制动噪声来源于制动过程中制动器的振动，ALGOR 的模态分析可以计算制动器的振动特性，对制动器的尖叫倾向做出估测，从而帮助抑制和消除制动噪声。在制动过程中，强烈的摩擦会产生大量热量，使制动系部件温度迅速升高，严重时可能影响其正常使用。ALGOR 的热分析模块可以预测摩擦热量引起的热应力，从而对制动元件的安全性能进行评估。

3.11　HyperWorks 软件的功能及应用

3.11.1　HyperWorks 软件介绍

HyperWorks 软件由美国 Altair Engineering Inc 开发，是一款针对主流有限元求解器的高性能前后处理软件。作为平台化理念，HyperWorks 始终遵循开放系统的承诺，在其平台基础上坚持为客户提供最为广泛的商用 CAD 和 CAE 软件交互接口。同时，Altair 专利的按需使用的灵活软件授权模式，为用户增加了软件使用的灵活性和投资价值。

作为企业级 CAE 平台，HyperWorks 集成了设计与分析多种工具，拥有开放性体系和可编程工作平台，可提供顶尖的 CAE 建模、可视化分析、优化分析以及健壮性分析、多体仿真、制造仿真、以及过程自动化。

目前 HyperWorks 包含的产品模块如表 3-4 所示。

表 3-4　HyperWorks 产品模块

建模及后处理	HyperMesh
	MotionView
	HyperView
	HyperGraph
	HyperGraph 3D
	HyperCrash

续表

优化分析	OptiStruct
	HyperStudy
	HyperStudyDSS
	OptiStruct/Analysis
	MotionSolve
虚拟制造	HyperForm
	HyperXtrude
	Forging
	Friction Stir Welding
	Molding
流程自动化及数据管理	Process Manager
	Data Manager 4 stacked(ADM)Client
其　他	Process Studio
	Batch Mesher

　　HyperMesh 是一个针对主流有限元求解器的高性能前后处理软件，允许工程师在一个高度交互式和可视化的环境下分析产品的性能，从复杂的几何体中抽出面并将有限元模型转化成几何模型。HyperMesh 在网格划分方面有着强大的功能，它可以按照事先设定好的单元类型，大小等参数自动划分出最优的单元。而且用户可以调整局部或整体的节点分布、单元大小、单元类型、网格生成算法、单元偏移等参数，交互式地得到符合要求的单元；HyperMesh 可以对已划分好的单元进行重新选择划分，以得到更高的质量。该软件的操作方便、灵活性是其他软件无法比拟的。而且无论是否存在曲面，HyperMesh 都允许用户创建高质量的二维网格，因为只有获得高质量的网格才能确保得到更准确的结果。

　　HyperView 是目前全球图形驱动速度最快的 CAE 仿真和试验数据的后处理可视化环境之一。它拥有全面的图形处理和数据处理功能，可以用于处理有限元分析、多体系统仿真和试验视频的结果可视化，并支持对实验及仿真等工程数据进行各类处理。其惊人的三维图形处理性能和开放的接口，为 CAE 后处理的速度和集成性建立了新的标准。

　　HyperGraph 是一款非常成熟的数据分析和绘图工具。其强大的工程数据分析和处理工具帮助用户从海量的仿真或实验数据中挖掘出有价值的信息，并提供丰富的可视化报表。

　　HyperCrash 是一款专门为自动创建碰撞分析和安全评估中所需要的高精度模型而设计的前处理软件。通过流程驱动的工作流和自动化的模型检查和修正工具，提高了安全性仿真部门的工作效率和仿真结果的精度，帮助用户为最复杂的碰撞和安全分析建立高质量的模型。

　　MotionView 为分析师和设计者们提供了一个直观而强大的接口来研究机械系统。作为多体动力学仿真市场上唯一的独立于求解器的建模环境，其开放系统设计帮助最终用户简化了定制和自动化的工作，实现高度的自动化或交互式建模。

　　HyperMath 是一个通用的数值计算环境，使用户方便地开发和执行定制的数值操作于不同的数据类型，包括与 CAE 前后处理相关联的数据。它包含一个强大的和灵活的编程语言、全面的数学和工具库、集成的代码开发环境、数据可视化和通用数据格式的直接支持。

SolidThinking 是一款专为设计师打造的三维设计/造型软件，它帮助用户轻松、快速、低成本地探索、评估新创意。目前它已被广泛应用于消费品、首饰配饰、产品包装、家具设计、建筑工程等领域。其中 Inspire 模块更是面向设计工程师的快速概念创新设计优化软件，其清晰的用户界面及优异的易用性使得几乎没有 CAE 背景的工程师可以快速掌握，被行业称为"绿色设计精灵"。

SimLab 是面向工作流程、基于先进的特征识别和映射技术的有限元建模软件，可帮助用户快速精确地模拟复杂几何体和复杂装配模型的工程行为，减少有限元建模中的人为错误及手工创建有限元模型和解释结果中的巨大时间消耗。

RADIOSS 是精确而可靠的多学科求解器，为企业提供产品在真实使用环境下的性能虚拟仿真，帮助提升产品的刚度、强度、耐用性、NVH 特性、碰撞安全性能、可制造性等，并降低物理实验的成本，提升整体研发效率和质量。它融合了线性与非线性结构有限元求解技术、多体动力学仿真技术和流固耦合仿真技术。

AcuSolve 是一款基于有限元的通用计算流体动力学（CFD）求解器。它以超凡的稳健性、快速和高精度著称。AcuSolve 简单的操作界面，方便各层次研发人员使用，既可作为独立的产品使用也可以无缝集成到现有的设计和分析工具中。

OptiStruct 于 1993 年问世，并在次年即获得《Industry Week》年度技术奖，随后在过去的近 20 年中不断证明了其在结构设计领域革命性的创新意义。在航空业，包括 Airbus A380 和 A350、Boeing 787、Dornier 728 和 F35 及国产商业飞机等最新机型的研发全部采用了该技术，实现了性能提升和减重及复合材料部件的优化设计。在汽车、机械和轨道交通领域，OptiStruct 则被广泛用于轻量化设计、强度提升、降噪和减振。在建筑与土木工程领域，OptiStruct 则被用于寻找最佳的结构布局。在电子和消费品行业，其带来了更轻便和耐用的产品。

HyperStudy 是一个开放的多学科优化平台，以其强大的优化引擎调用各类 FEA、MBD、CFD 求解器，Matlab 或 Excel 等非 CAE 软件实现多参数的多学科全局优化。其应用领域极为广泛，从"Aurora"火星登陆器，到各类快速消费品和体育用品。它帮助工程师和设计师改进设计、进行"What if"研究、对试验数据进行相关性研究、优化复杂的多学科设计问题以及评价设计的可靠性和鲁棒性。

MotionSolve 采用一种新的多体动力学表述技术，代表着新一代的多体动力学分析系统。它为分析人员和设计者提供了丰富的建模要素，可以用最少的假设条件准确地建立复杂的机械系统模型。

HyperForm 是功能全面的基于有限元的金属钣金冲压成型和液压成型仿真工具，其功能涵盖从工艺过程设计到模具和零件设计的整个过程。

HyperXtrude 是全球独一无二的金属和聚合物挤压成型仿真软件，其通过提供挤压模具设计和工艺条件设计，极大程度地降低废品率并提升模具的耐用性，从而大幅降低生产成本，并为企业节能降耗，达到"环保"标准贡献解决方案。

3.11.2　HyperWorks 软件的应用

HyperWorks 是世界领先的、功能强大的 CAE 应用软件包，已经被广泛应用于几乎所有的工业科技领域。它可用于以下几个方面：①拓扑优化。其中包括刚度、强度、固有频率及它们之间的组合优化。②形状优化。设计人员对模型有了一定的形状设计思路后所进行的一种细节设计,目的是通过改变模型的某些参数(几何特性的形状)来提高模型力学性能。其主要应用 HyperMorph 模块进行形状优化。③形貌优化。形貌优化为形状优化的高级形式,它不删除材料,是在板形结构中寻找最优的加强肋分布的概念设计方法,用于设计薄壁结构的强化压痕,在减轻结构重量的同时满足强度、频率等要求。其方法与拓扑优化类似,不同的是拓扑优化用单元密度变量,形貌优化用形状变量。④尺寸优化。尺寸优化为设计人员对模型有了一定的形状设计思路后所进行的一种细节设计,通过改变结构单元的属性,如壳单元的厚度、两单元的横截面属性、弹簧单元的刚度和质量单元的质量等来达到一定设计要求(如应力、质量和位移)。

在汽车工业方面,HyperWorks 的应用也十分广泛,特别是对于一些结构复杂的汽车零件,HyperWorks 的有限元分析技术、拓扑优化技术和形状优化技术使得很多材料的潜能及铸造的优势得到了充分的发挥。HyperWorks 的实例分析过程如下。

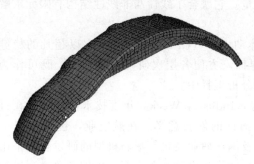

图 3-34 壳单元结构

①单元类型选择与质量控制。汽车车身多为板材通过成型工艺焊接而成,通常进行有限元分析时都是将板材件利用壳单元进行模拟分析。进行处理设置厚度后,结构体抽取中面成为具有厚度的平面体或曲面体,具体如图 3-34 所示。选取单元类型后,需将整个模型的壳单元组进行单元化即网格划分。四边形壳单元和三角形壳单元是 HyperMesh 最基本的壳单元,由于壳单元组的结构复杂与不规则性,经常利用二者的结合划分壳单元组,但是三角形单元比例不宜过高。因此研究的汽车车身模型在单元类型上选择 PSHELL 壳单元卡片,在网格划分时选用 CQUAD4 和 CTRIA3 即四边形与三角形结合的网格单元。

②汽车车身有限元模型的弯曲刚度计算。汽车车身弯曲载荷工况如图 3-35(a)所示,依照实车试验标准(EP 81020.10/EP 81020.1),为了准确地拟合实车受载情况,采用四点分布对称加载,分别取后排双座椅、副驾驶座椅、主驾驶座椅的车身螺母连接处进行加载受力,并且每处承受 1670N 重力作用,方向垂直地板沿着 Z 轴,具体弯曲工况受力分布如图 3-35(b)所示。

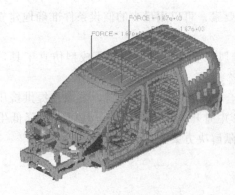

(a) 汽车车身弯曲载荷工况

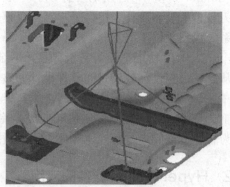

(b) 载荷分布施加

图 3-35 汽车车身有限元模型的弯曲刚度

依照实车试验标准（EP 81020.10/EP 81020.1），分别约束前左右悬架处的 Z 向自由度，约束后左右悬架的 X、Y、Z 方向的自由度，具体汽车车身弯曲约束工况如图 3-36 所示。

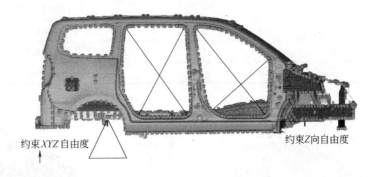

图 3-36 汽车车身弯曲约束工况

设置 HyperWorks 静力分析计算结果输出卡片，将集合汽车车身弯曲载荷与约束的模型导入到 Msc/Nastran 进行运算，得到了汽车车身在弯曲工况下的应力应变图等，如图 3-37 所示。

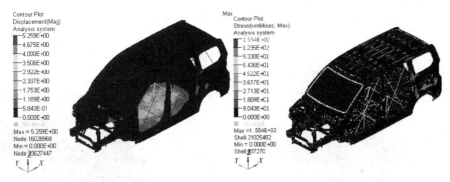

(a) 汽车车身弯曲工况下的位移图　　　　　(b) 汽车车身弯曲工况下的应力图

图 3-37 汽车车身在弯曲工况下的应力应变图

③ 汽车车身有限元模型的模态分析计算。对汽车车身的自由模态分析即是对车身固有振动特性分析，其结果反映了汽车车身在特定激励频率下的车身各部分结构的变形特征，其中表征的车身弯曲扭转模态振型在另一方面说明了车身静态弯曲、扭转刚度的特征，车身出现扭转弯曲变形的频率越高，车身刚度性能越好。设置 HyperWorks 模态分析计算结果输出卡片，计算得到了汽车车身频率参数与应变云图，如表 3-5、图 3-38 所示。

表 3-5 汽车车身模态分析参数

阶　　数	频率参数/Hz	振型参数
1	24.51	车身尾部横向位移
2	29.91	车身顶盖后部 Z 向振动
3	33.21	车身弯曲振动变形
4	38.47	车身前风窗、顶盖 Z 向振动
5	40.62	车身风窗、顶盖、侧包围振动变形

续表

阶 数	频率参数/Hz	振型参数
6	42.54	风窗、顶盖、包围及地板振动变形
7	44.64	车身扭转振动变形
8	48.74	车身前纵梁振动变形
9	49.09	车身侧包围振动变形
10	53.32	车身门框振动变形

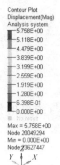

(a) 一阶振型　　　　　　　　　　　　(b) 二阶振型

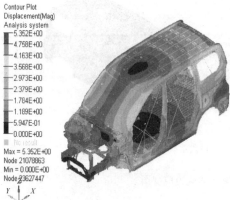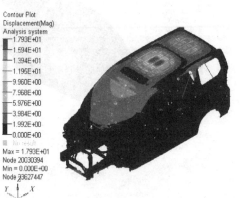

(c) 三阶振型　　　　　　　　　　　　(d) 四阶振型

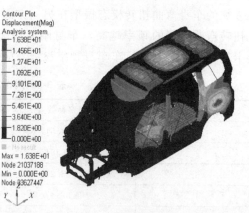

(e) 五阶振型　　　　　　　　　　　　(f) 六阶振型

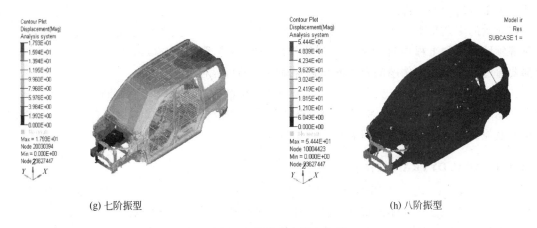

(g) 七阶振型　　　　　　　　　　　　(h) 八阶振型

图 3-38　微车车身模态分析

根据汽车车身自由模态计算结果，可以得到汽车车身低阶模态频率范围为（24.54，53.32）Hz，该汽车车身的弯曲、扭转的模态频率参数分别为 33.21Hz、44.64Hz，相比较同级汽车车身弯曲模态频率略低，因此需对其弯曲模态频率大小（弯曲刚度）进行结构优化。

汽车车身在低阶频率易受来自发动机、轮胎等激励的作用，因此设计得到的汽车车身结构的一阶频率应在 25Hz 以上，现有汽车车型的自由模态分析的一阶模态频率为 24.54Hz，过于接近发动机、轮胎的激励频率，在汽车启动时或低速运转时易引起车身共振，这样不但使汽车乘坐行驶的舒适性降低，而且会引起汽车局部结构件的振动损坏，因此还需对汽车车身的低阶模态分析中一阶模态频率进行优化至 27Hz 以上。

3.12　MSC.Dytran 软件的功能及应用

3.12.1　MSC.Dytran 软件介绍

MSC.Dytran 是 MSC.Software 公司的核心产品之一，专门适用于高速瞬态非线性动力问题和瞬态流-固耦合问题的数值仿真。

从 1988 年开始，MSC 公司在结构瞬态动力响应软件 DYNA3D 框架下开发了 MSC.Dyna，并于 1990 年发布了第一个版本。该程序继承了 DYNA3D 优异的快速显式积分算法和丰富的材料模式，采用 MSC.Nastran 的输入数据格式，可用于分析各种非线性瞬态响应，如高速撞击、接触摩擦、冲压成型等。但仍然有大量的工程问题不是单一的结构问题，为此，MSC 公司于 1991 年收购了荷兰 PICCES International 公司的著名流体动力学和流-固耦合仿真软件 PICES。PICES 采用的是基于欧拉描述的显式有限体积法，适合于模拟国防军工领域常见的爆炸、穿甲等流-固耦合问题，在国防、航空航天、核安全、石化等领域有广泛的应用。此后，MSC 公司用了两年的时间，将 MSC.PICES 3D 和 MSC.Dyna 充分融合，于 1993 年发布了 MSC.Dytran 的第一个商业版本。该产品集 MSC.Dyna 和 MSC.PICES 之大成，拉格朗日算法和欧拉算法优势互补，成为第一个能够模拟复杂流-固耦合问题，集高度非线性、流-固耦合、瞬态动力响应仿真于一体的大型商用软件。在随后的发展中，MSC.Dytran 在单元库、数据结构、前后处理等方面与 MSC 公司的旗舰产品 MSC.Nastrsn 取得了全面一致，是 MSC 所倡导的 VPD（Virtual Product Development）整体环境中不可缺少的一部分。

在问世的十余年中，MSC.Dytran 历经无数航空、航天、汽车、造船、铁路、国防、核工业等领域科研和工程项目的考验。该软件的开发环境经过了 ISO9001：2000 的认证，每天都要通过 500 个以上例题的自动测试以保证程序的可靠性和稳定性。

2003 年 MSC.software 公司与 LSTC 公司达成全面合作协议，将 LS-DYNA 最新版本程序完全集成于 MSC.Dytran，将最强的拉格朗日技术和最强的欧拉技术相结合，为用户提供了功能最强的显式积分非线性瞬态动力学仿真软件。

3.12.1.1 MSC.DYTRAN 软件的特点

MSC.DYTRAN 是一种用于分析结构及流体材料的非线性动态行为的数值仿真程序。该程序采用显式积分法并能模拟各种材料及几何非线性和接触非线性问题，特别适合于分析包含大变形、高度非线性和复杂的动态边界条件的短暂的动力学过程。软件中同时提供拉格朗日求解器与欧拉求解器，因而既能模拟结构的变形又能模拟流体的流动。拉格朗日网格与欧拉网格之间可以进行耦合，从而可以分析流体与结构之间的相互作用，形成精确、独特的流-固耦合技术。软件具有丰富的材料模型，能够模拟从金属、非金属（包括土壤、塑料、橡胶等）到复合材料，从线弹性到爆炸、燃烧等各种行为模式。

3.12.1.2 MSC.DYTRAN 的应用领域

目前 MSC.DYTRAN 典型的应用领域包括以下几方面。

① 爆炸与冲击分析。水下爆炸、地下爆炸、容器中爆炸对结构的影响及破坏，爆炸成型、爆炸容器的设计优化分析，爆炸对建筑物等设施结构的破坏分析，聚能炸药的能量聚焦设计分析等。

② 水下/空中弹体发射过程仿真。可进行机弹相容件、火炮制推器的模拟动态仿真。

③ 高速、超高速穿甲仿真。飞弹打击或穿透靶体（单个或复合靶体）及侵彻过程等问题仿真。

④ 结构的适撞性分析。汽车、飞机、火车、轮船等运输工具的碰撞分析，船体搁浅、飞机着路、飞机水面迫降、鸟体撞击飞机结构、航空发动机包容性、汽车轮胎受冲击、饮料瓶罐受载分析等。

⑤ 金属弹、塑性大变形成型过程分析。钣金冲压成型、三维锻造成型过程分析等。

⑥ 跌落试验仿真。各种物体（武器弹药、化工产品、仪器设备、电器如遥控器机、电视机等）的跌落过程仿真。

⑦ 流体动力分析。液体、气体的流动分析，储液容器晃动分析，液压缓冲器性能分析，油箱注油过程的流动分析。

⑧ 安全防护分析。安全头盔设计，安全气囊膨胀分析以及汽车-气囊-人体三者结合在汽车碰撞过程中的响应，飞行器安全性分析（飞行器坠毁、气囊着陆等）。

⑨ 轮胎在积水路面排水性和动平衡分析。

⑩ 高速列车行驶的轮、轨动力学分析。高速列车穿隧道的冲击波响应，车辆过桥的动态响应分析。

除此之外，该软件还可以进行如结构抗震、打印机的给纸、体育器材（高尔夫球、棒球、足球）的模拟分析。

由于 MSC.DYTRAN 具有强大的仿真功能，加上近年来与 LS-DYNA、MSC.Nastran

的集成,从理论上讲几乎可以模拟任何力学过程,用户可以根据需要创造性地运用该程序开发出更多新的应用领域。

3.12.2 MSC.Dytran 软件的应用

应用 MSC.Patran 前后处理软件及 MSC.Dytran 分析软件,根据碰撞标准对某型号北京吉普车保险杠进行瞬态弹塑性有限元数值模拟,通过对位移、加速度等的分析,得出增强保险杠耐撞性的规律。

(1) 模型的建立与选择

以北京吉普车保险杠为分析对象,测量出其长、宽、高分别为 1470mm、80mm、180mm,厚度为 2.0mm。摆锤与保险杠发生正碰时系统的有限元模型如图 3-39 所示。

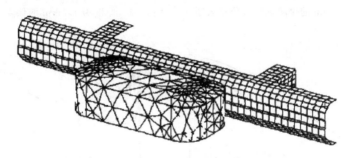

图 3-39 保险杠正碰撞系统有限元模型

为简单起见,摆锤和保险杠均采用理想的弹塑性模型。摆锤被当作刚体进行处理,在计算中使用 Dytran 中的刚体材料本构模型,其质量为 1100kg。保险杠采用"弹塑性+破坏"材料模型。在材料达到失效应变(承受的应力值超过其断裂强度)后发生破坏,屈服模型为冯·米塞斯屈服模型,失效模型为最大塑性应变。摆锤和保险杠界面采用自适应接触。定义摆锤为主面,保险杠为从面。保险杠金属横梁的基本材料特性如表 3-6 所示。

表 3-6 保险杠的基本材料性能

屈服应/MPa	抗拉强度/MPa	伸长率/%	密度/(kg/m³)	杨氏模量/GPa	泊松比
90	280	25	7.8	210	0.3

(2) 计算结果及分析

模拟试验基于碰撞标准 CFVSS215 规定的碰撞速度为 8km/h 进行分析,即摆锤以 8km/h(2.2m/s)的速度与保险杠相碰撞。由于保险杠的各点的参数特性各不相同,不利于评估分析,而摆锤是刚体,因此取摆锤作为分析对象。采用两种厚度进行对比分析,保险杠的厚度分别为 2.0mm 和 1.5mm。

① 保险杠位移变化结果分析。图 3-40、图 3-41 分别为保险杠厚度 2.0mm 和厚度 1.5mm 时,碰撞后的位移云图。

由此可见保险杠的薄厚直接影响到保险杠是否失效的问题。所以保险杠的厚度适度才能起到保护车身的作用。一般保险杠的厚度在 1.8mm 和 2.0mm 之间。

② 摆锤速度、加速度随时间变化规律。图 3-42 和图 3-43 分别为两种厚度时,摆锤的速度和加速度曲线。

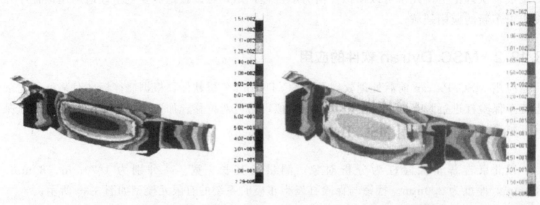

图 3-40　厚度为 2.0mm 的保险杠最大位移云图　　图 3-41　厚度为 1.5mm 的保险杠最大位移云图

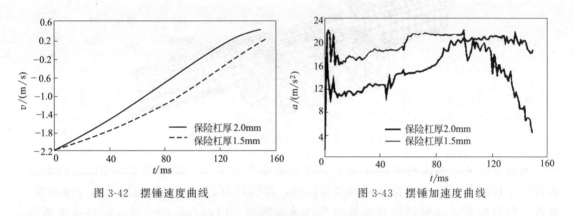

图 3-42　摆锤速度曲线　　　　　　　　　图 3-43　摆锤加速度曲线

由图 3-42 和图 3-43 可知，厚度对于碰撞试验的结果具有一定的影响，增加厚度，可以提高保险杠系统的刚度，增强汽车的耐撞性。

③ 保险杠等效应力、等效塑性应变结果分析。保险杠的最大等效应力分布如图 3-44 所示。从图中的应力分布可以看出，厚度较小的保险杠在碰撞过程中，应力达到屈服应力的区域明显比厚度较大的区域大，即进入塑性变形的区域较大。

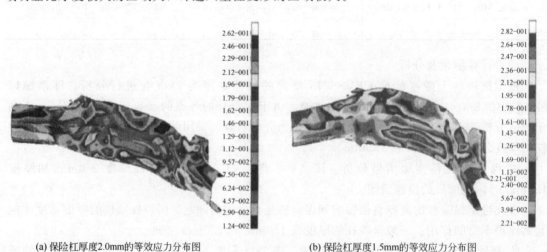

(a) 保险杠厚度2.0mm的等效应力分布图　　　　(b) 保险杠厚度1.5mm的等效应力分布图

图 3-44　保险杠等效应力分布图

保险杠的最大等效应变如图 3-45 所示，从图中可以看出二者的最大应变均小于最大塑性应变 0.25，即保险杠没有发生断裂现象。但从图中可以看到保险杠的厚度越小，其最大应变值越大，表明如果保险杠的厚度太小，在碰撞过程中就会发生断裂现象发生失效。

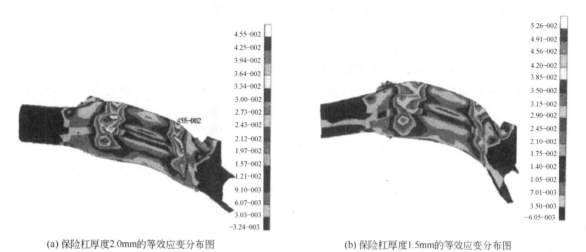

(a) 保险杠厚度2.0mm的等效应变分布图　　　　　(b) 保险杠厚度1.5mm的等效应变分布图

图 3-45　保险杠等效塑性应变分布图

3.13　MSC.Fatigue 软件的功能及应用

3.13.1　MSC.Fatigue 软件介绍

MSC.Fatigue 是一款功能最为全面的高级疲劳设计软件，用户可以进行多种全面的疲劳分析，可灵活地用来预测各种复杂零件和结构的疲劳寿命。通过一个图形界面，无缝集成了 CAE、动力学和耐久计算，产品模块包括 MSC 公司 20 多年来开发的模块，以及 nCode 公司 DesignLife 产品的最新模块。

MSC.Fatigue 可以在产品的初级设计阶段提供疲劳分析工具，从而优化产品的寿命。推荐 MSC.Patran 作为 MSC.Fatigue 分析的前后处理软件工具，可以从其他 MSC 的软件产品中获得 MSC.Fatigue 需要的几何和有限元结果，例如 MSC.Nastran、MSC.Marc 和 MSC.Dytran。载荷工况可以从 MSC.Adams 或物理试验中获得。需要的材料信息可以从 MSC.Fatigue 的标准库中获得，从 MSC.Mvision 材料数据库中获得，或者由用户自己提供。

MSC.Fatigue 允许设计者在产品的早期设计阶段进行疲劳计算，还可以帮助用户快速而准确地预测产品在任何与时间相关和频率相关的载荷工况作用下的寿命，并优化产品的重量和形状。

MSC.Fatigue 的主要功能如下。

① 根据 S-N 曲线进行全寿命分析。这是最传统的全寿命分析法，它以材料或零件的应力为基础，用雨流循环计数法和 Palmgren-Miner 线性累积损伤理论（简称为 Miner 理论），进行全寿命分析。可以选择诸如平均应力修正方法和置信参数等不同的分析参数。可以得到材料或零件的 S-N 曲线。材料的 S-N 曲线允许指定材料表面的抛光和热处理方法。这种方法对裂纹的产生和扩展不加以明确的区分，能够预测到有较大的损伤或破坏为止的总寿命。当然，这种方法也能够对材料在一系列循环载荷作用下各部位的损伤度、剩余寿命进行评

价。全寿命估算提供的彩色条纹可以快速地显示结果并很容易判定疲劳的危险区域。

② 根据 S-N 曲线进行裂纹萌生寿命分析。这种方法是所谓的裂纹萌生分析法或局部应力应变法，它用循环应力-应变模型和 Neuber 法进行寿命分析。可以调整平均应力修正方法，表面抛光和热处理因子来研究这些疲劳相关参数的影响。它根据关键点的应变来预测疲劳寿命，客户可以根据自己产品需要定义疲劳限度。这个方法一般用于对整个结构的安全可能造成致命危险的高应变区域。

③ 根据线弹性破坏力学进行裂纹扩展分析。这是一种建立在线弹性破坏力学（LEFM）理论基础上的预测裂纹扩展的方法，一般适用于结构的损伤容限设计。它根据线弹性破坏力学和由于过载、化学环境的影响、载荷比、及载荷历程的影响引起的裂纹闭合的循环，次循环模型进行裂纹扩展分析。该软件可以在线演示裂纹扩展速率的进程报告，还可以用后处理菜单激活结果的插值。

④ 焊接和点焊疲劳寿命分析。用英国标准 BS7608，包括焊接分类的设计规范中定义的总体寿命分析方法进行钢材或铝合金焊接结构的疲劳分析。达到最新技术发展水平的点焊分析器可以作为独立的模块。在这一模块里，在 MSC.Nastran 里可以用两薄板间的刚性钢条来模拟点焊。然后，刚性钢条所受的力被转化成应力，该应力被用于用 Rupp-Stoerzel-Grubisic 方法进行的 S-N 分析中。该方法根据每个焊点周围的结构应力来计算疲劳寿命，反过来还可以用 CBAR 单元中的断面所受的力和力矩来计算点焊周围的应力。该方法要求网格相对粗糙，但结果可以用 INSIGHT 看到直观形象的效果。

⑤ 振动疲劳分析。振动疲劳分析用 S-N 方法从功率谱密度函数（PSDF 或 PSD）或者传递函数直接计算疲劳寿命。对于传递函数，其功能可分成应力响应过程和疲劳分析两个部分。当在时域内分析结构不方便时，很有必要作随机振动分析，而且该项功能十分强大。疲劳分析模块中包含有最新的应力分析工具，能够给出多载荷工况、频域问题的求解方法，同时还包含对应力张量迁移性和双轴检查的最新进展。

⑥ 交互式设计优化。MSC.Fatigue 可对备选形状、表面抛光、表面加工处理、材料、焊接类型、载荷大小、各种修正法、耐久性可靠度、残余应力、应力集中等设计参数进行灵敏度分析及优化设计。

⑦ 多轴疲劳分析。当含有复杂的多轴载荷以及相关疲劳分析的有效性时，双轴分析特征可有助于确定必要的疲劳分析方法。可以对比例载荷进行修正，如果是非线性载荷可以考虑由多轴疲劳寿命计算的独立模块来确定。

⑧ 丰富的疲劳材料数据库和载荷时间历程数据库管理器。MSC.Fatigue 包含丰富的材料数据库，带有图形显示、输入和编辑以及检索功能；能创建、处理和显示材料数据。载荷时间历程数据库管理器提供了存储载荷时间历程及其细节的方法。另外，完整的图形编辑和信号创建程序能从实测的场数据或者人工合成的数据中准备时间历程、谱和功率密度函数。

⑨ 其他功能。在 MSC.Patran 中可以在同一结构上设置多重材料，研究复合载荷历程的综合效果，也可以通过选择指定的几何实体来进行子结构分析。

有限元应力应变结果可以用于线性静态/瞬态动力学/强迫振动或者频响/随机振动分析中，结果可以直接从 MSC.Patran 数据库或 MSC.Patran 的有限元分析结果文件以及 MSC.Patran 的外部结果文件中读取。该体系还支持 Patran 2.5 或 MSC.Patran 所支持的任意分析程序的结果文件。此外还可以从其他的外部分析程序如 MSC.Nastran、I-deas 读取结果文件。

软件的应变片模块允许 MSC.Fatigue 在 MSC.Patran 环境下模拟实际的应变片。它可以在应变片的测试分析对照坐标系中从疲劳分析提取时间和应变结果的关系图。

3.13.2 MSC.Fatigue 软件的应用

运用三维造型软件 Pro/Engineer Wildfire2.0 建立某型商用车驱动桥后桥壳的实体模型。依据有限元基本理论，进一步建立该桥壳的有限元模型，并在通用有限元分析系统 MSC.Nastran 中进行有限元应力分析。基于应力分析结果，采用有效的疲劳寿命预估方法，利用专业耐久性疲劳寿命分析系统 MSC.Fatigue 对该桥壳进行全寿命分析，得到桥壳整体的疲劳寿命分布和危险点的寿命值。

将建立好的驱动桥壳实体模型导入有限元前后处理仿真分析系统 MSC.Patran 中进行网格划分。利用 MSC.Patran 的分组功能，依次划分每个零部件，对于装配在一起的 2 个或多个零件，可以通过设置 MSC.Patran 的装配参数，自动调整相互装配零件在接触面上的网格以使其保持一致。得到驱动桥壳的有限元网格模型如图 3-46 所示。

图 3-46 驱动桥壳的有限元网格模型

模型建立完成后，向模型中各零件的单元设定材料参数和物理特性，并进行加载。仿真计算得到桥壳应力分布云图如图 3-47 所示。

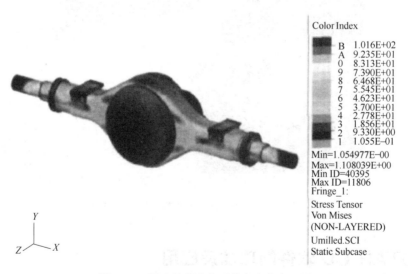

图 3-47 驱动桥壳满载下的应力分布云图

利用 MSC.Fatigue 软件对驱动桥壳进行疲劳寿命预估。应力-寿命曲线即 S-N 曲线，是在控制应力的条件下得到的破坏寿命与应力幅值之间的关系曲线，其对于估算部件的疲劳寿命是至关重要的，适用于高周疲劳问题。研究对象桥壳的本体材料为 16MnL，在试验中采用成组法进行其 S-N 曲线的测试工作。对测试获取的原始测点的应力和寿命数据进行双对数坐标下的线性拟合，得到如图 3-48 所示的直线。对通过试验测得的拟合直线进行分析，计算其纵轴截距及斜率分别为：SRI＝2550.657 MPa，b1＝－0.17。利用这 2 个参数，在 MSC.Fatigue 软件中进行自定义 16MnL 的 S-N 曲线如图 3-49 所示。

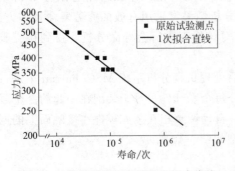

图 3-48 疲劳试验测点数据及拟合直线

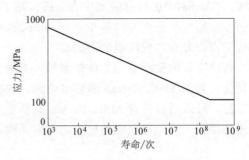

图 3-49 材料的 S-N 曲线

定义好材料的 S-N 曲线之后需要进一步定义桥壳承受的循环载荷。循环加载方式与台架试验加载方式相同，即在板簧座处施加频率为 11Hz 的正弦波加载，最大载荷为满载的 2.5 倍，最小载荷取最大载荷的 10%。在 MSC.Fatigue 中，通过读取桥壳的有限元静强度分析结果，定义材料 S-N 曲线和循环加载工况之后，即可进行桥壳疲劳寿命的评估计算。运算得到的桥壳危险部位的疲劳寿命分布云图与试验失效部位对比如图 3-50 所示。

图 3-50 计算结果与试验结果损伤部位的对比

3.14 STAR-CD 软件的功能及应用

3.14.1 STAR-CD 软件介绍

STAR-CD 是英国帝国学院研发的通用流体分析软件，由英国 Computational Dynamics Ltd. 公司开发。它是全球第一个采用完全非结构化网格生成技术和有限体积方法来研究工业领域中复杂流体分析的商用软件包。软件名称是 Simulation of turbulent flow in Arbitrary

Regions 与公司名称 Computational Dynamics 的缩写组合而成。在完全不连续网格、滑移网格和网格修复等关键技术上，STAR-CD 又经过来自全球 10 多个国家超过 200 名知名学者的不断补充与完善，成为同类软件中网格适应性、计算稳定性以及收敛性中的佼佼者。

3.14.1.1 STAR-CD 求解方法

STAR-CD 使用非结构化网格和有限体积法来求解 N-S 方程组。由于采用非结构化网格，STAR-CD 使得单元形状表现得非常丰富，单元可以进行任意的变形，并且允许采用滑动内部边界条件，允许单元的任意插入和删除，而且局部网格优化技术可以用来提高解的精度。STAR-CD 对定常和非定常流动分别采用优化的 SIMPLE 格式和 PISO 格式来进行计算。空间差分格式是二阶格式，时间差分格式采用的是一阶完全隐式格式。最新湍流模型的推出使得其在计算的稳定性、收敛性和结果的可靠性等方面又得到了显著的提高。STARCD 模拟湍流流动使用的湍流模型有标准 k-ε 模型、RNG 湍流模型和 k-ε 的两层变形模型，在近壁面区域使用 Norris 和 Reynolds 方程低雷诺数模型。

3.14.1.2 STAR-CD 组件及其功能

STAR-CD 使用的前后处理软件包称为 PROSTAR，核心解算器称为 STAR。PROSTAR 集成了建模、求解与后处理所必需的各种工具。PROSTAR 主要完成下功能：几何、网格读入，数据修改；网格生成；设定边界条件；设定工质物性；设定计算内容（多相流，化学反应）；设定控制参数（格式，时间，输入输出参数）；计算过程监控；计算结果后处理。

STAR-CD 使用单一、高效、强壮（Robust）的 STAR 解算器求解流动。这个通用解算器适用于所有的流动情况与物理现象。STAR 解算器与最新的时间空间离散格式相结合，使 STAR-CD 在最复杂的 CFD 应用方面具有无可匹敌的能力。

3.14.1.3 STAR-CD 的解算范围与应用领域

STAR-CD 的解算范围包括：牛顿流体、非牛顿流体；稳态、非稳态；层流、湍流；可压缩、不可压缩的流体流动；辐射、传热、传质；拉格朗日多相流、欧拉多相流；自由表面流动；燃烧及化学反应；多孔介质与热交换器；多流体流动；平衡、非平衡化学反应；多组分的复杂化学反应动力学模型；多种 Nox 模型；专用的煤燃烧模型；专用的汽油机和柴油机口燃烧化学反应模型。

STAR-CD 针对流场结构提供了精确的分析并作定性及定量上的探讨；并针对特殊问题提供各式模型，方便使用者设定，如旋转机械、燃烧行为、两相传输等。并可进行动能、静能的分析以及移动网格等设定。因其功能强大故目前广泛地应用于以下领域中：汽车，航天航空，船舶工业，生物医学，能源动力，建筑与环境工程，化学工程，环境污染，旋转，机械核反应堆等。

3.14.2 STAR-CD 软件的应用

利用 STAR-CD 软件与 UG 软件相结合，对某车的外流场进行了数值模拟，并对结果进行分析与处理。采用 UG 软件建立模型，模型对汽车实体表面作了简化处理，省略了车灯、门把手、后视镜等，同时对底部等作了平整处理。这些改变对流场总体特性并没有大的影响，反而提高了计算经济性。UG 创建的模型一般还不能直接调入 STAR-CD 中，必须作一些必要的表面处理，以满足 STAR-CD 对模型的高标准要求。

① 网格划分。汽车侧面的网格划分采用的是非结构化的混合网格布局。生成网格时在模型表面之外生成了一个表面子层，其间通过拉伸的方法产生数层厚度约为一毫米的分层化的网格。这种网格的厚度以及与汽车表面的正交性与贴体性，保证了壁面函数的应用与边界层模拟的准确性。鉴于汽车以及其流场的对称性，只模拟半个车身，并且采用了逐层加密网格的方法，在曲率大的地方以及汽车尾部也进行加密处理，使在节省内存消耗与计算时间的情况下又很好地保证了计算的精度。图 3-51 为汽车侧面的网格分布图。

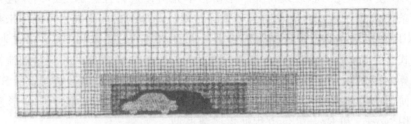

图 3-51　汽车侧面的网格分布图

② 计算结果与分析。对划分好的网格进行计算得到相关的结果。图 3-52 为对称面速度矢量分布图，图 3-53 为对称面尾部速度矢量分布图，从图中可以看出由于气流分离在汽车尾部造成的上下两个涡系；汽车上表面气流自后车窗某个位置分离，使汽车尾部很大一部分区域淹没在分离流中。图 3-54 为对称面头部速度矢量分布图，气流从车头绕过下缘的时候即发生了分离，但是由于前方来流的影响，很快又附着在车体上；由于受到这一大的扰动影响，车体下表面边界层很快发展成湍流边界层，并且迅速增厚，到达可与底部通流空间高度相比拟的程度。图 3-55 为后窗气流分离处速度矢量分布图，从图中可以看到上表面气流在绕过顶盖后缘之后，由于过大的曲率导致的逆压梯度作用，很快就在后车窗上分离了。

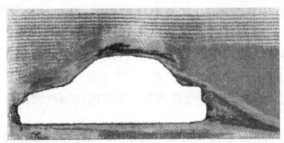

图 3-52　对称面速度矢量分布图

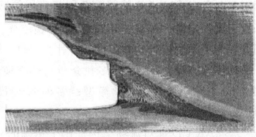

图 3-53　对称面尾部速度矢量分布图

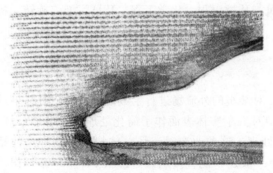

图 3-54　对称面头部速度矢量分布图

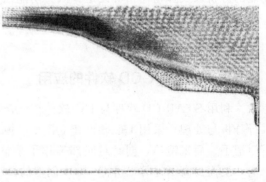

图 3-55　后窗气流分离处速度矢量分布图

图3-56为汽车尾端速度矢量分布图,可以看出有一些复杂的涡系,其中有上下两对比较大的涡系。这些涡是由于上下表面气流的压差与卷带形成的,其中上面一对涡流强度与尺度远大于下面的涡系,在不断向后发展的过程中,不断参混,最后形成了单一的一对大涡流,如图3-57所示。图3-58与图3-59分别为汽车对称面上下表面压力系数分布图。

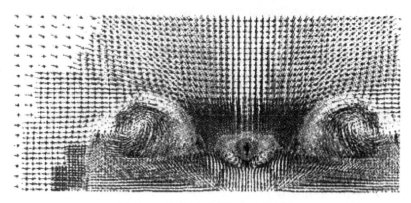

图3-56 汽车尾端速度矢量分布图

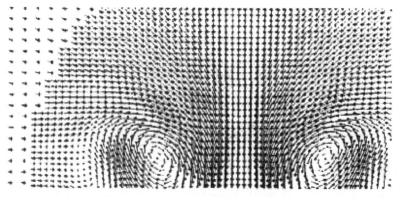

图3-57 汽车尾后1m处速度分布后视图

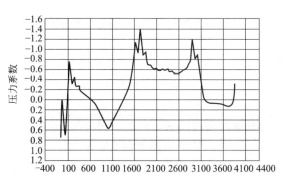

图3-58 汽车对称面上表面压力分布图

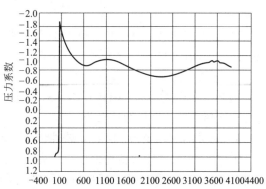

图3-59 汽车对称面下表面压力分布图

3.15 Fluent 软件的功能及应用

3.15.1 Fluent 软件介绍

Fluent 是目前国际上比较流行的商用 CFD 软件包，与流体、热传递及化学反应等有关的仿真分析均可使用。它具有丰富的物理模型、先进的数值方法以及强大的前后处理功能，在航空航天、汽车设计、石油天然气、涡轮机设计等方面都有着广泛的应用。其在石油天然气工业上的应用包括：燃烧、井下分析、喷射控制、环境分析、油气消散/聚积、多相流、管道流动等。在全球众多的 CFD 软件开发、研究厂商中，Fluent 独占了大约 40% 以上的市场份额。而汽车领域更是 Fluent 公司最为重视的行业之一。几乎全球所有知名的汽车厂家都是 Fluent 的用户。例如 Chrysler、Ford、GM、Jaguar、Mitsubishi、Peugeot、Toyota、Volvo 等。

3.15.1.1 Fluent 软件的组成

Fluent 软件包包括以下几个部分。

① Fluent 解法器。

② PrePDF，用于模拟 PDF 燃烧过程。

③ GAMBIT，用于网格生成。

④ TGrid，额外的处理器，用于从现有的边界网格生成体网格。

⑤ Filters (Translators)，转换其他程序生成的网格，用于 Fluent 计算。可以接口的程序包括：ANSYS、I-DEAS、NASTRAN、PATRAN 等。

3.15.1.2 Fluent 软件功能

Fluent 软件具有的功能如下。

1) 完全非结构化网格。Fluent 软件采用基于完全非结构化网格的有限体积法，而且具有基于网格节点和网格单元的梯度算法。

2) 定常/非定常流动模拟新功能。Fluent 软件新增快速非定常模拟功能。

3) 先进的动/变形网格技术。Fluent 软件中的动/变形网格技术主要解决边界运动的问题，用户只需指定初始网格和运动壁面的边界条件，余下的网格变化完全由解算器自动生成。

4) 多网格支持功能。Fluent 软件具有强大的网格支持能力，支持界面不连续的网格、混合网格、动/变形网格以及滑动网格等。

5) 多种数值算法。Fluent 软件采用有限体积法，提供了三种数值算法：非耦合隐式算法、耦合显式算法、耦合隐式算法。这些算法适用于不可压缩流体、亚音速、跨音速、超音速乃至高超音速流动的数值计算。

6) 先进的物理模型。Fluent 软件包含丰富而先进的物理模型，典型的模型如下：

① Fluent 软件能够精确地模拟无黏流、层流、湍流，其湍流模型包含：Spalart-Allmaras 模型、k-ω 模型组、k-ε 模型组、雷诺应力模型（RSM）组、大涡模拟模型（LES）组以及最新的分离涡模拟（DES）和 V2F 模型等。另外用户还可以定制或添加自己的湍流模型（包含多种湍流模型，针对不同的问题可以采用更恰当的模型进行模拟）。

② Fluent 软件适用于牛顿流体、非牛顿流体。

③ Fluent 软件可以完成强制/自然/混合对流的热传导，固体/流体的热传导、辐射等计算。

④ Fluent 软件包含了多种化学反应及燃烧模型，如有限速率、PDF、层流火焰、湍流火焰等多种模型，可以完成化学组分的混合/反应计算。

⑤ Fluent 还具有离散相的拉格朗日跟踪计算功能。

⑥ Fluent 软件中还包含其他常用的模型，如自由表面流模型，欧拉多相流模型（Euler）、混合多相流模型（Mixture）、离散项模型（Lagrangian Dispersed Phase Modeling；主要用来模拟一些二次相的体积含量小于 10% 的多相流动）、空穴两相流模型（Cavitation）、湿蒸汽模型等，可以处理流场域中有多相流体存在时的流动，也可以同时处理气液固三相同时存在时的流动。

⑦ 溶化/凝固以及蒸发/冷凝相变模型。

⑧ 非均质渗透性、惯性阻抗、固体热传导、多孔介质模型（考虑多孔介质压力突变）。

⑨ 风扇、散热器、以热交换器为对象的集中参数模型。

⑩ 基于精细流场解算的预测流体噪声的声学模型。

3.15.1.3　Fluent 的特点

① Fluent 可以方便地设置惯性或非惯性坐标系、复数基准坐标系、滑移网格等。

② Fluent 内部集成了丰富的物性参数的数据库，里面有大量的材料可供选用，此外用户可以非常方便地定制自己的材料。

③ 高效率的并行计算功能，提供多种自动/手动分区算法；内置 MPI 并行机制，大幅度提高并行效率。另外，Fluent 特有动态负载平衡功能，确保全局高效并行计算。

④ Fluent 软件提供了友好的用户界面，并为用户提供了二次开发接口（UDF）。

⑤ Fluent 软件后置处理和数据输出，可对计算结果进行处理，生成可视化的图形及给出相应的曲线、报表等。

3.15.2　Fluent 软件的应用

作为专业的 CFD 软件，Fluent 可用于汽车领域的外流场分析及风阻计算、发动机气缸燃烧模拟、发动机进排气管道模拟、发动机水套换热分析、空调系统气流分析、玻璃除霜模拟、油箱晃动模拟、车盖下部件换热分析、各种油泵、风扇模拟等方面。下面以汽车散热器翅片为例，采用 Fluent 对其进行性能仿真。

结合散热器风筒试验，综合考虑翅片的过渡圆弧和倾斜角，建立三维数值模型，对百叶窗翅片进行流动和传热耦合分析。通过仿真得到了不同工况下，翅片处在空气流中的压力场、温度场和速度场的分布图。对比各个工况下百叶窗翅片的性能，得到了翅片处的流动和传热与流动工况的关系。

3.15.2.1　几何模型的建立及简化

汽车散热器翅片仿真的目的是获取流过翅片处的流体压力场、速度场和温度场，对该目的影响较小的因素可以忽略不计。因此对模型作如下简化。

① 散热器的芯部结构简化。翅片的结构比较复杂，并且数量比较庞大，对其做整体分析的可能性不是很大，翅片呈周期性排列，因此取一个翅片周期做性能分析。

② 散热管的壁很薄，其厚度仅为 0.265mm，而面积较大，其导热系数远大于水的导热

系数。如果对金属固体区域划分网格，会大大增加网格数量，增大计算的工作量。在模拟翅片处空气流动耦合传热时，把金属壁简化为壁面，忽略其厚度，以减少网格数量。

③ 翅片的厚度很小，仅为 0.07mm，忽略其厚度，用一个曲面来代替。将 UG 模型导入到 Gambit 中添加流体区域和散热管壁面，在空气入口和出口处分别添加 2 倍翅片间距的空气导流区域。

3.15.2.2 网格划分

网格是模型的几何表达式，是分析物理问题的载体。网格的质量直接影响到仿真精度和仿真效率。网格分为结构化网格和非结构化网格。结构化网格是指网格区域内所有的内部点都具有相同的毗邻单元。结构化网格的优点是：生成网格的速度快，生成网格的质量好，数据结构比较简单；缺点是应用的范围比较小，只适用于几何形状规则的结构。非结构化网格是指网格区域的内部结点不具有相同的毗邻单元，网格的分布显得杂乱无章。Fluent 软件在二维模型中使用的结构化网格单元是四边形单元，非结构化网格是三角形单元。在三维模型中使用的结构化网格单元是六面体单元，非结构化网格有四面体单元、金字塔单元和楔形单元等。网格的选择与几何形状、流动情况等条件有关，在选择网格时应考虑以下三点。

① 初始化时间。工程上，很多实际问题具有复杂的几何结构，如果采用结构化网格对其划分网格，可能需要花费大量的时间来进行切割或调节，甚至根本划不出结构化网格。因此，初始化时间限制了结构化网格在复杂几何外形上的应用。如果几何外形比较简单，初始化很容易，采用结构化网格和非结构化网格所耗费的时间没有太大的差别。

② 计算花费。当几何模型太大、太复杂时，采用非结构化网格划分比采用结构化网格划分的单元数要少得多。这是因为非结构化网格允许单元聚集在某些关键部位，而结构化网格则会在不需要加密的区域也生成网格。结构化网格在某些情况下允许比非结构化网格更大的比率，从而更利于计算。

③ 数值耗散。数值计算的主要误差来源是数值耗散，数值耗散来源于截断误差，所有解决流体问题的数值格式都会产生数值耗散。数值耗散的大小与网格的分辨率成反比，即网格精细化能降低数值误差。当流动和网格成一条直线时，数值耗散最小。

综上所述，网格的选型必须针对实际的几何外形，从初始化时间、计算花费和数值耗散三方面考虑。网格的选型影响到网格划分的可行性、仿真成本、仿真时间以及仿真精度。在 Gambit 软件中，将流过翅片的空气模型分为 3 个部分，包括入口、出口导流部分和翅片部分。翅片部分含有复杂的百叶窗，很难进行结构化网格划分，因此本文采用非结构化四面体网格。导流部分为规则六面体，采用六面体网格。网格划分结果如图 3-60 所示。

网格质量对计算精度和结果的收敛情况有很大影响。网格质量包括节点分布、网格光滑性和网格歪斜度。

① 流动的特征解与网格上节点的密度和分布直接相关。为保证计算的精度，大梯度区域的网格必须精细化。在分析之前确定大梯度区域是很困难的，而且网格的细化受计算机性能的限制。这里采用自适应网格技术，先对计算区域进行粗略计算，得到计算区域物理量的梯度分布，然后根据梯度分布对其划分自适应网格。

② 临近单元体积的快速变化会导致大的截断误差。Fluent 可以改变单元的体积或者网格的体积梯度来优化网格，从而提高网格的光滑性。

③ 单元的歪斜度对结果的收敛影响较大，通常单元的歪斜度不能大于 0.97。通过 gambit

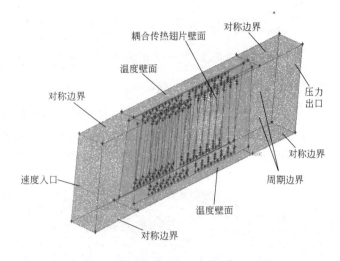

图 3-60 流过翅片空气的网格模型

软件检测得到，三个模型的所有单元歪斜度均小于 0.97，并且主要分布在 0 到 0.4 之间。

3.15.2.3 仿真结果

通过仿真得到了各工况下翅片处空气流的压力场、速度场和温度场。压力场反映了翅片处空气所受到的阻力情况，速度场反映了翅片处空气的流动情况，温度场反映了翅片的传热情况。以翅片入口风速 8m/s 为例，查看流过一个周期翅片的空气流场仿真结果。

（1）速度分布

流体的速度场直接反映了流体的流动情况。当流体的速度矢量趋于平行时，流体的微团保持平行的层状运动，仅有分子运动规模的流体作横向扩散运动，流动为层流。当层流受到壁面粗糙元或其他因素扰动时，由于黏性的制约和阻尼作用，扰动将急剧衰减，下游仍然能保持层流。当流体的速度矢量杂乱无章时，作横向扩散运动的流体规模为微团，流动为湍流。根据前面雷诺数的计算可得，在 2~10m/s 的速度工况范围内流动的雷诺数为 131~654，小于 2200，所以流动为层流。

图 3-61 为翅片处空气的流速分布图，图 3-62 为翅片高度方向中间截面上的流速分布图。散热器管壁处流体的速度为零，垂直于管壁方向，流体脱离壁面后流体的速度迅速增大，迅速达到主流区的速度。主流区的速度变化不大，这是因为翅片的厚度很小，仅为 0.07mm，流道的截面变化很小。流速最大的地方主要分布在翅片上没有百叶窗的地方，例如翅片的上部和下部，翅片的中间等部位。

图 3-61 翅片处空气的流速分布图

图 3-62 翅片高度方向中间截面上的流速分布图

图 3-63 为翅片处空气速度矢量分布图，图 3-64 为翅片高度方向中间截面上的速度矢量分布图。从图中可以看出，速度矢量基本与流体的主流方向保持平行，即流动为层流。大部分流体都会通过翅片上的百叶窗，所以百叶窗的结构和尺寸是翅片性能的影响因素之一。

图 3-63 翅片处空气速度矢量分布图

图 3-64 翅片高度方向中间截面上的速度矢量分布图

（2）压力分布

压力分布反映了翅片处空气的阻力情况。在管流中压力的损失主要由两部分组成，截面变化引起的压力损失和流动过程中的摩擦阻力引起的沿程阻力。

图 3-65 为翅片处空气阻力分布图，图 3-66 为翅片高度方向中间截面的压力分布图，从图中可知，空气的压力逐渐减小，在入口和出口导流区的压力变化较小，压力的损失主要发生在翅片区域。流道的截面积变化很小，因截面变化引起的压力损失很小，可以忽略不计，因此空气阻力主要是流动过程的摩擦产生的。根据前面的分析，各工况下翅片处空气流的流动状态均为层流，即流动方向趋于一致，仅有少量的微团出现横向扩散现象，因此流动过程中的摩擦阻力主要由流体层之间的黏性阻力和扩散微团的脉动阻力组成。空气流经翅片时，由于百叶窗的作用使气流产生扰动，流体的流动方向发生改变，从而使脉动阻力增大，所以在翅片区域空气流的压降较大。

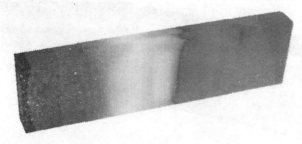

图 3-65 翅片处空气阻力分布图

图 3-66 翅片高度方向中间截面的压力分布图

(3) 温度分布

温度分布能反映翅片的传热情况。空气所吸收的热量主要来源于空气与散热表面的对流换热。散热表面包括一次传热表面和二次传热表面。散热管为该模型的一次传热表面,同时也是模型的热源。它的一个侧面直接与冷却水接触,吸收冷却水的热量,然后将热量分为两部分传递给空气。一部分通过散热管的另一侧直接与空气发生对流换热,另一部分通过热传导传递给翅片,即二次传热表面,这部分热量通过二次传热表面传递给空气。

图 3-67 为翅片处空气的温度分布图,图 3-68 为翅片高度方向中间截面的温度分布图,从图中可以看出,散热管的温度最高,入口处空的温度最低。空气进入翅片区后,温度开始升高。随着空气的流动,空气与散热表面的对流换热在不断地发生,使空气的温度越来越高,当空气穿过翅片区时空气的温度基本不再升高。

图 3-67 翅片处空气流温度分布图

图 3-68 翅片高度方向中间截面温度分布图

参考文献

[1] 纪爱敏.机械CAE分析原理及工程实践[M].北京:机械工业出版社,2009.
[2] 袁建国.CAE技术在汽车产品设计制造中的应用[J].农业装备与车辆工程,2005(1):33-36.
[3] 丁渭平.汽车CAE技术[M].成都:西南交通大学出版社,2010.
[4] 刘义,徐恺,李济顺,等.RecurDyn多体动力学仿真基础应用与提高[M].北京:电子工业出版社,2013.
[5] 杜家政.MSC.Nastran软件高级用户入门指南及工程应用案例[M].北京:机械工业出版社,2013.
[6] 陈安成,穆希辉,杜峰坡,等.基于RecurDyn的小型履带车的建模与仿真[J].机械设计,2013(10):36-39.
[7] 徐靖,吕兆平,唐基荣.基于ABAQUS的汽车燃油箱的结构强度分析[J].装备制造技术,2014(9):76-77.
[8] 吴广发,赵希禄.汽车前纵梁碰撞吸能特性的优化设计[J].机械设计与研究,2011(4):118-120.
[9] 吕振华,亓昌.蹄—鼓式制动器热弹性耦合有限元分析[J].机械强度,2003(4):401-407.
[10] 顾文领,崔俊杰.基于Fluent的汽车外流场特性研究[J].农业装备与车辆工程,2014(3):55-57.
[11] 高晶,宋健,张步良,等.基于MSC.Fatigue的汽车驱动桥壳疲劳寿命预估[J].工程设计学报,2007(3):

210-214.

[12] 胡远志. 基于 LS-DYNA 和 HyperWorks 的汽车安全仿真与分析 [M]. 北京：清华大学出版社，2011.
[13] 韩占忠. Fluent 流体工程仿真计算实例与分析 [M]. 北京：北京理工大学出版社，2009.
[14] 舒畅. 微型汽车空调管路检漏工艺的研究与优化 [D]. 武汉：武汉理工大学，2012.
[15] 徐文涛. 微型汽车驱动桥壳的结构分析以及疲劳寿命预测研究 [D]. 武汉：武汉理工大学，2013.
[16] 赵木青. 准双曲面齿轮副对驱动桥传动效率的影响研究 [D]. 武汉：武汉理工大学，2013.
[17] 周浩. 微型汽车变速箱热平衡分析研究 [D]. 武汉：武汉理工大学，2013.
[18] 郑佳宝. 轮对过盈配合面应力应变状态的研究 [D]. 武汉：武汉理工大学，2013.
[19] 李明. 微型汽车散热器百叶窗翅片性能研究与优化设计 [D]. 武汉：武汉理工大学，2010.

第 4 章 基于ADAMS的微车后悬架螺栓受力分析

汽车悬架是由若干部件组成的一个物理系统。它具有惯性、弹性、阻尼等许多动力学特点，因此它是一个复杂的"质量-刚度-阻尼"多自由度动力学系统。在建立动力学仿真模型时，通常按照如下步骤进行。

① 机械系统的物理抽象；获取模型的运动学（几何定位）参数，建立抽象系统的运动部件、约束，从而建立运动学模型。

② 校验模型的自由度及正确性。

③ 获得模型的动力学参数，定义模型中部件、铰链与弹性元件及外界条件，如道路模型、空气阻力等特性，建立动力学模型，对动力学模型进行调整与仿真计算。

④ 对仿真计算结果进行后处理。

4.1 ADAMS 的分析流程

ADAMS（Automatic Dynamic Analysis of Mechanical System）软件是目前运用最为广泛也最具权威的多体系统动力学仿真软件。多体系统动力学仿真软件调查显示，ADAMS 占据了 51% 的市场，这充分显示了其强大的功能和巨大的影响力。在 ADAMS 中可以建立多种通用、精确的仿真模型，而其自带的一些模型也使得仿真的进行变得十分便捷。目前，ADAMS 广泛运用于汽车、机械、铁路和航天航空等行业中。另外，其开放性的程序结构和多种接口，使其能与 PRO/E、UG、ANSYS 等软件连接，方便数据交换。其主要功能包括以下几个方面。

① ADAMS/view 为通用求解模块，也是最基本的模块。在此基础上 ADAMS 还提供了多种专用模块。这些专业模块运用在汽车开发的各个阶段，大大缩短了开发周期，也使得汽车设计变得十分便捷。

② 其开放性的程序结构和多种接口，使其能与 CAD、CAE 等软件连接，方便数据交换。

③ 提供了后处理功能，对各种仿真结果进行分析，而其优化设计功能也为产品的优化设计和更新提供了便捷。

④ 提供了实体动画功能与自动检查、修复功能。

ADAMS 分析建模是一个复杂的工作过程，其中涉及创建模型，测试和验证模型，细化模型和迭代，优化模型等。每个部分的主要工作如下。

① 创建模型。在创建模型时，首先要创建具有质量和转动惯量的模型部件（part），创建完 part 后，应用 ADAMS/View 中的约束副确定物体之间的连接和相对运动，通过施加力和力矩使模型按照设计要求进行运动仿真。

② 测试和验证模型。模型创建完成后，对模型进行运动仿真，通过测试整个模型或模型的一部分，验证模型的正确性。在模型仿真过程中，ADAMS/View 自动计算模型的运动特性，如距离、速度、加速度、两物体之间的角度、受力等。同时可以通过测量曲线直观地显示仿真结果。将仿真系统的物理试验数据输入到 ADAMS/View 中，通过曲线叠加的方式比较这些曲线，可以验证创建的模型的精确程度。

③ 细化模型和迭代。通过初步的仿真分析后，可以在模型中增加其他因素，细化模型。同时可以定义设计点和设计变量对模型进行参数化，参数化后的模型可以通过修改参数的方法自动修改整个模型。

④ 优化模型。通过利用 ADAMS/View 进行多次仿真，每次仿真改变一个或多个设计变量，从而找到所分析系统的最优模型。

ADAMS 设计流程如图 4-1 所示。

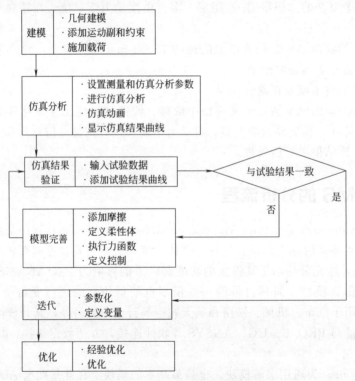

图 4-1　ADAMS 设计流程图

本章所述的微车后悬架模型的建立和仿真都是在 ADAMS/Car 模块中完成的。ADAMS/Car 是在 ADAMS/View 模块基础上二次开发的专用模块，其中包括整车动力学软件包（Vehicle Dynamics），悬架设计软件包（Suspension Design）以及概念化悬架设计模块（CMS），其仿真包括：正弦扫频转向、单线移、斜坡脉冲转向、角脉冲转向、蛇形驾驶、定半径转弯等试验，同时可以设定试验过程中的变速器挡位和气门开度等参数。其主要用于建立包括整车、悬架系统、转向系统、传动系统在内的各种与汽车相关的虚拟样机。并通过模拟汽车各种路况（过单侧深坑、转弯、转弯驱动、转弯制动）得到与汽车性能相关的参数变化曲线，从而观察汽车的操纵稳定性、行驶平顺性等，并再对其进行修改和优化。从而大大减少了传统设计过程中对物理样机的依赖，在很大程度上节约了时间，降低了开发成本。

4.2 螺旋弹簧非独立悬架及模型参数确定

4.2.1 螺旋弹簧非独立悬架的基本结构

悬架是用来传递车架与车桥之间的力和力矩的装置。其主要作用是：

① 保证车轮与地面很好的附着，以提高汽车的动力性和通过性；
② 承受和传递各种力和这些力产生的力矩；
③ 缓冲、降低由于各种不同路面所引起的冲击和振动，使汽车具有良好的操纵稳定性和行驶平顺性。

尽管现代汽车悬架结构不尽相同，但是，它们大多由弹性元件、阻尼元件、导向元件和横向稳定装置等构成，这些元件共同承担着传递车轮与车架之间各种力的任务。以螺旋弹簧非独立悬架为例，其采用螺旋弹簧（弹性元件）+双向减震器（阻尼元件）的结构形式。导向机构由后桥、上、下摆臂和侧向推力杆组成，纵向采用纵摆臂完成导向作用，同时传递驱动力，横向则采用侧向推力杆来约束后桥的横向移动，以约束车身侧倾。螺旋弹簧非独立悬架实物如图4-2所示。

图4-2 螺旋弹簧非独立悬架实物

图4-3所示的螺旋弹簧非独立悬架为五连杆螺旋弹簧非独立悬架。该悬架系统实际是由双纵臂结构形式经过演化而来，悬架左右两侧均采用上、下两根纵臂以传递纵向力，横向力主要由装在车桥后部的横向推力杆承受。

螺旋弹簧非独立悬架具有结构简单、工作可靠、设计和制造容易等特点，但由于车桥在整个弹簧运动范围内运动，因此必须提供车桥上方的空间。对后桥来说，这就要减小行李箱空间，并使备胎布置困难；而对于前桥来说，车桥要布置在发动机下方。为了获得足够的弹簧压缩行程，就不可避免地要抬高发动机或将其后移。因此，螺旋弹簧非独立悬架常用于货载汽车、客车以及轿车的后悬架上。其优点

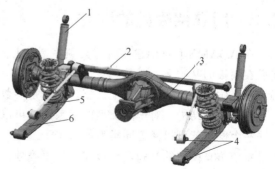

图4-3 螺旋弹簧非独立悬架简图
1—阻尼器；2—横向拉杆；3—后桥；
4—橡胶衬套；5—上臂；6—下臂

是：①制造简单且经济性好；② 轮胎磨损小并且具有良好的转向安全性；③ 车轮跳动时，轮距、前束和外倾角不会发生变化；④ 拐弯时，车身侧倾后也没有车轮外倾角的变化，即可保证轮胎传递侧向力的能力不变。存在的缺点是：①非独立悬架的差速器安装在车桥壳内，会使悬架质量较大；② 车轮装在一根整体车轴的两端，当一侧车轮跳动时，另一侧车轮受到影响也会做出相应的跳动，导致整个车身振动或倾斜，降低了汽车的平稳性和舒适性；③ 在坑洼路段做直线行驶时，车身两侧车轮反向跳动或只有一侧车轮跳动，存在不利的轴转向特性；④ 驱动转矩会引起轮载变化。

4.2.2 模型参数定义

在建立螺旋弹簧非独立悬架动力学模型时，模型参数的准备十分重要，它不仅仅是建模的依据，同时还对建模精度有较大影响。模型参数一般可以分为运动学参数、质量参数、力学性能参数和外界参数 4 类。

① 运动学参数（几何参数）。运动学是从几何的角度（指不涉及物体本身的物理性质和加在物体上的力）描述和研究物体位置随时间的变化规律的力学分支。顾名思义，运动学参数是指模型中反映各部件几何位置关系的参数，如螺旋弹簧非独立悬架后桥两端点坐标、下摆臂长度等。这些参数主要通过查阅相关车型的设计图纸来获得。在查阅图纸时应注意即使是不同部件的参数也必须在同一整体坐标系下测量。而有些无法通过查阅图纸得到的参数，可以通过运动部件的几何外形和角度关系利用作图法得到。

② 质量参数。该参数一般包括质量、质心和转动惯量等。而零部件的这些参数对模型的仿真精度有直接影响。零部件的质量可以通过三维软件计算得到，也可以通过称重的方式获取。在建立动力学模型时，不具有相对运动关系的零件可视为一个整体，因此应将其质量集中于一点，即共用一个质心。质心和转动惯量一般通过实验的方法得到，对不易通过实验得到的也可通过三维软件计算得到。在传统建模过程中，转动惯量的获取一直是一个难点，多采用经验公式估算。

③ 力学参数。力学参数一般指悬架系统中弹性元件、阻尼元件的刚度和阻尼等。在悬架的优化分析和整车性能分析中有着十分重要的作用，这些参数一般通过实验获得，或由供应商直接提供。

④ 外界参数。这类参数包括路面、风力等。路面谱可以通过实验测量得到。

文中涉及的参数大部分由三维模型计算和实验得到，或由生产厂家提供。

4.3 后悬架模型的建立

在 ADAMS/Car 中建模时，其顺序是自上而下的。模板是整个模型中最为基础的模块，然后在模板的基础上，对其参数进行修改，完成子系统的建立。最后将各个子系统进行装配得到最终仿真分析所需的装配模型。模板是参数化的模型，在模板中含有标准模型组件的零件参数和拓扑结构。对于同类型的子系统，可以使用同一个模板，只需修改其参数即可，这样同一个模板就可以涵盖同类型的多个子系统，大大节约了建立多个相似子系统的时间。模板是整个仿真模型的基础，模板建立的正确性、精确度对整个仿真结果有很大影响。

模板所使用的属性文件含有弹簧、减震器、橡胶衬套等各种部件的特征数据。模板中自带属性文件，因此，在建立新的子系统时可以直接调用，也可手动直接输入或使用其他数据库中的属性文件。

文中使用弹性元件、阻尼元件、导向机构、部件间的连接副和通信器等来创建螺旋弹簧非独立悬架模板，再通过参数的修改完成悬架子系统的建立，最后将悬架子系统与轮胎模型和试验台架进行装配，得到最后的装配模型。后悬架模型建立流程如图4-4所示。其中，外部部件为与后悬架连接的车身、副车架、减速器等。螺旋弹簧非独立悬架简图如图4-5所示。

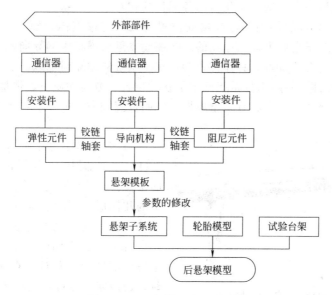

图4-4 后悬架模型建立流程图

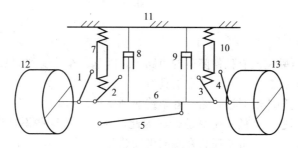

图4-5 螺旋弹簧非独立悬架简图

4.3.1 导向机构

悬架的导向机构对悬架的整体性能影响较大，其作用是传递车轮与车架或车身之间的力和力矩，与此同时，还可以起到导向的作用。在汽车的行驶过程中，可控制车轮的运动轨迹。同时，当车轮跳动时，导向机构对其定位参数的变化趋势和汽车纵倾、前后侧倾的中心位置的确定有着决定性作用。因此，为了保证力和力矩的传递可靠性、车轮定位参数在规定的范围内变化，并使汽车具有良好的操纵稳定性，在导向机构的设计过程中，应对其空间结构和受力进行分析。

如图4-5所示，1、4为后悬架下摆臂；2、3为后悬架上摆臂；5为横向推力杆（潘哈杆）；6为后桥总成为螺旋弹簧非独立悬架的导向机构；7、10为后悬架螺旋弹簧；8、9为后悬架减震器；11为外部部件（车身、副车架等）；12、13为车轮。纵向驱动力由上、下摆臂传递,并由其进行纵向导向;横向力由横向推力杆承受,并由横向推力杆约束后桥横向移动,防止车身侧倾。

使用ADAMS/Car建立导向机构的大致过程如下。

1)简化物理模型。在建立模型之前,需要根据悬架系统中各导向机构的相对运动关系(如上、下摆臂都是以后桥为轴线旋转),对部件进行简化,并且可以把不具有相对运动的两个或多个部件简化为一个。确定简化后的各部件的相对运动关系。

2)确定硬点。各零件和关键连接处位置的几何定位点称为硬点。这里要注意的是:①硬点的坐标是相对于全局坐标系原点的。②在建立悬架模板中的导向机构硬点时,只需确定各部件和连接点的大致位置,具体位置参数在子系统的建立时输入。

3)建立一般部件。一般部件是指确定了初始位置、方向和质量、惯量、质心的刚性体。此时的建立的一般部件是一个具有质量属性、空间位置和方向的抽象物体,还没有具体的几何形状。

图4-6 在ADAMS/Car中建立的导向机构模型

4)创建部件的几何体。在已建好的硬点基础上添加部件的几何形状。同时,由于部件的位置、质量和方向等参数都已确定,因此模型的几何形状对动力学仿真的结果是没有影响的。但是在运动学分析时,部件的外部形状会直接影响机构的运动趋势和轨迹,而且考虑到模型的直观性,在建立部件的几何体时,还是应该尽可能贴近部件的实际结构。

在ADAMS/Car中建立的导向机构模型如图4-6所示。

4.3.2 弹性元件

由于汽车不可能行驶在没有任何障碍的道路上,因此,车轮受到的来自路面的力往往是连续性的,当遇到不平的路面时这种力还常常具有一定的冲击性,而且这些冲击力还可能达到一个较大的数值。而当这种冲击通过轮胎、悬架传递到车身、车架时,会造成汽车零部件的损伤和疲劳,使乘客感到不适,降低乘坐舒适性。因此,为了缓解这些不良作用,除了采用衬套、柔性的横向稳定杆等元件外,常常还会在悬架中安装弹簧、限位缓冲块等弹性元件。

汽车悬架系统所用的弹性元件主要分为金属和非金属两大类。前者多以含有硅、锰、镉和钒等成分的合金弹簧钢制成,后者主要以橡胶制品加上作为传力介质的气体或液体构成。各种弹簧之间在弹性特性、制造难易程度、单位体积吸收的能量、汽车布置设计的难易以及是否便于实现刚度控制等方面各不相同。各种弹性元件所具有的特色使它们中的大多数至今仍出现在各种汽车的悬架中。

本文所研究的螺旋弹簧非独立悬架,顾名思义其弹性元件为螺旋弹簧。螺旋弹簧是除钢板弹簧之外的另一类广泛用于汽车悬架的弹簧型式,它由合金弹簧钢棒料卷制而成,一般具有不变的弹簧刚度。同时它还具有自身质量轻、无需润滑和不惧泥污等优点。此外,由于它不像钢板弹簧那样会限制转向轮的转动,因而可以允许转向车轮具有更大的转向偏摆角,可提高汽车的机动性,故常常被用于独立悬架的前轮结构和非独立悬架的后轴中。

由于螺旋弹簧本身并没有阻尼,即不能产生衰减振动的作用,加之它只能承受轴向载荷,因此,以它作为弹性元件的悬架必须安装相应的减振器和导向机构。为让螺旋弹簧产生变刚度弹簧的特性,增大弹簧压缩伸张行程,汽车悬架用螺旋弹簧也可被制成断面渐变、螺距渐变和直径渐变等型式。变刚度螺旋弹簧如图 4-7 所示。

需注意的是，当悬架安装到车身上时，弹簧是处于压缩状态的，因此在 ADAMS/Car 中建立弹簧模型时需要给弹簧施加一个初始力。自然状态下弹簧长度为 255mm，装配后压缩为 208.68mm，且弹簧的刚度为 63N/mm，则其初始力大小 $F=K\times(X_0-X)=63\mathrm{N/mm}\times(255-208.68)\mathrm{mm}=2918.475\mathrm{N}$。

在汽车的后悬架中，常常还会安装另外一种弹性元件，即限位缓冲块。限位缓冲块的作用是：当两部件经过一段空行程之后，通过限位缓冲块的弹力作用限制其进一步的运动，同时还可以吸收汽车在不平的路面上行驶时所产生的振动。在 ADAMS/Car 中分为上跳限位缓冲块和下跳限位缓冲块两种。螺旋弹簧非独立悬架中运用了两个限位缓冲块：一个是上跳限位缓冲块，用于防止后桥总成向上的过度位移；另一个是下跳限位缓冲块，用于防止后桥总成向下的过度位移。

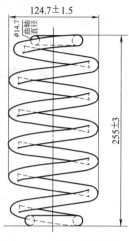

图 4-7 变刚度螺旋弹簧

4.3.3 阻尼元件

为了衰减车身、车架的振动，以改善汽车行驶的平顺性，悬架系统中需要设置能够吸收振动能量的装置。因此，除了一些对平顺性要求不高的载货汽车后悬架以外，在现代汽车悬架系统中，大多装有与弹性元件并联的阻尼减震器。汽车用阻尼减震器多为液力式，其作用原理是，汽车行驶过程中车轮相对于车身、车桥上下跳动，从而引起减振器活塞在液压缸筒内的往复移动。活塞上的溢流孔允许缸筒内油液交替地在上下腔之间流动，由于孔壁与油液之间的摩擦以及油液分子间的内摩擦将消耗振动的能量，即将动能转化为热能，随后散发到大气中，形成对悬架振动的阻尼作用。

减振器阻尼大小与溢流孔开度大小及所采用的油液黏度有关，且随车身、车架与车轮间相对运动速度的增减而增减。阻尼力越大，振动消除得越快，但也会通过减振器将地面过大的冲击载荷传向车身，不利于乘坐舒适性的提高。同时，过大的阻尼还可能导致减振器连接零件及车身、车架的损坏。因此，在压缩与伸张行程中应使阻尼器具有不同的阻尼。当车轮与车身相互靠拢即压缩行程中，减振器应具有较小的阻尼力，这样可以减小路面对车身的冲击，充分利用弹性元件的缓冲作用；当车轮与车身相互远离即伸张行程中，减振器应具有较大的阻尼力，以便达到迅速衰减振动的作用。

在螺旋弹簧非独立悬架上安装的是双向筒式减振器，它具有以下 3 个特点：①具有足够的阻尼；②减振器工作过程中，阀门的节流阻尼作用能随减振器的活塞上下运动速度的变化而变化。③使减振器伸张时所需的力比压缩时所需的力大得多。本车后悬架所采用的阻尼器速度-力关系如表 4-1 所示。

表 4-1 阻尼器速度-力关系表

速度/(m/s)	0.02	0.05	0.13	0.26	0.39	0.52	1.00	1.50
复原阻力/N	45	145	457	632	834	1 018	1 707	2 515
压缩阻力/N	44	108	235	345	452	528	772	1 076

从表 4-1 中可以看出阻尼器的阻尼力是随速度的增加而非线性增加的,且同一速度下,受拉和受压时复原阻尼力和压缩阻尼力大小是不同的。根据表 4-1 可得出在 ADAMS/Car 中建立的阻尼器特性曲线,如图 4-8 所示。

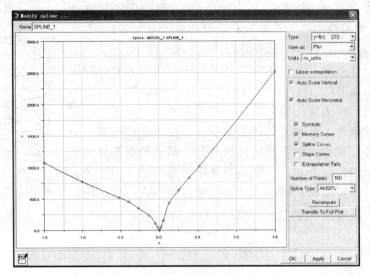

图 4-8 后悬架减振器阻尼力特性曲线

4.3.4 部件间的连接

上面创建了后悬架模板所需的各个部件,但每个部件都是孤立存在的,因此需要通过铰链、衬套等将各部件连接起来。

部件间的连接可以分为模板内部连接和模板外部连接,如下摆臂与后桥总成间的连接为模板内部连接,下摆臂与车身的连接称为模板外部连接。不同的连接方式其处理方法也不同。内部连接一般通过铰链或衬套直接连接即可,但外部连接时,需先创建安装件和通信器,再通过铰链、衬套连接。部件间内、外部连接如图 4-9 所示。

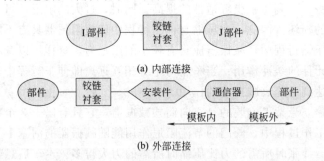

图 4-9 部件间内、外部连接

安装件用于模型内的部件与其他子系统、地面或试验台的连接时,是一种没有质量的部件。任何类型的模型,它都不是孤立的,因此需要与其他子系统、试验台等进行连接,此时就需要用到安装件来确定其在本模型中的位置和与其连接的部件。需要注意的是,安装件的命名是有规则的,不可随便命名。并在建立安装件的同时会产生一个相同名字的通信器。

在利用 ADAMS/Car 建立模板的过程中可以使用两种类型的连接件:铰链(运动约束副)和橡胶衬套。

① 铰链。铰链定义了两个部件间的运动和约束关系，并且不同的铰链限制的移动自由度和旋转自由度数目也是不同的。如表 4-2 所示。

表 4-2　铰链

约束副名称	约束的自由度数目	
	移动自由度	旋转自由度
平面副（Planar）	1	2
圆柱副（Cylindrical）	2	2
移动副（Translational）	2	3
球副（Spherical）	3	0
等速副（Constant-Vel）	3	1
万向副（Universal）	3	1
转动副（Revolute）	3	2
固定副（Fixed）	3	3

② 衬套。在运动部件中，长期的摩擦会造成零件的磨损，因此，经常在两个连接件间安装衬套，这样可大大地降低替换被连接件的成本。但衬套的添加会对汽车的平顺性、操纵稳定性和制动性等有很大影响。在 ADAMS/Car 中衬套的特性是通过 3 个移动刚度和 3 个转动刚度来定义的，并且刚度可以随着衬套的形变量呈现线性或非线性的变化。

在 ADAMS/Car 中，可以对模型进行运动学仿真或弹性运动学仿真，在不同的仿真模式下，其连接方式也是不同的。运动学仿真时，通过铰链如转动副、球副等定义两部件间的连接方式，弹性运动学仿真时，则采用衬套进行连接。就螺旋弹簧非独立悬架来说，运动学仿真时，上、下摆臂和横向推力杆与后桥总成通过球副连接，与车身通过万向副连接；后桥总成与车轮和车轮心轴之间简化为转动副，驱动半轴和车轮心轴、差速器之前均通过等速副连接；减振器上、下支柱间通过圆柱副连接，上支柱与车身、下支柱与后桥总成分别通过万向副和球副连接。弹性运动学分析时，上、下摆臂和横向推力杆与后桥总成及车身之前的铰链都由衬套替代，上支柱与车身、下支柱与后桥总成之间的衬套也被激活。因此，在建模时，两部件间可能既有铰链又有衬套，此时，要注意设置不同连接件的激活条件。

4.3.5　定义通信器

在模型的建立过程中，通信器的建立十分重要，它主要用于传递模板、子系统和试验台之间的数据。在总装车间里，汽车各零部件的连接主要靠螺栓、键等完成。而在 ADAMS/Car 中，仿真环境通过通信器输入到子系统中，同时，还要将子系统的响应输出给其他子系统和试验台，实现数据的双向传递。通信器在成功建立之后，其各项属性包括名称只能查看，不能修改，因此在定义时应十分仔细。

通信器分为两种：输入通信器（Input Communicator）和输出通信器（Output Communicator）。输入通信器主要用于当前子系统接受来自其他子系统或试验台的信息；输出通信器将当前子系统信息提供给其他子系统或试验台。还需要注意的是输出通信器可以将信息传递给多个输入通信器，但一个输入通信器只能接收一个输出通信器的信息。在该模型中，建立的后悬架通信器如表 4-3 所示。

表 4-3 后悬架通信器列表

通信器名称	实体类别	特 征
ci[lr]_bumpstop_to_body	mount	inherit
ci[lr]_lower_link_frame	mount	inherit
ci[lr]_spring_upper_to_body	mount	inherit
ci[lr]_tripot_to_differential	mount	inherit
ci[lr]_uppe_link_frame	mount	inherit
cis_track_bar_body	mount	inherit
co[lr]_camber_angle	parameter_real	inherit
co[lr]_output_to_shaft	mount	inherit
co[lr]_suspension_mount	mount	inherit
co[lr]_suspension_upright	mount	rear
co[lr]_toe_angle	parameter_real	inherit
co[lr]_wheel_center	location	inherit
cos_body	mount	inherit
cos_diff_housing_to_axle	mount	inherit
cos_suspension_parameter_ARRAY	array	inherit

大部分通信器是在建立安装件的同时自动产生的，名称也与安装件一致。但还有一些传递参数（内倾角、外倾角）信息和与试验台之间信息的安装件需要自己手动设置。如 co［lr］_camber_angle、co［lr］_suspension_upright 等。在所有的通信器建完之后，还需对其进行检测，核对其正确性并找出不匹配的通信器，再对其进行修改，保证各子系统的正确连接。

建立的螺旋弹簧非独立后悬架模板如图 4-10 所示。接下来就是通过参数的修改建立悬架子系统。

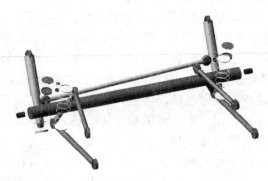

图 4-10 后悬架模板

4.3.6 后悬架子系统

在后悬架模板的基础上，根据实际车型对模板中的参数进行修改，完成后悬架子系统的创建。其中最主要的即为硬点的修改，在模板建立的过程中，硬点的位置是大概确定的。因此，在建立子系统时，应准确地测量各硬点的位置，并输入到模型中，硬点位置的变化会对仿真结果造成很大的影响，本文所用的硬点坐标主要是通过设计图纸和模型获得的。各硬点坐标如表 4-4 所示。

表 4-4 后悬架硬点坐标

硬 点	坐 标		
	X	Y	Z
后桥总成端点	3624.11	−670.00	320.01
阻尼下端点	3678.85	−573.00	205.02
阻尼上端点	3882.87	−573.00	531.52

续表

硬　点	坐　标		
	X	Y	Z
下摆臂与后桥总成连接点	3621.55	-515.00	222.46
下摆臂与车身连接点	3050.80	-515.00	290.02
弹簧下端点	3519.02	-515.0	263.98
弹簧上端点	3505.95	-506.10	515.43
上摆臂与后桥总成连接点	3618.97	-392.51	406.02
上摆臂与车身连接点	3250.85	-475.00	370.00
车轮中心点	3624.11	-720.00	320.01
横向推力杆与后桥总成连接点	3747.85	515.00	300.02
横向推力杆与车身连接点	3747.85	-515.00	360.02

由于悬架是关于汽车行驶方向左右对称的，表 4-4 所示硬点坐标均为悬架左侧硬点坐标，右侧坐标在此就不详细说明了。

4.3.7　轮胎与实验台架

　　轮胎是汽车行驶系中的重要部件，其功能是支撑整车重量。通过轮胎与路面之间存在的附着力来产生驱动力和制动力，产生汽车转向行驶时的离心力的侧抗力，同时还可以吸收和缓和不平路面所引起的振动和冲击，使汽车具有良好的操纵稳定性和行驶平顺性。

　　由于轮胎是由橡胶、帘布层等合成材料构成，同时还存在充气结构，因此其具有高度的可压缩性和非线性。而这些性能都使得轮胎模型的建立较一般模型更为特殊和复杂。在 ADAMS/Car 中自带有各种轮胎模型（Fiala 轮胎模型、UA 轮胎模型、Pacejka 轮胎模型、MF-Tyre 和 MF-Swift 轮胎模型等）。此处，根据实际车型，选用 UA 轮胎模型。在 ADAMS/Car 中建立的轮胎模型如图 4-11 所示。

　　在 ADAMS/Car 中，各种力和运动不能直接施加在悬架或轮胎上，而是通过对试验台架加载一些不同的力和运动，从而驱动模型，因此还需建立一个实验台架与轮胎连接，选用 MDI_SUSPENSION_TESTRIG 试验台架直接进行装配即可。

　　至此，在已建立的螺旋弹簧非独立悬架多体动力学模型所需的各子系统的基础上，再将后悬架子系统、轮胎模型和实验台架装配，即可得到进行动力学分析所需的微车后悬架动力学模型，如图 4-12 所示。

图 4-11　轮胎模型　　　　　　　　图 4-12　后悬架模型

4.4 模型测试及仿真分析

首先建立好螺旋弹簧非独立悬架模型,再对其施加一定的外部条件,就可以很好地观察后悬架各连接点的受力大小和变化情况,但此时,并不能确定其结果的正确性,因此,需要验证之前建立的模型,根据分析结果对模型进行微调,使仿真模型尽可能地贴近实车,从而能很好地反映实车的性能,保证结果的可靠性。其大致步骤如下:①有限元分析;②在实车上粘贴应变片;③实验室静态标定;④对车轮施加指定载荷;⑤对 ADAMS/Car 中建立的悬架模型施加同样的载荷,并将实验结果和仿真结果进行对比。

4.4.1 有限元分析

建立汽车悬架系统的精确有限元分析模型对于有效评价产品设计方案、指导设计改进和耐久性试验是十分重要的。在本文所讨论的悬架模型的验证中对微车后悬架的有限元分析主要用于找出后悬架各部件中三个方向受力对应的应变敏感部位,同时这些敏感部位还要尽量避开其他力的耦合作用,以确定应变片的粘贴位置。

在分析过程中,建立了比较精确的有限元模型,确定了计算载荷,单元类型、尺寸、材料参数,不同零件之间的连接和约束条件。图 4-13 为螺旋弹簧非独立悬架的有限元模型,图 4-14 为螺旋弹簧非独立悬架有限元分析结果界面图。根据计算结果确定了应变片的粘贴位置,如图 4-14 中的圆圈部位。

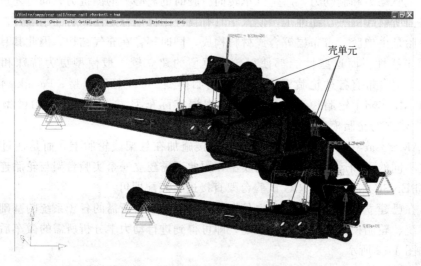

图 4-13 螺旋弹簧非独立悬架有限元模型

4.4.2 实验研究

根据后悬架系统的有限元分析结果确定应变片粘贴位置。图 4-15 所示为螺旋弹簧非独立悬架上粘贴应变片的情况。

螺旋弹簧非独立悬架上各应变片粘贴好后,需要利用静态标定试验台确定车轮力-悬架系统应变之间的关系矩阵。

在进行模型验证时,对悬架施加一个指定外力,试验时实际测量的是悬架的应变信

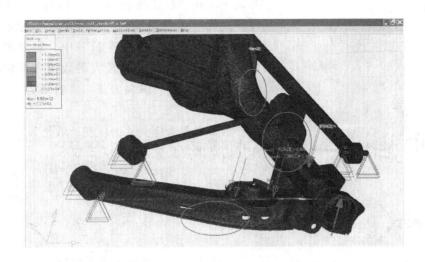

图 4-14　螺旋弹簧非独立悬架有限元分析结果

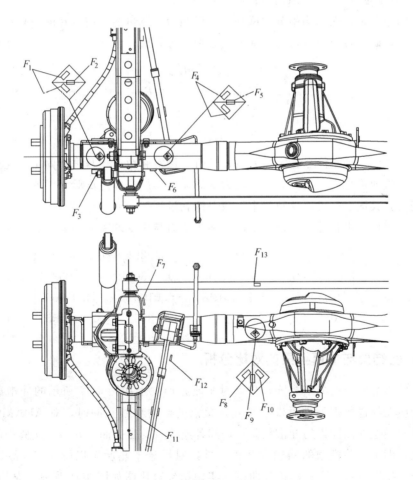

图 4-15　螺旋弹簧非独立悬架上粘贴应变片的情况

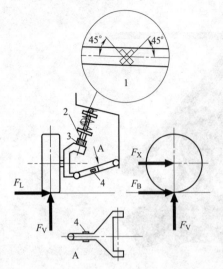

号，为了获得各连接点的力信号，需要知道车轮力-应变之间的关系矩阵。可以应用静态标定的方法近似求出关系矩阵。在汽车行驶中，对悬架等承载零部件的疲劳损伤影响比较大的载荷主要包括垂直力 F_V、侧向力 F_L、纵向力 F_X 和制动力 F_B，如图 4-16 所示。

悬架中各个应变片的应变一般是各个车轮力综合作用的结果，其应力应变关系如下

$$\begin{bmatrix} \varepsilon_1 \\ \varepsilon_2 \\ \varepsilon_3 \\ \varepsilon_4 \end{bmatrix} = \begin{bmatrix} E_{11} & E_{12} & E_{13} & E_{14} \\ E_{21} & E_{22} & E_{23} & E_{24} \\ E_{31} & E_{32} & E_{33} & E_{34} \\ E_{41} & E_{42} & E_{43} & E_{44} \end{bmatrix} \begin{bmatrix} F_V \\ F_L \\ F_X \\ F_B \end{bmatrix}$$

或可写成 $\boldsymbol{F} = \boldsymbol{AE}$

图 4-16 车轮力与静态标定原理

式中，ε_1、ε_2、ε_3、ε_4 为实测应变信号；F_V 为垂直力；F_L 为侧向力；F_X 为纵向力；F_B 为制动力。

静标定的原理是：在结构中分别施加一个已知力，测量各个应变片的信号；对力、应变信号进行分析，确定各个应变与力之间的关系矩阵 $\boldsymbol{A}$，即

$$\boldsymbol{A} = \begin{bmatrix} E_{11} & E_{12} & E_{13} & E_{14} \\ E_{21} & E_{22} & E_{23} & E_{24} \\ E_{31} & E_{32} & E_{33} & E_{34} \\ E_{41} & E_{42} & E_{43} & E_{44} \end{bmatrix}$$

静态标定试验在整车静态标定试验台上进行。该实验台对车身进行固定，通过气动等加载机构对车轮施加垂直力、侧向力、纵向力和制动力。静态标定试验台中的应变测量系统采用动态应变仪，其优点是可以反映整个加载—卸载过程。

经过对标定信号进行处理，得到了后悬架车轮力与应变的关系矩阵 $\boldsymbol{A}$。

$$\boldsymbol{A} = \begin{bmatrix} -0.008143 & 0.001467 & 0.037281 & 0.060044 \\ 0.031587 & -0.030753 & -0.003037 & -0.005334 \\ 0.050473 & -0.031048 & -0.010091 & -0.009657 \\ -0.038392 & 0.002290 & 0.013153 & 0.017158 \end{bmatrix}$$

4.4.3 实验结果与仿真结果的对比分析

已知车轮力与应变的关系矩阵，只需对车轮施加一个如图 4-17 所示的冲击载荷，通过测量得到的应变经过数据处理后即可得到连接点的受力曲线。同时，对 ADAMS/Car 中所建立的后悬架模型施以同样的冲击载荷，得到各连接点的受力曲线，再与实验中所获得的曲线进行对比，即可检验模型的精确性和正确性。对后悬架轮胎施以图 4-17 所示的冲击后，后桥总成与下摆臂连接处螺栓的仿真曲线和实验结果对比图如图 4-18 所示。从图 4-18 中可以看出，虽然实验曲线与仿真曲线有所偏差，但变化趋势及数值基本相似，吻合程度比较好。说明所建立的螺旋弹簧非独立悬架动力学模型可满足实际应用要求。

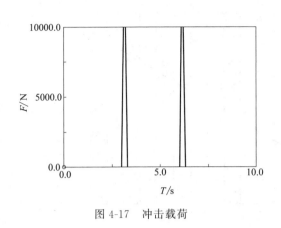

图 4-17 冲击载荷

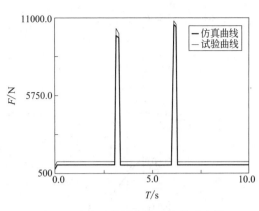

图 4-18 实验结果与仿真结果对比图

4.5 后悬架螺栓受力分析

根据悬架动力学理论，基于 ADAMS/Car 建立了螺旋弹簧非独立悬架的动力学模型。在此基础上，对不同路况下各连接部位的螺栓进行力学分析，得到不同连接部位的螺栓受力曲线，算出螺栓工作载荷的极值，以便于对极限工况下螺栓的预紧力、扭矩进行分析和计算。

在 ADAMS/Car 中进行路况分析前，需准备好仿真过程中所需参数，基本参数如下：

簧载质量（前）72kg　　　　　　后轮轮距 1440mm
簧载质量（后）125kg　　　　　前悬架静态加载半径 272mm
静载质量（前）700kg　　　　　后悬架静态加载半径 270mm
静载质量（后）1050kg　　　　前制动分配 0.7
整车质心高度 670mm　　　　　前端驱动扭矩分配 1
轴距 2720mm　　　　　　　　道路摩擦系数 1
前轮轮距 1425mm　　　　　　重力加速度 9807mm/s^2

4.5.1 轮胎跳动对螺栓受力的影响

汽车行驶过程的各种路况可以概括为车轮跳动和外加载荷两种形式，车轮跳动主要包括双轮跳动和单轮跳动。外加载荷主要包括向前制动、转弯制动、过单侧深坑、反向制动、紧急制动、转向和转弯驱动的各种载荷。并且不论是悬架跳动，还是外加载荷在影响悬架特性的同时也会使螺栓的受力发生改变。因此，在悬架仿真分析中给左右车轮施加能够反映悬架运动的跳动量或外加力，并记录下不同情况下螺栓的受力。左、右车轮跳动引起的悬架运动学分析是悬架运动学特性分析的基本方法，该分析实际上是对路面不平引起的颠簸运动、车轮遇到障碍物时悬架的运动、汽车加减速时车身纵倾引起的悬架运动等较多运动的综合分析。

在 ADAMS/Car 中自带有各种轮胎跳动的仿真文件，因此只需在对应的界面上输入各种实验条件如初速度、路径、挡位等即可。通过仿真分析，即可得到连接点受力。双轮跳动时后桥总成与下摆臂连接点螺栓工作载荷曲线如图 4-19 所示。单轮跳动时后桥总成与下摆臂连接点螺栓工作载荷曲线如图 4-20 所示。

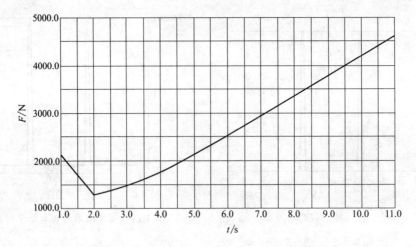

图 4-19 双轮跳动时后桥总成与下摆臂连接点螺栓工作载荷曲线图

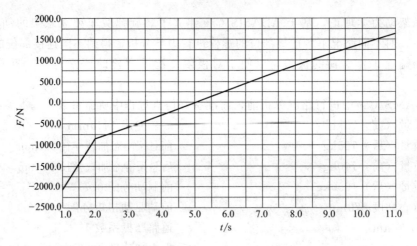

图 4-20 单轮跳动时后桥总成与下摆臂连接点螺栓工作载荷曲线图

4.5.2 外加载荷对螺栓受力的影响

悬架的运动学研究同时也包括由于轮胎和路面之间的力和力矩引起的汽车各部件受力关系、悬架参数的变化，即外加载荷对悬架特性的影响。该分析中的外加载荷是指在车轮与地面接地点处或轮心处施加制动力、驱动力、侧向力、回正力矩、侧翻力矩和滚动阻力矩等。文中还考虑了弹性衬套等连接件对悬架性能的影响。

与车轮跳动不同，由于外加载荷包括很多种类，如制动力、侧向力等，在 ADAMS/Car 中这些力的施加是通过事件构造器完成的，而且同一个事件中可以包含两个或两个以上的操纵。例如转弯制动的模拟，就是由 3 个操纵组成的：①汽车直线行驶到一定速度；②汽车以某一半径转弯；③制动。在 ADAMS 中设置有事件构造器专门的建造窗口，这使仿真事件的模拟变得十分方便、快速，除此之外，对于一些比较复杂、难以用公式表达的函数可以直接通过构造曲线完成，从而定义十分复杂的事件。图 4-21 和图 4-22 分别为右、左转弯制动时后桥总成与下摆臂连接点螺栓工作载荷曲线图。

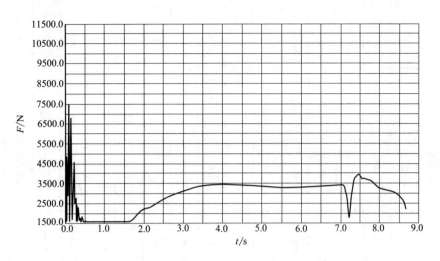

图 4-21　右转弯制动时后桥总成与下摆臂连接点螺栓工作载荷曲线

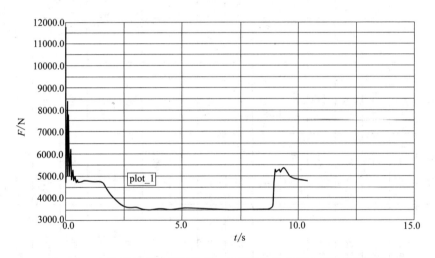

图 4-22　左转弯制动时后桥总成与下摆臂连接点螺栓工作载荷曲线

用同样的方法可以得到各种外部条件下螺栓工作载荷曲线，因此可算出各种工况下螺栓的受力极值，如表 4-5 所示。

本章分析了螺旋弹簧非独立悬架的结构特点和应用范围，基于 ADAMS/Car 建立了微车后悬架动力学模型，主要包括导向机构、弹性元件、阻尼元件、轮胎模型和实验台架。并通过实验对模型的准确性和精确度进行了验证和分析。在此基础上，对不同路况下（单轮跳动、双轮跳动、转弯制动、转弯驱动、过单侧深坑等）和不同连接形式（单个螺栓和螺栓组）的螺栓进行力学分析，得到不同连接部位的螺栓受力曲线，并计算出螺栓工作载荷的极值，可为螺栓和螺栓组的设计提供较精确的载荷，以保证后悬架连接的可靠性。

表 4-5 下摆臂与后桥总成连接点螺栓工作载荷

序号	工况	系数/g	F/N	F_x/N	F_y/N	F_z/N	T/N·mm	T_x/N·mm	T_y/N·mm	T_z/N·mm
1	静载	z(1)	3 900.0	350.0	3 880.0	−180.0	5 730.0	−5 373.0	−261.0	1 973.0
2	双轮跳动	z(2)	6 262.5	−4 413.0	4 510.0	−354.0	11 079.0	−8 064.0	6 367.0	4 145.0
3	单轮跳动	z(3)	2 079.5	1 102.0	1 754.5	−175.0	21 877.0	−16 129.0	−8 520.0	13 150.0
4	向前制动	x(1)	4 883.0	−4 121.0	2 616.0	−109.0	7 104.0	−2 856.0	−363.0	−6 495.0
5	向前紧急制动	x(0.8)	6 681.0	−5 848.0	3 226.0	−160.0	10 781.0	−4 686.0	−375.0	−9 702.0
6	反向制动	x(0.5)	5 069.0	2 576.0	4 361.0	−223.0	9 574.0	−6 987.0	640.0	6 514.0
7	反向紧急制动	x(0.5)	5 653.0	4 219.0	3 757.0	−195.0	11 373.0	−5 900.0	−97.0	9 722.0
8	转向(右)	y(1)	5 834.0	−5 832.0	126.0	−54.0	37 779.0	34 035.0	−5 392.0	−15 487.0
9	转向(左)	y(1)	7 413.0	5 408.0	5 062.0	288.0	31 710.0	−23 723.0	−11 481.0	17 633.0
10	过单侧深坑(左)	x(1),z(3)	2 694.0	−1 573.0	−2 166.0	−296.0	29 860.0	−22 284.0	16 864.0	10 520.0
11	过单侧深坑(右)	x(1),z(3)	6 427.0	−253.0	−6 414.0	323.0	28 847.0	20 399.0	−11 213.0	−17 039.0
12	转弯制动(右)	x(0.5),y(0.5)	3 927.0	−3 912.0	302.0	−145.0	32 387.0	25 617.0	12 805.0	−15 124.0
13	转弯制动(左)	x(0.5),y(0.5)	5 395.0	1 571.0	5 246.0	73.0	43 327.0	−33 748.0	−23 956.0	12 823.0
14	转弯驱动(右)	x(0.5),y(0.5)	3 708.0	−3 690.0	334.0	−146.0	36 724.0	31 722.0	10 148.0	−15 472.0
15	转弯驱动(左)	x(0.5),y(0.5)	6 366.0	3 425.0	5 365.0	36.0	52 754.0	−42 212.0	−26 023.0	17 998.0
16	最小值	—	2 079.5	−5 848.0	−6 414.0	−356.0	5 730.0	−42 212.0	−26 023.0	−17 039.0
17	最大值	—	7 413.0	5 408.0	5 365.0	323.0	52 754.0	34 035.0	16 864.0	17 633.0

参考文献

[1] 陈小希. 基于ADAMS的微车后悬架及螺纹紧固件动力学分析[D]. 武汉：武汉理工大学，2013.
[2] 王爽. 某微车悬架K&C特性研究及其对整车操纵稳定性的影响[D]. 长春：吉林大学，2008.
[3] 喻凡，林逸. 汽车系统动力学[M]. 北京：机械工业出版社，2005.
[4] 赵亦希. 悬架侧倾参数及动力学仿真[J]. 传动技术，2001（1）：40-42.
[5] 毛金明. 麦弗逊悬架仿真分析[D]. 南京：南京林业大学，2003.
[6] 宋传学，蔡章林. 基于ADAMS/Car的双横臂独立悬架建模与仿真[J]. 吉林大学学报：工学版，2004（10）：554-558.
[7] 乔明侠. 基于多体动力学的汽车平顺性仿真分析及悬架参数优化[D]. 合肥工业大学，2005.
[8] 赵荣远. 某跑车操纵稳定性分析及优化[D]. 长沙：湖南大学，2008.
[9] 李军，邢俊文. ADAMS实例教程[M]. 北京：北京理工大学出版社，2002.
[10] 郑建荣. ADAMS:虚拟样机技术入门与提高[M]. 北京：机械工业出版社，2001.
[11] 葛正浩. ADAMS2007虚拟样机技术[M]. 北京：化学工业出版社，2010.
[12] 李增刚. ADAMS入门详解与实例[M]. 北京：国防工业出版社，2006.
[13] 陈文华，贺青川. ADAMS2007机构设计与分析[M]. 北京：机械工业出版社，2009.
[14] 陈军. MSC.ADAMS技术与工程分析实例[M]. 北京：中国水利水电出版社，2008.
[15] 郑凯. ADAMS2005机械设计高级应用实例[M]. 北京：机械工业出版社，2006.
[16] 喻凡，林逸. 汽车系统动力学[M]. 北京：机械工业出版社，2005.
[17] 马玉坤，贾策，胡治国，等. ADAMS软件及其在汽车动力学仿真分析中的应用[J]. 重庆交通学院学报，2004，23（4）：110-112.
[18] 王正键. 现代汽车构造[M]. 广州：华南理工大学出版社，2006.
[19] LAJQISH, GUGLERJ, SHALAA. Possible experimental method to determine the suspension parametersin in a simplified model of a passenger car[J]. International Journal of Automotive Technology, 2012, 13 (4).
[20] 徐安，陈德阳. 汽车底盘[M]. 北京：机械工业出版社，2005.
[21] 常明. 汽车底盘结构[M]. 北京：国防工业出版社，2005.
[22] 黄志平. 基于ADAMS的五连杆悬架性能研究[D]. 成都：西南交通大学，2009.
[23] 孙为群. 汽车空气悬架的结构形式及导向机构研究[J]. 汽车科技，2000（6）：11-14.
[24] 张秋雁. 基于ADAMS的越野车悬架及整车性能仿真研究[D]. 长沙：湖南大学，2007.
[25] 叶湘滨. 传感器与测试技术[M]. 北京：国防工业出版社，2007.
[26] 杨帆，吴晗平. 传感器技术及其应用[M]. 北京：化学工业出版社，2010.
[27] Huang Y H, Liu L, Yeung T W, et al. Real-time monitoring of clamping force of a bolted joint by use of automatic digital image correlation[J]. Optics & Laser Technology, 2008 (8): 1-7.
[28] Sayed A N, Meng A D. Optical Monitoring of Bolt Tightening Using 3D Electronic Speckle Pattern Interferometry[J]. Journal of pressure Vessel Technology, 2007, 129 (2): 89-95.
[29] Borisov S N, Tremasov A P. Torque distribution in the screw-shaft coupling within a machine tool for continuous thread cutting in nuts[J]. Russian Engineering Research, 2007, 27 (11): 806-809.
[30] Jessica Shapiro. Understanding the Nut Factor in Threaded-Fastener Torque-Tension Relationship[J]. Machine Design, 2009 (8).
[31] Zou Q, Sun T S, Nassar S A, et al. Effect of Lubrication on Friction and Torque-Tension Relationship in Threaded Fasteners[J]. Tribology Transactions. 2007, 50 (1): 127-136.

第 5 章 微型汽车发动机舱散热特性研究与改进设计

5.1 发动机舱散热数学模型

通过 CFD 方法进行发动机舱内外流场的耦合分析时,首先要建立正确的数学模型。但目前国内外 CFD 计算水平还难以满足对全细节复杂模型的仿真分析需求,因此,在进行仿真分析时,以最大限度地保证可反映物体内外气流流动的真实特性为原则,对全细节复杂模型作局部的简化,去除对气流流动影响较小的细节,建立满足计算精度和计算能力要求的数学模型。根据已有的真实数学模型,结合发动机舱内外流动的理论分析和经验结果,对全细节复杂模型作了局部简化,主要考虑了发动机舱隔板、风扇、散热器、冷凝器、发动机、整车车身、前后车架、车轮和前后地板等零部件。

5.1.1 车身模型

选择某微车的 CAD 模型作为目标车型进行内外流场仿真,其车身模型如图 5-1 所示,该微车车长 3920mm,车宽 1600mm,车高 1800mm。

图 5-1 车身模型

5.1.2 发动机舱数学模型

发动机舱散热的数值分析计算是外流场与发动机舱内流场的耦合计算,发动机舱内部应用多孔介质模型建立散热器和冷凝器的计算物理模型,采用多参考坐标系法建立风扇的计算物理模型,然后根据散热器、冷凝器的压降与迎面风速的关系曲线确定发动机舱内流场计算的边界条件。

(1) 散热器、冷凝器多孔介质模型

多孔介质模型是采用经验公式定义多孔介质上的流动阻力。从本质上说，多孔介质模型就是在动量方程中增加了一个代表动量消耗的源项。同时，还能描述通过多孔介质的热传导问题，遵从多孔介质和流体流动之间的热平衡假设。多孔介质中的传热传质迁移是比较复杂的过程，与多孔介质自身的结构有关，同时还会受到众多因素的影响，因此，多孔介质传热传质研究的主要目标是，与具体的研究对象相结合，寻求简单可行且符合实际的理论模型。许多问题中都包含多孔介质的计算，如流场中的过滤纸、分流器、多孔板和管道集阵等边界时都可以使用多孔介质条件，在计算中可以定义某个区域或边界为多孔介质。

当采用多孔介质模型进行计算时，散热器和冷凝器相关的设置如下。

① 散热器和冷凝器多孔介质模型的进口、入口面与散热器和冷凝器 CAD 模型进口、入口面处设置 Grid Interface。

② 定义散热器和冷凝器进口方向。在设置多孔介质系数和换热器模型（Heat Exchanger Model）参数时首先需要定义散热器进口方向。冷凝器方向设置与散热器设置相同。

③ 定义散热器和冷凝器的多孔介质参数（黏性系数和惯性系数）。

(2) 风扇 MRF 模型

风扇模拟属于移动和变形区域中的流体流动问题，FLUENT 用于此类问题的计算模型，包括多重参考系模型（Moving Reference Frame，MRF）、混合面模型（Mixing Plane）、滑移网格模型（Sliding Meshes）以及动网格模型（Dynamic Mesh）技术。其中 MRF 模型和混合平面模型用于定常流动的计算，而 MRF 模型则是最简单的，也是最经济的模型。这里对风扇的模拟采用 MRF 模型。

当边界上的流动几乎均匀混合时，可采用 MRF 模型通过描述每个不同旋转或移动速度区域的稳态来近似计算该问题。在使用 MRF 模型模拟风扇时，风扇边界区域被分为运动和静止两个子区域，如图 5-2 所示的风扇简图，运动的区域是被虚线包围的区域（风扇包括在内），静止的区域是虚线以外的区域。在运动与静止区域的交界面（两个重合的面）上建立交面网格，交面网格共分为两种：有相同而且共用网格节点的正侧交面网格和交面两侧网格不一样的非正侧交面网格。在本文的研究中，采用的是交面网格。在运动和静止的区域内，都需要求解流动控制方程，通过插值以绝对速度的形式进行信息交换。

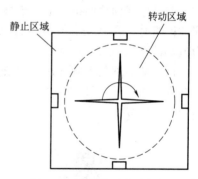

图 5-2 MRF 模型中风扇的两个区域

当采用 MRF 多参考坐标系进行计算时，相关的设置如下。

① 在 Solver 求解器面板中选择速度定义的形式，即决定采用相对速度还是绝对速度。在使用密度基求解时不用设置，因为密度基求解只能使用绝对速度。

② 在 Boundary Condition（边界条件）中选择相应的边界名称，设置相应的旋转轴原点和旋转轴方向。在 Motion Type（运动类型）中选择 Moving Reference Frame（运动参考系），并设置旋转速度或平动速度下的 X、Y、Z 方向的速度分量。

5.1.3 模拟风洞的建立

在模拟汽车发动机舱内外流场时，必须建立一个模拟汽车在道路上行驶的实际情况的流场空间——模拟风洞。但是，在确定模拟风洞尺寸时，以尽可能避免产生最少的堵塞效应为原则。若风洞尺寸与车身相比，模拟风洞的尺寸越偏小，则产生的堵塞效应越严重。因此，确定满足一定要求的模拟风洞尺寸即可减少阻塞效应的产生。一般模拟风洞的尺寸如下：车前端到风洞入口处的区域为 3 倍车长，车尾部到风洞出口处的区域为 5 倍车长，车顶部空间到风洞顶端的区域为 5 倍车高，车侧部到风洞侧面的区域为 5 倍车宽，模拟风洞尺寸如图 5-3 所示。在数值计算时，把整个风洞体与车体作布尔减运算，将车身模型与模拟风洞围成一个封闭的体。

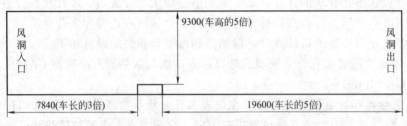

图 5-3 模拟风洞尺寸

5.2 网格生成

通过采用发动机舱内外流场耦合分析的方法，可以更精确地模拟汽车实际行驶过程中发动机舱内外部的空气流动特性。在数学模型建立和几何清理完成后，分别应用 ANSA 和 Fluent 前置处理软件 Tgrid 生成计算网格。网格贴体好才能更真实地模拟汽车外部气流特性和发动机舱内部气流特性，鉴于非结构化网格在复杂表面上具有很好的贴体性，因此在网格划分时选用四面体网格。由于车身、车轮、车架、发动机、地板等表面形状十分复杂，生成流体网格时，在 ANSA 中划分好三边形的面网格，然后在 Tgrid 中生成四面体的体网格作为流场网格。

散热器芯部的水管和翅片的结构太过复杂，不能模拟其真实的结构，采用 FLUENT 中的多孔介质模型，将散热器芯部采用 MAP 方法生成垂直网格代替。散热器和冷凝器多孔介质模型如图 5-4 所示。

图 5-4 散热器和冷凝器多孔介质模型　　　　图 5-5 风扇 MRF 区域

在模拟风扇转动时，需要划分风扇的 MRF 区域，如图 5-5 所示。图 5-6 和图 5-7 为模拟风洞包含的流场区域的表面网格情况。图 5-8～图 5-12 分别为底盘表面网格，风扇、散热器和冷凝器表面网格，发动机缸体缸盖表面网格，车身迎风面进风口表面网格以及车底部区域加密表面网格。

全部计算流体区域单元数约为 658 万。其中，网格 max skewness 为 0.9610432，min skewness 为 3.023003e-07，avg skewness 为 0.32537215。

图 5-6　全流场表面网格

图 5-7　整车表面网格

图 5-8　底盘表面网格

图 5-9　风扇、散热器和冷凝器表面网格

图 5-10　发动机缸体缸盖表面网格

图 5-11 车身迎风面进风口表面网格

图 5-12 车底部区域加密表面网格

5.3 物理参数

为了获得更精确的计算结果，将材料属性（热传导系数、黏度等）设置为与温度相关的函数。由于空气流速较低，认为空气是不可压缩流体，其密度选择 incompressible ideal-gas-law，定压比热容 C_p 为常数；热传导率和黏度设置为 piecewise-linear。散热器中空气的最低温度为环境温度（20℃），可能的最高温度为冷却液进口温度（100℃），因此，在一定温度下的空气热传导系数和黏度如表 5-1 所示，表中的数据包括了所有可能的温度变化。

表 5-1 一定温度下的空气导热系数和黏度

温度/℃	空气导热系数/[W/(m·K)]	黏度/(kg/ms)
−23.15	0.022 3	1.60×10^{-5}
26.85	0.026 3	1.85×10^{-5}
76.85	0.030 0	2.08×10^{-5}
126.85	0.033 8	2.30×10^{-5}

5.4 边界条件

对汽车外流场与发动机舱内流场的耦合计算，运用模拟风洞来仿真汽车周围的气流流动。汽车周围的气流流动为外部流动，需设置外部边界条件，包括模拟风洞的速度入口边界条件和压力出口边界条件，考虑地面效应，采用地面移动车身不动的处理方式，设置模拟风洞的地面为移动壁面，给定一个相对汽车向后的速度来模拟汽车的实际运行状态。气流通过车身迎风面进风口进入发动机舱，发动机舱内部的气流流动为内部流动，对发动机舱内部影响气流流动的部件（发动机、发动机舱隔板、散热器、冷凝器和风扇等）需要设置内部边界条件。散热器与冷凝器为带阻尼的通气边界，可以选用多孔介质模型或散热器模型来模拟实际状态；另外，风扇的前后存在压力差，可选用 Fluent 软件中的 FAN 模型，可采用 MRF 模型的描述。发动机与发动机舱隔板同时还要满足各种壁面边界条件。

5.4.1 计算工况

这里主要考虑发动机处于额定功率点，车速 $v = 71$km/h 时，以及发动机处于最大扭矩点，车速 $v=45{\rm km/h}$ 时的发动机舱的内外流场特性及温度场特性。根据实车室外整车热平衡实验结果可知，计算工况参数如表 5-2 所示。

表 5-2 计算工况参数表

参　　数	工况 1(额定功率)	工况 2(最大扭矩)
车速/(km/h)	71.00	45.00
环境温度/℃	35.00	35.00
风扇转速/(r/min)	2300.00	2300.00
散热器冷却液流量/(kg/s)	1.36	1.04
散热器的进水温度/℃	95.83	96.98
散热器空气进口温度/℃	34.10	34.25
散热器空气出口温度/℃	61.28	61.50
冷凝器制冷剂温度/℃	100.00	100.00
发动机缸盖外表面温度/℃	124.00	116.00
发动机缸体外表面温度/℃	120.00	114.60
发动机油底壳外表面温度/℃	128.41	116.64

5.4.2　外部边界条件

（1）速度入口边界条件

入口可采用不可压缩流动的速度入口边界条件，但若速度入口的边界与障碍物之间的距离过小，会导致入流的驻点特性带有明显的非一致性。

车速 $v=71{\rm km/h}$，对应国际标准单位制下的车速为 $v=19.72{\rm m/s}$。

车速 $v=45{\rm km/h}$，对应国际标准单位制下的车速为 $v=12.5{\rm m/s}$。

工况 1 的环境温度为 $T=273+35=308{\rm K}$。

工况 2 的环境温度为 $T=273+35=308{\rm K}$。

（2）压力出口边界条件

出口采用压力出口边界条件，并设定标准大气压值作为静压 P，试验环境温度为温度 T，湍流参数为 Realizable k-ε 湍流模型参数。

工况 1：压力为标准大气压 101325Pa；温度为 $T=273+35=308{\rm K}$。

工况 2：压力为标准大气压 101325Pa；温度为 $T=273+35=308{\rm K}$。

（3）壁面边界条件

工况 1：上表面为移动壁面，速度为 19.72m/s；地面为移动壁面，速度为 19.72m/s。

工况 2：上表面为移动壁面，速度为 12.5m/s；地面为移动壁面，速度为 12.5m/s。

汽车表面为壁面边界；壁面无滑移边界条件；绝热壁面边界条件。

5.4.3　内部边界条件

（1）散热器边界条件

如果散热器性能数据不精确，则它的效率将会大于 1。散热器效率的计算公式如下

$$\varepsilon=\frac{q_{\rm ideal}}{C_{\rm min}(T_{\rm in,aux}-T_{\rm in,primary})} \tag{5-1}$$

式中，q_{ideal} 为散热器理论散热量，W；$T_{in,aux}$ 为散热器冷却液进口温度，℃；$T_{in,primary}$ 为散热器空气进口温度，℃；$C_{min} = \min(C_{aux}, C_{primay})$，$C_{coolant} = C_{aux} = Cp_{aux} \times Mdot_{aux}$；$C_{air} = C_{primay} = Cp_{primay} \times Mdot_{primay}$；$C_p$ 为定压比热容，kJ/(kg·℃)；$Mdot$ 为散热器冷却介质流量，kg/s。

散热器散热性能试验数据如表5-3所示，经计算所有流量组合下的散热器效率均小于1。如果大于1，应减小相应的散热量以降低散热器效率。

表 5-3　散热器散热性能试验数据

冷却液流量/(kg/s)	空气流量/(kg/s)	散热功率/kW
0.644	1.980	40.633
0.940	2.720	51.465
0.942	1.960	45.210
0.946	1.200	37.621
0.947	0.470	22.709

供应商提供的散热器风阻性能试验结果如表5-4所示。

表 5-4　散热器风阻性能试验数据

空气速度/(m/s)	空气侧压降 Δp/Pa
8.01	288.93
10.99	474.68
8.00	287.27
4.99	143.04
2.02	46.08

采用式（5-2）计算散热器多孔介质边界条件参数

$$\frac{dp}{dx} = D\mu u + \frac{1}{2}C\rho u^2 \tag{5-2}$$

对式（5-2）积分，可得

$$\Delta p = \Delta x D\mu u + \frac{1}{2}\Delta x C\rho u^2 \tag{5-3}$$

式中，Δp 为散热器空气侧压降，Pa；Δx 为散热器厚度，m；ρ 为试验条件下的空气密度，kg/m³；μ 为试验条件下的空气黏度，N·s/m²；u 为试验条件下的空气速度，m/s；D 为黏性系数；C 为惯性系数。

散热器空气侧压降与速度关系曲线如图5-13所示。

在EXCEL中对图5-13中的曲线进行拟合，可得

$$\Delta p = 16.978u + 2.3804u^2 \tag{5-4}$$

比较式（5-3）和式（5-4）可得

$$D = \frac{16.978}{\Delta x \mu} \qquad C = \frac{2 \times 2.3804}{\Delta x \rho}$$

通过计算可得两种工况下的多孔介质系数，如表5-5所示。

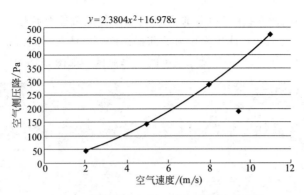

图 5-13 散热器空气侧压降与速度关系曲线

表 5-5 散热器多孔介质模型参数表

工况	空气密度 ρ/(kg/m³)	空气黏度 μ/(N·s/m²)	黏性系数 D	惯性系数 C
工况 1	1.0446	0.000203483	5214809.100	284.8458740
工况 2	1.0426	0.000203808	5206506.139	285.3950258

(2) 风扇边界条件

风扇旋转轴为 X 轴正方向；风扇旋转方向遵循右手定则；风扇转速为 2300r/min。

(3) 壁面边界条件

绝热壁面边界条件 $\frac{\partial T}{\partial n}=0$；壁面无反射条件；对称面边界条件。

壁面无滑移边界条件 ($U=V=W=0$)；壁面法向压力梯度 $\frac{\partial P}{\partial n}=0$。

5.5 发动机舱内外流场特性分析

汽车的外流场特性除了决定整车的空气动力学性能外，还可根据外流场气流特性选择好的发动机舱冷却气流的进风口和出风口；发动机舱的内流场特性通过影响冷却风的进风量来决定发动机冷却系统的散热和内流阻力；发动机舱的温度场分布特性可以清晰全面地显示发动机舱的空间温度分布特性。因此，通过发动机舱内外流场和温度场分析结果的研究，可以对发动机舱的散热特性进行研究，进而判断发动机舱的进风口设计以及综合散热性能否可行，找到发动机舱散热存在的问题和影响因素。

5.5.1 外流场特性分析

(1) 外流场总体分析

车身和对称面上的压力场如图 5-14 所示，在 A 点周围的一个区域内压力较高。汽车周围的气流在 A 点形成一个驻点，并形成上下的两股气流分支，从图 5-15 车身流场迹线图可看出分支气流对车身形成绕流。因而，驻点 A 周围区域的压力都较高，并大于气流未受扰动区域的压力。在 B 点附近，车头的"鼻部"，气流沿着车头有一个加速，因此出现了低压区。这可解释汽车在低温潮湿的大气中运行时，在该处会出现薄冰的现象，这是由于 B 点附近明显的压降使水蒸气冻结而成的。在 C 点周围区域压力相对较高。这是因为气流经过 B 点后出现脱体流动，过后会重新附着在车前部的风窗上部。在 D 点的汽车顶棚段，由于流速较高，重新出现了较低的压力，如图 5-16 所示。在车顶后部 E 点区域的气流流速会减慢，使压力升高，该区域压力的变化是导致气流分离和形成尾涡旋流的前提条件。流体在后风窗拐点后，在车体后部再黏附，产生了分离气泡，形成了一个尺寸较小的尾涡流区，如图 5-15 所示。

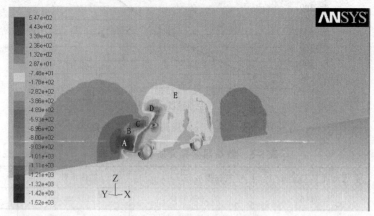

图 5-14　车身和对称面压力场

图 5-15　车身流场迹线

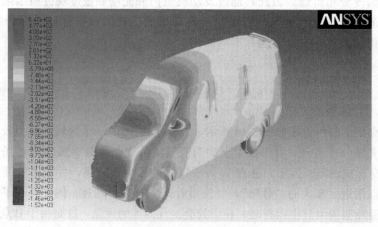

图 5-16　车身压力场

(2) 车身压力场分析

车身压力场如图 5-16 所示,进气格栅位置是压力较高的位置,这是因为汽车车身前端冷却风入口——进气格栅处气流受到阻滞导致压力急剧升高,所以一般是散热开口位置。挡风玻璃与前舱罩夹角处区域、后视镜和前后轮胎处均存在明显的高压区,因此车内通风开口位置设在前挡风玻璃和前舱交接处。受车身尾部漩涡的影响,在靠近车尾部位置的车身压力也略微升高。另外,在车底中部偏后区域也出现压力升高的区域,这是由车底部与地面之间气流的挤压作用形成的。通过车身表面压力场的分析,可为汽车设计时,车身的除污、驾驶室的通风和采暖、汽车在雨中行驶时的密封性能、空调系统设计和气流噪声分析提供理论指导。例如,在确定驾驶室通风、发动机舱进风口和出风口位置时,必须参考车身表面的压力分布特性,达到改善通风状况的目的。

(3) 流场迹线

车身流场迹线如图 5-15 所示。车身流谱清晰、层次分明且比较稳定,流谱中层流多、湍流少,流场的贴体性较好。车顶后部由于气流流速的减小和导流器的影响,分别出现了两处尾部涡旋。这是因为车底部气流受到地面黏性阻滞。若车尾部的漩涡位置离地面的高度越高,有上扬的趋势,会导致由汽车行驶扬起的泥水和灰尘附着在后挡风玻璃上,污染车体。在汽车行驶状态下,汽车车头前部气流状态为层流,而且在车头的部位由于气流分离会形成两部分的气流:一部分气流由进气格栅流入发动机舱内,而另一部分气流沿车头向下由车底部流入发动机舱内。

(4) 阻力系数和升力系数

在 FLUENT 中经过约 1300 次迭代计算后(计算时间约 25h),可得汽车表面的阻力系数、升力系数曲线图,如图 5-17 所示。最后得出该微车的阻力系数为 0.44672501,升力系数为 -1.5093505。一般微型车的阻力系数在 0.4~0.5 范围内,其压差阻力系数比传统的轿车高,传统轿车的阻力系数在 0.2~0.3 范围内,主要由于该微车车身较高,传统轿车的车身高度一般为 1500mm 左右,而该微车车身高度为 1860mm。

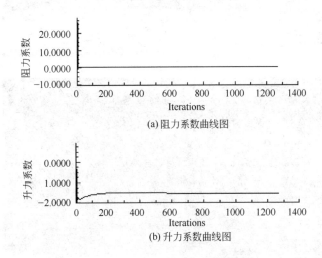

图 5-17 整车阻力系数和升力系数

综上所述,根据外流场总体分析、车身压力场、流场迹线图与理论分析和车身设计的实际情况相吻合;阻力系数在经验数据的范围之内,可以证明发动机舱流场数值模拟建立的计算模型是正确的。

5.5.2 内流场特性分析

研究发动机舱内的气流特性是发动机舱内部流场分析的重要内容。发动机舱内部气流的通畅与否，特别是冷却风进风量的多少和冷却风的有效利用率严重影响发动机的散热效能，因此，必须保证满足发动机舱散热所需的空气量和散热器的散热性能，否则会造成散热器中冷却液沸腾，使汽车不能正常行驶。但是由于风扇的作用会消耗一部分的气流动能，导致汽车的风阻变大。发动机舱内的气流特性除了满足冷却性能的要求，还需尽量控制进入的气流量，将冷却气流控制在合理的范围内以达到控制内部气流阻力的目的，保证整车良好的空气动力性能。综上所述，在确定进出风口位置和进出风口形状时，要考虑不使气流产生大的漩涡，合理控制能量耗散的范围，达到较好地控制气流阻力的目的。

汽车在行驶过程中，发动机舱冷却气流的入口为车身前端的进气格栅处，在汽车行驶车速或其与冷却风扇的共同作用，由此进入发动机舱内，然后气流流向散热器、冷凝器，经风扇加速，吹向发动机的表面。气流对散热器进行吹风冷却，连同气流与发动机的对流换热，达到对发动机冷却的目的。发动机舱内外部冷却风气流在车辆对称面上的流动特性如图5-18～图5-20所示。

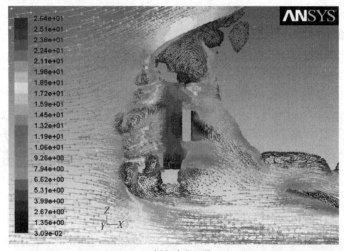

(a) 额定功率工况

(b) 最大扭矩工况

图 5-18 对称面前舱速度矢量图

在图 5-18 中，在额定功率工况和最大扭矩工况下，发动机前舱中的气流流动情况十分复杂。由进风口进入机舱内的气流，因为散热器与冷凝器的通风性是不完全的，会产生阻尼影响气流流动，在冷凝器和进气格栅之间的空隙产生回流，形成了旋涡。在上格栅处的部分气流流向了前舱顶部，下格栅的部分气流从车底部泄漏出去，未流向冷凝器和散热器，增加了内流阻力但未被冷却系统有效利用。经过冷凝器和散热器后，因为风扇对气流的影响，可以看到在风扇旋转边界出，气流速度明显增加。由风扇加速的气流通过风扇后，由于受到前舱隔板的阻挡产生分离，有一部分气流流向前舱上部空间，气流逐渐减速，并产生回流，在上部空间形成漩涡，另一部分气流沿前舱隔板向下流动，与风扇下边界的气流一同流向中舱。

图 5-19 显示了前舱到中舱过渡段的气流流动情况。气流通过前舱隔板后，在中舱下隔板处产生分离，一部分沿隔板外表面流出舱外，另一部分沿隔板内表面进入中舱，气流由于中舱隔板入口的影响有一个加速，但进入中舱后，由于发动机的影响在发动机前部气流减速并产生分离，形成一个漩涡。

(a) 额定功率工况

(b) 最大扭矩工况

图 5-19　对称面前舱与中舱过渡段速度矢量图

图 5-20 显示了中舱的气流流动情况。由图 5-20 可见，中舱的气流流速都较低，由于中舱上部结构的影响，发动机后部产生了回流现象，并产生了较大的漩涡，不利于发动机表面的散热。

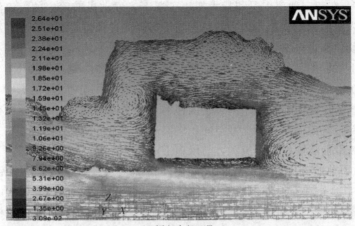

(a) 额定功率工况

(b) 最大扭矩工况

图 5-20 对称面中舱速度矢量图

图 5-21、图 5-22 为汽车发动机舱对称面流线图,清楚显示了包括进风口在内的发动机舱内外部气流流动。

图 5-21 对称面发动机舱流线图(工况 1)

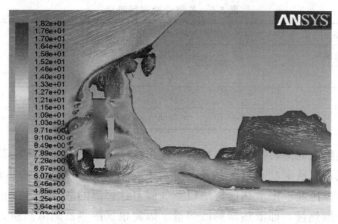

图 5-22 对称面发动机舱流线图（工况 2）

图 5-23 是隐藏车体、前舱隔板后的发动机舱内流三维流线图，更形象地显示了发动机舱内部流动的复杂和紊乱。从图 5-23 中可以清楚地看到整个内部气流的流动状态，气流经过风扇后，气流流态和速度都有一个突变，因此，风扇对发动机舱的气流分布影响较大。在低车速和高转速下，冷却风扇旋转对冷却气流有吸引作用，使得更多气流通过散热器；在高车速和低转速下，风扇产生的压降变化对冷却气流有限制作用，使得通过的散热器气流减少。因此，在怠速和低车速下，风扇效应非常重要。在该车型中，所用的风扇为电子风扇，当发动机出水温度达到 95℃ 时，风扇开始旋转，可增大散热器的通风量，提高冷却系统的散热效率。

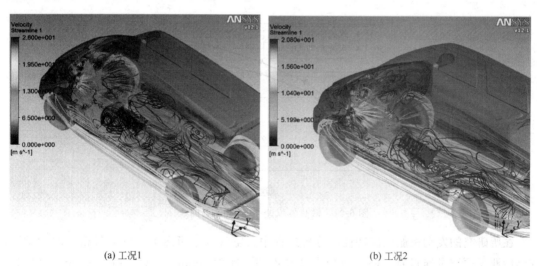

(a) 工况1 (b) 工况2

图 5-23 进风口到车体后部内外流流线

5.6 发动机舱散热特性分析

通过发动机舱内外流场的耦合计算，在 FLUENT 得到了机舱内各冷却部件的通风量，包括汽车前端进风口、冷凝器、散热器和风扇。如表 5-6 所示。根据流量与热量之间的转换关系，把发动机舱散热特性相关的各部件的冷却气流通风量转换为能直观反映发动机舱散热特性的相关量，对发动机散热特性进行分析。

表 5-6 各部件冷却风流量   单位：kg/s

部件名称	额定功率工况（工况1）	最大扭矩工况（工况2）
车身迎风面进风口	1.9759	1.2782
冷凝器	1.0050	0.7652
散热器	0.9958	0.7936
风扇	0.9139	0.8019

基于流量与热量之间的转换关系，根据某公司提供的散热器性能实验数据，进行转换处理，分别得出了汽车在额定功率工况和最大扭矩工况下，冷却气流对散热器进行吹风冷却，带走的散热器热量。因此，由散热器进出口空气温差计算出的散热量等于由散热器进出水口冷却液温差计算的散热量，即散热器的散热量。因此根据散热器的散热量，可计算出散热器中冷却液进出口的温差，可反映出散热器对发动机的冷却程度，评价冷却系统的冷却效能。

表 5-7 为散热器在不同进口风速和不同水流量条件下的散热量仿真结果。根据表 5-7 的仿真结果可得散热器风速与散热量的关系曲线，如图 5-24 所示。

表 5-7 散热器在不同进口风速和不同水流量条件下的散热量仿真结果   单位：kW

散热器水流量 /(L/min)	散热器进口风速/(m/s)				
	2	4	6	8	10
54.87	21.11	32.68	39.42	43.67	46.58
77.73	22.46	36.13	44.63	50.22	54.14

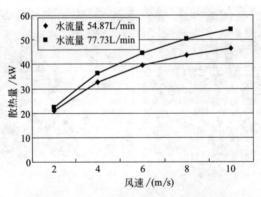

图 5-24 散热器风速-散热量关系曲线

在所研究的发动机舱气流特性的分析过程中，空气为不可压的，则空气密度取为常数，散热器迎风面积可通过宽、高、厚相乘计算得到，即为 560mm×415mm×16mm。根据流量可获得散热器进出口处在不同的空气流量和不同的水流量下的散热量仿真结果，其对应关系如表 5-8 和图 5-25 所示。

表 5-8 散热器在不同空气流量和不同水流量下的散热量仿真结果   单位：kW

散热器水流量 /(L/min)	散热器空气流量/(kg/s)				
	0.56938	1.13876	1.70814	2.27752	2.84690
54.87	21.11	32.68	39.42	43.67	46.58
77.73	22.46	36.13	44.63	50.22	54.14

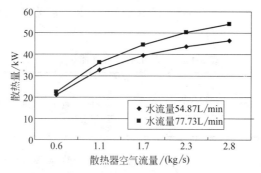

图 5-25 散热器风量-散热量关系曲线

由表 5-6 冷却系统各部件进风量可知散热器风量,由图 5-25 可以计算出对应的散热量,如表 5-9 所示。

表 5-9 散热器水流量与热量

变量名称	工况	
	额定功率工况	最大扭矩工况
散热器空气流量 $Q/(kg/s)$	0.9958	0.7936
散热器水流量 $G_w/(L/min)$	77.73	54.78
散热器散热量 Q_n/kW	29.775	25.666

表 5-9 中散热器热量等于散热器进出水口冷却介质温差的热流量,可通过热流量与温度的理论公式计算出散热器进出口水冷却介质的温差。

$$Q_n = C_p G_w \Delta t \tag{5-5}$$

式中,Q_n 为水的热流量,kW;C_p 为水的比热容,kJ/(kg·℃);G_w 为水的质量流量,kg/s;Δt 为散热器进出口处水的温度差,℃。

将散热器中水流量换算成标准单位后,可计算出散热器进出口水的温度降低值,如表 5-10 所示。

表 5-10 散热器冷却水的温度降低值

$G_w/(L/min)$	$G_w/(kg/s)$	Q_n/kW	$\Delta t/℃$
54.78	0.9130	25.666	6.693
77.73	1.2955	29.775	5.472

5.7 发动机舱进风口设计分析

利用散入冷却系的热量 Q_w 来计算冷却系统所需要的空气量 V_a,将所需空气量 V_a 与发动机舱进风口与散热器实际的进风量进行比较,分析发动机舱的进风口设计是否合理。理论上,冷却系统需要散发的热量 Q_w 值应该根据发动机热平衡试验确定,也可根据经验公式计算。冷却空气流量的计算公式为

$$V_a = \frac{Q_w}{\Delta t_a \rho C_{Pa}} (m^3/s) \tag{5-6}$$

式中,Δt_a 为散热器进出口冷却气流的温差,℃;ρ 为空气的密度,一般 $\rho = 1.04 kg/m^3$;C_{Pa} 为空气定压比热,可取 $C_{Pa} = 1.047 kJ/(kg·℃)$。

根据发动机热平衡试验和式（5-6）的计算可得冷却系的各项性能参数值，如表5-11所示。

表5-11　冷却系的各项性能参数值

Q_w/kW		Δt_a/℃		V_a/m³/s	
额定功率工况	最大扭矩工况	额定功率工况	最大扭矩工况	额定功率工况	最大扭矩工况
30.35	25.54	27.18	27.25	1.025	0.85

散入冷却系的热量 Q_w 取发动机热平衡试验统计值，散热器前后流动空气的温度差取整车热平衡试验统计值。根据表5-6的计算结果，在额定功率工况下，发动机舱进风口的空气量是1.9759m³/s；散热器的空气量是0.9958m³/s；在最大扭矩工况下，发动机舱进风口的空气量是1.2782m³/s，通过散热器的冷却风流量为0.7936m³/s。由表5-11所示发动机散热所需空气量的理论计算结果，在发动机处于额定功率工况时，冷却系统散热所需的空气量为 $V_{a1}=1.025\text{m}^3/\text{s}$。在发动机处于最大扭矩功率工况时，则所需的空气量为 $V_{a2}=0.85\text{m}^3/\text{s}$。由上述比较可知，因为发动机在极限工况运行时，散热器的空气量小于极限工况散热理论所需的空气量。

由上述比较可知，发动机舱进风口的空气量能满足散热所需的空气量，但是由于冷凝器的不完全通风性，通过进风口的空气量只有约50%的空气量到达散热器。设计发动机舱进风口的大小可依据散热需求的空气量来计算，在满足散热要求的同时，减少冲击气流和冷却气流的影响，减少能量损失量，同时尽可能地降低发动机舱的内部气流阻力，设计合适的进风口，可降低整车气动阻力，保证整车综合性能的最优化。根据已有的研究成果，确定正确的冷却气流进风口位置及设计良好的进风口形状，可以使 C_d 值降低0.02，是改善汽车空气动力特性、燃油经济性、操纵稳定性的有效措施。

5.8　发动机舱温度场分析

各计算工况下发动机舱的温度场分布特性如表5-12和图5-26、图5-27所示，可知各计算工况下的最高温度都小于发动机舱设计允许的最高温度99℃，故发动机舱的综合散热性能是可行的。

表5-12　各计算工况下发动机舱最高温度

发动机工况	最高温度/℃	最高温度位置
额定功率工况1	86.0	散热器后
最大扭矩工况2	90.4	散热器后

图5-26　工况1下发动机舱对称面上的温度场（单位：℃）

图 5-27　工况 2 下发动机舱对称面上的温度场（单位：℃）

根据汽车在不同行驶工况下的流场和温度场数值计算结果，对发动机舱的流场特性、散热性能、温度场、进风口设计进行了分析，找出了发动机舱散热存在的问题，寻找到了影响发动机舱散热的关键因素。得到以下结论。

① 该微车发动机舱内的流动情况复杂，含有复杂的湍流问题。发动机舱流场在散热器前部、前舱发动机上部和下部、发动机前后端都产生了漩涡，这些流动特性不利于发动机机体的散热，应加以改进。

② 在额定功率工况下，通过散热器的空气流量使冷却水的温度降低 5.472℃；在最大扭矩工况下，通过散热器的空气流量致使冷却水的温度降低值为 6.693℃。

③ 发动机舱温度在额定功率和最大扭矩的最高温度都小于发动机舱最高允许工作温度 99℃，表明发动机舱综合散热性能设计是可行的。

④ 发动机舱的实际进风量满足理论上发动机舱散热所需的空气量，但是由于冷凝器和散热器的不完全通风性以及前舱结构和布置等因素的影响，发动机舱的实际进风量只有约 50% 到达散热器。

5.9　基于前端进气设计参数优化

通过对发动机舱内流场和温度场的分析，计算发动机舱和散热器的进风量，并与发动机舱散热理论所需的空气量对比，发现发动机舱中散热器的实际进风量略小于散热理论所需的空气量；由于冷凝器和散热器的不完全通风性以及前舱结构和布置等因素的影响，在各工况下，发动机舱的实际进风量只有约 35%~60% 到达散热器，可以适当改进，加大冷却系的进风量，提高冷却系统和发动机舱的散热能力。

5.9.1　前端进风口参数对冷却风气流的影响

汽车在行驶过程中，冷却气流通过汽车前部的上下进风口进入发动机舱内。汽车前端进风口参数设计需考虑两个主要因素：①前端进风口的开口面积、结构形式是否满足冷却需求，包括空调系统的冷却、冷却系统的冷却等；②在保持车身外部形状不变的前提下，设计良好的进气格栅结构减少冷却气流通过进风口的压降损失。

① 二级格栅网参数的影响。为了避免发动机舱的内部结构被直接看透，设计师通常会在进气格栅后加入网状结构，由于存在网状结构，会使得空气通过的面积减少 40%。目前，该微车车型的进气格栅是采用加入短导流叶片和底部切角的形式（图 5-28）。

② 导流通道参数的影响。导流通道包括气流偏流装置、气流管道、密封装置等，在前

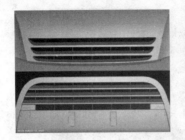

图 5-28 进气格栅结构示意图

端设计中,从进气格栅到散热器之间的导流通道的设计是前端进气设计的重要部分。例如,密封装置可以防止发动机舱内的气流流回冷凝器和散热器上,该装置在怠速工况下作用非常显著。在前端进风口合适位置设计并按照性能优化的导流通道,可以使由进气格栅进入的气流尽可能多地通过散热器,不会向散热器的周围产生泄漏。泄露减少可降低整车的阻力系数,达到提高汽车的燃油经济性的目的。目前,该公司有两款微车车型的冷凝器和散热器之间都加入了气流导管(泡沫密封条),保证通过冷凝器的气流尽可能地到达散热器,而进气格栅与冷凝器之间无气流管道。

5.9.2 上下进气格栅进风量比例的改进

汽车在行驶过程中,冷却气流通过汽车前部的上下进风口进入发动机舱内。如图 5-29 为原车型的车头部流线图。通过分析计算不同车速情况下的上下进气格栅和各冷却部件的进风量,对上下进气格栅的进风量比例进行了研究,其风量分布如表 5-13 和表 5-14 所示。

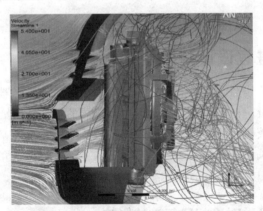

图 5-29 纵对称面车头空气流线图

表 5-13 不同工况下进气格栅风量分布

车速 /(m/s)	风扇转速 /(r/min)	总进风量 /(kg/s)	上进气格栅		下进气格栅	
			风量/(kg/s)	比例/%	风量/(kg/s)	比例/%
12.50	0	1.2151	0.4720	38.84	0.7432	61.16
	2300	1.2782	0.5065	39.63	0.7717	60.37
13.89	0	1.3508	0.5246	38.83	0.8262	61.17
	2300	1.4126	0.5567	39.41	0.8558	60.59

续表

车速 /(m/s)	风扇转速 /(r/min)	总进风量 /(kg/s)	上进气格栅		下进气格栅	
			风量/(kg/s)	比例/%	风量/(kg/s)	比例/%
19.72	0	1.9194	0.7455	38.84	1.1739	61.16
	2300	1.9759	0.7748	39.21	1.2011	60.79
32.50	0	3.1674	1.2298	38.83	1.9376	61.17
	2300	3.2089	1.2516	39.00	1.9574	61.00

表 5-14 不同工况下冷却系统各部件风量分布

车速 /(m/s)	风扇转速 /(r/min)	冷凝器		散热器		风扇
		风量/(kg/s)	比例/%	风量/(kg/s)	比例/%	风量/(kg/s)
12.50	0	0.4462	36.72	0.4259	35.05	0.3115
	2300	0.7652	59.86	0.7936	62.09	0.8019
13.89	0	0.5198	38.48	0.4756	35.21	0.3478
	2300	0.8067	57.11	0.8266	58.51	0.8188
19.72	0	0.7445	38.79	0.6839	35.63	0.4991
	2300	1.0050	50.86	0.9958	50.40	0.9139
32.50	0	1.2384	39.10	1.1404	36.00	0.8303
	2300	1.4664	45.70	1.4100	43.94	1.1639

由表 5-13 和表 5-14 可知，低速段时（12.5m/s），风扇转速对冷却风的流量影响比较大，当风扇转速由 0r/min 上升到 2300r/min 时，总进风量增加 5.19%，冷凝器冷却风流量增加 23.14%，散热器冷却风流量增加 27.04%；高速段时（32.5m/s），风扇转速对冷却风流量影响比较小，当风扇转速由 0r/min 上升到 2300r/min 时，总进风量增加 1.31%，冷凝器冷却风流量增加 6.60%，散热器冷却风流量增加 7.94%。另外，由表 5-13 可知，大部分冷却风气流通过下进气格栅进入发动机舱；车速对上下进气格栅风量比例影响不大，而风扇转速对上下进气格栅风量影响较大，在同一车速下，当风扇转速由 0r/min 上升到 2300r/min 时，上进气格栅进风量比例增加，而下进气格栅进风量比例减少。因此，在风扇未开启的情况下，可采取增加下进气格栅开口面积的方式，保证尽可能大的进风面积，来增加冷却风的进气量；另外，在风扇开启的情况下，如果想增加进气量，最有效的方法是增加上进气格栅的进风面积。

5.9.3 上下进气格栅进风角度的改进

根据汽车发动机舱对称面冷却风气流流线图（图 5-30）可以看出，进气格栅上部形成的漩涡，这严重影响了冷却风的流畅性，上下进气格栅之间有一定区域的回流，有一个明显的漩涡，这会对冷却系统进气效率产生一定影响。从上格栅进入的冷却风较大的一部分为被散热器有效利用，流向了前舱的顶部区域；从下格栅进入的冷却风气流也有一部分直接从前保险杠与冷凝器之间的空隙流出了车底底部，未被充分地利用到冷却系统散热部件中去。根据以上情况，可以改变进风角度和上下进气格栅之间的结构以改善气流流动。

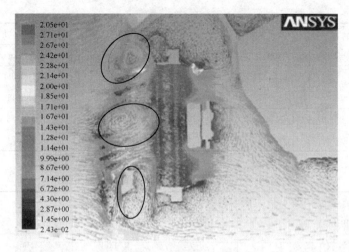

图 5-30　纵对称面空气流线图

在图 5-30 中汽车上进气格栅和下进气格栅冷却气流未被有效利用的区域采取加入导流板来改变气流流向，增加散热器对冷却气流的有效利用率，增加散热器通风量。图 5-31 为导流板的安装位置以及多种安装角度的示意图，导流板全部为顺流倾斜。在图 5-32 中，序号 1，2，…，11 分别对应原状态，导流板 1 和 2 向下倾斜 0°、3°、6°、9°、12°、15°，导流板 1 向上倾斜 3°、6°、9°、12°这 11 种情况下的冷却系统各部件的进风量。

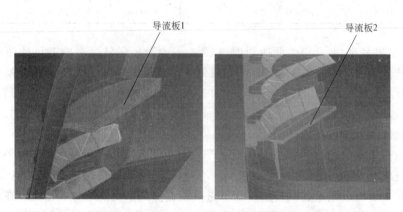

图 5-31　导流板安装示意图

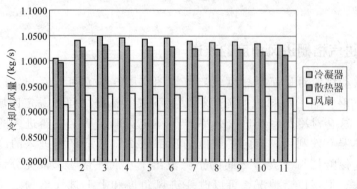

图 5-32　散热器组冷却风流量

由表 5-15 和图 5-33 分析可以知道，冷凝器和散热器的进风量在导流板 1、2 向下倾斜 3°时最大，比原始车型的进风量分别增加了 4.38%，3.61%；风扇的进风量在导流板 1、2 向下倾斜 6°时最大，增加了 2.34%，但从整体角度考虑，增加冷凝器和散热器的进风量更能有效地提高冷却系统散热效率，因此决定采用导流板 1、2 向下倾斜 3°时的方案。

表 5-15 原状态和导流板倾斜时的风量对比表　　　单位：kg/s

序号	改进方案	总进风量	冷凝器	散热器	风扇	散热器风量增加比例/%
1	原状态	1.9759	1.0050	0.9958	0.9139	—
2	导流板 1、2 向下倾斜 0°	1.9608	1.0410	1.0269	0.9317	3.11
3	导流板 1、2 向下倾斜 3°	1.9550	1.0490	1.0318	0.9349	3.61
4	导流板 1、2 向下倾斜 6°	1.9399	1.0462	1.0301	0.9352	3.45
5	导流板 1、2 向下倾斜 9°	1.9275	1.0438	1.0286	0.9334	3.29
6	导流板 1、2 向下倾斜 12°	1.9224	1.0458	1.0280	0.9334	3.23
7	导流板 1、2 向下倾斜 15°	1.9064	1.0390	1.0248	0.9307	2.91
8	导流板 1 向上倾斜 3°	1.9685	1.0375	1.0231	0.9304	2.65
9	导流板 1 向上倾斜 6°	1.9870	1.0379	1.0233	0.9318	2.66
10	导流板 1 向上倾斜 9°	1.9952	1.0347	1.0185	0.9308	2.20
11	导流板 1 向上倾斜 12°	2.0014	1.0315	1.0130	0.9274	1.67

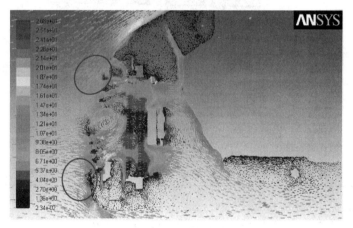

图 5-33　导流板倾斜 3°时的速度矢量图

图 5-34 和图 5-35 为前舱流线图的比较，可以看出加入导流板后，气流的流向发生了明显的变化。从图中可以看出导流板 1、2 改变了进气格栅处冷却风的进风角度，更多的冷却风流向了散热器，提高了散热器的通风率，冷却风的有效利用率得到了提高。

5.9.4　上下进气格栅之间结构的改进

在上下进气格栅之间有一定的回流区域，产生了一个明显的漩涡，这对进气效率有一定影响，应当改变上下进气格栅之间的结构，上下进气格栅之间加入的导流板结构如图 5-36 所示。表 5-16 为改变上下进气格栅之间的结构后的风量对比，共计算了改进结构 1 和改进结构 2 两种情况，其之间的区别为导流板的角度不同，使得改进效果出现较大的区别。从表

5-16进风量和进风效率的结果对比可以确定改进结构1为更优的改进方案。图5-37为加入改进结构1后对称面空气速度矢量图,从图中可以看出漩涡基本被消除,只存在一些小的漩涡,进气效率提高了14.7%。

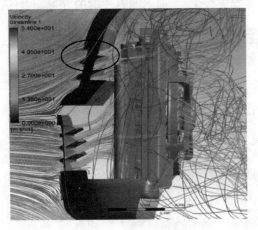

图 5-34　原车前舱流线图

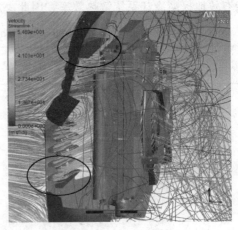

图 5-35　改进后前舱流线图

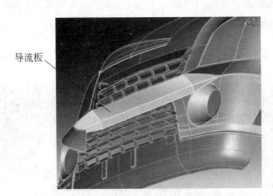

图 5-36　上下进气格栅之间的导流板

表 5-16　原状态和改变上下进气格栅之间结构的风量对比表　　　单位:kg/s

状态	总进风量	冷凝器	散热器	风扇	散热器进风效率增加比例/%
原状态	1.9759	1.0050	0.9958	0.9139	—
改进结构1	1.5239	1.0146	0.9920	0.9165	14.70
改进结构2	2.0600	1.0036	0.9879	0.9194	−2.44

5.9.5　散热器两侧加装导流板

在原状态下散热器左右两侧,即前隔板附近有明显的漏风现象,从上格栅进入的大部分气流从冷凝器和散热器两侧流出,未得到有效应用,如图5-38所示。为了增加通过散热器的风量,在前隔板支架处(散热器左右两边)增加了导流板,导流板安装位置如图5-39所示。

图 5-37　改进后的界面矢量图

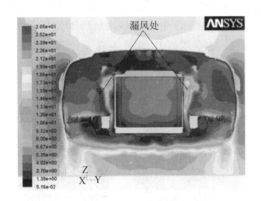

图 5-38　原状态 X 截面速度云图

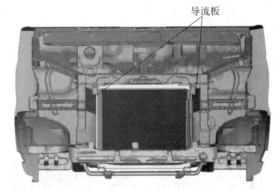

图 5-39　散热器两侧加装导流板示意图

如图 5-40 所示，散热器两侧新增的导流板直接将散热器两侧的漏风路径挡住，漏风处明显减少，散热器芯部的空气流速出现了明显的变化，改进后流速大的区域有明显的扩大，从而增加了通过散热器的空气流量。但是，由于布置空间的约束，导流板没有把散热器两旁的漏风处完全挡住。由表 5-17 可知，引入导流板后，散热器空气流量增加了 4.40%，冷却系统进风效率增加了 5.98%。

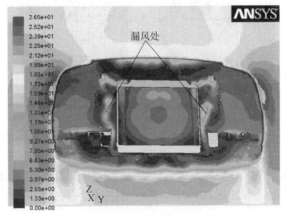

图 5-40　改进后 X 截面速度云图

表 5-17　原状态和散热器两侧增加导流板之后的风量对比表　　　单位：kg/s

状态	总进风量	冷凝器	散热器	风扇	散热器风量增加比例/%	散热器进风效率增加比例/%
原状态	1.9759	1.0050	0.9958	0.9139	—	—
改进后	1.8442	1.0043	1.0397	0.9312	4.40	5.98

5.10　冷却系统布置设计优化

5.10.1　冷却系统布置方式改进

冷却系统布置形式的不同，散热器组的迎风面积及气流通过冷却系统的压强损失不同，导致进风效率存在差异。通过计算 A、B、C 三种冷却系统布置形式的冷却风进风量和流场特性，对比分析三种情况下各冷却部件的进风量和冷却系统的进风效率，从而确定最优的冷却系统布置方式。A 为冷凝器和散热器并排布置，冷凝器和散热器后各有一个风扇，如图 5-41 所示；B 为冷凝器和散热器重叠布置，散热器后一个风扇，如图 5-42 所示；C 为冷凝器和散热器重叠布置，散热器后两个风扇并排布置，如图 5-43 所示。

图 5-41　散热器组布置形式 A　　　　　　　　图 5-42　散热器组布置形式 B

图 5-43　散热器组布置形式 C

由表 5-18 可知，三种布置形式中，A 的总进风量最大，这是由于冷凝器和散热器并排布置，产生的风阻小，B 和 C 总进风量差别不大。但是，由于并排布置，使得 A 的散热器和冷凝器迎风面积减小，在三种布置形式中，散热器和冷凝器进风量最小。风扇的总进风量差别不大。综上所述，重叠布置形式，冷却系统的进风量和进风效率都具有很大优势。C 的布置形式，使散热器进风量比 B 布置形式增加了 1.95%。

表 5-18　3 种布置形式在同样的额定工况下各部件的进风量　　　单位：kg/s

布置形式	总进风量	冷凝器	散热器	风扇1	风扇2
B	1.9759	1.0050	0.9958	0.9139	0.9139
A	2.0376	0.5654	0.6386	0.4823	0.6230
C	1.9972	0.8456	1.0153	0.4777	0.5399

从图 5-44～图 5-47 可知，A 和 C 冷却系统的风量主要来源下进气格栅，而由表 5-13 可知，B 冷却系统的风量来自于上下进气格栅。若 C 布置形式能有效地利用上进气格栅的进风量，会使冷却系统进风量增加更多，提高冷却效率。

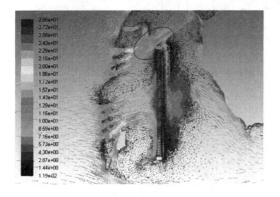 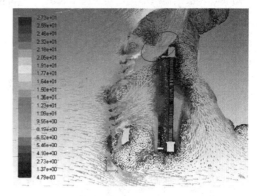

图 5-44　A 纵对称面速度矢量图　　　　图 5-45　C 纵对称面速度矢量图

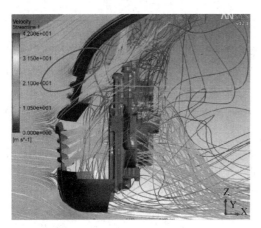 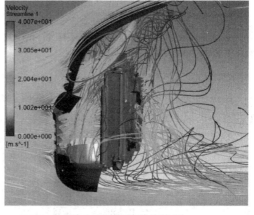

图 5-46　A 前舱流线图　　　　图 5-47　C 前舱流线图

5.10.2　散热器与风扇距离的改进

根据冷却系统布置影响分析，一般当风扇前端与散热器后端之间的距离为 0.6 倍风扇直径或以上时，风扇的效率最好，冷却效果最佳。但是在实际情况中，风扇的安装因为受安装空间的限制，该距离一般取 0.1～0.15 倍风扇直径，也能使散热器达到较好的散热效果，同时，为保证风扇后端的气流不产生回流现象，应保证风扇与发动机之间的距离在合理的范围内。由于该车型的发动机中置，只对散热器组和风扇之间的距离做了改进优化。综合前舱的

图 5-48 散热器组部件之间距离示意图

余留空间,尽可能增加散热器与风扇之间的相对距离,通过分析散热器与风扇之间的一系列距离变化时风量的变化情况,找出一定的变化规律,确定散热器与风扇之间的最优距离。

在分析中,散热器和冷凝器位置固定不变,风扇向后移动 20mm,40mm,60mm,80mm,100mm,并相应地延长风扇密封罩的距离。如图 5-48 所示,距离 A 分别增加 20mm,40mm,60mm,80mm,100mm。通过对距离变化后的各模型重新计算,得到了不同距离下冷却系各部件的进风量,如表 5-19 所示。

表 5-19 原状态和距离改进后的风量对比　　　　　单位:kg/s

增加距离/mm	总进风量	冷凝器	散热器	风扇	散热器进风效率增加比例/%
0	2.0008	1.0050	0.9958	0.9139	—
20	1.9965	1.0001	0.9964	0.9264	0.05
40	1.9995	1.0015	0.9980	0.9273	0.21
60	2.0016	1.0017	0.9998	0.9289	0.40
80	1.9708	0.9883	0.9825	0.8882	−1.34
100	1.9506	0.9775	0.9731	0.8656	−2.28

图 5-49 给出了逐步增加风扇和散热器之间的距离后,散热器进风量的变化情况。可以看出,散热器与风扇之间的距离在一定的范围内变化,可以增加散热器的进风量,但是超过一定距离后,散热器的进风量会有下降的趋势,这是因为若风扇后端与前舱隔板的距离过小,会产生明显的阻塞效应,产生气流回流现象,向后压散热器并限制气流通过散热器,对散热器的进风量增加是不利的。

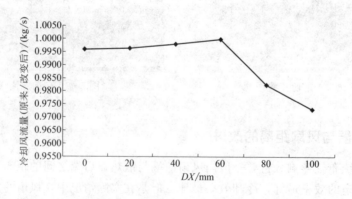

图 5-49 距离变化后的影响示意图

从表 5-19 可知,距离改变后散热器和风扇流量都有所提高,其中风扇流量增加了

1.64%，散热器风量增加了0.40%。而且从对称面空气速度矢量图（图5-50）可以看出，通过散热器和风扇的气流比较顺畅，相应地减少了冲击和泄漏，减少了空气流动的能量损耗。

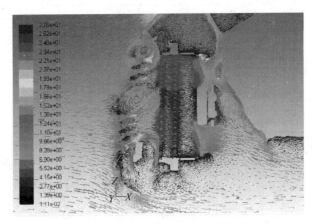

图 5-50　改进后纵对称面速度矢量图

5.11　发动机舱散热改进设计效果分析

针对发动机舱散热问题，可从多方面入手进行改进，这里主要从前端设计和冷却系统布置两方面进行研究，对参数优化方案中45个改进模型进行了数值模拟分析，包括上下进气格栅的进风量比例的改进、进气格栅的进风角度改进、上下进气格栅之间的结构改进、散热器两侧增加导流板、不同冷却系统布置方式和散热器与风扇之间的距离优化6个参数。确定了各改进措施的最优化方案，各自单独改进最优化效果如表5-20所示。

表 5-20　各改进途径的效果

改进途径	散热器风量增加比例/%	进风效率增加比例/%
导流板1、2向下倾斜3°	3.61	2.38
上下格栅之间结构改进	−0.39	14.70
散热器两侧增加导流板	4.40	5.98
C冷却系统布置形式	1.95	0.43
散热器和风扇距离增加60mm	0.40	0.01

如果综合考虑，改进效果不是一般的叠加。从可实施性、优化效果和成本因素等各方面考虑，暂不采用C的冷却系统布置形式，继续保持原有的布置形式，将其余各改进方案综合进行计算，在各工况下冷却部件风量的变化如表5-21所示。

综合改进后，各工况下总进风量均减小，则发动机舱的内流阻力会有相应减少，提高了整车的空气动力学性能；但同时冷却系统各部件如冷凝器、散热器和风扇的风量均增加，其中，散热器风量在最大扭矩、模拟爬坡、额定功率和高速行驶工况下分别增加了5.01%，15.68%，9.18%，14.90%；冷却系统进风效率分别增加了24.02%，18.47%，22.12%，18.44%，有效提高了冷却系统和发动机舱的散热效率。

表 5-21 综合改进后各工况下冷却风量对比

项目	最大扭矩工况		模拟爬坡工况		额定功率工况		高速行驶工况	
车速/(m/s)								
	12.50		13.89		19.72		32.50	
发动机出水温度/℃								
	96.98		93.34		96.98		86.83	
风扇转速/(r/min)								
	2300		0		2300		0	
	原状态	改进后	原状态	改进后	原状态	改进后	原状态	改进后
上进气格栅	0.5065	0.1981	0.5246	0.2047	0.7748	0.3034	1.2298	0.4810
下进气格栅	0.7717	0.7698	0.8262	0.8202	1.2011	1.1960	1.9376	1.9255
总进风量	1.2782	0.9679	1.3508	1.0249	1.9759	1.4993	3.1674	2.4065
冷凝器风量	0.7652	0.7802	0.5198	0.5539	1.0050	1.0421	1.2384	1.3116
散热器风量	0.7936	0.8334	0.4756	0.5502	0.9958	1.0872	1.1404	1.3103
散热器风量增加比例/%	—	5.01	—	15.68	—	9.18	—	14.90
风扇风量	0.8019	0.8392	0.3478	0.3862	0.9139	0.9633	0.8303	0.9180
进风效率/%	62.09	86.11	35.21	53.68	50.40	72.52	36.00	54.45
进风效率增加/%	—	24.02	—	18.47	—	22.12	—	18.44

注：1. 表中各工况下的车速根据整车热平衡实验确定；
2. 散热器风量增加比例和进风效率增加均是相对于原状态的改变量。

5.12 发动机舱散热改进设计实验验证

5.12.1 实验系统组成

环境模拟实验系统主要由环境模拟系统和测试系统两大部分组成。环境模拟系统主要由转鼓、测功机、ECU、鼓风机、空调、尾气排放管、车辆锁紧装置、日光灯等部分组成，如图 5-51 所示。实验前，在实验车上完成所有测点位置传感器的安装和调试，将实验车驶上转鼓，该实验车为后轮驱动，因此将后轮放置在转鼓的中央，并利用车辆锁紧桩将实验车固定好，保证实验的安全。鼓风机的作用是为实验车提供迎面的风速，根据实验规定，鼓风机与实验车之间的距离为 0.3m。在实验时，鼓风机的控制单元与发动机 ECU 实现实时通信，ECU 根据测量电量传送的测功机功率分析计算出汽车在特定工况下对应的迎面风速，传送给

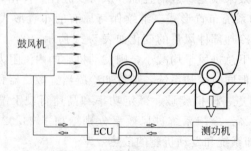

图 5-51 环境模拟实验系统

鼓风机；鼓风机根据不同车速调整吹向实验车的风速，模拟汽车在实际行驶过程中的迎面风速，模拟不同工况下的迎面风流量。实验时，需打开室内空调，将室内温度调至实验所需环境温度，打开日光灯模拟室外光照条件，被试车辆排放的尾气经尾气排放管排出室外。

测试系统主要由传感器、数据采集装置和上位机（笔记本）三个部分组成。实验前，在被试车辆的各实验测点上安装传感器，数据采集装置通过上位机的控制对多种传感器信号进行采集，同时将数据实时传送到上位机，所有的数据都存在本地存储器中。数据采集卡与上位机之间采用 USB 的方式实现通信。

从可实施性、优化效果和成本因素等方面综合考虑，在发动机前舱增加导流板具有较好的可行性，本实验分别在上、下进气格栅加装导流板改进进风角度；在上下进气格栅之间添加导流板，减少冷却风气流产生的漩涡；针对前隔板附近漏风现象，为了增加通过散热器的风量，在前隔板支架处（散热器左右两边）增加了导流板，各导流板制作选用的材料为 1mm 的钢板，采用铆钉铆接、焊接或螺母的方式进行安装固定。原格栅和导流板安装如图 5-52、图 5-53 所示。原散热器和导流板安装如图 5-54、图 5-55 所示。

图 5-52 原格栅实物图

图 5-53 加装导流板后侧视图

图 5-54 原散热器两侧

图 5-55 加装导流板后散热器两侧

实验中使用的传感器主要包括温度传感器和风速仪。

(1) 温度传感器

由于散热器的出水温度等于发动机的进水温度，散热器的进水温度等于发动机的出水温度，因此，为便于测量的便捷性，分别在散热器进出水胶管处安装温度传感器测量发动机的进出水温。冷凝器、散热器、风扇空气进出口温度测量点的布置如图 5-56 所示，将所测区域分为面积相等的四个部分，在各部分的中心安装温度传感器，温度传感器的安装应注意正对进风方向，所测的数据代表该部分区域的平均温度，最后将所有数据的平均值作为对应处的冷却空气温度值。

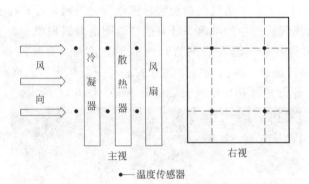

图 5-56　风道空间温度测点分布图

在油底壳的螺栓处取一点测定机油温度。环境温度的测量要求距离地面约 1.5m、保证良好的通风，避免阳光的直射，而且应注意远离热源处。在本实验中，环境温度传感器安装在左侧车镜上。温度传感器的实际安装如图 5-57、图 5-58 所示。

图 5-57　风道空间温度传感器安装图　　图 5-58　发动机温度传感器安装图

在本实验中选择的温度传感器型号为 STTT-H 系列热电偶温度传感器，测温范围在 0~200℃，精度为±0.5%FS（Full Scale），可满足温度不超过 200℃ 的冷却风温和冷却介质的测量要求。通过故障诊断仪与汽车 ECU 通信，直接测量汽车在不同工况下发动机的转速和车速，判断是否达到实验工况的要求。发动机外表面的温度测量选用的传感器型号为 STT-F 系列贴片式热电偶温度传感器，量程为 0~200℃，精度为±0.5%FS。

(2) 风速仪

在该实验中，需要对发动机舱进风口、散热器进出口的风速进行测量，根据所测得的风速可以计算相应部件的进风量。该方案只考虑散热器的进风量和压力损失的关系，可不用测量冷凝器的进风速度。发动机舱进风口风速的测量分别在上下进气格栅的中心处安装风速仪，散热器进口风速的测量在散热器上下各 1/2 的面积的中心布置两点，取两点的平均值作为散热器的进口风速。

本实验选用的风速仪为 KANOMAX KA22 型热线式风速仪，适用温度范围为 0~100℃，精度为 2%FS，分辨率为 0.1m/s，测量风速范围为 0~50m/s，可适用于风温不超过 80℃情况的测量。在安装风速仪时，应将探头调整为气流方向垂直后再固定，保证测量数据的精度。风速仪的实际安装如图 5-59、图 5-60 所示。

图 5-59　进气格栅处风速仪安装图

图 5-60　散热器前风速仪安装图

5.12.2　改进前后冷却系统散热性能对比分析

汽车冷却系统能力的评价指标通常包括：温升曲线、冷却常数和许用环境温度。通过对比分析优化前后水温和油温的温升曲线、冷却常数以及许用环境温度的变化，对改进前后的冷却系统散热能力进行评价。该整车环境模拟实验分别进行了高速工况、模拟爬坡工况、最大扭矩工况和额定功率工况共 4 种工况下的道路环境模拟实验，由于该环境模拟实验室未能将环境温度稳定在所需的 35℃，本次实验所测的环境温度是变化的，湿度为 33%。表 5-22 为加装导流板前后环境模拟实验各工况温度参数记录及结果。

表 5-22　加装导流板前后环境模拟实验各工况温度参数记录及结果

车辆工况	实验组别	环境温度/℃	温度参数/℃				
			机油温度	进水温度	出水温度	液气温差	油气温差
高速	原车型	35.07	107.74	86.10	92.22	57.15	72.66
	改进后	35.96	104.31	84.83	91.11	55.15	68.35
模拟爬坡	原车型	36.90	118.97	95.75	100.97	64.06	82.07
	改进后	40.09	120.08	95.57	100.49	60.40	80.00
最大扭矩	原车型	40.81	117.86	94.91	101.42	60.61	77.05
	改进后	36.98	112.42	89.39	95.62	58.66	75.45
额定功率	原车型	38.17	136.87	97.25	102.95	64.78	98.70
	改进后	38.24	131.54	91.05	96.96	58.72	93.31

（1）优化前后温升曲线对比

图 5-61～图 5-64 为各工况下改进前后温升曲线变化图，包括发动机出水温度、发动机润滑油温度、液气温差。在环境温度波动较小或基本相等的情况下，各工况下改进后的发动机出水温度、发动机润滑油温度的液气温差的温升曲线均低于原车型的温度曲线，特别是在极限工况（最大扭矩和额定功率工况）的温升曲线下降差距最明显。

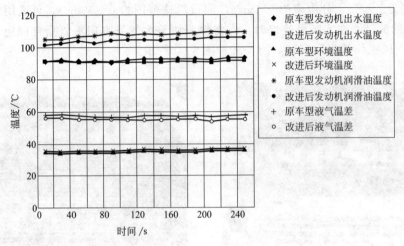

图 5-61　高速工况改进前后温升曲线变化

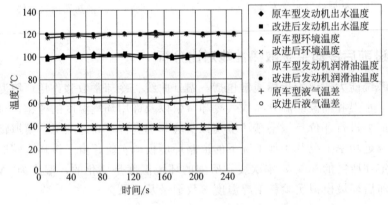

图 5-62　模拟爬坡工况改进前后温升曲线变化

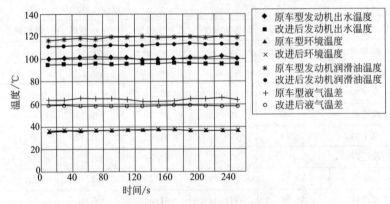

图 5-63　最大扭矩工况改进前后温升曲线变化

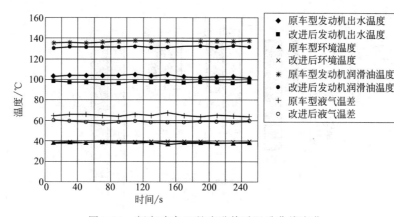

图 5-64 额定功率工况改进前后温升曲线变化

(2) 冷却常数计算

在汽车达到热平衡状态时，所测得的冷却介质温度减去环境温度所得到的结果称为冷却常数。在发动机的冷却中，冷却介质包括水和机油，因此冷却常数也包括水温冷却常数和油温冷却常数，分别用 K_W 和 K_O 表示，单位为℃。限于目前的研究水平，还未对冷却常数有明确的规定值。不同的冷却系统就具有不同的冷却常数。根据经验数据，一般将水温冷却常数控制在 60℃ 以下。冷却常数的计算方法如下

$$K_W = t_1 - t_3 \tag{5-7}$$
$$K_O = t_2 - t_3 \tag{5-8}$$

式中，t_1 为发动机冷却液出水温度，t_2 为发动机油底壳温度，t_3 为环境温度，单位都为℃。

通过采集的数据计算出加装导流板前后各工况下水温冷却常数与油温冷却常数及其变化，结果如表 5-23 和图 5-65 所示。加装导流板后，在各工况下水温冷却常数与油温冷却常数均有明显的降低。其中，在额定功率工况下下降最显著，水温冷却常数降低 6.06℃，油温冷却常数降低 5.39℃。冷却常数低，说明冷却效果好，反之亦然。

表 5-23 加装导流板后冷却常数变化

车辆工况		高速	模拟爬坡	最大扭矩	额定功率
水温冷却常数/℃	原车型	57.15	64.06	60.61	64.78
	改进前	55.15	60.40	58.66	58.72
油温冷却常数/℃	原车型	72.66	82.07	77.05	98.70
	改进前	68.35	80.00	75.45	93.31
水温冷却常数差值/℃		−2.00	−3.66	−1.95	−6.06
油温冷却常数差值/℃		−4.31	−2.07	−1.60	−5.39

(3) 许用环境温度

根据在实验中对冷却液温度和润滑油所测的结果，可计算出不同工况下的许用环境温度，与冷却常数相对应，许用环境温度液包括冷却液许用环境温度和润滑油许用环境温度，分别用 T_W 和 T_O 表示。其计算公式如下

$$T = T_L - (K_{C1} + K_{C2})/2 \tag{5-9}$$

式中，T 为许用环境温度，℃；T_L 为冷却介质许用最高温度，℃；K_{C1} 和 K_{C2} 分别为正

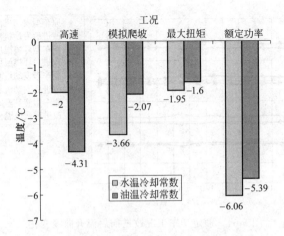

图 5-65 改进前后各工况冷却常数差值变化

向和反向行驶时冷却介质冷却常数均值,℃。

为降低实验时环境风速的影响,需要计算正、反向行驶时冷却液冷却常数均值,由于本实验为室内实验,环境风速为基本为 0m/s,可不用计算正反向的冷却常数均值,仅计算汽车正向行驶时冷却介质冷却常数均值 K_{C1},许用环境温度计算公式为:$T = T_L - K_{C1}$,计算出在改进前后各工况下的 T_W 和 T_O。计算结果如表 5-24 和图 5-66、图 5-67 所示。改进后,各工况下的许用环境温度均上升,许用环境温度升高,说明冷却效果变好,反之亦然。

表 5-24 改进前后各工况许用环境温度

环境温度	实验组别	车辆工况			
		高速	模拟爬坡	最大扭矩	额定功率
冷却液的许用环境温度/℃	原车型	46.85	39.94	43.39	39.22
	改进后	48.85	43.60	45.34	45.28
润滑油的许用环境温度/℃	原车型	62.34	52.93	57.95	36.30
	改进后	66.65	55.00	59.55	41.69

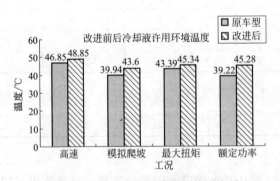

图 5-66 改进前后冷却液许用环境温度对比

综上所述,运用冷却系统冷却能力评价指标(温升曲线、冷却常数和许用环境温度)对改进后的冷却系统散热能力进行评价,冷却系统的冷却效果均有明显的改善,尤其是在额定功率工况下的优化效果显著,证明发动机舱散热综合优化方案是可行的。

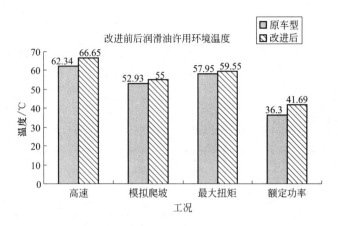

图 5-67　改进前后润滑油许用环境温度对比

5.12.3　改进前后发动机舱空间温度对比分析

发动机舱内空间的温度会对整车的冷却情况产生影响，因为发动机和冷却系统都位于发动机舱内，发动机舱的温度分布特性对冷却系统各部件的冷却效能会产生直接的影响，进而会影响发动机的工作性能。对实验数据进行整理，对比分析改进前后发动机舱空间温度的变化，评价发动机舱散热改进设计的优化效果。表 5-25 为改进前后分别测得发动机舱空间温度参数，由于所测环境温度是波动的，将表中的温度参数和环境温度作差值，定量的分析改进前后各测点的温度变化，如表 5-26 和图 5-68～图 5-71 所示。

表 5-25　改进前后发动机舱空间温度

车辆工况	实验组别	环境温度/℃	温度参数/℃			
			冷凝器前	散热器前	散热器后	发动机缸体
高速	原车型	35.07	35.82	41.83	59.34	108.43
	改进后	35.96	36.25	42.19	60.98	104.89
模拟爬坡	原车型	36.90	36.51	48.87	76.80	121.13
	改进后	40.09	37.50	52.01	78.27	121.25
最大扭矩	原车型	40.81	40.03	40.63	71.23	122.74
	改进后	36.98	35.11	35.22	65.10	117.60
额定功率	原车型	38.17	36.78	37.58	74.49	134.54
	改进后	38.24	37.36	37.58	69.54	129.13

表 5-26　改进前后发动机舱空间温度与环境温度差值后的变化对比

车辆工况	实验组别	环境温度/℃	温度差/℃			
			冷凝器前	散热器前	散热器后	发动机缸体
高速	原车型	35.07	0.75	6.76	24.27	73.36
	改进后	35.96	0.29	6.23	25.02	68.93
	改进前后温度差值		−0.46	−0.53	0.75	−4.43

续表

车辆工况	实验组别	环境温度/℃	温度差/℃			
			冷凝器前	散热器前	散热器后	发动机缸体
模拟爬坡	原车型	36.90	−0.39	11.97	39.90	84.23
	改进后	40.09	−2.59	11.92	38.18	81.16
	改进前后温度差值		−2.20	−0.05	−1.72	−3.07
最大扭矩	原车型	40.81	−0.78	−0.18	30.42	81.93
	改进后	36.98	−1.87	−1.76	28.12	80.62
	改进前后温度差值		−1.09	−1.58	−2.30	−1.31
额定功率	原车型	38.17	−1.39	−0.59	36.32	96.37
	改进后	38.24	−0.88	−0.66	31.30	90.89
	改进前后温度差值		0.51	−0.07	−5.02	−5.48

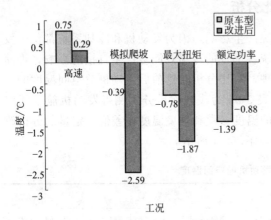

图 5-68 改进前后冷凝气前温度对比

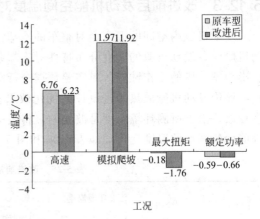

图 5-69 改进前后散热器前温度对比

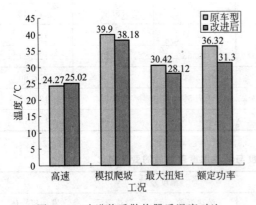

图 5-70 改进前后散热器后温度对比

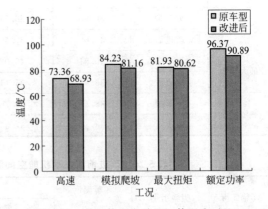

图 5-71 改进前后发动机缸体温度对比

由表 5-26 和图 5-68～图 5-71 可知，各工况下，改进后的冷凝器前、散热器前、散热器后、发动机缸体的温度均小于原车型同处的温度。其中，额定功率工况下，散热器后和发动机缸体的温度下降了 5℃ 以上，高速工况下，发动机缸体的温度下降了 4.43℃，最大扭矩工况下,所有测点的温度都下降了1~2℃。在原车型中,发动机舱最高温度点在散热器后,改进后,散热器后在高速、模拟爬坡、最大扭矩、和额定功率工况下温度分别降低了0.75℃、1.72℃、2.3℃和5.02℃。

综上所述,改进方案降低了发动机舱的空间温度,提高了发动机舱的散热性能,有效地改善了发动机的工作环境,提高了汽车的整车综合性能,如整车空气动力特性和燃油经济性等。

5.12.4 改进前后冷却风风速对比分析

(1) 改进前后各工况风速对比

冷却系统由空气流通系统和冷却液循环系统两大部分组成,流过散热器的空气量越大,散热效果越好。通过分析改进前后各测点冷却风风速变化,评价改进方案对冷却系统的优化效果。由于在实验时,实验系统中鼓风机提供了与车速相同的风速作为冷却风,汽车前方与鼓风机之间的距离留有一段距离,鼓风机提供的冷却风未能全部吹过汽车,会使实际进入发动机舱的风量减少。室内环境模拟实验中所测的风速与室外实车运行情况下的风速对比有很大误差,因此,在此对冷却风风速的变化对冷却系统的影响只作定性的分析。改进前后上格栅、下格栅、散热器上和散热器下的风速变化情况如表5-27和图5-72~图5-75所示。

表5-27 改进前后各测点风速变化对比

车辆工况	实验组别	环境温度/℃	车速/(km/h)	风速/(m/s)			
				上格栅	下格栅	散热器上	散热器下
高速	原车型	35.07	117.38	24.98	12.76	9.53	6.05
	改进后	35.96	117.00	24.46	13.74	9.80	6.66
	风速变化百分比/%			−2.08	7.68	2.83	10.08
模拟爬坡	原车型	36.90	45.69	11.25	5.55	4.65	4.38
	改进后	40.09	45.61	10.74	6.39	4.82	4.61
	风速变化百分比/%			−4.53	15.14	3.66	5.25
最大扭矩	原车型	40.81	39.46	9.96	4.38	4.36	4.28
	改进后	36.98	39.85	9.69	5.75	4.46	4.51
	风速变化百分比/%			−2.71	31.28	2.29	5.37
额定功率	原车型	38.17	63.23	14.56	7.45	5.59	4.45
	改进后	38.24	62.23	13.42	7.94	5.80	4.57
	风速变化百分比/%			−7.83	6.58	3.76	2.70

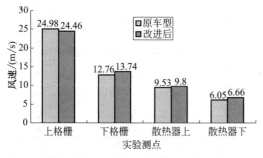

图5-72 高速工况改进前后风速对比

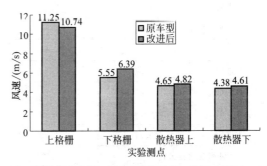

图5-73 模拟爬坡工况改进前后风速对比

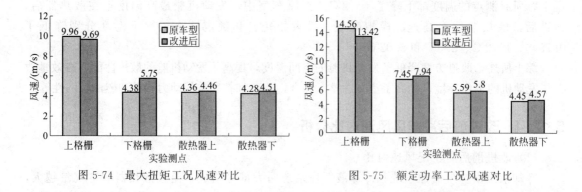

图 5-74　最大扭矩工况风速对比　　　　图 5-75　额定功率工况风速对比

改进后，上格栅风速减小，下格栅、散热器上和散热器下处的风速均变大，其中，在模拟爬坡工况和最大扭矩工况下下格栅风速分别增加了 15.14％，31.28％；在高速和额定功率工况下，下格栅风速分别增加了 7.68％，6.58％；在低速工况下，下格栅风速增加显著；在高速工况下，下格栅风速增加较小。在各工况下，散热器上和散热器下处的风速均增大，则散热器风量增大，改善了冷却系统的散热性能。该实验结果与综合优化方案中的风量增加趋势一致。

（2）不同车速工况下风速变化分析

表 5-28 为改进前后各测点风速随车速变化情况，在不同车速（20～100km/h）情况下，改进后的上格栅处风速均减小，下格栅和散热器上下的风速均变大。散热器下风速随车速的变化最平缓，主要是因为各个测点的风阻不同，以及受风扇的影响。因此，风扇是影响冷却系统风量的重要因素。

表 5-28　改进前后各测点风速随车速变化情况

实验组别	车速/(km/h)	风速/(m/s)			
		上格栅	下格栅	散热器上	散热器下
原车型	19.8	6.11	3.19	3.51	4.34
改进后	20.2	5.86	3.74	3.81	4.66
风速变化百分比/％		－4.09	17.24	8.55	7.37
原车型	39.1	10.37	4.82	4.33	4.42
改进后	39.9	9.85	5.73	4.63	4.70
风速变化百分比/％		－5.01	18.88	6.93	6.33
原车型	60.0	14.47	7.29	5.52	4.60
改进后	59.6	13.64	7.79	5.86	4.72
风速变化百分比/％		－5.74	6.86	6.16	2.61
原车型	80.0	17.94	9.38	6.66	4.93
改进后	80.1	17.45	9.73	7.22	5.15
风速变化百分比/％		－2.73	3.73	8.41	4.46
原车型	99.4	21.74	11.37	7.95	5.61
改进后	99.7	21.23	11.60	8.40	5.67
风速变化百分比/％		－2.35	2.02	5.66	1.07

根据仿真分析提出了发动机舱散热改进设计方案,在相同实验条件下,分别对某微车车型原状态和对发动机前舱布局进行相应改进后的状态,进行室内整车环境模拟实验,对实验数据进行分析,得出以下结论。

① 改进后冷却系统的冷却效果均有明显的改善,尤其是在额定功率工况下的优化效果显著,液气温差降低 6.06℃,油气温差降低了 5.39℃。证明冷却系统进风效率的优化是可行的。

② 改进后的发动机舱空间温度均有降低,特别是各工况下原发动机舱最高温度位置——散热器后的温度降低明显,在模拟爬坡、最大扭矩和额定功率工况下温度分别降低了 1.72℃、2.3℃、5.02℃,有效地改善了发动机舱的散热性能,对提高车辆的整体性能具有重大意义。

③ 在各工况下,散热器上和散热器下处的风速均增大,增加百分比最大为 10.08%,最小为 2.29%,散热器风量增加,提高了整个冷却系统的散热性能。

参考文献

[1] 王群. 微型汽车发动机舱散热特性研究与改进设计 [D]. 武汉:武汉理工大学,2011.
[2] 傅立敏. 汽车空气动力学 [M]. 北京:机械工业出版社,2005.
[3] 谷正气,何忆斌. 新概念车外流场数值仿真研究 [J]. 中国机械工程,2007,118(14):1760-1763.
[4] 张海滨. 含发动机舱内流、地面效应的汽车流场模拟 [D]. 南京:南京航空航天大学,2008.
[5] 谷正气. 汽车空气动力学 [M]. 北京:人民交通出版社,2006.
[6] 赵新明. 发动机舱温度场的可视化分析及改善措施 [J]. 中国机械工程,2004,15(14):1306-1308.
[7] Dube P, Natarajan S, MulemaneA, et al. ANumeriealAPProach to Develop the Frond End Cooling Paekage in a Vehicle Using Predieted Engine Fan Performance Data and Vehicle System Resistanee [C] // SAE World Congress. [S. l.] : [s. n.] ,2007:542-557.
[8] Alajbegoic A,Xu B, Konstantinov A, et al. Simulation of Cooling Air flow under Different Driving Conditions [C] //SAE World Congress. [S. l.] : [s. n.] ,2007:766-778.
[9] Vivek Kumar,SangeetKaPoor, Gyan Arora. A Combined CFD and Flow Network Modeling APProach for Vehicle Underhood Air Flow and Therma Analysis// SAE World Congress. [S. l.] : [s. n.] ,2009: 1150-1162.
[10] 蒋光福. 汽车发动机舱散热特性研究 [D]. 武汉:华中科技大学,2005.
[11] 刘传超. 卡车外流及发动机舱内流计算与散热研究 [D]. 西安:西北工业大学,2005.
[12] 袁侠义. 汽车发动机舱散热的数值仿真分析 [J]. 汽车工程,2009,31(9):843-848.
[13] 康芹. 发动机舱的热仿真与热分析 [D]. 西安:西北工业大学,2007.
[14] 唐因放. 发动机舱散热的 CFD 研究 [J]. 北京汽车,2009(4):1-4.
[15] 李云龙. 车辆动力舱冷却风道流场的仿真研究 [J]. 车辆与动力技术,2005(3):27-31.
[16] 陈维汉,许国良,等. 传热学 [M]. 武汉:武汉理工大学出版社,2004.
[17] 余志生. 汽车理论 [M]. 北京:机械工业出版社,2005.
[18] 关文达. 汽车构造 [M]. 北京:清华大学出版社,2009.
[19] 张俊红. 汽车发动机构造 [M]. 天津:天津大学出版社,2006.
[20] 何忆斌,谷正气. 三方程在汽车外流场仿真计算中的应用 [J]. 机械工程学报,2008, 144(1):184-188.
[21] 魏莉薇. 中型商用车进气及中冷系统的研究 [D]. 武汉:华中科技大学,2005.
[22] 赵永坡. 发动机舱过热的仿真分析 [J]. 汽车工程师,2009(9):30-32.
[23] 王忠. 后置发动机客车机舱空间温度场的试验研究 [J]. 汽车工程,2006,28(3):263-268.
[24] Tortosa N,Meinert F W, Schenkel F K,et al. A Correlation Study the Full Seale Wind Tunnels of Chrysler,Ford, and General Motors [C] //SAE World Congress. [S. l.] : [s. n.] ,2008:1205-1320.
[25] Wordley S,Saunders J. On-road TurbulenCe [C] //SAE World Congress. [S. l.] : [s. n.] , 2008:475-482.
[26] Skea A, Jolliffe A, Harrison R, et al. Using CFD For Underbonnet Thermal Management [C] //EACC2003,1st EuroPe-

an Automotive CFD Conferenee. Bingen: [s. n.] ,2003(6):25-26.

[27] Norihiko Watanabe,MasahikoKubo,NobuyukiYomoda. An 1D-3D Integrating Numerical Simulation for Engine Cooling Problem [J]. SAE Teehniea Papers,2006(4):1603-1615.

[28] LiL P,Chui G K,Glidewell J M. A Flow NetwokAPProach to Vehicle Underhood Heat Transfer Problem [J]. SAE Teehnieal Papers 931073,2005(6):1129-1143.

[29] Srinivasan K,Wbronowyez G,Zabatand J M. AnEffieient Procedure for Vehicle Thermal Protection Development [C] // SAE World Congress. [S. l.] : [s. n.] ,2005:1904-1916.

[30] Lan T Ken. Influen Ces of Free Stream ConditionsonVehieleTherma Management-An Analytieal Study [C] // SAE World Congress. [S. l.] : [s. n.] ,2009:1152-1158.

[31] HE Y B,GU ZQ. Numerieal Simulation Analysis of Side Aerodynamic Force of Car In The Course of Passing Heavy Goods Vehicle [J]. SAE Paper,2007(2):346-461.

[32] GU Z Q,HE YB. Numerieal Simulation Analysis of External Flow Field of Wagon-Shaped Car at the Moment of Passing [J]. Journal of Meehaniea Engineering, 2008, 21(4):76-80.

第6章 基于减少功率损失的微型汽车传动系统参数优化

汽车传动系统是位于汽车发动机与驱动车轮之间的动力传递装置,能够保证汽车动力的结合与分离,协调车速的变化,满足差速行驶等要求,以提高汽车动力性及经济燃油性。所研究的微型汽车传动系统主要由离合器、变速器、万向传动装置、主减速器、差速器和半轴组成。传动系统功率损耗可分为两部分:一是配合副相对运动引起的机械摩擦阻力损失;二是旋转件搅动润滑油或空气引起的搅动阻力损失。机械阻力损失是由配合副之间的相对运动引起的,主要包括齿轮啮合功率损失、轴承摩擦功率损失和油封功率损失。搅动阻力损失是由齿轮等旋转件搅动润滑油或空气引起的,主要包括搅油功率损失和风阻功率损失。

针对目前汽车传动系统参数优化匹配的研究中,将传动系统的传动效率取为定值,忽略了传动系统功率损失对整车性能的影响。这里以某微型汽车为研究对象,建立了微型汽车传动系统功率损失模型,并通过相应的试验进行了验证,综合考虑传动系统功率损失及整车动力性和经济燃油性,对该微型汽车传动系统参数进行优化设计,其主要内容如下。

① 分析汽车传动系统结构,研究传动系统各部件功率损失的组成及形成机理,建立各项功率损失的理论计算模型,并针对该微型汽车,在 Matlab/Simulink 中建立各部件及整个传动系统的功率损失仿真模型。

② 在某汽车传动系统性能试验台架上进行试验,得到各部件及整个传动系统的功率损失数据,验证该微型汽车传动系统功率损失模型的正确性。为汽车传动系统提供一个有效的功率损失预测模型,同时为传动系统优化设计提供依据。

③ 基于优化设计理论,以传动系统功率损失为一分目标函数,原地起步连续换挡加速时间为衡量汽车动力性的分目标函数,多工况循环燃油消耗量为衡量汽车燃油经济性的分目标函数,采用线性加权组合的方法将这三个分目标函数优化问题转化为单目标优化问题,采用遗传算法进行优化求解。

该研究对提高微型汽车传动系统性能及减少传动系统功率损失具有一定的参考价值。

6.1 微型汽车传动系统功率损失模型

6.1.1 离合器功率损失模型

汽车起步时,离合器的主、从动部分通过驾驶员踩离合器这一动作逐渐接近,发动机的输出轴与原来静止的传动系统平稳地接合，保证汽车平稳起步；而在换挡时，主、从动部分迅速分离，断开动力，从而减轻轮齿间的冲击，达到平顺换挡的效果。此外通过离合器主、从动部分的相对滑磨，在离合器传递的转矩超过其极限最大转矩时，保护传动系统，防止过载。由此可见，主、从动部分之间的摩擦损失是离合器功率损失的主要来源。假设离合器的主、从动部分的间隙是均匀的，根据牛顿内摩擦定律，得到离合器摩擦功率损失的数学模型为

$$P_\mathrm{L} = \frac{\pi^2}{537 \times 10^3} z\mu \Delta n^2 (R_2^4 - R_1^4) \frac{1}{h} \tag{6-1}$$

式中，z 为摩擦副数；μ 为摩擦系数；Δn 为主被动部分角速度差，rad/s；R_1 为摩擦片内半径，mm；R_2 为摩擦片外半径，mm；h 为摩擦副间隙，mm。

在 Matlab/Simulink 中建立离合器功率损失的仿真模型如图 6-1 所示。

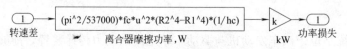

图 6-1 离合器功率损失仿真模型

由离合器功率损失的数学模型可知，决定其功率损失的参数有摩擦片的内径、外径，摩擦副的间隙、数量，摩擦系数以及主被动摩擦片间的转速差。

6.1.2 搅油功率损失模型

搅油功率损失又称为无负荷损失。搅油功率损失因润滑方式的不同而不同，与多种因素有关，如旋转件数目、旋转件尺寸、浸油深度及转速等。搅油功率损失与上述因素呈复杂的数学关系，现有的研究只给出了具体部件或车型的搅油功率损失经验公式。美国俄亥俄州立大学的 Seetharaman 和 Kaharaman 通过试验研究，将一对啮合齿轮的搅油功率损失分为两大部分。

（1）第一部分为单个齿轮转动时与周围润滑油之间相互作用而产生的功率损失，又可以具体分为：①齿轮周面与润滑油之间的功率损失；②齿轮侧面与润滑油之间的功率损失；③在两齿面间润滑油的涡旋功率损失。浸入润滑油中的啮合齿轮对如图 6-2 所示。

齿轮周面与润滑油之间的功率损失为

$$P_1 = 4\nu B \left(\frac{D}{2}\right)^2 \omega^2 \phi \tag{6-2}$$

齿轮侧面与润滑油之间的功率损失为

$$\text{当 } Re = \frac{\omega D_\mathrm{p} D}{2v} \leqslant 6000 \text{ 时}, P_2 = \frac{0.41 \rho v^{0.5} \left(\frac{D}{2}\right)^2 \omega^{2.5} S}{\sqrt{\sin\phi}} \tag{6-3}$$

$$\text{当 } Re = \frac{\omega D_\mathrm{p} D}{2v} \geqslant 9000 \text{ 时}, P_2 = \frac{0.025 \rho^{0.14} \left(\frac{D}{2}\right)^{2.72} \omega^{2.86} S}{(\sin\phi)^{0.14}} \tag{6-4}$$

其中，Re 为润滑油雷诺数，当 $6000 \leqslant Re = \frac{\omega D_\mathrm{p} D}{2v} \leqslant 9000$ 时，上面两式皆可使用。

在两齿面间润滑油的涡旋功率损失为

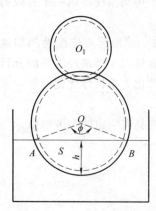

图 6-2 浸入润滑油中的啮合齿轮对

$$P_3 = 2\pi v S \omega \times \frac{r_0 - r_1}{r_0 \cdot r_1} \tag{6-5}$$

式（6-2）～式（6-5）中，v 为润滑油运动黏度，m^2/s；B 为齿宽，m；D 为齿轮分度圆直径，m；ω 为齿轮角速度，m/s；ϕ 为齿轮浸入润滑油的角度；D_p 为齿轮齿顶圆直径，m；ρ 为润滑油的密度，kg/m^3；S 为齿轮浸入润滑油的面积，m^2；r_0 为齿顶圆半径，m；r_1 为齿根圆半径，m。

（2）第二部分为两齿轮啮合时，润滑油周期性地由于齿面间的空隙大小发生变化被吸入和排出而产生的功率损失。这部分的功率损失为

$$P_p = \frac{1}{M}\sum_{m=1}^{M}\left[\sum_{j=1}^{J_1^{(m)}} P_{p,1j}^{(m)} + \sum_{j=1}^{J_2^{(m)}} P_{p,2j}^{(m)}\right] \tag{6-6}$$

而功率损失 $P_{p,ij}^{(m)}$ 为齿侧间隙处及齿顶间隙处功率损失之和

$$P_{p,ij}^{(m)} = v_{b,ij}^{(m)} F_{b,ij}^{(m)} + 2v_{e,ij}^{(m)} F_{e,ij}^{(m)} \tag{6-7}$$

齿侧及齿顶处的受力为

$$F_{b,ij}^{(m)} = -\int p_{b,ij}^{(m)} dA_{b,ij}^{(m)} = -p_{b,ij}^{(m)} A_{b,ij}^{(m)} \tag{6-8}$$

$$F_{e,ij}^{(m)} = -\int p_{e,ij}^{(m)} dA_{e,ij}^{(m)} = -p_{e,ij}^{(m)} A_{e,ij}^{(m)} \tag{6-9}$$

由伯努利方程得

$$p_{b,ij}^{(m)} = p_{b,ij}^{(m-1)} + \frac{1}{2}\rho\{[v_{b,ij}^{(m-1)}]^2 - [v_{b,ij}^{(m)}]^2\} \tag{6-10}$$

$$p_{e,ij}^{(m)} = p_{e,ij}^{(m-1)} + \frac{1}{2}\rho\{[v_{e,ij}^{(m-1)}]^2 - [v_{e,ij}^{(m)}]^2\} \tag{6-11}$$

齿侧及齿顶处的速度为

$$v_{b,ij}^{(m)} = \frac{\xi^{(m)} dV_{ij}^{(m)}}{A_{b,ij}^{(m)} d\theta}\omega_i \tag{6-12}$$

$$v_{e,ij}^{(m)} = \frac{[1-\xi^{(m)}]dV_{ij}^{(m)}}{2A_{e,ij}^{(m)} d\theta}\omega_i \tag{6-13}$$

$$\xi^{(m)} = \frac{A_{b,ij}^{(m)}}{2A_{e,ij}^{(m)} + A_{b,ij}^{(m)}} \tag{6-14}$$

式中，$v_{b,ij}^{(m)}$ 为齿侧处速度，m/s；$v_{e,ij}^{(m)}$ 为齿顶处速度，m/s；$F_{b,ij}^{(m)}$ 为齿侧处受力，N；$F_{e,ij}^{(m)}$ 为齿顶处受力，N；$A_{b,ij}^{(m)}$ 为齿侧处润滑油面积，m^2；$A_{e,ij}^{(m)}$ 为齿顶处润滑油面积，m^2；ω_i 为角速度，rad/s；ξ 为流量因素；V 为体积，m^3；θ 为切线方向角。

齿侧处与齿顶处润滑油面积的三维示意图如图 6-3 所示。

则搅油功率损失 P_c 为

$$P_c = P_1 + P_2 + P_3 + P_p \tag{6-15}$$

在 Matlab/Simulink 中建立搅油功率损失的仿真模型如图 6-4 所示。

由搅油功率损失的数学模型可知，决定其功率损失的参数有齿轮转速、齿宽、分度圆直径、齿顶圆直径、齿根圆直径及浸油深度。

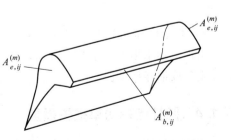

图 6-3 齿侧处与齿顶处润滑油面积三维示意图

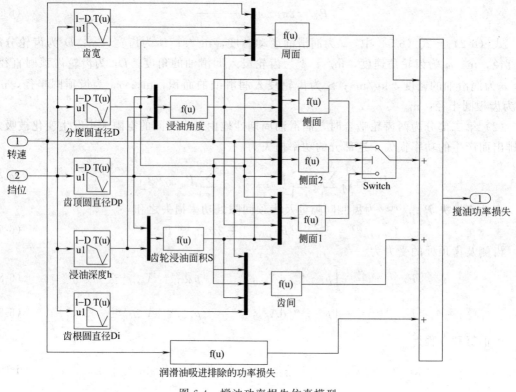

图 6-4 搅油功率损失仿真模型

6.1.3 风阻功率损失模型

风阻功率损失为齿轮在空气或油雾中运转时产生的功率损失。威尔士大学的 Lord 对直齿、螺旋形齿及斜齿轮做了详细的试验研究,根据试验数据,得出了不同模数范围对应的风阻功率损失。

当模数 $M=1$ 时

$$P_W = 2.9\rho\omega^3 R^{3.61} M^{0.96} F^{0.42} \tag{6-16}$$

当模数 M 在 1.25～4 的范围时

$$P_W = 2.9\rho\omega^3 R^{3.51} M^{1.06} F^{0.42} \tag{6-17}$$

当模数 $M=5$ 时

$$P_W = 2.9\rho\omega^3 R^{3.42} M^{1.16} F^{0.42} \tag{6-18}$$

式中,ρ 为空气或油雾密度,kg/m^3;ω 为齿轮转速,m/s;F 为齿宽,m;R 为齿轮半径,m。

在 Matlab/Simulink 中建立风阻功率损失的仿真模型如图 6-5 所示。

由风阻功率损失数学模型可知,决定其功率损失的参数有齿轮齿宽、模数、半径,转速以及空气或油雾密度。

6.1.4 圆柱齿轮功率损失模型

圆柱齿轮传动是机械工业中应用最为广泛的一种传动方式,圆柱齿轮传动时的功率损失来自啮合、轴系零件的摩擦、搅油、风阻以及振动和噪声所消耗的能源,其中,齿轮的啮合功率损失是功率损失的主要部分。根据齿轮的啮合特点，齿轮在传动过程中，既有滑动摩擦又有滚动摩擦，因此啮合功率损失也主要由这两部分功率损失组成。

圆柱齿轮啮合的总摩擦功率损失为

$$P_1 = P_H + P_G \quad (6-19)$$

式中，P_H 为滑动摩擦功率损失，kW；P_G 为滚动摩擦功率损失，kW。

（1）圆柱齿轮滑动摩擦功率损失

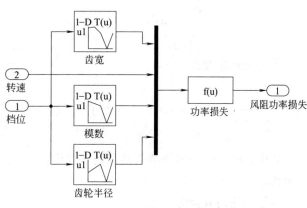

图 6-5 风阻功率损失仿真模型

齿轮的滑动摩擦功率损失是指相啮合的齿面间产生相对滑动而造成的功率损失，主要原因是啮合点处速度不同。由动力学理论可知

$$P_H = f F_n v_H \times 10^{-3} \quad (6-20)$$

式中，F_n 为齿面法向载荷，N；v_H 为啮合点处的瞬时滑动速度，m/s；f 为瞬时摩擦因数。

啮合点处的瞬时相对滑动速度为

$$v_H = 1.0472 n_1 (1 + z_2/z_1) s \times 10^{-4} \quad (6-21)$$

式中，n_1 为主动齿轮的转速，r/min；z_1 为主动齿轮的齿数；z_2 为从动齿轮的齿数；s 为啮合点与啮合节点的距离，mm。

啮合点处的相对滚动速度为

$$\overline{v}_T = 1.05 \times 10^{-4} n_1 \left[d_1 \sin\alpha + s \left(1 - \frac{z_2}{z_1} \right) \right] \quad (6-22)$$

式中，d_1 为主动齿轮的分度圆直径，mm；α 为齿轮压力角，(°)。

由式（6-20）、式（6-21）可得，瞬时滑动摩擦功率损失 P_{IH} 为

$$P_{IH} = 1.0472 f_H F_n n_1 (1 + z_2/z_1) s \times 10^{-7} \quad (6-23)$$

用滑动摩擦功率损失积分的平均值来表示齿轮传动的滑动摩擦功率损失，以接近实际情况

$$P_H = \frac{\int_0^{B_1 B_2} P_{IH} ds}{B_1 B_2} = 0.329 \overline{f}_H F_n n_1 m_n \left(1 + \frac{z_2}{z_1} \right) X_E \times 10^{-6} \quad (6-24)$$

式中，$B_1 B_2$ 为实际啮合线长度，mm；ds 为啮合位置在啮合线上的微变量，mm；$\overline{f}_H$ 为平均滑动摩擦因数；X_E 为重合度影响系数；m_n 为法向模数，mm。

齿轮在实际传动过程中一般处于部分弹流润滑状态，该状态下滑动摩擦因数受多种因素影响，这里采用 Bndict and Kelley 提出的算法计算平均滑动摩擦因数

$$\overline{f}_H = 0.127 \lg(29.66 F_n / b \rho \overline{v}_H \overline{v}_T^2) \quad (6-25)$$

式中，b 为有效齿宽，mm；ρ 为润滑油动力黏度，kg/(m·s)；$\overline{v}_H$ 为平均滑动速度，m/s；$\overline{v}_T$ 为平均滚动速度，m/s。

平均滑动速度为

$$\overline{v}_H = \frac{\int_0^{B_1B_2} V_H ds}{B_1B_2} = 16.449 m_n n_1 \left(1 + \frac{z_2}{z_1}\right)(\varepsilon_1^2 + \varepsilon_2^2) \times 10^{-5}/(\varepsilon_1 + \varepsilon_2) \tag{6-26}$$

平均滚动速度为

$$\overline{v}_T = \frac{\int_0^{B_1B_2} V_T ds}{B_1B_2} = 1.05 \times 10^{-4} n_1 \left[d_1 \sin\alpha + 1.57 m_n \left(1 - \frac{z_2}{z_1}\right)(\varepsilon_1^2 + \varepsilon_2^2)/(\varepsilon_1 + \varepsilon_2)\right] \tag{6-27}$$

式中，ε_1、ε_2 为啮合节点前后的重合度；d_1 为主动齿轮的分度圆直径，mm；α 为齿轮压力角，(°)。

齿轮的法向载荷为

$$F_n = \frac{T_1}{r_1 \cos\alpha \cos\beta} \tag{6-28}$$

式中，T_1 为主动齿轮转矩，$T_1 = 9550 P_i/n_1$，N·m；r_1 为主动齿轮的分度圆半径，m；β 为齿轮分度圆螺旋角，(°)；P_i 为输入功率，kW。

重合度影响系数 X_E 为

$$X_E = \frac{9(4 - \varepsilon_1 + \varepsilon_2)(\varepsilon_1 + \varepsilon_2 - 1) + 3(1 - \varepsilon_2)^2}{6(\varepsilon_1 + \varepsilon_2)} \tag{6-29}$$

当在齿轮传动中采用变位齿轮传动时，重合度影响系数 X_E 会因加入变位系数而发生变化。

当 $\varepsilon_1 > 1$，$\varepsilon_2 < 1$ 时

$$X_E = \frac{\varepsilon_2^2 + 2(1 - \varepsilon_1)^2 + 3(\varepsilon_1 - \varepsilon_2)(2 - \varepsilon_1 - \varepsilon_2) + (2 - 2\varepsilon_2 + \varepsilon_1)(\varepsilon_1 + \varepsilon_2 - 1)}{6(\varepsilon_1 + \varepsilon_2)} \tag{6-30}$$

当 $\varepsilon_1 < 1$，$\varepsilon_2 > 1$ 时

$$X_E = \frac{\varepsilon_1^2 + 2(1 - \varepsilon_2)^2 + 3(\varepsilon_2 - \varepsilon_1)(2 - \varepsilon_1 - \varepsilon_2) + (2 - 2\varepsilon_1 + \varepsilon_2)(\varepsilon_1 + \varepsilon_2 - 1)}{6(\varepsilon_1 + \varepsilon_2)} \tag{6-31}$$

(2) 圆柱齿轮滚动摩擦功率损失

齿轮滚动摩擦功率损失 P_G 是相互接触的齿廓间由于弹流润滑状态下形成的弹性动力油膜的压力分布不均而造成的摩擦功损，采用 Cook 提出的计算方法

$$P_G = \frac{9h \overline{v}_T b \times 10^{-2}}{\cos\beta} \tag{6-32}$$

式中，h 为弹性动力油膜厚度，mm；

弹性动力油膜厚度 h，采用 Hamrock 和 Jaeobson 推荐的计算方法

$$h = 3.07 \xi^{0.57} R^{0.4} (\rho \overline{v}_T)^{0.71}/E^{0.03} \psi^{0.11} \tag{6-33}$$

式中，ξ 为压黏系数；R 为齿廓综合曲率半径，mm；E 为综合弹性模量，Pa；ψ 为载荷系数。

在 Matlab/Simulink 中建立圆柱齿轮功率损失的仿真模型如图 6-6 所示。

6.1.5 圆锥齿轮功率损失模型

圆锥齿轮传动主要用来传递两相交轴之间的运动和动力，其轮齿分布在一个圆锥面

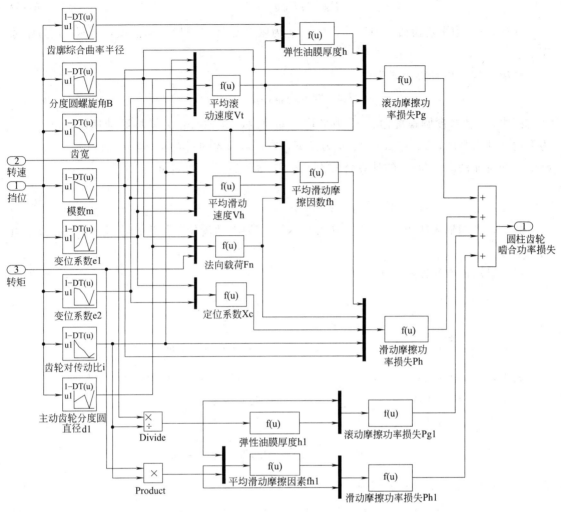

图 6-6 圆柱齿轮功率损失仿真模型

上,这是圆锥齿轮区别于圆柱齿轮的特殊点之一。圆锥齿轮的啮合传动可以通过其当量齿轮的啮合传动来研究,而圆锥齿轮的当量齿轮可以看做是将由圆锥齿轮背锥展成的扇形齿轮的缺口补满而得到的一个假想的圆柱齿轮。因此,对于一对圆柱齿轮传动的研究结论也可直接用于圆锥齿轮传动。虽然在计算圆锥齿轮摩擦功率损失时的相关参数相对于圆柱齿轮来说会有一定的变化,但是求解摩擦功率损失的解析计算方法与圆柱齿轮类似,其啮合摩擦功率损失同样也是由滑动摩擦功率损失和滚动摩擦功率损失两个部分组成。

圆锥齿轮啮合总的摩擦功率损失为

$$P_2 = P_S + P_R \tag{6-34}$$

式中,P_S 为滑动摩擦功率损失,kW;P_R 为滚动摩擦功率损失,kW。

(1) 圆锥齿轮滑动摩擦功率损失

为使计算值与实际情况更为接近,采用平均滑动功率损失来表示锥齿轮的滑动摩擦功率损失,其计算公式为

$$P_S = f\overline{F}_n \overline{v}_S \times 10^{-3} \tag{6-35}$$

式中，$\overline{F}_n$ 为平均齿面法向载荷，N；$\overline{v}_S$ 为啮合点处的平均滑动速度，m/s；f 为摩擦系数。

摩擦系数 f 的计算公式为

$$f = 0.127 \lg[29.66\overline{F}_n \cos\beta/(b\mu_0 \overline{v}_S \overline{v}_R^2)] \tag{6-36}$$

式中，β 为分度圆螺旋角；$\overline{v}_S$ 为平均滑动速度，m/s；$\overline{v}_R$ 为平均滚动速度，m/s；μ_0 为润滑油动力黏度，kg/(m·s)；b 为齿宽，取该对齿轮中齿宽较小者，mm。

平均齿面法向载荷 $\overline{F}_n$ 的计算公式为

$$\overline{F}_n = \frac{T}{r_1 \cos\alpha \cos\beta} \tag{6-37}$$

式中，T 为输入扭矩，$T = 9550P/n$，N；r_1 为主动齿轮平均齿面半径，m；α 为压力角，(°)。

平均滑动速度的计算公式为

$$\overline{v}_S = 0.02618 n_{v1} g_s \left(\frac{z_{v1} + z_{v2}}{z_{v2}} \right) \tag{6-38}$$

其中，$n_{v1} = \frac{z_1}{z_2} n_1$；$z_{v1} = z_1/\cos\delta_1$；$z_{v2} = z_2/\cos\delta_2$；$\delta_1 = \arctan(z_1/z_2)$；$\delta_2 = 90° - \delta_1$。

式中，n_{v1} 为主动齿轮当量转速，r/min；z_{v1}、z_{v2} 为主、从动齿轮当量齿数；δ_1、δ_2 为主、从动齿轮分度圆锥角，(°)；g_s 为啮合线长度，mm。

平均滚动速度的计算公式为

$$\overline{v}_R = 0.2094 n_{v1} \left[\frac{r_1 \sin\alpha}{\cos\delta_1} - 0.125 g_s \left(\frac{z_{v2} - z_{v1}}{z_{v2}} \right) \right] \tag{6-39}$$

啮合线长度 g_s 的计算公式为

$$g_s = (r_{a1}^2 - r_{b1}^2)^{0.5} + (r_{a2}^2 - r_{b2}^2)^{0.5} - (r_1 + r_2)\sin\alpha \tag{6-40}$$

式中，r_{a1}、r_{a2} 为主、从动齿轮齿顶圆半径，mm；r_{b1}、r_{b2} 为主、从动齿轮基圆半径，mm；r_1、r_2 为主、从动齿轮分度圆半径，mm；α 为分度圆压力角，(°)。

(2) 圆锥齿轮滚动摩擦功率损失

采用平均滚动功率损失来表示锥齿轮的滚动摩擦功率损失，计算公式为

$$P_R = 90000 \overline{v}_R \overline{h} b \varepsilon_a / \cos\beta \tag{6-41}$$

油膜厚度计算公式为

$$\overline{h} = 2.051 \times 10^{-7} \times (\overline{v}_R \mu_0)^{0.67} \overline{F}_n^{-0.067} \rho^{0.464} \tag{6-42}$$

当量接触半径计算公式为

$$\rho = \frac{(r_1 \sin\alpha/\cos\delta_1 + 0.25 g_s)(r_2 \sin\alpha/\cos\delta_2 - 0.25 g_s)}{(r_1/\cos\delta_1 + r_2/\cos\delta_2) \sin\alpha \cos\beta} \tag{6-43}$$

重合度 ε_a 为

$$\varepsilon_a = 1000 g_s/(\pi m \cos\alpha) \tag{6-44}$$

式中，m 为大端面模数。

在 Matlab/Simulink 中建立圆锥齿轮功率损失的仿真模型如图 6-7 所示。

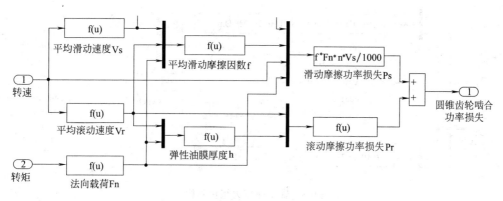

图 6-7 圆锥齿轮功率损失仿真模型

6.1.6 轴承功率损失模型

轴承是一种传动支撑部件，既可以用于支撑旋转的轴，又可以减少周围支撑部件之间的摩擦力，因此广泛地用于机械传动中。要计算轴承的功率损失，先要计算轴承的摩擦力矩。轴承摩擦力矩是指各种摩擦因素对轴承旋转所构成的阻力矩，它决定了轴承的功率损耗与发热量的大小，是评价轴承寿命的重要指标。目前对轴承摩擦力矩的研究主要是通过试验与理论相结合的方法，使用最普遍的是 Harris TA 经验公式。

Harris TA 的经验公式分为两部分：与轴承载荷无关的 M_0 和与轴承载荷有关的 M_1。M_0 主要与轴承类型、润滑剂的运动黏度及轴承转速等有关，而 M_1 主要与轴承类型、所受载荷等有关。

滚动轴承摩擦力矩 M 的计算公式为

$$M = M_0 + M_1 \tag{6-45}$$

$$M_0 = 10^{-7} f_0 (vn)^{2/3} D_m^3 \quad (vn \geqslant 2000) \tag{6-46}$$

$$M_0 = 160 \times 10^{-7} f_0 (vn)^{2/3} D_m^3 \quad (vn < 2000) \tag{6-47}$$

$$M_1 = f_1 P D_m \tag{6-48}$$

式中，f_0 为考虑轴承结构和润滑方法的经验系数；f_1 为载荷系数；v 为润滑油运动黏度，m^2/s；n 为轴承转速，r/min；D_m 为轴承节圆平均直径，mm；P 为当量动载荷，N。

当量载荷 P 的一般计算公式为

$$P = f_p (X F_r + Y F_a) \tag{6-49}$$

式中，f_p 为载荷系数；X 为径向动载荷系数；Y 为轴向动载荷系数；F_r 为径向载荷；F_a 为轴向载荷。

通过对各轴承受力分析计算可以获得 F_r 与 F_a 的值，之后根据轴承的型号查轴承手册获得各轴承的 X 和 Y 值，从而计算出当量载荷。

故轴承的摩擦功率损失 P_B 的计算公式为

$$P_B = n_i (M_0 + M_1) \tag{6-50}$$

式中，n_i 为轴承内圈转速，r/min。

在 Matlab/Simulink 中建立轴承摩擦力矩仿真模型如图 6-8 所示。

计算出轴承摩擦力矩后，根据所研究的对象，轴承功率损失又有变速箱轴承功率损失与驱动桥中轴承功率损失之分。变速箱中轴承功率损失的仿真模型如图 6-9 所示，驱动桥中轴承功率损失的仿真模型如图 6-10 所示。

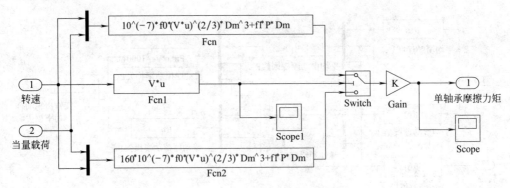

图 6-8 轴承摩擦力矩仿真模型

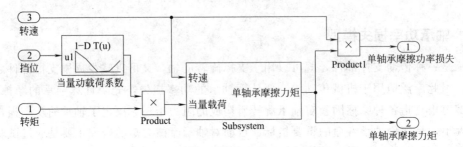

图 6-9 变速箱中轴承功率损失仿真模型

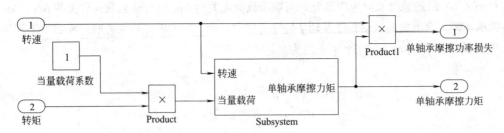

图 6-10 驱动桥中轴承功率损失仿真模型

轴承功率损失仿真模型中，当量动载荷系数与输入转矩的乘积即为当量动载荷，通过对各个轴承受力分析求解可得各轴承的当量动载荷。

6.1.7 油封功率损失模型

油封功率损失是指传动部件中起防止润滑油渗漏作用的机械元件所造成的功率损失。在汽车传动系统中，油封功率损失主要是由于密封元件与轴之间产生相对运动而造成的摩擦损失，可使用以下经验公式来计算油封功率损失

$$P_Y = 9.8 \times 10^{-7} n^2 + 0.006965 n + 5.4075 \tag{6-51}$$

式中，P_Y 为油封功率损失，W；n 为油封处轴的转速，r/min。

在 Matlab/Simulink 中建立油封功率损失的仿真模型如图 6-11 所示。

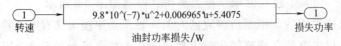

图 6-11 油封功率损失仿真模型

6.2 各部件功率损失仿真模型

6.2.1 离合器功率损失仿真模型

离合器功率损失仿真模型如图 6-1 所示。

6.2.2 变速器功率损失仿真模型

所研究的某微型汽车中,变速箱采用三轴五挡式,如图 6-12 所示。汽车挂一、二、三、五挡时,动力从输入轴传入,经过每挡位齿轮,将动力传至中间轴,再由中间轴的常啮合齿轮将动力传出至输出轴,这意味着在这些挡位时,变速箱都经过两对齿轮的啮合作用传输动力,汽车挂四挡时,输入轴直接与输出轴相连,不经齿轮啮合传输动力。变速箱的功率损失主要来自于圆柱齿轮啮合功率损失、各轴承功率损失、搅油功率损失、风阻功率损失以及油封功率损失。变速箱功率损失仿真模型如图 6-13 所示。

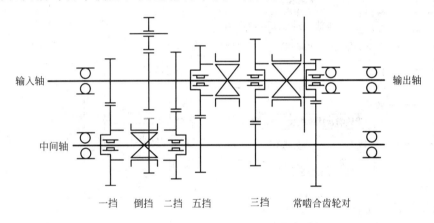

图 6-12 变速箱结构示意图

6.2.3 主减速器功率损失仿真模型

所研究的微型汽车中,主减速器为一对锥齿轮的单级主减速器,在主动齿轮输入处采用两个圆锥滚子轴承。主减速器中齿轮啮合参数不随挡位的变化而变化,主减速器功率损失主要来自于锥齿轮啮合功率损失、搅油功率损失、风阻功率损失、轴承功率损失以及油封功率损失。仿真模型如图 6-14 所示。

6.2.4 差速器功率损失仿真模型

差速器允许两侧的驱动轮以不同的转速行驶,其主要结构包括差速器壳体、两个行星齿轮、两个侧齿轮以及两个圆锥滚子轴承。当汽车传递动力时,假设在具体挡位下,两驱动轮以相同速度行驶,差速器壳体中的行星齿轮及侧齿轮相互啮合,但没有相对运动,因而没有摩擦功率损失,故差速器功率损失来自于轴承的摩擦功率损失、搅油功率损失、风阻功率损失以及油封功率损失。差速器功率损失仿真模型如图 6-15 所示。

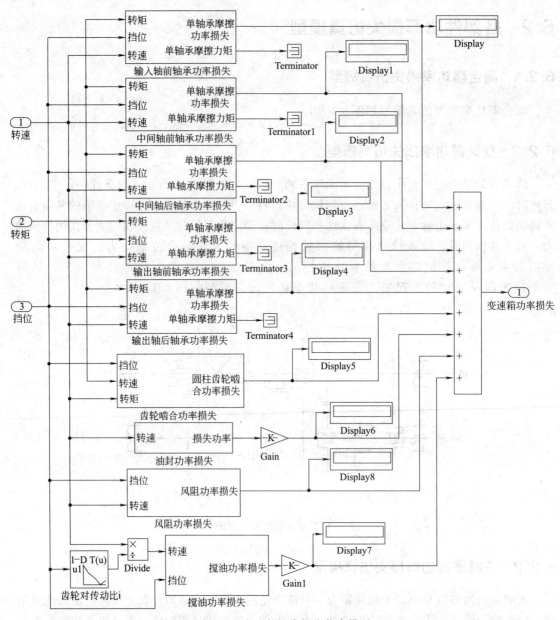

图 6-13 变速箱功率损失仿真模型

6.2.5 半轴功率损失仿真模型

动力传输时，动力经过主减速器传递至差速器，再由差速器传递给半轴，半轴连接差速器与驱动轮，由圆锥滚子轴承支撑，左右半轴各由一个圆锥滚子轴承支撑。半轴功率损失来自于轴承功率损失、油封功率损失。仿真模型如图 6-16 所示。

6.2.6 传动系统功率损失仿真模型

所研究的微型汽车传动系统的功率损失为上述各个部件的功率损失之和。在 Matlab/Simulink 中建立传动系统功率损失的仿真模型如图 6-17 所示。输入转速、转矩以及挡位，可计算出各个部件及整个传动系统的功率损失值。

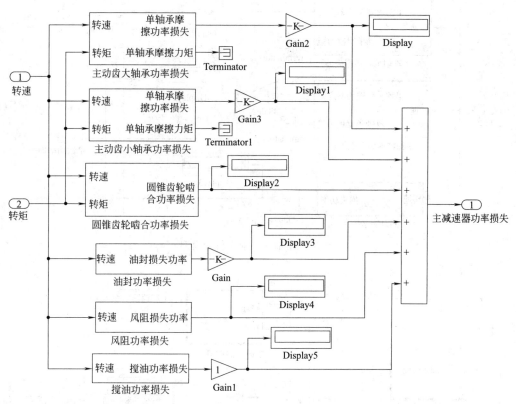

图 6-14 主减速器功率损失仿真模型

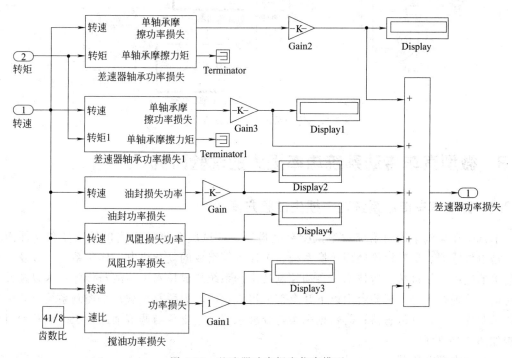

图 6-15 差速器功率损失仿真模型

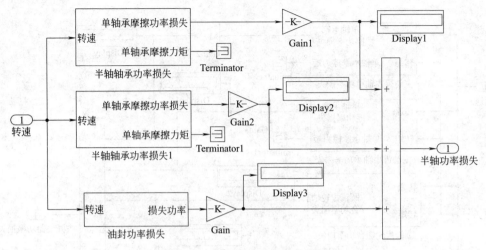

图 6-16 半轴功率损失仿真模型

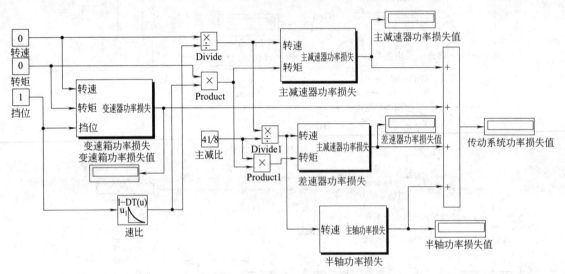

图 6-17 传动系统功率损失仿真模型

6.3 微型汽车传动系统功率损失的试验研究

6.3.1 微型汽车传动系统功率损失试验方案

本试验在某汽车传动系统效率试验台上进行，该试验台测控系统包括硬件和软件两大块，是由传感器、信号检测处理转换系统、工控机等组成的复杂机电一体化系统。涉及了多种技术的应用，如机械制造技术、自动控制技术、系统总成技术、检测与传感技术以及计算机与信号处理技术等。试验台由以下几个部分组成：①动力源及负载；②控制系统；③传动系统试验件；④检测传感器；⑤数据采集与处理系统；⑥支承与调节辅助系统。试验台机械结构如图 6-18 所示。

（1）动力源及负载

试验台采用交流异步电力测功机拖动模拟发动机，交流异步电力测功机进行加载，

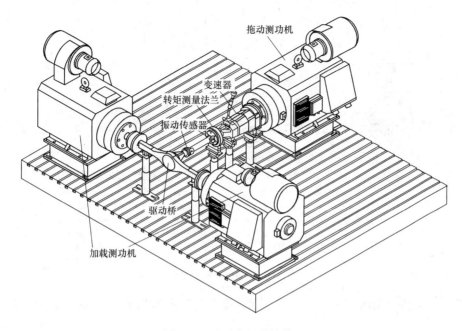

图 6-18 试验台机械结构图

测功机轴上配转速反馈旋转编码器。电力测功机通过转矩控制,有电动和发电两种工作状态,通过空间电压矢量定向的控制策略实现高功率因数的能量双向流动,通过转矩直接控制策略实现测功机优良的动态响应,拖动测功机吸收直流母线能量,以变频调速的电动机方式模拟发动机工作;加载测功机吸收被试件能量以发电机方式模拟工作负载,将被试件传递来的机械能转化为电能并通过直流母线反馈给驱动测功机,实现能量闭环。

(2) 控制系统

控制系统采用工控机和 PLC 主从式结构。工控机中安装有组态软件,作为中央监控计算机,实现对本系统状态监控、系统参数设置、数据显示和记录等,并提供了三维图的动态分析,界面直观,操作便捷。控制系统结构如图 6-19 所示。

图 6-19 中工控机作为上位机,PLC 作为下位机,通过 RS485 进行上下位机之间的通信。该传动系统中 PLC 通过通信模块将所需的系统转速和扭矩等信号分别传送给三个变频器,由变频器改变测功机的工作特性,测功机工作时的转速和扭矩实时传送到 PLC,经过 PLC 的分析处理,与工控机进行数据交换,实现显示、打印及监控操作的目的,同时根据传动系统测试要求对变频器发出命令,进而控制测功机。

(3) 传动系统试件

试验台的传动系统试件即为需要测试的汽车变速箱及驱动桥,驱动桥又可以细分为主减速器、差速器和半轴。所研究的微型汽车发动机额定功率为 63kW,最大扭矩为 108N·m。

(4) 检测传感器

检测传感器包括转速传感器、扭矩传感器和温度传感器。转速传感器的转速测量是通过一个安装在异步电机非驱动轴端的无轴承的空心轴增量式旋转编码器完成的,传感器与电机轴刚性连接,没有联轴器。编码器有两路传感器信号分别提供给变频驱动装置和试验台控制器。扭矩传感器采用 TQ-663 法兰式扭矩传感器。该传感器采用机械紧凑的法兰-法兰连接设计,其转子一端安装于传动端,另一端直接与负载端连接,能够便捷地安装到传动系统

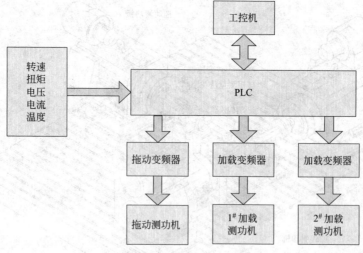

图 6-19 控制系统结构图

中。除此之外,传感器内置了转速测量单元。温度传感器采用 PT100 的传感器,其测量范围为 $-50\sim250℃$。

(5) 数据采集与处理系统

在传动系统实验中,采集台架运行过程中的转速、扭矩、电流、电压及油温等数据情况并对其进行数据处理,绘制出相应的图形。该传动系统试验台采用 MATLAB-GUIDE 图像用户接口开发环境作为开发平台,对监控界面进行画面设计,由 GUIDE 生成的 M 文件用来控制 GUI 对操作的响应,以图形化的方式显示于大屏幕,允许操作员从图形用户界面预先定义设定值和报警值,最终所得的数据,既能打印也能电子归档,以便将来随时查询过去的过程数据。在传动系统试验中,该软件通过通信电缆与 PLC 交换数据,将 PLC 处理过的数据以曲线的方式显示在监控画面上,此外,通过监控界面实时显示的数据可及时地对传动试验台做出操作决策。

① 转速数据采集。对于测功机,自带有旋转编码器,可直接获得三个测功机的转速,通过变送单元模块输入 PLC 分析处理,由监控界面显示出来,同时 PLC 将分析后的转速通过通信模块返回给变频器,实时调整测功机的转速,以达到自动控制的目的。

对于变速器,通过与其相连的传感器,将转速数据传送至 PLC,再由监控界面显示。转速数据采集流程如图 6-20 所示。

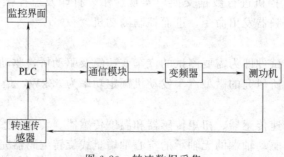

图 6-20 转速数据采集

② 扭矩数据采集。测功机机上带有法兰式扭矩传感器,经过测功机的传感器或与变速器相连的传感器变送后输出电压信号,由处理单元送入 PLC,进而由监控界面显示各部位

的扭矩信号。扭矩数据采集流程如图 6-21 所示。

图 6-21　扭矩数据采集

③ 油温数据采集。在传动试验中还需要实时监控变速器和驱动桥的油温信号,将数据整理后以曲线图的形式显示出来。油温数据采集流程如图 6-22 所示。

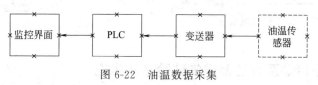

图 6-22　油温数据采集

④ 功率损失曲线。在获得转速、扭矩及油温数据的同时,经过 PLC 的控制及处理,将传动系统及各部件的功率损失生成曲线图,动态显示出来。同时理论功率损失还能够与试验数据进行对比,以验证数学模型的准确性。图 6-23 为功率损失曲线初始监控界面。

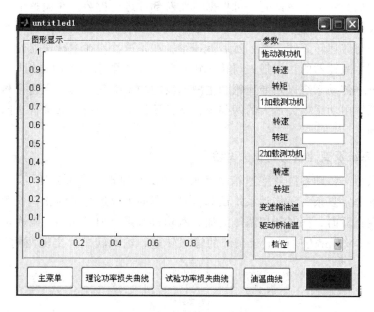

图 6-23　功率损失曲线初始监控界面

(6) 支承与调节辅助系统

台架底座为一铸铁大平板,保证台架试验时有足够的刚度。台架底座上加工有 T 形槽,方便不同规格的动力总成安装调整。台架底座通过减震器安装在坚固的实验室地面上或专用台架基础上。经过台架振动计算,选择减震器的类型及型号,保证台架运行时有很好的隔振效果。拖动电力测功机和加载电力测功机都固定在测功机底座上,底座为两层导轨,垂直布置,对不同的动力总成,通过调节垂直方向上的两根丝杠,即可调整测功机到合适的位置,如图 6-24 所示。整个传动系统布置在如图 6-25 所示的可调支撑上。这种机构便于调节、结构紧凑,且具有自锁功能,可靠性高。

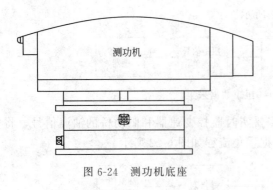

图 6-24 测功机底座

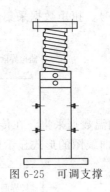

图 6-25 可调支撑

6.3.2 微型汽车传动系统功率损失试验方案实施

所研究的微型汽车传动系统功率损失试验在传动系统试验台上进行,限于试验设备及技术因素,只考虑汽车在稳定挡位状态下的传动系统功率损失。根据离合器功率损失的数学模型,稳定挡位状态下,即转速差为零时,离合器功率损失为零,故对离合器的功率损失忽略不计。

在传动系统试验台上做测试时,可根据需要对部件进行拆装。在做整个传动系统的功率损失试验时,装好被试变速箱、驱动桥及传感器后方可进行试验,可以得到变速箱及驱动桥整体的功率损失与转速转矩的关系。然后拆掉半轴和差速器,在主减速器处加装输出轴进行试验,可以得到主减速器的功率损失与转速转矩的关系。限于汽车的结构构造及试验条件,这里主要测试整个传动系统以及变速箱和主减速器的功率损失,其中变速箱和主减速器的功率损失是传动系统中功率损失最大的两部分,将试验结果与理论结果进行对比分析,以验证理论模型的正确性。

6.3.2.1 传动系统及变速箱功率损失试验

所研究的微型车传动系统及变速箱功率损失的试验原理如图 6-26 所示。鉴于汽车在实际行驶时的工况非常复杂,该传动系统试验台对汽车的工况进行了简化,仅考虑汽车直驶不转弯的情况。在试验时,同时利用两侧的加载测功机对系统加载相同的阻力矩,然后同时增大阻力矩,并以 5N·m 为间隔记录系统的输入转速、输入转矩,半轴两侧的转速与转矩,

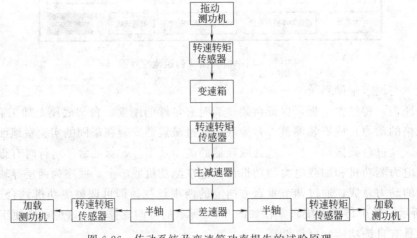

图 6-26 传动系统及变速箱功率损失的试验原理

以及变速箱与驱动桥之间的法兰上传感器处的转速及转矩,由此可以得到不同挡位时,在不同输入转速与输入转矩时该汽车传动系统的输出转速及转矩,从而计算出整个传动系统及变速箱部分的功率损失。这些数据通过数据采集卡采集,之后由 PLC 进行处理,最终显示在监控界面上,并可与理论计算值进行比较分析,结果可以打印出来。

6.3.2.2 主减速器功率损失试验

在上述试验的基础上,拆除半轴后,继续拆除差速器,在主减速器处加装输出轴,试验原理如图 6-27 所示。通过调节测功机转速转矩及挡位,将得到的试验数据与上节的数据一起,经由数据采集及处理系统进行处理,可以得到主减速器的功率损失与输入转速、输入转矩之间的关系。

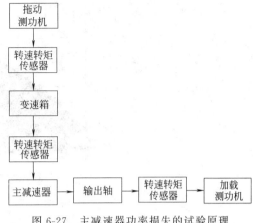

图 6-27 主减速器功率损失的试验原理

6.4 试验测试结果与仿真结果对比分析

6.4.1 变速箱功率损失试验测试与仿真结果对比分析

根据变速箱功率损失仿真模型以及试验测试数据,在输入转矩、输入转速连续变化的情况下,得到变速箱在不同挡位下功率损失的三维对比结果,如图 6-28～图 6-32 所示。

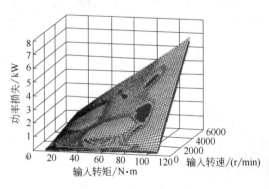

图 6-28 一挡结果对比

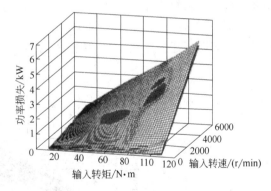

图 6-29 二挡结果对比

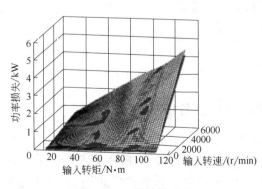

图 6-30 三挡结果对比

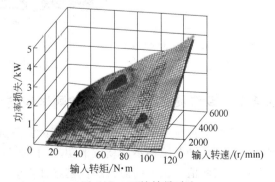

图 6-31 四挡结果对比

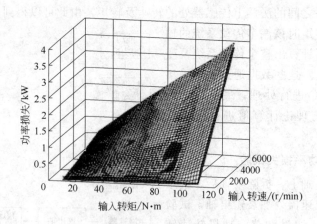

图 6-32　五挡结果对比

图中浅色为实测值,深色为理论模型计算值,从图中可以得出,变速箱的功率损失的实测值与理论计算值虽然存在一定误差,但两者之间的值基本相符,最大误差为 6.22%,不超过 1kW,因此所建立的变速箱功率损失模型能够较好地反映出变速箱的功率损失,可提供比较准确的预估值,可以为优化设计提供有效的依据。

6.4.2　主减速器功率损失试验测试与仿真结果对比分析

由于受到主减速器润滑等工作条件的限制,实际测试中很难得到主减速器的功率损失值,所采用的试验方法测试的主减速器功率损失普遍偏大,根据主减速器的功率损失仿真模型及实验测试数据,在输入转矩、输入转速连续变化的情况下,得到主减速器功率损失的对比结果如图 6-33 所示。其中图中浅色为实测值,深色为理论模型计算值,最大误差为 6.17%,表明所建的主减速功率损失模型比较准确。

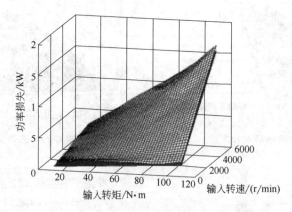

图 6-33　主减速器功率损失试验结果与仿真结果对比

6.4.3　传动系统功率损失试验测试与仿真结果对比分析

根据传动系统功率损失仿真模型及试验测试数据,在输入转矩、输入转速连续变化的情况下,得到传动系统在不同挡位下功率损失的对比结果,如图 6-34～图 6-38 所示。其中浅色曲面为实测值,深色曲面为理论模型计算值,从图中可知传动系统功率损失的计算值与实测值误差较小,走势相同,最大误差为 7.01%,不超过 1kW。因此所建的传动系统功率损失模型能够较好地反映汽车传动系统的功率损失值，可为汽车传动系统的参数优化设计提供有效的依据。

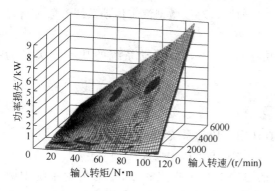

图 6-34 一挡结果对比

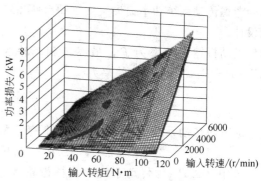

图 6-35 二挡结果对比

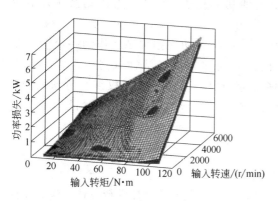

图 6-36 三挡结果对比

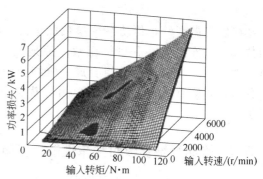

图 6-37 四挡结果对比

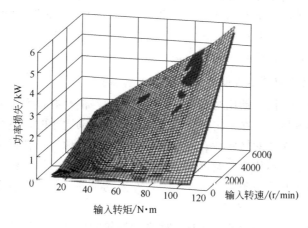

图 6-38 五挡结果对比

6.5 基于减少功率损失的传动系统参数优化设计

汽车传动系统是位于汽车发动机与驱动车轮之间的动力传递装置，其功率损失是传动系统的一项重要技术指标，对整车动力性、燃油经济性、尾气排放性及传动系统工作的可靠性有着直接的影响。在目前汽车传动系统参数优化匹配的研究中，一般都是将传动系统的传动效率 η 取为定值，忽略了传动系统功率损失对整车性能的影响。以某微型汽车为研究对象，综合考虑传动系统功率损失及整车动力性和经济燃油性，对该微型汽车传动系统参数进行优化设计。

发动机输出功率为 P，最终传到车轮的功率设为 P_t，则传动系统的功率损失即为 $\Delta P = P - P_t$，传动系统效率为

$$\eta = \frac{P - \Delta P}{P} \tag{6-52}$$

通过对传动系统功率损失的数学建模和仿真建模，传动系统功率损失 ΔP 为

$$\Delta P = \sum P_1 + \sum P_2 + \sum P_B + \sum P_W + \sum P_C + \sum P_Y \tag{6-53}$$

式中，$\sum P_1$ 为传动系统中圆柱齿轮啮合的总摩擦功率损失；$\sum P_2$ 为传动系统中圆锥齿轮啮合的总摩擦功率损失；$\sum P_B$ 为传动系统中轴承的摩擦功率损失；$\sum P_W$ 为传动系统的风阻功率损失；$\sum P_C$ 为传动系统中搅油功率损失；$\sum P_Y$ 为传动系统油封功率损失。

在进行微型汽车传动系统参数优化时，将传动系统的功率损失 ΔP 作为一个分目标函数，与整车动力性分目标函数，原地起步换挡时间和燃油经济性（多工况循环百公里燃油消耗）分目标函数组成一个综合的多目标函数，采用线性加权组合方法将这 3 个分目标函数优化问题转化为单目标优化问题，再选择合适的优化算法对目标函数进行优化。

6.5.1 传动系统参数对整车性能的影响

在汽车设计之初，常常是根据一定的已知条件，对传动系统的参数进行设计。例如设计某一车辆时，汽车的重量分配、轮胎等初步确定的情况下，传统方法一般是对汽车进行动力计算并做大量试验从而选择合理的发动机及传动系统，但是目前受到各种条件的限制其效果还不是非常理想。采用计算机模拟实际工况，对动力传动系统的主要构成部分——发动机、变速箱和主减速器的主要参数（如发动机特性、变速箱各挡的传动比和主减速器的传动比等）进行优化设计，可以得到较好的效果。

6.5.1.1 变速箱传动比对整车性能的影响

微型汽车变速箱的各挡传动比对汽车动力性和燃油经济性有很大影响。变速箱最大传动比对整车的动力性影响最大，在一定挡位条件下，最大传动比小时，适当缩小变速箱各挡传动比的比值，能够提高换挡的轻便性，可使发动机更大概率地工作在低油耗区，但是变速箱最大传动比也不能太小，不然会影响汽车的爬坡性能。从整车的燃油经济性考虑，变速箱最大传动比小时，在相同的道路条件和车速下，汽车发动机的后备功率就小，负荷率高，则燃油消耗率就低。

综合考虑整车的动力性和燃油经济性，优选变速箱的传动比能够使汽车在满足动力性要求的基础上，使整车的燃油经济性达到最佳。

6.5.1.2 主减速器传动比对整车性能的影响

微型汽车主减速器传动比大时，减速器的增距功能更加明显，后备功率增加能使得加速性能得到提高，从而使汽车获得较好的动力性。但是随着主减速器传动比的增加，整车的燃油经济性会随之下降，因为后备功率增加后，发动机的负荷率会降低，整车的百公里油耗就

会增加。因此选择合适的主减速器传动比能够在保证整车动力性的情况下，使整车的燃油经济性最好。

6.5.2 参数优化设计

6.5.2.1 决策变量

对所研究的微型汽车，变速箱及主减速器的传动比对整车动力性和燃油经济性影响较大。因此，以变速箱各挡位传动比及主减速器传动比为决策变量，表达式为

$$X = [i_{g1}, i_{g2}, \cdots, i_{gn}, i_0]^T \tag{6-54}$$

式中，n 为变速箱的挡位数；i_{gi} 为变速箱挂 i 挡时的传动比（$i=1, 2, \cdots, n$）；i_0 为主减速器传动比。

6.5.2.2 目标函数

基于减少功率损失的微型汽车传动系统参数优化，以微型汽车动力性、燃油经济性以及传动系统功率损失为三个分目标函数，通过线性加权的方法转换为单一的目标函数，再选择合适的优化算法进行求解。

（1）微型汽车动力性分目标函数

使用原地起步连续换挡加速时间作为微型汽车动力性的目标函数，由汽车行驶方程式 $\dfrac{du}{dt} = \dfrac{1}{\delta m}[F - (F_f + F_w)]$ 可得原地起步连续换挡加速时间，其数学表达式为

$$T = T_0 + \int_{u_{\min}}^{u_1} \frac{\delta m}{3.6[F-(F_f+F_w)]} du + \cdots + \int_{u_n}^{u_{\max}} \frac{\delta m}{3.6[F-(F_f+F_w)]} du \tag{6-55}$$

式中，F_f 为滚动阻力，$F_f = fG$，f 为滚动阻力系数，是汽车速度的函数 $f = 0.0076 + 0.000056 u_a$，$u_a$ 为车速；F_w 为空气阻力，$F_w = \dfrac{C_D A u_a^2}{21.15}$，$C_D$ 为空气阻气系数，A 为通风面积；F 为汽车驱动力，$F = \dfrac{T_{tq} i_g i_0 \eta_T}{r}$；$\delta$ 为汽车旋转质量换算系数，$\delta = 1 + \dfrac{\sum I_w}{mr^2} + \dfrac{I_f i_g^2 i_0^2 n_T}{mr^2}$；$m$ 为汽车质量；n_T 为传动系统机械效率；r 为驱动轮半径；i_g 为变速器传动比；i_0 为主减速器传动比；$\sum I_w$ 为前后轮转动惯性之和；I_f 为飞轮的转动惯性；$u_{\min}$，u_1，u_n，$u_{\max}$ 分别为起步过程结束时汽车的最低车速，一挡车速，n 挡车速及最高车速；T_0 是原地起步时间。

（2）微型汽车燃油经济性分目标函数

使用多工况循环百公里油耗作为微型汽车燃油经济性的目标函数，其表达式为

$$Q_{多} = \frac{\sum Q_1 + \sum Q_2 + \sum Q_3 + \sum Q_4}{s} \times 100 \tag{6-56}$$

式中，s 为整个循环的行驶距离；$\sum Q_1$ 为起步工况下的燃油消耗量，$\sum Q_1 = \sum \dfrac{g_e p_e}{367.1r} \Delta t$；$\sum Q_2$ 为等速工况下的燃油消耗量，$\sum Q_2 = \dfrac{p_e g_e}{367.1 r} t$；$p_e$ 为汽车等速工况下的行驶阻力功率，g_e 为等速工况下车速对应发动机转速下发动机发出功率 p_e 时的燃油消耗率；$\sum Q_3$ 为加速工况下的燃油消耗量，在加速过程中，车速、发动机功率和转速都在不断变化，可利用等速工况下的公式计算每个小区间的油耗并累加起来；$\sum Q_4$ 为减速工况下的

燃油消耗量，$\sum Q_4 = tQ_i$；t 为减速时间；Q_i 为怠速燃油消耗量。

（3）微型汽车传动系统功率损失分目标函数为

$$\Delta P = \sum P_1 + \sum P_2 + \sum P_B + \sum P_W + \sum P_C + \sum P_Y \tag{6-57}$$

以这三个分目标函数来优化传动系统实际上只是多种目标优化方式的一种，这些分目标之间相互影响，有的甚至是相互矛盾，它们不能同时达到最佳，只能使其综合效果达到最佳。

采用线性加权的方法将三个分目标函数统一成单一的目标函数，表示为

$$F(X) = k_1 T(X) + k_2 Q_{\text{多}}(X) + k_3 \Delta P(X) \tag{6-58}$$

式中，k_1 为动力性加权因子；k_2 为燃油经济性加权因子；k_3 为传动系统功率损失加权因子；$T(X)$ 为动力性目标函数；$Q_{\text{多}}(X)$ 为燃油经济性目标函数；$\Delta P(X)$ 为传动系统功率损失目标函数；$0 \leqslant k_1 \leqslant 1, 0 \leqslant k_2 \leqslant 1, 0 \leqslant k_3 \leqslant 1, k_1 + k_2 + k_3 = 1$。

微型汽车排量较小，注重实用经济性，同时强调有良好的动力性，因此在综合目标函数中动力性及燃油经济性的加权因子应该不比其他的加权因子小，综合考虑微型汽车的动力性和燃油经济性需求以及传动系统的功率损失，将加权因子设置为：$k_1 = 0.4$，$k_2 = 0.4$，$k_3 = 0.2$。

6.5.2.3 约束条件

微型汽车在行驶过程中，应该以满足其动力性的要求为前提，然后考虑其燃油经济性及传动系统功率损失，燃油消耗及传动系统功率损失越小越好。

① 变速器挂直接挡时动力因数约束为

$$g_1(X) = D'_{0\text{max}} - D_{0\text{max}} \leqslant 0 \tag{6-59}$$

式中，$D'_{0\text{max}}$ 为变速器挂直接挡时最大动力因数要求值；$D_{0\text{max}}$ 为变速器挂直接挡时最大动力因数。

② 最高车速约束为

$$g_2(X) = u'_{\text{max}} - u_{\text{max}} \leqslant 0 \tag{6-60}$$

即

$$0.377 nr - u_{\text{max}} i_{gi} i_0 \leqslant 0 \tag{6-61}$$

式中，u'_{max} 为最高车速要求值；u_{max} 为汽车最高速度；n 为发动机转速；i_{gi} 为变速器 i 挡传动比；i_0 为主减速器传动比。

③ 最大爬坡度约束为

$$g_3(X) = \alpha'_{\text{max}} - \alpha_{\text{max}} \leqslant 0 \tag{6-62}$$

即

$$\left[m(f\cos\alpha_{\text{max}} + \sin\alpha_{\text{max}}) + \frac{C_d A u^2}{21.15} \right] r - \eta T_{\text{max}} i_{gi} i_0 \leqslant 0 \tag{6-63}$$

式中，T_{max} 为发动机的最大扭矩；α'_{max} 为最大爬坡度要求值；α_{max} 为最大爬坡度，$\alpha_{\text{max}} = \arctan i_{\text{max}}$，这里取 $\alpha_{\text{max}} = 30\%$。

④ 防止发动机熄火的约束为

$$\frac{i_{gn}}{i_{g(n+1)}} - \frac{n_m}{n_{Tm}} \leqslant 0 \tag{6-64}$$

式中，i_{gn} 为变速器 n 挡传动比；$i_{g(n+1)}$ 为变速器 $n+1$ 挡传动比；n_m 为第 n 挡时发动机最高车速；n_{Tm} 为第 $n+1$ 挡发动机输出转矩最大时的转速。

⑤ 中间各挡位速比约束。汽车变速箱中间各挡位的速比大致是按等比级数来分配的，比值过大容易造成换挡困难，随着挡位升高，车速的增大，汽车行驶阻力也随之增大，换挡

时的车速越大,换挡时车速下降也越快,因此当挡位不断升高时,相邻两挡位的速比值应当逐渐减小,即

$$\frac{i_{g1}}{i_{g2}} \geqslant \frac{i_{g2}}{i_{g3}} \geqslant \cdots \geqslant \frac{i_{g(n-1)}}{i_{gn}} \tag{6-65}$$

6.5.3 优化算法的选择

根据上述分析,对微型汽车传动系统参数进行优化时,涉及的参数比较多,目标函数比较复杂,利用 MATLAB 自带的工具箱求解比较困难,目前对于有约束条件的多变量函数,可以选择合适的优化算法来进行求解,主要有以下几种方法。

1) 拉格朗日乘子法。拉格朗日乘子法是一种将约束最优化问题转换成无约束最优化问题的优化求解方法,其主要思想是引入一个新的参数,即拉格朗日乘子,将约束条件函数以及原函数进行整合,最后求出各个变量的解。

拉格朗日乘子法能够求解等式及非等式约束的非线性规划问题,在求解非等式约束的非线性规划问题时,可以通过引入松弛变量将不等式约束变成等式约束,之后再按照等式约束条件的规划问题对其进行求解。

2) 罚函数法。罚函数法同拉格朗日乘子法相似,也是将有约束最优化问题转化为求解无约束最优化问题的方法,在此过程中,主要采用待定乘子法让目标函数逼近最优解。传统的罚函数法可分为外点罚函数法、内点罚函数法和混合罚函数法,外点罚函数法是指将罚函数定义在可行域以外,求解的探索点从可行域外部逼近原目标函数的约束最优解;内点罚函数法是指在可行域内进行搜索,在约束范围内求解罚函数的极值点,该方法十分便捷有效,其缺点是无法处理等式约束;混合罚函数法用外点罚函数法处理等式约束条件,内点罚函数法处理不等式约束条件。

3) 复合形法。复合形法主要是针对有约束的优化问题的方法,其求解过程为:在可行域内构造一个初始复合形,选取 K 个设计点作为其顶点,通常取 $n+1 \leqslant K \leqslant 2n$($n$ 为设计变量的个数),比较这些顶点的目标函数值,在可行域中寻找目标函数有所改善的新点替换目标函数最大值点,构成新的复合形,不断重复上述步骤,当复合形各顶点的目标函数相差很小时,可以将目标函数最小值对应的顶点作为最优点。

4) 遗传算法。遗传算法是借鉴生物界的进化规律,模拟达尔文的生物基因遗传选择的一种搜索最优解的方法。遗传算法的概念首次出现于 1975 年,由美国密歇根大学的 J. Holland 教授提出,并在其专著《Adaption in Natural and Artificial Systems》中就遗传算法的基本原理和方法作了系统阐述。遗传算法的主要特点是不需要导数等作为辅助信息,也不受函数连续性的约束限制,直接对结构对象进行操作,同时使用多个点的搜索信息,具有更好的全局寻优能力,直接采用概率化的搜索技术,自动调整搜索方向,获取搜索空间并进行指导优化。

遗传算法主要是通过编码形成初始种群,之后进行一系列的运算,按照种群中个体对环境的适应度进行评价,再将问题的解进行逐代优化,实现优胜劣汰,最终逼近最优解。其基本操作为:①选择。选择运算主要是按照种群中个体适应度的大小,从中选择优良的个体,作为父代个体的候选。通过这种选择,能够保留种群中适应度高的个体,淘汰掉种群中适应度低的个体并维持种群的大小一定。②交叉。交叉运算作为一种信息交换操作,主要为了产生新的个体。首先对种群中的个体进行配对,然后根据具体问题来设计交叉算子,进行交叉运算,设计交叉算子的基本原则是能够产生改良结构的新个体,同时不会过多破坏个体编码

串中的优良结构。③变异。变异运算可以通过辅助交叉运算来产生新型个体,通过将这两种运算结合起来,可以在搜索空间之内进行全局搜索和局部搜索,快速地对优化问题寻找最优解。

遗传算法的基本流程如图 6-39 所示。

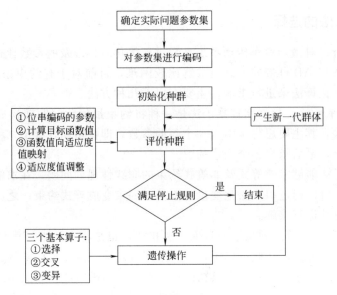

图 6-39 遗传算法流程

由于遗传算法具有适应范围广,可行解很广泛,具有很强的通用性,具有并行性及并行计算能力,编程易于实现的特点,综合比较上述方法,选用遗传算法进行求解。

6.5.4 优化仿真及结果分析

对上述优化问题,使用遗传算法编写程序对目标函数进行优化,得到经过 50 次迭代后目标函数的变化如图 6-40 所示。

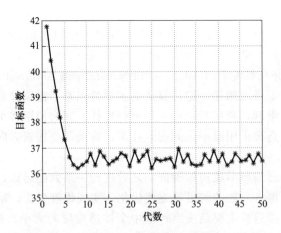

图 6-40 经过 50 代迭代目标函数的变化

经过优化的传动系统传动比及其变化如表 6-1 所示。

表 6-1 优化前后传动系统参数对比

传动比	原参数	优化参数	变化率/%
一挡传动比	3.857	3.832	−0.65
二挡传动比	2.176	2.192	+0.74
三挡传动比	1.419	1.449	+2.11
四挡传动比	1.000	1.000	0.00
五挡传动比	0.808	0.726	−10.15
主减速比	5.125	5.092	−0.64

6.5.4.1 最高车速优化对比

优化前后微型汽车驱动力-行驶阻力曲线如图 6-41 和图 6-42 所示。将两图对比分析可知，最高车速都是出现在微型车挂五挡时，优化前微型车最高车速为 151.12km/h，优化后最高车速为 148.58km/h，下降了 1.67%，其他各挡车速均有提高，如表 6-2 所示。

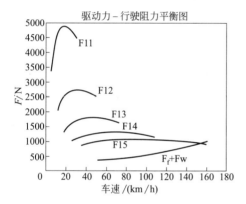

图 6-41 优化前驱动力-行驶阻力图

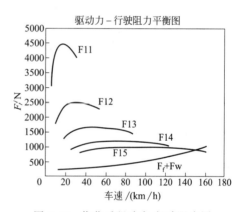

图 6-42 优化后驱动力-行驶阻力图

表 6-2 优化前后各挡最高车速对比

挡位	优化前最高车速/(km/h)	优化后最高车速/(km/h)	变化率/%
一挡	28.15	31.51	+11.94
二挡	50.08	56.11	+12.04
三挡	74.44	86.05	+15.60
四挡	107.87	122.11	+13.20
五挡	151.12	148.58	−1.68

6.5.4.2 各挡最大动力因数优化对比

优化前后微型汽车各挡动力因数如图 6-43 和图 6-44 所示。将两图对比分析可知，优化前最大动力因数为 0.325，优化后最大动力因数 0.304，降低了 6.46%，表 6-3 为优化前后各挡动力因数对比分析。

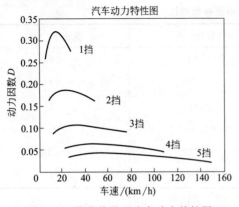

图 6-43　优化前微型汽车动力特性图

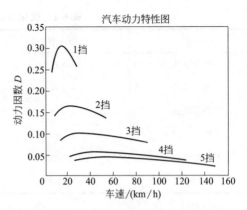

图 6-44　优化后微型汽车动力特性图

表 6-3　优化前后各挡最大动力因数对比

挡位	优化前最大动力因数	优化后最大动力因数	变化率/%
一挡	0.325	0.304	−6.46
二挡	0.186	0.163	−12.37
三挡	0.109	0.103	−5.51
四挡	0.062	0.058	−6.45
五挡	0.046	0.046	0

6.5.4.3　最大爬坡度优化对比

根据最大爬坡度的计算模型，计算优化前后微型汽车各挡最大爬坡度的对比分析，如表 6-4 所示。爬坡度一般都有所下降，主要是由于优化后整车优化后传动系统传动比有所下降而造成的。

表 6-4　优化前后各挡最大爬坡度对比

挡位	优化前最大爬坡度/%	优化后最大爬坡度/%	变化率/%
一挡	32.324	30.125	−6.80
二挡	14.013	12.586	−10.18
三挡	8.411	8.072	−4.03
四挡	5.231	5.002	−4.38
五挡	4.213	4.213	0

6.5.4.4　等速百公里油耗优化对比

优化前后第五挡等速百公里油耗对比仿真结果如图 6-45 所示，由图 6-45 可知，优化后最高挡第五挡的燃油消耗量对比优化前明显下降，其中最大的下降率为 11.93%。

6.5.4.5　传动系统功率损失优化对比

各挡位时传动系统功率损失在优化前后的对比如图 6-46～图 6-50 所示。图中，深色部分为优化后的传动系统功率损失值，浅色的为优化前的功率损失值，由图中可知，优化后的传动系统功率损失在各挡位都普遍下降了，说明传动系统功率损失的优化取得了很好的效果。

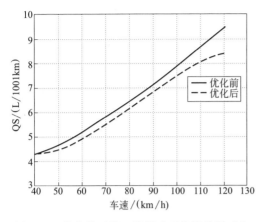

图 6-45　优化前后第五挡等速百公里油耗对比

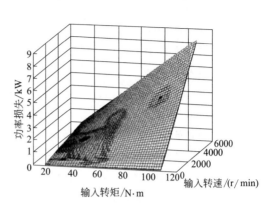

图 6-46　一挡优化前后对比

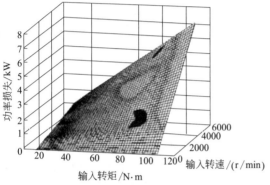

图 6-47　二挡优化前后对比

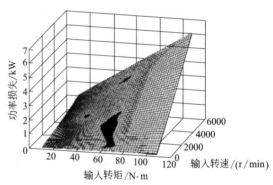

图 6-48　三挡优化前后对比

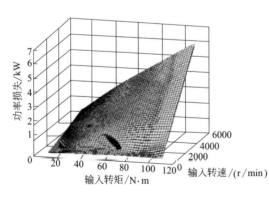

图 6-49　四挡优化前后对比

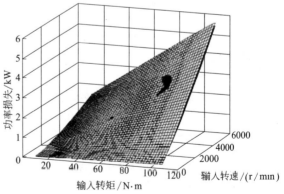

图 6-50　五挡优化前后对比

6.5.4.6　整车性能优化对比分析

在优化分析基础上，通过编写程序计算得到优化前后整车性能的各项指标对比，如表 6-5 所示。动力性设计指标如表 6-6 所示。

表 6-5　优化前后整车性能对比

性能参数	优化前	优化后	变化率/%
最高车速/(km/h)	151.12	148.58	-1.68
最大动力因数	0.325	0.304	-6.46
最大爬坡度/%	32.324	30.125	-6.80
0～100km/h 加速时间/s	23.12	23.48	+1.56
混合百公里油耗/L	7.36	7.15	-2.85
一挡传动系统最大功率损失/kW	8.246	8.102	-1.75
二挡传动系统最大功率损失/kW	7.117	7.002	-1.62
三挡传动系统最大功率损失/kW	5.993	5.886	-1.79
四挡传动系统最大功率损失/kW	5.212	5.101	-2.13
五挡传动系统最大功率损失/kW	5.558	5.398	-2.88

表 6-6　动力性设计指标

设计指标	设计指标值
最高车速/(km/h)	145
最大爬坡度/%	30
0～100km/h 加速时间/s	25

通过表 6-5 的对比可以看出，基于传动系统功率损失的参数优化在优化后最高车速、最大动力因数及最大爬坡度都有所下降，0～100km/h 加速时间也有所增大，这说明优化后微型汽车的动力性指标受到了一定的影响。由表 6-6 可知，优化后的动力性指标仍然满足该微型汽车的设计指标，优化之前较高的动力性指标实际牺牲了汽车的燃油经济性，优化后微型汽车的混合百公里油耗从 7.36L 降为 7.15L，有了较大的降低，而且各挡位传动系统的功率损失普遍都有所下降，最大功率损失都有一定程度的下降，这说明优化后的传动系统参数是合理的。

参考文献

[1] 田蜜.基于减少功率损失的微型汽车传动系统参数优化[D].武汉：武汉理工大学，2012.
[2] 王薇.汽车动力传动系计算仿真及参数优化设计[D].长沙：湖南大学，2006.
[3] 巩正阳.汽车传动系参数的模糊优化研究及软件开发[D].武汉：武汉理工大学，2008.
[4] 陈洪燕.基于 Modelica 的车辆动力性与燃油经济性 6σ 稳健优化设计[D].武汉：华中科技大学，2009.
[5] 杨永涛.商用车传动系的参数优化与仿真[D].镇江：江苏大学，2011.
[6] 武玉维.TY4250 载货汽车动力传动系统参数优化匹配[D].太原：太原理工大学，2010.
[7] 霍晓强，吴传虎.齿轮传动系统搅油损失的试验研究[J].机械传动，2007(1)：63-65.
[8] 徐志生.汽车理论（第 4 版）[M].北京：机械工业出版社，2007.
[9] C. Changenet, G. Leprince, F. Ville, et al. A Note on Flow Regimes and Churning Loss Modeling [J]. Journal of mechanical design, 2011, 133 (12): 121009-1-121009-5.
[10] S. Seetharaman, A. Kahraman, M. D. Moorhead, et al. Oil Churning Power Losses of a Gear Pair Experiments and Model Validation [J]. Journal of Tribology, 2009, 131 (2): 022202-1-10.
[11] Carol N. Eastwick, Graham Johnson. Gear Windage: A Review [J]. Journal of Mechanical Design, 2008, 130 (3): 034001-1-6-0.

[12] 张有禄.关于机械式变速箱传动效率影响因素的探讨[J].机械工程与自动化,2008(5):182-186.
[13] 张恒秋,李守成,张涌,等.基于混合动力汽车动力性的模拟计算[J].机械设计与制造,2011(9):215-217.
[14] 张邦基,邓元望,王荣吉,等.混合动力汽车发动机特性的建模方法[J].公路与汽运,2008(3):15-17.
[15] 朱伟伟.重型商用车传动系参数优化匹配的研究[D].合肥:合肥工业大学,2007.
[16] 邓超.城市道路工况的构建及客车传动系的优化设计[D].合肥:合肥工业大学,2009.
[17] 李军成.新型汽车动力传动系统性能计算研究[D].长沙:湖南大学,2010.
[18] 朱朋.汽车动力传动系统优化匹配研究[D].上海:同济大学,2007.
[19] 唐应时.汽车动力传动系仿真与优化[J].计算机仿真,2009,26(6):313-317.
[20] 杨剑,张敏辉.求解约束优化问题的改进型免疫算法[J].计算机应用研究,2011,28(11):4129-4130,4133.
[21] 申爱玲.CA7204MT汽车动车传动系统参数优化匹配[D].长沙:中南大学,2010.
[22] 文孝霞,杜子学.基于遗传算法的汽车动力传动系匹配设计变量优化[J].重庆交通学院学报,2005,24(2):128-130.

第7章 基于碰撞安全的微车车身轻量化研究

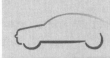

7.1 微车车身结构与轻量化材料

由于资源紧缺与环境污染日益严重,针对汽车能耗的相关法规日益完善,降低整车质量得到了各大汽车企业越来越多的重视和投入。目前全世界汽车整车平均质量逐年递减,与国外同档次汽车相比,国内汽车普遍质量偏重7%～11%,因此国内整车轻量化还存在较大的优化空间。目前针对车身轻量化的技术主要有以下三种。

① 利用新型材料,主要是利用刚度、强度和韧性较高的新型钢材、合金、复合材料等对车身进行轻量化研究。2007年,汽车轻量化技术创新战略联盟针对汽车车身轻量化新型技术开展研究,采用新型铝合金材料、高强度钢等材料集成应用到研究车型上,降低目标车型质量明显,同时在耐撞性方面达到较高水平;宝钢集团与上海汽车针对目标车型联合开发研究,采用较高比例的高强度钢板与改进后的车身结构等技术,在保证整车刚度、强度、耐撞性的基础上成功地减重达13kg。

② 利用新型轻量化制造工艺。将激光拼焊及液压成形技术应用到影响整车性能的关键零部件制造过程中,明显改善汽车特性,显著降低重量。奇瑞汽车公司在A3等车型上应用高强度钢等新型材料,比例超过汽车使用钢材的二分之一,并在影响汽车耐撞性的关键零部件上使用新型制造工艺,如在前纵梁、A柱(前挡风玻璃与前车门之间的柱)、B柱(位于前门和后门之间的柱,又称为中柱)、C柱(后挡风玻璃与后车门之间的柱,又称为后柱)、车门等结构件上采用新型制造工艺,降低了车身质量,优化了整车性能;中国第一汽车集团公司在奔腾B50车型上采用新型塑料材料和高比例的高强度钢板,白车身制造技术方面利用激光拼焊技术和液压成形技术,将不同厚度、不同材料拼焊技术应用在车身纵梁、侧围内板等结构上,并将液压成形技术应用到汽车前副车架上,在最终的碰撞试验中,整车碰撞安全达到C-NCAP(China New Car Assessment Programme,即中国新车评价规范)四星级标准。

③ 针对车身构件采用结构优化法实现轻量化。针对优化对象的不同结构优化可分为形貌优化、拓扑优化、形状优化、尺寸优化。湖南大学的易辉成针对车门进行了尺寸优化,综合考虑了重量与刚度、模态、耐撞性之间的关系,降低了车门质量,改善了车门性能等;雷明准等利用有限元分析法对某车型进行了轻量化研究,并以静刚度研究为基础进行了车身的结构优化,主要针对车身所受静态的弯曲扭转载荷,仅考虑以静态刚度为约束条件,分析研

究了车身的抗弯抗扭灵敏度以及质量灵敏度，另外其仅以汽车车身重量单一优化目标进行研究，未考虑汽车车身在轻量化过程中安全特性及动态特性变化情况。

20世纪末欧美各汽车大国已经开始了关于车身轻量化的研究，采用了刚度和强度高、密度低的新型材料，并且改善了车身制造工艺技术。国际钢铁协会采用大量新型高强度板件以及先进制造工艺对超轻钢制汽车车身（UltraLight Steel Auto Body，ULSAB）开展优化研究，设计得到的车身在原有车型基础上降低25%，重量为203kg，一阶模态频率、弯曲刚度、扭转刚度均提高50%以上。2005年，欧洲某研发中心采用新型材料如铝镁等进行了轿车车身SuperLight-CAR项目研究，在考虑生产成本的基础上，满足了整车的耐撞性、刚度、NVH等特性要求，降低车身质量30%左右。20世纪末欧洲的蒂森克房伯集团开始采用铸造、液压成型工艺和激光拼焊等技术，应用到目标车型上使车身质量明显下降，车身静态刚度提高50%以上；美国研究人员Kichang Kim和Inho Choi综合采用有限元仿真与试验验证方法，研究了轿车白车身关键部件的板材厚度、截面类型以及表面积的大小对整车刚度的影响，分析得出了对整车刚度作用最大的部件，然后对其形状参数进行优化，提出了一种提高整车刚度的方案。S. Kodiyalam等在保证轿车车身的耐撞性和NVH特性基础上进行了有限元优化，以NASTRAN动力学分析软件为基础，利用多目标优化工具，对白车身关键部件的板厚进行了优化，减重的同时改善了整车性能。

7.1.1 微车车身结构

整车的总体布局决定了车身的机构设计，如汽车驱动形式是前驱还是后驱，发动机安装于汽车前部、中部或后部，还有悬架形式，不同转向器结构等。换句话说，车身结构设计首先考虑整车布局以及局部结构设计。这里所研究的是前置后驱型微车车身结构，如图7-1所示。

微车车身结构的主要功能是传递载荷和承受载荷，其主要由板材零件和接头等组成。现代汽车多使用钢结构车身，通过焊接技术将成型好的钢材焊接组合在一起，其钢板组成部分多采用薄壁结构，有利于加强车身的承载和支撑性能，通常可以将车身分为前中后三个部分。

车身前部主要承受由底部的前纵梁传递的集中力，包括车前板制件、散热器、发动机的重力作用以及前悬架传递的支撑力等。车身前部的发动机架、散热器架等板制构件也是车身

图7-1 微车车身结构

承载受力的主要零件。车身前部的结构直接关系到车身碰撞安全中的变形结果，因此在车身设计时必须对关键吸能结构件进行优化设计，改善其吸能特性。此外，车身前部的发动机振动噪声对车身舒适性影响较大，因此车身前部还包括配套的减震降噪结构组、散热结构组等。

微车车身中部主要由车身包围、地板、车门等组成，主要功能是承载车身中部构件

重力、乘员或货物的重量等。车身中部直接决定着汽车的乘员空间与载重能力，因此，在设计车身时应考虑在极限工况下，车身中部结构在外部载荷作用下车身刚度不足，直接导致车身发生变形，以及车身结构发生改变的情况。在进行结构布局设计时，要注意车身前部与中部的连接强度，如纵梁前部到中部连接处的强度，以及铰链连接处圆角的处理。设计时应将纵梁传递的乘员舱应力通过分散结构将应力分散至门槛和地板等区域，避免应力集中。

微车车身后部主要由地板、围板、储物仓门等结构组成，底部纵梁的布置直接决定后桥的位置与座椅的位置。车身尾部多用于载物，在载重情况下，车身在运动时会发生变形，因此在设计时应考虑满载状况下车身在弯曲扭转综合工况下的性能变化。

乘员舱顶部结构由车顶横梁、顶盖、风窗边框等结构组成，围板、顶盖、风窗的整体焊接加强了整车的横向刚度。纵梁结构前后贯穿，较好地分流了前悬架、后悬架传递的力，使各部分结构受力均匀，发生正面碰撞或后面碰撞时，纵梁压缩距离加长，更加有效地保证乘员舱的有效空间。

7.1.2 微车车身轻量化材料选择

7.1.2.1 轻量化材料选择原则

现代汽车设计采用了很多新型轻量化材料，如高强度钢、铝合金、陶瓷等，使用该类材料能够明显降低车身重量，并且能够优化整车的各部分性能。通过不同的材料组合，将之应用到合理部位，对于改善车身局部性能有较大的作用。

选取材料时首先要先考虑材料的性能、成本，并根据实际生产状况筛选出适宜生产制造、焊接方便、成型容易的材料，最后应用到实际生产中，并对比整车刚度、耐撞性、舒适性等性能，得到最适合设计车身的材料组。

车身各部分结构承担的主要功能各异，由地板、侧包围、顶盖等结构组成的乘员舱主要负责承载人员与货物，因此需要具有足够的刚度、强度和韧性等；风窗框体、储物仓框体等结构需要具有足够的刚度，能够有效地起到密封、降噪的作用；对于前后悬架位置的选取，乘员舱地板凸包的设计，应考虑其对整车平稳性、舒适性、安全性能的影响；针对碰撞安全中的关键吸能件，如汽车防撞梁、前纵梁、B柱等，在满足刚度、强度的基础上，还应加强其吸能特性，改进微车车身变形形式，增强车身耐撞性。

微车车身的基本骨架是由梁结构组成，承受来自工况、自重、乘员以及货物等载荷。为了在各工况下能够正常使用，车身骨架包括前后纵梁、顶部横梁和门槛梁，其结构多为封闭和不封闭矩形梁结构，汽车在行驶时，整车可能受到多种载荷的作用，如弯曲扭转载荷、冲击载荷等，车身骨架很少承受扭转载荷的作用，在考虑车身骨架优化时应主要考虑提高其抗弯性能。

因此在设计车身时，不能盲目增加材料厚度，改变结构，应在各部分性能要求的基础上，如抗弯、抗扭、抗剪、抗压等性能，合理优化局部结构，最大限度地发挥材料的性能，避免材料浪费，预留裕度过大等现象，真正有效地实现车身轻量化。

7.1.2.2 轻量化材料的碰撞性能

车身重量降低的同时，整车的其他性能如稳定性、耐撞性等性能会发生改变。在满足碰撞安全的基础上，进行轻量化有限元仿真分析时，选择材料应优先考虑其碰撞吸能特性。汽车在发生正面碰撞时，车身前部吸能件的变形承担着主要吸能作用，关键吸能件能吸收整车碰撞能量的 70% 左右，因此在进行碰撞安全研究时首要需要优化的是关键吸能件的吸能特性。

微车车身前部发生碰撞时，首先变形发挥吸能特性的是前纵梁，其主要的变形形式有轴向压溃与弯曲，理想状况下前纵梁只发生折叠压溃，不发生弯曲，即理想状况压溃。方形截面梁在理想碰撞下的压溃变形如图 7-2 所示。

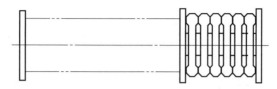

图 7-2　方形梁的理想压溃形式

利用有限元分析软件对材料进行对比分析时，优先考虑材料的屈服强度、弹性模量、密度和泊松比等。使用 HyperMesh 软件处理静力问题与碰撞问题时使用的模型材料不同。在利用 Msc/Nastran 软件进行刚度与固有频率等静态问题分析时，模型材料多选择 MAT1，MAT1 材料适用于计算各向同性材料在静力工况下的应力与应变；在利用 Ls-Dyna 软件处理整车碰撞等动态问题时，模型材料多选择 MAT24，MAT24 材料适用于计算弹塑性材料在碰撞或者爆炸工况下的应力与应变。

MAT24 材料模型在屈服前，其弹性模量即应力应变曲线的斜率不发生改变，在屈服后，需要导入塑变状况下新的应力应变曲线，同时其支持导入不同应变率，也可不输入应力应变曲线，利用公式模型曲线如 Cowper-Symonds 对模型材料的各种性质进行设置，具体的公式材料模型 Cowper-Symonds 参数关系如式（7-1）所示。

$$\sigma_y = \sigma_y^s \left[1 + \left(\frac{\dot{\varepsilon}}{C} \right) \right]^{\frac{1}{p}} \tag{7-1}$$

式中，$\dot{\varepsilon}$ 为材料的应变率；σ_y^s 为材料在静态下所受的流动应力；p、C 为材料在动态实验下所获得的参数。

钢材的刚度、强度及韧性等特性优势使得其在汽车生产上得到了广泛应用，普通碳钢与高强度钢的主要区别在于其中合金的含量，其主要成分相同，因此其在静态特性上有着相近的参数范围，具体参数值如表 7-1 所示。材料的应变率与变形存在一定的关系，应变率越高，单位时间内材料的应变量越大，材料抵抗外力变形的能力越小，因此在考虑碰撞安全的基础上，车身轻量化材料应选择低应变率的钢材，即采用应变率在 1000/s 以下的材料进行研究。

表 7-1　钢与常用铝合金的参数及性能

材料	抗拉强度/MPa	弹性模量/MPa	泊松比	密度/(kg/m³)
普通碳钢	<275	196000～206000	0.23～0.30	7.83×10^3
新型高强度钢	300～1200	196000～210000	0.23～0.30	7.83×10^3
B280VK	319.30	207000	0.30	7.83×10^3
铝合金 7050	>572	70000	0.33	2.80×10^3
铝合金 6061	>310	70000	0.33	2.80×10^3
铝合金 2024	>425	70000	0.33	2.80×10^3

现有车身采用 B280VK 型钢,其主要考虑到材料的成本以及性能的稳定性,具体的 B280VK 型钢的应力应变曲线如图 7-3 所示。

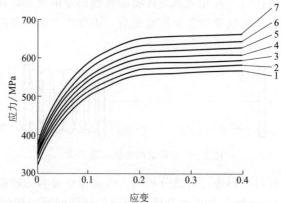

图 7-3 不同应变率下 B280VK 钢的应力应变曲线

1—1000s^{-1};2—100s^{-1};3—10s^{-1};4—1s^{-1};5—0.1s^{-1};6—0.01s^{-1};7—0.001s^{-1}

针对轻量化材料的耐撞性能的研究可转化为针对不同材料下的前纵梁吸能特性的研究。将所研究的车型前纵梁进行简化处理,得到简化的帽型梁结构,简化后帽型梁的矩形截面尺寸为 70mm×126mm,如图 7-4 所示。轴向长度取 800mm,根据实际生产,选择帽型梁壁厚为 1.4mm,利用 UG 软件建模,前处理 HyperMesh 软件进行网格划分,得到如图 7-5 所示的简化模型。

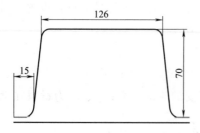

图 7-4 前纵梁前段简化吸能截面

图 7-5 前纵梁简化模型

对前纵梁在碰撞中的性能表现主要从变形模式、能量吸收曲线以及截面力曲线进行分析,在利用 Ls-Dyna 软件进行碰撞仿真时,需要选择不同的碰撞加载质量,纵梁主动与被动碰撞形式等,故从仿真结果中选取以上指标进行同一材料不同条件下的对比分析,其中包括质量、约束方式,以及不同材料在相同工况下的吸能特性对比等。

(1) B280VK 钢在不同加载质量下的吸能特性对比

将简化后的前纵梁结构焊点间距设置为 30mm,为方便焊接生产,焊点位置设置在帽型梁外边缘,如图 7-5 所示。同时设置内摩擦系数为 0.2,接触边界摩擦系数为 0.1,利用 HyperMesh 软件进行网格划分,设置网格间距为 5mm,利用 HyperMesh 软件设置输出卡片,以方便采集碰撞结果数据,具体的质量加载类型仿照落锤冲压板材试验。为了使纵梁完全压溃,对比压溃结果,分别选取落锤质量为 500kg、600kg、700kg,设定质量块下落速度为 50km/h。对于边界约束,真实拟合了整车结构,即约束了前纵梁底部结构的 6 个自由度。为了体现理想压溃情况,约束纵梁其他单元的 5 个自由度,仅预留轴向压溃方向的自由度。然后将输出源文件导入 Ls-Dyna 进行运算,结果文件中包括前纵梁的瞬态截面力曲线、吸能曲线等,如图 7-6~图 7-8 所示。

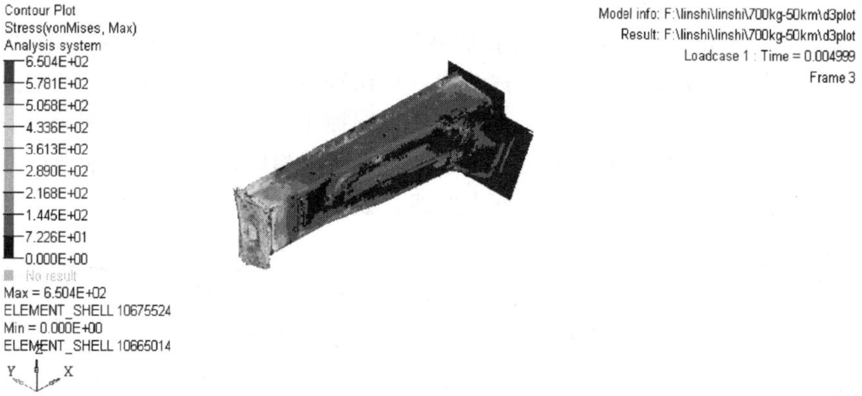

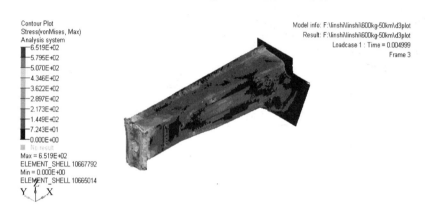

图 7-6　加载质量 500kg 某时刻的前纵梁应力图

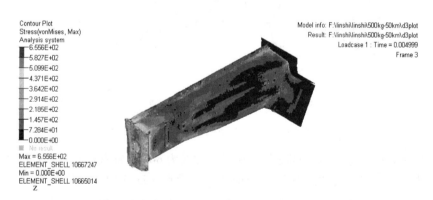

图 7-7　加载质量 600kg 某时刻的前纵梁应力图

图 7-8　加载质量 700kg 某时刻的前纵梁应力图

不同加载质量下的变形模式不尽相同，不同质量条件下的各向最大位移量如表 7-2 所示。

表 7-2　不同加载质量下的各向最大位移量

质量/kg	X 向最大位移量/mm	Y 向最大位移量/mm	Z 向最大位移量/mm
500	302.20	41.60	61.60
600	303.90	45.10	63.90
700	312.00	59.30	79.70

从图 7-6～图 7-8 和表 7-2 可知，随着加载质量的增加，前纵梁的主要变形形式并未发生太大变化，由于该前纵梁并非轴向对称结构，故在碰撞过程中由于受力与碰撞截面中心不重合，导致 Y、Z 方向发生小幅度偏移，可得到不同撞击质量下简化纵梁的各向变形特性。不同的变形形式导致每个时间节点的受力与吸能特性也不相同，将输出数据进行处理，得到不同质量下前纵梁的吸能特性、瞬态截面力曲线，如图 7-9、图 7-10 所示。

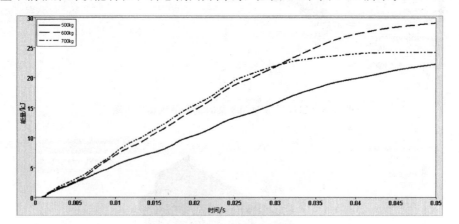

图 7-9　不同质量下的吸能特性曲线

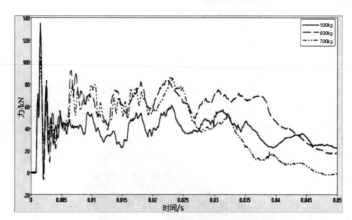

图 7-10　不同质量下的瞬态截面力曲线

图 7-9 和图 7-10 中实线为 500kg 加载质量；虚线为 600kg 加载质量；双点画线为 700kg 加载质量。由图中可知：随着碰撞质量的增加，能量吸收逐渐增加；其中 700kg 加载质量下由于后端发生弯曲变形，故有效吸能量减少，因此为了保证前纵梁的吸能特性，在其设计和安装约束上都要注意保持一定的抗弯性能。前纵梁的吸能总量、平均截面力如表 7-3 所示。

表 7-3　不同碰撞质量下前纵梁的吸收总能量、平均截面力

质量/kg	吸收总能量/kJ	平均截面力/kN
500	22.37	38.81
600	29.08	55.09
700	24.18	40.16

由以上结果可知,随着碰撞质量增加,由于前纵梁几何结构上的非对称性,会使其弯曲变形幅度增大,从而失去原有的吸能特性,因此在结构改进设计过程中,可以将对称结构作为设计的重要内容。

(2) B280VK钢在不同质心偏移下的吸能特性对比

由于前纵梁安装位置的要求,在车辆正面碰撞中不可避免存在质量偏心,为了表征质心位置对于前纵梁吸能效果的影响,在仿真中,将质心位置设定在车辆重心位置。然而,由于简化模型的质量集中性以及缺乏实际情况下的各种约束条件,仿真结果会放大质心偏移对前纵梁变形的影响,偏移量设置为20mm,某时刻的位移云图如图7-11所示,由于质心偏移,轴向弯曲明显。

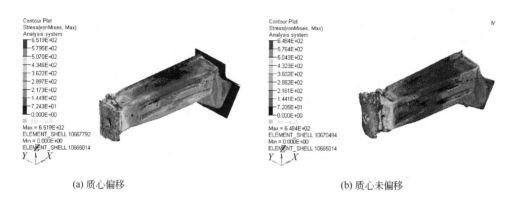

(a) 质心偏移　　　　　　　　　(b) 质心未偏移

图 7-11　不同质心偏移下的位移云图

有约束与无约束下前纵梁的吸能特性曲线如图7-12所示,瞬态截面力曲线如图7-13所示。

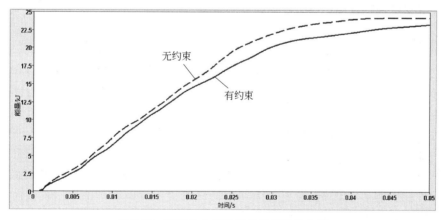

图 7-12　不同质心位置时的吸能特性曲线

图7-12和图7-13中实线为质心偏移工况,虚线为质心未偏移工况。从图7-12和图7-13可知,质心是否偏移对前纵梁的吸能量及截面力影响并不明显,特别是在前段变形中,从截面力曲线中可知在20～25ms之间截面力峰值降低;由于前端压溃的发生,质心偏移后并没有明显影响前纵梁的吸能效果,但是在吸能截止后,弯曲变形造成截面力降低,最终吸能值并没有明显差别的原因是,在质心未偏移模型的仿真中,后段也发生了弯曲变形。具体的碰撞变形数据、总吸收能量和各向位移如表7-4所示。

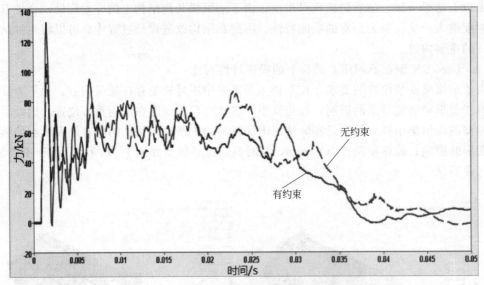

图 7-13 不同质心位置时的瞬态截面力曲线

表 7-4 不同质心位置时的吸能及变形特性

质心偏移	吸收总能量/kJ	平均截面力/kN	X 轴最大位移量/mm	Y 轴最大位移量/mm	Z 轴最大位移量/mm
未偏移	24.17	40.16	312.00	59.30	79.73
偏移 20mm	23.38	38.47	291.40	107.00	40.83

因此可以得到结论，质心偏移会直接导致弯曲变形发生，车辆前纵梁的位置也比较重要，并且在纵梁结构设计中可以考虑加强外侧刚度，避免由于质心与纵梁轴心不重合导致的弯曲变形。

(3) B280VK 钢在不同约束下的吸能特性对比

纵梁在安装中会连接到其他各种零件，故存在多种约束，其中最主要的是纵梁上端与翼子板的连接，该约束的幅度最大，因此在前纵梁仿真中，约束纵梁后半部分（非压溃吸能区）的 Z 向自由度，根据实际组装时的约束位置，设置合理的约束点，观察有约束条件与无约束条件对前纵梁吸能性能的影响，有约束与无约束下前纵梁的瞬态截面力、吸能特性曲线等数据，如图 7-14 和图 7-15 所示。

图 7-14 和图 7-15 中，虚线为约束工况，实线为无约束工况。从图 7-15 中可知约束条件对于纵梁的性能影响。在 25ms 左右，无约束的纵梁由于弯曲变形的发生，截面力明显降低，且能量吸收曲线接近平缓。说明合理的约束也会改善纵梁的吸能特性。具体的变形数据、总吸收能量、各向位移如表 7-5 所示。

表 7-5 不同约束条件下的吸能及变形特性

上端约束	吸收总能量/kJ	平均截面力/kN	X 轴最大位移量/mm	Y 轴最大位移量/mm	Z 轴最大位移量/mm
无约束	24.18	40.17	312.00	59.30	79.73
Z 向约束	41.18	64.88	263.90	40.84	31.43

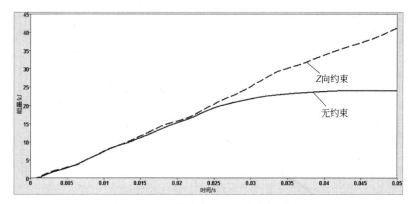

图 7-14 不同约束下的吸能特性曲线

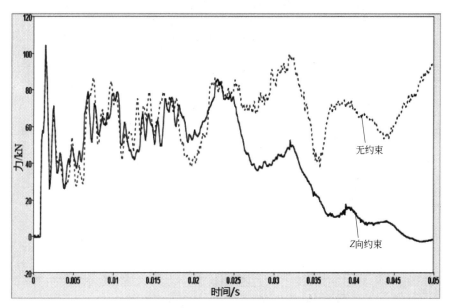

图 7-15 不同约束下的瞬态截面力曲线

合理的约束条件可以有效避免弯曲变形的发生，提高前纵梁的抗弯性能，进而提升吸能量和截面力，故设计过程中不能单独考虑纵梁结构，其安装环境下的约束设计也是一种提升吸能性能的有效途径。

（4）不同材料在相同工况下的吸能特性对比

不同的材料其本身特性的不同将导致碰撞过程的变形与吸能形式也不相同，因此合金钢与普通碳钢、新型铝合金，在相同的边界条件、冲击速度、冲击质量等工况下，组成的前纵梁结构体在碰撞仿真中也表现出不同的特性。

① 45 钢与 B280VK 型钢的前纵梁的吸能特性曲线、瞬态截面力、吸能总量等数据，如图 7-16、图 7-17 以及表 7-6 所示。

表 7-6 不同钢材的吸能及变形特性

钢材类型	吸收总能量 /kJ	平均截面力 /kN	X 轴最大位移量 /mm	Y 轴最大位移量 /mm	Z 轴最大位移量 /mm
B280VK	24.18	40.16	312.00	59.30	79.73
45	20.35	60.77	350.00	60.40	50.70

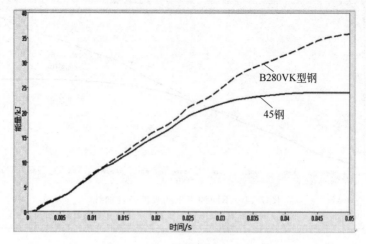

图 7-16　不同钢的吸能特性曲线

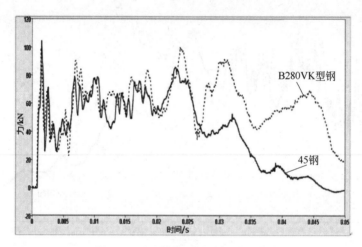

图 7-17　不同钢的瞬态截面力曲线

图 7-16 和图 7-17 中实线为 45 钢，虚线为 B280VK 型钢。由图 7-16 和表 7-6 可知，钢材的屈服强度越大，在同等条件下，等质量的钢材所需变形能量越大。同时高强度钢在碰撞变形时有较大的优势，碰撞过程是个多结构体发生变形的过程，高强度钢能够有效抵御外力的弯曲变形，增加吸收碰撞能量和减少防火墙的侵入量。

② 合金铝 7050、6061、2024 材料（前纵梁厚度选择 4mm）的前纵梁的吸能特性曲线、瞬态截面力、吸能总量等数据，如图 7-18 和图 7-19 以及表 7-7 所示。

表 7-7　不同约束条件下的吸能及变形特性

合金钢类型	吸收总能量 /kJ	平均截面力 /kN	X 轴最大位移量 /mm	Y 轴最大位移量 /mm	Z 轴最大位移量 /mm
7050	34.8986	55.45832	332.8	83.29	36.30
2024	34.7254	57.00528	302.5	38.27	55.63
6061	24.1798	40.16541	302.9	36.89	58.49

图 7-18 和图 7-19 中实线为 2024 钢，虚线为 7050 型钢，双点画线为 6061。将厚度设置

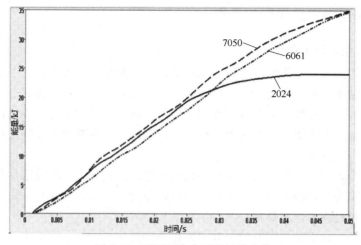

图 7-18　不同铝合金吸能特性曲线

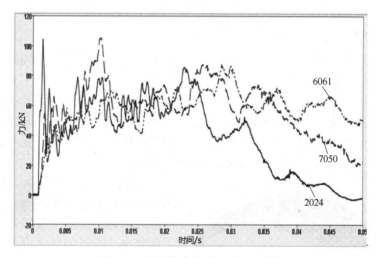

图 7-19　不同铝合金瞬态截面力曲线

为 4mm 是为了保证铝合金的质量与钢材的质量相等，试验结果具有一定的可比性。从吸能特性曲线及表 7-7 可得到与普通钢材类似的结论，即在同等工况下，铝合金的屈服强度越高，碰撞过程中吸能效果越好。相比较高强度钢，铝合金在单位质量上的吸能效果较好，如果能够合理使用，能够保证纵梁耐撞性的基础上，明显降低纵梁质量。

7.2　微车车身模型的创建及工况分析

在微车车身的有限元仿真分析中，整车模型的单元化至关重要，直接影响求解器的计算时间与精度。由于整车模型中包含着一些对整车性能影响不大的结构件，需对整车零件进行简化，同时保证单元体划分的合理性，否则会影响计算结果。微车车身承载人员或货物行驶在不同工况下，其承受着多种复杂载荷，因此需要简化分析其在弯曲载荷、扭转载荷以及振动载荷作用下的模型特征，为微车车身轻量化目标提供参考，明确微车车身轻量化方向。

7.2.1 微车车身有限元模型的建立

7.2.1.1 车身几何模型的简化

微车车身结构件多为冲压结构件，在生产加工和装配车身过程中，为了方便生产，会设置一些局部特征结构，如方便装配的避让台阶，便于避免应力集中的边界过渡圆角，以及铸造或者加工过程的工艺孔等。若对这些细部结构进行精确单元体划分，会增加工程师的工作量，消耗更多的处理器资源，且对结果影响不大，因此首先应对局部特征结构进行简化，保证单元体的精度与计算结果。

事实上，车身还有一些附属物，例如凸出的螺母、仪表盘座、安装附加件的圆孔、制动板支架等，其对车身的动静态特性基本没有影响，并且一些结构比较复杂，划分单元体难度较大，也需在建模过程中进行简化。

车身结构件的简化不是将所有的复杂结构体全部简化。对于一些接头部分的结构体，其对整车性能影响较为明显，通常具有较大的翘曲度，对这种复杂的几何形状，在车身简化过程中不能对该结构组进行简化，简化后直接影响计算结果的精度。

7.2.1.2 单元类型选择与质量控制

微车车身多为板材通过成型工艺焊接而成，通常进行有限元分析时都是将板材件利用壳单元进行模拟分析，如图 7-20 所示。选取单元类型后，需将整个模型的壳单元组进行单元化即网格划分，四边形壳单元和三角形壳单元是 HyperMesh 最基本的壳单元，由于壳单元组的结构复杂与不规则性，经常利用二者的结合划分壳单元组，但三角形单元比例不宜过高。因此所研究的微车车身模型在单元类型上选择 PSHELL 壳单元，在网格划分时选用 CQUAD4 和 CTRIA3 即四边形与三角形结合的网格单元。

图 7-20 壳单元结构

在完成单元体划分后，还需保证单元体划分的质量。合理的布置节点，以保证网格的质量，提高工程师修改网格质量的工作效率。节点的选取有其特殊意义，一般选取支撑约束点、集中载荷的位置点、载荷作用单元体的自由边界以及载荷作用的突变点为节点，节点的密度与间距直接决定网格大小。HyperMesh 在划分单元体时首先分析各个面的尺寸，选定各个面的边界单元密度，然后筛选出能够得到最优网格的算法，大多数情况下是一种自由最优网格划分，其并不能保证每一单元最优，因此还需进行局部调整，利用强大的 HyperMesh 网格调整修改工具，设置合适的节点，能够快速高效地解决模型网格修改问题。

节点的数量与网格大小存在一定的关系，网格的数量级直接决定着工作站的运算时间，因此对于受力不同的结构体可以划分大小不同的网格，对于应力集中的部位网格划分的密度要高一些，对于不承担或受力较小的部分，可以采用尺寸较大的网格进行划分。

单元体划分最理想的状况是单元具有较好的形状、整体形状与原模型精确一致，相容性好、有较好的边界过渡性等，最终调整完成的网格质量需通过以下几方面的验证。

① 模型整体没有多余的重复面、自由边、残缺边等结构，单元内部与单元之间的共享

边调整合理，每个单元体有着较好的形状特征即最大最小边长差别不大。

② 平面单元组的翘曲度应小于 10。对划分好的四边形网格单元由于结构件的不规则导致部分单元翘曲度大于 10，需重新选择优化区域，进行局部调整节点或者将四边形分成两个三角形等方法，以降低四边形单元体的翘曲度，保证运算结果的精度。

③ 网格单元的内角应控制在一定范围内。单元的内角直接与平面的变形相关，因此需保证三角形变形单元内角在 $30°<\alpha<120°$ 范围内，四边形变形单元内角在 $45°<\beta<135°$ 范围内。

④ 雅可比（Jacobian）值小于 0.6。通过单元坐标点在 Jacobian 矩阵中值的差别大小来衡量单元的平面质量。最终网格划分完成后各网格质量指标检测情况如表 7-8 所示。

表 7-8 网格质量划分结果

质量检测指标	目标值	理想值	失效值	检测值
三角形单元比例/%	5.00	0	15.00	4.70
单元长宽比	3.00	1.00	4.00	1.70
单元翘曲度/(°)	10.00	0.00	15.00	6.40
三角形单元最小内角/(°)	45.00	60.00	20.00	41.47
三角形单元最大内角/(°)	85.00	60.00	120.00	92.46
四边形单元最小内角/(°)	60.00	90.00	40.00	55.37
四边形单元最大内角/(°)	110.00	90.00	130.00	123.64
雅可比	0.60	0.40	1.00	0.58

通过利用 Quality Index 面板中的网格质量调整工具包，对整车网格主要进行了节点位置的重新规划与单元边界线的重新调整，实现最终的网格划分质量能够满足计算的基本要求。

7.2.1.3 车身有限元模型的创建

在进行微车车身静态弯曲扭转刚度分析、模态分析时，不考虑结构体之间的焊点失效问题（焊点为理想状态），采用刚性材料对焊点结构进行处理，具体采用的焊点类型为 RBE3，焊点直径选取为 6mm，利用 RBE2 单元模拟了螺栓连接结构体，如图 7-21、图 7-22 所示。

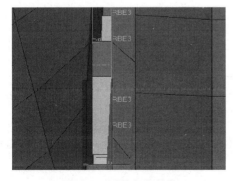

图 7-21 刚性焊点结构

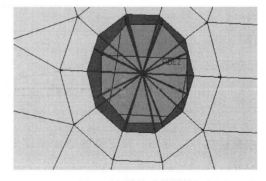

图 7-22 螺栓连接结构

然后根据整车实际结构连接位置设置焊点与螺栓连接，具体的焊点位置设置与最终整车网格模型分别如图 7-23 和图 7-24 所示。

图 7-23 整车焊点位置

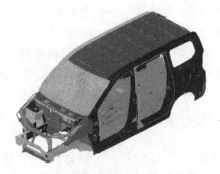

图 7-24 整车网格结构

最终建立了某微型汽车的车身模型,针对影响车身动静态特性的关键构件,如车身前部横梁与纵梁、车身中部的门槛梁与车门框、车身顶部横梁与车尾门框等结构进行了针对性的有限元精确模拟,细化了应力集中结构体的网格,规整关键结构体四边形单元的形状,降低三角形单元比例。

建立的微车车身有限元模型的总节点数为 219327 个,单元数量为 215254 个,其中四边形单元的比例为 95.3%,刚性焊点数为 5739 个,螺栓连接约 461 个。

7.2.2 微车车身弯曲刚度分析

7.2.2.1 微车车身弯曲刚度理论

微车车身的弯曲刚度是指在平坦理想路面上,车身只承受车身自重、乘员与货物的重量时在垂直受力方向的位移量,一般用挠度值的大小衡量。微车车身刚度是衡量微车车身静态特性的重要指标,微车车身刚度的计算按照加载方式的不同一般分为两类,一种是集中力载荷集中加载,另一种是分布载荷加载。集中力载荷集中加载即是将车身所承受的所有载荷集中一点进行加载,该方法计算精确度不高,易造成加载位置应力集中,影响车身优化改进方向;分布载荷加载是将车身所承受的所有载荷分成几部分,然后根据实际乘员座椅的位置进行均匀加载,这样更能准确地模拟出车身弯曲刚度状况。通过简支梁的弯曲刚度计算来介绍车身弯曲刚度的计算,其简支梁刚度计算模型如图 7-25 所示。

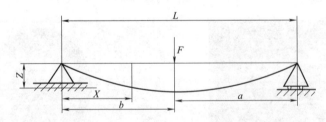

图 7-25 简支梁刚度计算模型

根据材料力学可知,简支梁的弯曲刚度即车身的弯曲刚度可按照式(7-2)、式(7-3)进行计算。

当 x 位于左端至 b 之间时

$$EI = \frac{Fax(L^2 - x^2 - a^2)}{6Lz} \tag{7-2}$$

当 x 位于 b 至右端之间时

$$EI = \frac{Fa\left[\frac{L}{a}(x-b)^3 + (L^2-a^2)x - x^3\right]}{6Lz} \quad (7-3)$$

式中，EI 为简支梁（模拟车身）的弯曲刚度，N/m^2；b、a 为简支梁左右支撑点（车身前后悬架）与载荷的距离，m；L 为简支梁约束跨度（前后悬架的纵向跨度），m；F 为简支梁作用力（车身自重及乘员货物载荷），N；z 为简支梁挠度大小（车身在 z 方向的最大位移），m。

车身分布载荷的加载需满足其关于车身纵向对称的要求，如果分布载荷加载不对称会导致弯曲刚度计算结果产生很大误差。研究发现成品车弯曲刚度一般为简化车身的 1.3~1.7 倍，为简化计算，模拟简支梁弯曲刚度计算公式简化得到一般车身弯曲刚度的计算公式，即车身所受载荷与垂直方向最大位移之比。

$$EI = \frac{Fax}{z} \quad (7-4)$$

7.2.2.2 弯曲刚度有限元分析

在进行微车车身弯曲刚度的有限元分析中，需设置模拟载荷和边界约束。

（1）模拟载荷

依照实车试验标准（EP 81020.10/EP 81020.1），为准确拟合实车受载情况，采用 4 点分布对称加载，分别取后排双座椅、副驾驶座椅、主驾驶座椅的车身螺母连接处进行力的加载，每处承受 1670N 的重力作用，方向垂直地板沿着 Z 轴，其弯曲工况和载荷分布施加如图 7-26 和图 7-27 所示。

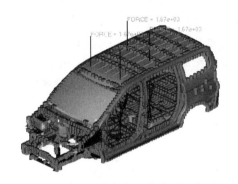

图 7-26 微车车身弯曲载荷工况　　图 7-27 载荷分布施加

（2）边界约束

依照实车试验标准（EP 81020.10/EP 81020.1），分别约束前左右悬架处的 Z 向自由度，约束后左右悬架的 X、Y、Z 方向的自由度，具体弯曲约束工况如图 7-28 所示。

设置 HyperWorks 静力分析计算结果输出卡片，将集合微车车身弯曲载荷与约束的模型导入到 Msc/

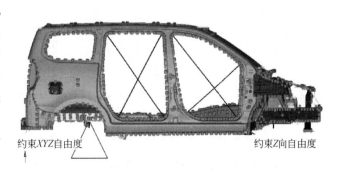

图 7-28 微车车身弯曲约束工况

Nastran 进行运算，得到了微车车身在弯曲工况下的应力应变图等，如图 7-29 和图 7-30 所示。

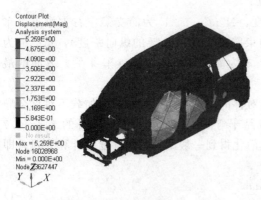

图 7-29　微车车身弯曲刚度位移图

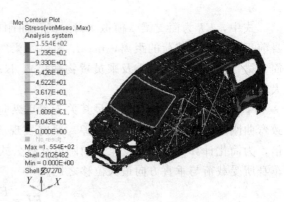

图 7-30　微车车身弯曲刚度应力图

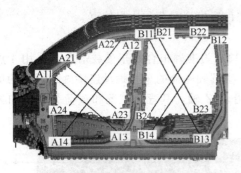

图 7-31　门框 Z 向位移测量点

从图 7-29 和图 7-30 可知，微车车身的最大位移为 5.259mm，承受的最大应力为 155.4MPa，位于后座座椅安装处，其余应力均在材料的屈服强度内。选取门槛梁上两数据点的 Z 向位移分别为 0.694 和 0.653，取二者的平均值代入车身弯曲刚度计算公式（7-4），得到微车车身的弯曲刚度为 9918N/mm，相比较同类型车身刚度低 1000N/mm，因此需对该微车车身的弯曲刚度优化提升至 11000N/mm 以上。

微车车身在弯曲载荷的作用下，车门门框会发生变形，严重时会影响车身的密封性以及车门能否打开，因此还需对车门门框设置变形检测点，测量点的 Z 向位移如图 7-31 所示。

对微车弯曲应变结果文件数据进行处理，得到门框各测量点的 Z 向位移，如表 7-9 所示。

表 7-9　门框测量点在弯曲工况下的位移

位置	检测点	实际位移/mm	标准要求/mm	位置	检测点	实际位移/mm	标准要求/mm
左前门框	A11	3.13	<3	左后门框	B11	0.35	<3
	A12	2.58	<3		B12	2.07	<3
	A13	3.06	<3		B13	1.36	<3
	A14	2.04	<3		B14	1.45	<3
右前门框	A21	2.73	<3	右后门框	B21	2.08	<3
	A22	3.05	<3		B22	1.94	<3
	A23	1.42	<3		B23	0.87	<3
	A24	1.87	<3		B24	0.93	<3

从微车弯曲工况下的门框测量点位移结果可知，微车左前侧车门框和右前侧车门框的位移量超过了标准要求，因此进一步说明了微车车身弯曲刚度需进行优化并加强。

7.2.3 微车车身扭转刚度分析

7.2.3.1 微车车身扭转刚度理论

当微车车身受到关于车身纵向对称的反向作用力时,微车车身工况为扭转工况。根据微车车身的纵向结构的对称性,可以将车身简化为一个纵向同性的可扭转结构体,因此计算微车车身的扭转刚度可转化为杆件的扭转刚度计算,具体计算公式如下

$$K_N = \frac{T_N}{\theta} \tag{7-5}$$

$$T_N = FD \tag{7-6}$$

$$\theta = \arctan\left[\frac{|\sigma_1| + |\sigma_2|}{D}\right] \tag{7-7}$$

式中,K_N 为杆件(微车车身)的扭转刚度;T_N 为杆件(微车车身)受到的扭转力矩;F 为作用在微车车身悬架上的作用力;D 为微车车身左右两悬架中心距;θ 为左端悬架相对右端悬架转动的角度;σ_1、σ_2 为左右悬架中心平面相对原中心平面的 Z 向位移量。

7.2.3.2 扭转刚度的有限元分析

微车车身在扭转工况下,车身的前左右悬架处于一高一低的状况,这种情况一般发生在微车低速行驶在凸凹路面上时。在此工况下,载荷的动态变化很小,可以近似地模拟成静态工况,通过静态扭转工况研究分析微车车身的实际扭转刚度。

(1)施加载荷

依照微车车身试验手册,在前左右悬架安装孔中心处施加综合扭矩大小为 2000N·m,悬架中心距为 1.08m,代入式(7-6)可得施加在前左右悬架安装中心处载荷大小为 1846N,方向与 Z 向相反,微车扭转工况载荷加载如图 7-32 所示。

(2)边界约束

依照微车车身试验手册,将后左右悬架安装孔中心处的 6 个自由度进行约束,并且在纵梁前端连接结构中心处仅保留 Z 向自由度,具体的微车扭转约束如图 7-33 所示。

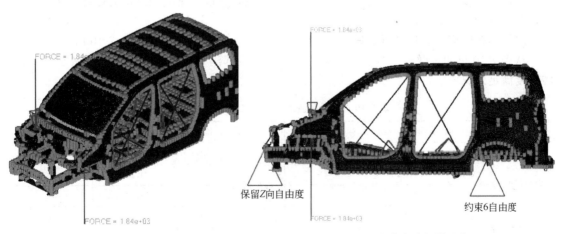

图 7-32 微车车身扭转工况载荷分布　　图 7-33 微车车身扭转约束

设置 HyperWorks 静态分析计算结果输出卡片,将集合微车车身扭转载荷与约束的模型导入到 Msc/Nastran 进行计算,得到了微车车身在扭转工况下的应力应变图、安装底座以及地板的应力云图,如图 7-34~图 7-37 所示。

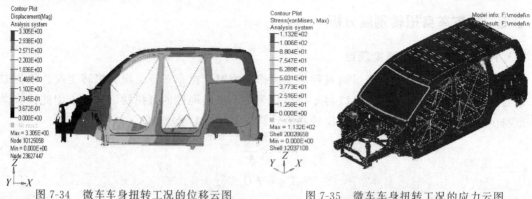

图 7-34 微车车身扭转工况的位移云图　　图 7-35 微车车身扭转工况的应力云图

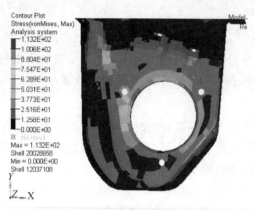

图 7-36 微车前悬架支撑座应力云图　　图 7-37 微车车身地板应力云图

从图 7-34 和图 7-35 可知，微车车身的最大位移为 3.305mm，承受的最大应力为 113.2MPa，位于前悬架支撑座处，其余应力均在材料的屈服强度内。利用式（7-5），采集前左右悬架支撑座中心处 Z 向位移差为 3.29mm，量取微车前左右悬架中心处 Y 向距离 D 为 1083.3mm，代入式（7-5），得到微车车身的扭转刚度约为 11500N/mm，与同级别微型汽车相比较，该微车车身扭转刚度还有较大安全裕度，在进行车身轻量化优化时可在适当降低扭转刚度的基础上，优化车身其他特性。

对微车扭转应变结果进行处理，得到门框各测量点的 Z 向位移，如表 7-10 所示。

从表 7-10 可知，微车左右前后侧车门框的位移量都满足标准要求，说明了微车车身扭转刚度满足工况要求。

表 7-10　门框测量点在扭转工况下的位移

位置	检测点	实际位移/mm	标准要求/mm	位置	检测点	实际位移/mm	标准要求/mm
左前门框	A11	2.53	<3	左后门框	B11	2.48	<3
	A12	1.92	<3		B12	1.85	<3
	A13	1.84	<3		B13	1.79	<3
	A14	2.36	<3		B14	2.18	<3
右前门框	A21	1.92	<3	右后门框	B21	1.83	<3
	A22	1.23	<3		B22	1.17	<3
	A23	1.15	<3		B23	1.03	<3
	A24	1.64	<3		B24	1.51	<3

7.2.4 微车车身自由模态分析

7.2.4.1 微车车身结构的振动特性

线性系统的无阻尼运动可使用多阶固有频率通过线性组合进行表达，线性系统的低阶振型包含较大能量，其改变会对结构体的运动产生影响。微车车身结构的模态分析主要是针对车身系统在低阶的振动位移与频率进行优化研究。弯曲振型、扭转振型组成了微车车身结构体的低阶振型，有时是二者振型的结合。微车车身结构在不同激励下会出现不同的振动，具体频率分布如表 7-11 所示。

表 7-11 微车车身激励频率以及相应振型

频率范围/Hz	激励源或振动振型	车身模态优化处理措施
0~20	发动机振动与轮胎振动（激励）	避免
20~50	弯曲变形、扭转变形（振型）	优化
50~200	传动系统振动、发动机振动（激励） 车身板件如前后地板的振动（振型）	优化
>200	齿轮啮合噪声、燃烧噪声（激励） 承载件、骨架零件等的强迫振动（振型）	优化

由表 7-11 可知，模态分析研究微车车身振动频率范围为 20~50Hz（低阶），而车身的发动机与轮胎的振动频率与其比较靠近，因此在进行模态分析时，应改进微车车身结构，使得低阶振动频率应大于发动机与轮胎的振动频率，避免发生车身共振。通过分析低阶模态振型可以得到车身振动形变较小位置，可将发动机等激励源放置该位置附近，可有效降低车身的振动。另外合理的布置微车车身附加件、内饰等可以明显提高微车车身的低阶频率。

微车车身结构设计的不合理，同样会影响车身低阶频率的大小。如当车身前部结构与乘员舱的连接刚度不足以及前部支撑结构刚度不足时，微车车身低阶频率会下降较多。当行驶在崎岖不平的路面时，车身前部发生振动，刚度不足的车身会导致车身的低阶频率与悬架的振动频率比较接近，导致前部车身发生剧烈振动，影响乘坐的舒适性。因此，在模态分析优化时应注意改进影响整车刚度的结构件。根据微型汽车车身结构特点，为提高车身前部结构与乘员舱结构的连接刚度，改善微车低阶模态频率大小，可采用以下方法对微车车身结构进行改善：①适当增加车身 A 柱板厚，增大 A 柱横截面积；②增强前挡板与前纵梁的焊点连接；③加强纵梁与轮罩板、内护板的焊点连接。

另外微车车身大型覆盖件比较容易在外部激励作用下发生振动变形，如车身前后地板、侧面包围等。车身覆盖件的振动变形会使乘员舱的体积发生变化同时会产生振动和噪声，如微车地板发生共振作用时会发出类似敲鼓的声音，大大降低乘员乘坐的舒适性。

将车身覆盖件简化为薄板结构，利用薄板振动理论，对于四边支撑的长方形薄板固有频率 ω 与弯曲刚度 D 的计算公式为

$$\omega = \pi^2 \sqrt{\frac{D}{\rho t}} \left[\frac{m^2}{a^2} + \frac{n^2}{b^2} \right] \tag{7-8}$$

$$D = -\frac{Et^3}{12(1-\mu^2)} \tag{7-9}$$

式中，ρ 为车身覆盖件的材料密度；a、b 分别为简化的长方形薄板的长度和宽度；m、n 分别为沿薄板 a 边和 b 边方向的模态阶数；t 为简化薄板的厚度；μ 为覆盖件材料的泊松比；E 为其对应的弹性模量。

由式（7-8）可知，车身覆盖件的固有频率与材料厚度以及形状尺寸有关，因此可以通过适当增加薄弱覆盖板件的厚度或改进其形状来避免共振，也可通过设置冲压肋，切断振动波传递方向，改善微车车身覆盖件的振动特性。

7.2.4.2 微车车身的模态分析理论

微车车身的模态分析是解决车身动态问题的基础，特别是针对车身振动问题。进行模态分析可获得微车车身的模态参数和振型，并判断微车车身结构的薄弱点，缩短微车车身轻量化周期。

某线性弹性系统，其具有 N 维（$N \to \infty$）自由度，其系统结构运动微分方程为

$$[M]\{\ddot{x}(t)\}+[C]\{\dot{x}(t)\}+[K]\{x(t)\}=\{f(t)\} \tag{7-10}$$

式中：$[M]$、$[K]$、$[C]$ 分别为结构体的质量矩阵、刚度矩阵、阻尼矩阵；$\{f(t)\}$ 为结构体的作用力（激振）向量；$\{x(t)\}$ 为结构体的位移响应向量。

由于所研究的微车车身模型的振动阻尼比在 3% 以下，其对结构体的固有振型和频率参数影响可以忽略。故可将微车车身的振动近似为线性系统的无阻尼振动，因此可得到微车车身系统无激励向量振动的微分方程为

$$[M]\{\ddot{x}(t)\}+[K]\{x(t)\}=[0] \tag{7-11}$$

$$\{x(t)\}=\{\phi\}\sin(\omega t+\varphi) \tag{7-12}$$

$$f_i=\frac{\omega_i}{2\pi}(i=1,2,\cdots,n) \tag{7-13}$$

$$[K]\{\phi\}_i=\omega_i^2[M]\{\phi\}_i \tag{7-14}$$

式中，ω_i 为车身系统各阶固有频率；$\{\phi\}_i$ 为车身对应阶的振型向量。

振动微分方程的特征解即特征向量与特征值决定着车身的自由模态振动形式，通过求解微车身振动微分方程即可得到。利用 Nastran 求解振动微分方程的常用方法有变换法、Lanczos 法、Power Dynaamics 法、子空间法和跟踪法等，本文采用 Lanczos 法对微车车身进行自由模态分析。

7.2.4.3 微车车身的模态分析

对微车车身的自由模态分析其本质是对车身固有振动特性进行分析，其结果反映了微车车身在特定激励频率下的车身各部分结构的变形特征，其中表征的车身弯曲扭转模态振型在另一方面说明了车身静态弯曲、扭转刚度的特征，车身出现扭转弯曲变形的频率越高，车身刚度性能越好。设置 HyperWorks 模态分析计算结果输出卡片，计算得到了微车车身频率参数与应变云图，如表 7-12 和图 7-38 所示。

表 7-12 微车车身模态分析参数

阶数	频率参数/Hz	振型参数
1	24.51	车身尾部横向位移
2	29.91	车身顶盖后部 Z 向振动
3	33.21	车身弯曲振动变形
4	38.47	车身前风窗、顶盖 Z 向振动
5	40.62	车身风窗、顶盖、侧包围振动变形
6	42.54	风窗、顶盖、包围及地板振动变形
7	44.64	车身扭转振动变形
8	48.74	车身前纵梁振动变形
9	49.09	车身侧包围振动变形
10	53.32	车身门框振动变形

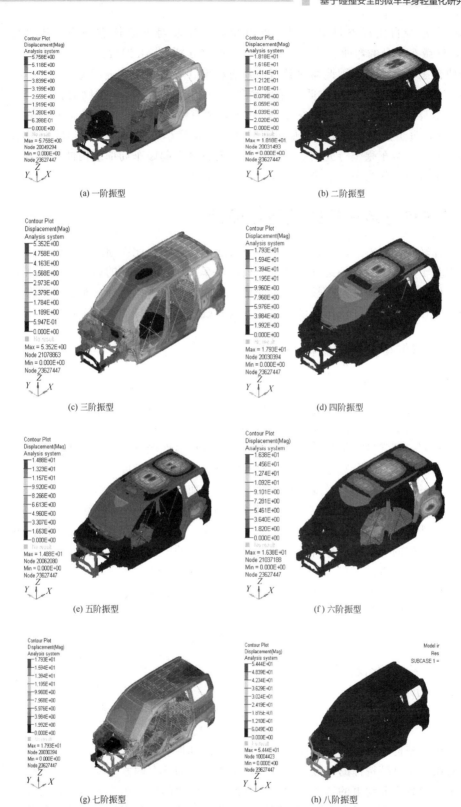

图 7-38 微车车身自由模态分析结果

根据微车车身自由模态计算结果,可以得到微车车身低阶模态频率范围为24.54～53.32Hz,该微车车身的弯曲、扭转的模态频率参数分别为33.21Hz、44.64Hz,比同级微车车身弯曲模态频率略低,因此需对其弯曲模态频率(弯曲刚度)进行优化。

从表7-11可知,微车车身在低阶频率易受来自发动机、轮胎等激励的作用,因此设计得到的微车车身结构的一阶频率应在25Hz以上,现有微车车型的自由模态分析的一阶模态频率为24.54,过于接近发动机、轮胎的激励频率,在汽车启动时或低速运转时易引起车身共振,这样不但使微车乘坐行驶的舒适性降低,而且会引起微车局部结构件的振动损坏,因此需对微车车身的一阶模态频率进行优化至27Hz以上。

7.3 微车车身结构件的轻量化设计

车身构件轻量化要解决的关键问题是筛选合适的构件,因此需通过一定的评价标准进行筛选。文中基于灵敏度分析理论分析了构件板厚对车身动静态特性的影响,筛选出适合减薄或加厚的构件组。并以构件组的板厚为自变量,车身质量为优化目标,车身动静态特性为约束条件进行优化分析,以降低车身模型质量,同时改善微车车身的动静态特性。

7.3.1 基于灵敏度分析的结构件筛选

7.3.1.1 灵敏度分析原理

微车车身结构合理、性能稳定是轻量化车身优化设计的目标。当微车车身的数学模型构建完成后,为了满足设计制造以及整车性能等要求,微车车身结构需进行局部结构的调整与修改。即使研究一种常见的结构体,其结构优化也有很多性能指标与参数指标选择,为明确参数优化的有效性,对各参数指标的改变对性能指标变化的灵敏度研究是很有必要的。

静态与动态特性分析是灵敏度分析的常见形式,动态特性灵敏度分析主要分析结构体的特征向量、特征值等特性,静态特性灵敏度分析主要分析结构体的质量、应变、应力等特性。微车结构件的特征参数一般为车身结构件的板厚、惯性矩等参数,通过灵敏度分析可避免对复杂整车结构的分析而去分析部件参数对整车特性的影响,这里对微车车身结构件的板厚参数进行灵敏度分析。

在函数可微的基础上,结构体的一阶灵敏度 S 为目标函数 $F(x)$ 对自变量参数 x 的微分,结构体的灵敏度 S 同样为 x 的函数,即

$$S = (F)_j = \frac{\partial F(x)}{\partial x_j} \tag{7-15}$$

Nastran灵敏度优化设计是利用梯度优化工具开展的,在某一参数点 X 处的梯度灵敏度 $Sen(u_i/x_j)$ 为

$$Sen(u_i/x_j) = \frac{\partial u_i}{\partial x_j} = \frac{u_i(X + \Delta x_j) - u_i(X)}{\Delta x_j} \tag{7-16}$$

在研究车身结构体的灵敏度特性以及动静态特性过程中,其求解软件的输入输出设置至关重要。对微车车身结构件的灵敏度进行分析中最重要的三个因素为变量参数选择、特性优化目标确定和参数边界约束的选取。微车车身的结构优化问题常用边界约束有两种,一种是车身动静态特性约束,如微车车身弯曲刚度、模态分析的一阶频率等,另外一种是生产制造约束,如生产线的加工能力、采购材料的尺寸范围等。具体的灵敏度分析边界约束如表7-13所示。

表 7-13　灵敏度分析边界约束

约束类型	模型表达式	软件对应卡片
参数边界约束	$x_i^l \leqslant x_i \leqslant x_i^u, i=1,2,\cdots,n$	Variable Limit
特性边界约束	$G_j(X) \leqslant 0, j=1,2,\cdots,n$	
优化目标	$F = \mathrm{Min} f(X)$ $X = \{x_1, x_2, \cdots, x_n\}$	Response

根据灵敏度分析原理，对微车车身进行约束处理后，再对车身目标函数求解，即可得到结构参数最优结果，灵敏度分析的步骤流程如图 7-39 所示。

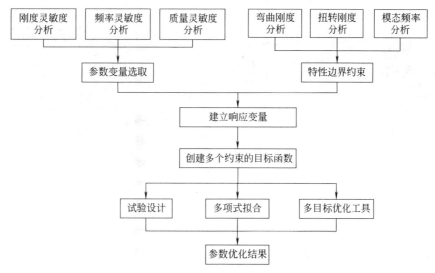

图 7-39　灵敏度分析步骤

7.3.1.2　结构件的筛选

微车车身结构体进行灵敏度分析计算时，优化参数即构件板厚数量的增加会导致函数维度增加，求解函数响应的时间将大幅增加。从微车车身开发流程和实际生产制造需求来说，筛选微车车身结构件的板厚参数是必要的。虽然额外的构件板厚参数对整体模型计算没有影响，只是分析结果多了几个输出响应，但是仍然会增加工程师的参数设置工作量和后处理工作量。微车车身上的板类构件约 600 个，根据车身对称性原理将对称构件看作一个，但剩余车身构件数量仍高达 300 多个。不是改变每一个微车车身构件的参数都能够有效地改善微车车身性能同时降低微车车身质量的，因此，需从众多车身板件中筛选出需要研究的构件对象。

微车车身上构件材料使用厚度参数的确定，主要是通过其对车身各性能的影响以及生产制造等的要求为基础进行考虑的。关于灵敏度分析构件的筛选没有明确的准则供判断，依据工程设计经验去除不适合优化的构件，对剩余车身构件进行灵敏度分析。不适合优化的构件类型主要包括以下几种。

① 起连接和附属作用的小构件。此类零件数量很多，主要作用是焊接连接、螺栓连接、连接其他附属件，其参数对灵敏度分析影响不大，微车车身连接件及附属件如图 7-40 所示。

② 微车车身大面积覆盖件，如车身顶盖、侧围板，这些车身构件模具修改成本较高，同时表面形位公差尺寸公差要求很高，因此不宜优化。微车车身大面积车身覆盖件如图 7-41 所示。

③ 影响耐撞性的关键结构件，如微车前纵梁、门槛梁、B 柱加强板等，改动其结构需

做专门的实车试验进行验证，因此需避开处理，具体结构体如图 7-42 所示。

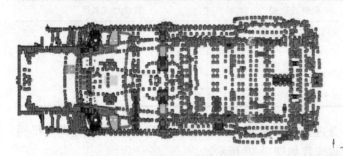

图 7-40　微车车身连接件及附属件

图 7-41　微车车身大面积车身覆盖件

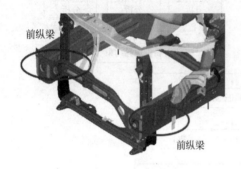

(a) 微车车身前纵梁结构体

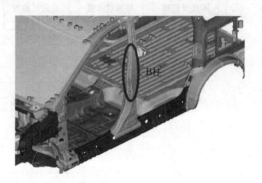

(b) 微车车身B柱及门槛梁

图 7-42　影响耐撞性的关键结构件

去除上述 3 类车身构件，剩余 100 个构件主要是微车车身基本框架组。将对称的微车车身结构看作一个进行灵敏度分析，分析后获得车身各构件板厚对车身弯曲、一阶模态频率、重量等特性的影响。

7.3.2　微车车身动静态特性的灵敏度分析

7.3.2.1　构件板厚对微车弯曲刚度的灵敏度分析

根据微车车身弯曲刚度与测量点应变位移的数学关系，可以将构件板厚对微车弯曲刚度的灵敏度转化为构件板厚对微车测量点应变位移的灵敏度。求解位移灵敏度可从结构体的平衡方程着手，即

$$K\delta = F \tag{7-17}$$

式中，δ 为微车测量点的应变矢量；F 为微车作用力向量；K 为微车弯曲刚度矩阵。

对式 (7-17) 进行偏微分处理后，定义 t 为车身某构件的板厚，某一测量点的应变位移为 δ_1，则微车弯曲刚度的灵敏度 S_δ 为

$$S_\delta = \frac{\partial \delta_1}{\partial t} \tag{7-18}$$

根据应变位移与板厚的数学关系，当构件板厚与检测位置应变成正比时，微车的弯曲灵敏度为正值，即构件板厚值越大，检测点位移形变量越大，微车的车身弯曲刚度值越低；当构件板厚与检测位置的应变成反比时，微车的弯曲灵敏度为负值，即构件的板厚越大，检测点的位移越小，微车的弯曲刚度值越高。

设置 HyperWorks 的结构优化分析以及计算结果输出卡片，将集合微车车身灵敏度 S_δ 计算模型导入到 Msc/Nastran 中，得到微车车身结构件的弯曲灵敏度数值，其中最有意义的是弯曲灵敏度绝对值中最大与最小的构件组，如表 7-14 所示。

表 7-14 微车车身结构件的弯曲灵敏度

灵敏度	构件编号	构件名称（位置）	质量/kg	板厚/mm	弯曲灵敏度/(mm/mm)
较大	1	左右后轮外板	1.385	0.800	1.261×10^{-2}
	2	A 柱外板	1.570	1.000	1.703×10^{-2}
	3	A 柱上连接梁	1.015	1.000	1.541×10^{-2}
	4	A 柱下内梁加强板	3.085	1.200	3.324×10^{-2}
	5	前悬架支撑板	1.578	2.000	1.466×10^{-2}
	6	中柱外板	3.435	1.200	1.796×10^{-2}
	7	B 柱下端内板	2.179	1.500	3.115×10^{-2}
	8	门槛梁内板	4.625	1.600	0.1094E
	9	前围板内加强板	1.468	1.500	2.079×10^{-2}
	10	C 柱外板	5.320	1.200	1.269×10^{-2}
较小	1	后悬架安装顶座	0.682	3.000	6.936×10^{-6}
	2	后地板梁连接板	0.086	1.600	5.264×10^{-6}
	3	后地板梁附架	0.082	1.200	7.781×10^{-6}
	4	发动机支撑架	0.581	2.000	1.510×10^{-5}
	5	顶盖横梁加强板	2.037	1.400	1.831×10^{-5}
	6	前围支撑架	0.204	2.000	1.944×10^{-5}
	7	前风窗底板加强板	0.547	1.500	2.110×10^{-5}
	8	前地板下支撑梁	0.144	1.000	2.156×10^{-5}
	9	中地板支撑梁加强板	0.026	1.200	2.281×10^{-5}
	10	后门槛内加强板	0.043	1.200	2.365×10^{-5}

微车车身弯曲刚度灵敏度较大值与较小值区域的结构体分布如图 7-43 和图 7-44 所示。

图 7-43 微车较大弯曲灵敏度结构组

图 7-44 微车较小弯曲灵敏度结构组

通过分析图 7-43、图 7-44 和表 7-14，可得到影响微车弯曲刚度灵敏度最大与最小构件的参数与分布，对抵抗微车弯曲变形贡献较多的构件组主要分布在车身的前部包围与侧围，这些构件构成了一个半封闭的结构来抵抗微车的弯曲变形；对抵抗微车弯曲变形较小的结构组的分布没有特殊的规律，其质量分布都很小。这说明了弯曲刚度灵敏度的大小跟构件位置分布以及质量分布有一定的关系，灵敏度较小的结构组其质量总和远小于灵敏度较大的结构组。在进行灵敏度优化时，通常将增加灵敏度较大的结构组的板厚，降低灵敏度较小结构组的板厚，以实现优化微车性能的同时，降低微车的整车质量。

7.3.2.2 构件板厚对微车固有频率的灵敏度计算

根据模态理论，可得广义特征值问题

$$(K - \omega_i^2 M)\{\varphi_i\} = 0 \tag{7-19}$$

式中，K 为刚度矩阵；ω_i 为第 i 阶模态的固有频率；M 为微车的质量矩阵；$\{\varphi_i\}$ 为第 i 阶模态的振型向量（特征向量）。

将式（7-19）对设计参数板厚 t_i 求导可得

$$\frac{\partial K}{\partial t_i}\varphi + K\frac{\partial \varphi}{\partial t_i} - \frac{\partial \omega^2}{\partial t_i}M\varphi - \omega^2\frac{\partial M}{\partial t_i}\varphi - \omega^2 M\frac{\partial \varphi}{\partial t_i} = 0 \tag{7-20}$$

利用参数之间的关系式（7-21）、式（7-22）处理后可得到式（7-23）

$$\varphi^{\mathrm{T}} M \varphi = I \tag{7-21}$$

$$\omega = 2\pi f \tag{7-22}$$

$$\frac{\partial f}{\partial t_i} = \frac{1}{8\pi^2 f}\varphi^{\mathrm{T}}\frac{\partial K}{\partial t_i}\varphi - \frac{f}{2}\varphi^{\mathrm{T}}\frac{\partial M}{\partial t_i}\varphi \tag{7-23}$$

式（7-23）即为微车车身的特征参数 S_f（模态频率灵敏度），根据其计算公式可知，灵敏度 S_f 与微车的弯曲灵敏度 S_δ 数值范围上并不相同，灵敏度 S_f 参数通过计算可能是负值，这说明了微车车身构件板厚与模态频率参数可能成正比增长，也可能成反比增长，这是由于车身系统复杂结构体导致固有频率特性多变。尽管这一特性会给规律性分析结构体的灵敏度特性带来麻烦，但是同时也可利用正负灵敏度这一特性在降低构件板厚的同时提高微车车身的频率参数。即降低灵敏度 S_f 为负值构件的板厚，可增加微车车身的模态频率参数，减薄的同时能够降低结构组的质量。

设置 HyperWorks 的结构优化分析及计算结果输出卡片，将微车车身灵敏度计算模型导入到 Msc/Nastran 中，得到微车车身结构件的模态频率参数的灵敏度数值，其灵敏度如表 7-15 所示。

表 7-15 微车车身结构件的模态频率灵敏度

灵敏度	构件编号	构件名称（位置）	质量/kg	板厚/mm	频率灵敏度/(Hz/mm)
较大	1	风窗上板	1.015	1.000	0.7261
	2	左右A柱内板	0.886	0.800	0.8374
	3	风窗下加强板	3.085	1.200	1.161
	4	左右前悬架顶盖	1.578	2.000	0.6570
	5	左右前悬架侧板	1.240	1.200	0.5114
	6	防火墙板	5.861	1.200	0.7635
	7	B中柱下内板	4.625	1.600	0.5152
	8	防火墙下连接板	3.590	0.800	0.4662
	9	纵梁中段侧板	1.622	1.800	0.6897
	10	中地板加强板	1.016	1.200	0.7269

续表

灵敏度	构件编号	构件名称（位置）	质量/kg	板厚/mm	频率灵敏度/(Hz/mm)
较小	1	后柱内加强板	5.320	1.200	-9.145×10^{-2}
	2	后门框底横梁	2.797	1.000	-5.424×10^{-2}
	3	后门框底横梁加强板	7.016	1.200	-7.267×10^{-2}
	4	后门框侧梁	2.215	1.000	-6.864×10^{-2}
	5	后门框顶梁	1.050	1.200	-7.734×10^{-2}
	6	后顶盖横梁	0.733	1.500	-5.516×10^{-2}
	7	中柱顶纵梁	0.829	1.800	-8.239×10^{-2}
	8	散热器顶横梁	1.261	1.200	-0.1716
	9	散热器底横梁	0.735	1.200	-0.2081
	10	散热器侧梁	0.464	1.000	-0.1135

微车车身模态频率参数灵敏度较大值与较小值区域的结构体分布如图 7-45 和图 7-46 所示。

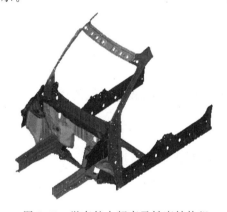

图 7-45 微车较大频率灵敏度结构组

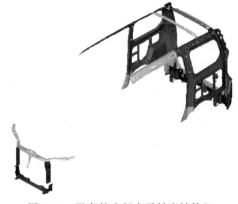

图 7-46 微车较小频率灵敏度结构组

通过分析图 7-45、图 7-46 和表 7-15 可知，与微车频率灵敏度成正比增长的车身构件主要集中在车身乘员舱的前部，因此需对该区域的结构件的板厚进行合理加厚，与微车频率灵敏度成反比增长的车身构件主要集中在微车车身的前部和尾部结构，可以通过减薄该区域的构件组的板厚来实现增加微车频率特性参数以及减重的目的。结合弯曲刚度的灵敏度分析，筛选出 20 个适合进行轻量化优化的结构体。

7.3.2.3 构件板厚对构件组质量的灵敏度分析

微车车身的构件大部分为冲压形成的板件，其质量等于冲压钢板的密度 ρ 乘以体积 V，构件的体积 V 与厚度 t 和表面积 S 成正比，因此构件板厚对构件组的灵敏度 S_G 为

$$S_G = \frac{\partial G}{\partial t} = \frac{\partial(\rho V)}{\partial t} = \frac{\partial(\rho S t)}{\partial t} = \rho S \propto S \quad (7\text{-}24)$$

由式（7-24）可知，微车车身构件的板厚 t 对车身质量 G 的灵敏度 S_G 在数值上成正比，且板厚 t 的大小对车身质量灵敏度没有影响，而仅与构件的表面积成线性关系，车身质量的偏差 ΔG 可通过式（7-25）进行精确的计算。

$$\Delta G = \sum_{i=1}^{n} G_i = \sum_{i=1}^{n} S_G \Delta t_i \tag{7-25}$$

7.4 微车车身模型的多目标优化

7.4.1 多目标试验设计

试验设计是利用统计数学的基础理论，为获得有效可靠的研究数据，而进行合理设计参数分布的方法。从 20 世纪开始日本数学家就开始利用正交试验方法设计优化参数点的分布，随后我国相关领域的数学家方开泰等研究出了均匀试验法，即利用最少的均匀分布试验数据点，获得最可靠最准确的试验数据的方法。

计算机在数据处理上的广泛应用推进了各种试验设计方法以及相关软件的开发，如 SPSS（Statistical Package for the Social Science）、Origin、Matlab 等软件的广泛使用，使得工程师面对各种试验数据能够更加快速可靠地进行分析处理。

在对选定板厚参数进行试验设计时，可选的试验方法众多，合理的选择参数试验设计方法能够获得有效准确的试验结果，反之若选择不合理会耽误车身开发进程，获得的车身参数分布也不是很合理。因此根据微车车身构件的板厚参数特征，选择均匀拉丁方试验设计作为处理板厚参数分布的方法。

利用均匀拉丁方试验对参数进行设计分布，其主要特征是空间点各水平的整齐性及均匀分散性，首先将参数空间合理的划分为若干水平，再将某一参数的空间点选出一水平，然后与其他参数的空间点组成一个优化组合，最后使每一个空间点都分配到不同的优化组中且在整个集合中只出现一次。

以一个两自变量四水平的拉丁方试验设计为例，拉丁方试验设计流程如下：

① 首先将参数的边界空间进行 n 等分得到 n 个点，整个空间有两个参数，即可以得到 n^2 个点；

② 在分散的区域中随机抽取两个数据点，如（1，2，3，4）与（3，2，1，4）组成一个矩阵，得到其转置矩阵 $\begin{bmatrix} 1 & 2 & 3 & 4 \\ 3 & 2 & 1 & 4 \end{bmatrix}^T$，矩阵的每一列决定了一个采样点，即（1，3）、（2，2）、（3，1）、（4，4）。组合后的空间点如图 7-47 所示，每一行每一列即每一水平只有 1 个数据点。

拉丁方试验设计比同类型的试验设计方法有很大的优势，首先拉丁方试验设计会对参数的空间进行均匀的划分并保证抽取空间点的随机性，这使每一个空间点分布的分散性和在数据处理中地位相同；其次其他试验设计方法在生成变量空间的空间点矩阵时会有很多约束，而其空间点矩阵的生成比较机动和方便；拉丁方试验设计的空间点覆盖了各个水平，而且空间的水平可根据用户的需求进行划分。

均匀拉丁方试验通过对空间点均匀性控制，使得空间点的均匀分布得到最优结果，其均匀性控制标准为

图 7-47 拉丁方试验设计实例

$$D = \left(\frac{4}{3}\right)^s - \frac{2}{n}\sum_{k}^{n}\prod_{j}^{s}(1+2x_{kj}-2x_{kj}^2) + \frac{2^s}{n^2}\sum_{k}^{n}\sum_{i}^{n}\prod_{j}^{s}[2-\max(x_{kj},x_{ji})] \tag{7-26}$$

以上述实例为例,增加了均匀控制的样本空间点的分布如图 7-48 所示,得到的 4 个空间点更加均匀地分布在整个空间水平中。

采用均匀拉丁方试验设计对微车车身板厚数据参数进行处理,根据生产用钢板厚度范围确定试验设计参数的范围为 [0.6,2.2],对之前根据灵敏参数值筛选出的 20 个结构件板厚参数进行划分,利用 Matlab 调用 Ldfd 函数,选择空间划分水平为 30,得到均匀分布的板厚参数点,然后将每个结构件的板厚带入到弯曲刚度、模态频率的计算模型中,得到车身特征参数的样本点分布,如表 7-16 所示。

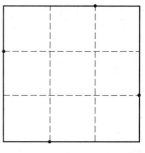

图 7-48 均匀拉丁方试验实例

7.4.2 建立近似数学模型

为实现非线性复杂结构体的优化,需建立结构体的特性目标函数与试验设计参变量的数学模型。但建立近似模型的方法很多,如克立格法、神经网络法、响应表面法等。

响应表面法(Response Surface Methods)是针对接口试验设计数据结果,采用数值分析方法如经验公式、数值测量等对多参数数据进行数学逼近拟合。实际应用中的很多复杂数学模型的建立都可以基于 Weierstress 原理采用多项式去拟合分析,因此选择拟合多项式的次数对计算结果的精确度与耗时影响很大。一阶多项式拟合非线性复杂模型时失真较严重,高阶多项式拟合精度高但会导致模型计算复杂程度指数级上升。相比较而言,二次多项式拟合较准确,结果较可靠,计算复杂度也不高。因此采用两阶多项式对均匀拉丁方试验设计数据进行拟合。

复杂结构函数的自变量与结果变量的非线性关系可用式(7-27)表示

$$f(x) = \hat{f}(x) + \varepsilon = \sum_{j=1}^{NB} h_j(x)\alpha_j + \varepsilon = h^T(x)\alpha + \varepsilon \tag{7-27}$$

式中,$\hat{f}(x)$ 为多项式拟合的近似函数;α 为多项式拟合的近似系数向量;ε 为逼近拟合的近似误差向量;$h_j(x)$ 与 NB 分别为目标函数的基函数与基函数项数。

二次多项式的基函数表达式为

$$h(x) = [1, x_1, x_2, \cdots, x_n, x_1 x_1, x_1 x_2, x_1 x_3, \cdots, x_1 x_n, x_2 x_2, x_2 x_3, \cdots, x_2 x_n, \cdots, x_n x_n] \tag{7-28}$$

拟合系数 α 可由最小二乘法得到,如式(7-29)、式(7-30)所示

$$E(\varepsilon) = \sum_{i=1}^{p} \varepsilon^2 = \sum_{i=1}^{p} \left\{ \left[y(x_i) - \sum_{j=1}^{NB} \alpha_j h_j(x_i) \right]^2 \right\}$$

$$\left. \frac{\partial E(\varepsilon)}{\partial \alpha_j} \right|_{\alpha_i} = -2X^T y + 2X^T X\alpha = 0$$

可得

$$\alpha = (X^T X)^{-1} X^T y \tag{7-29}$$

$$X = \begin{bmatrix} h(x_1) \\ \vdots \\ h(x_p) \end{bmatrix} = \begin{bmatrix} 1 & h_2(x_1) & h_3(x_1) & \cdots & h_{NB}(x_1) \\ 1 & h_2(x_2) & h_3(x_2) & \cdots & h_{NB}(x_2) \\ \vdots & \vdots & \vdots & \vdots & \vdots \\ 1 & h_2(x_p) & h_3(x_p) & \cdots & h_{NB}(x_p) \end{bmatrix} \tag{7-30}$$

式中,X 为基函数的矩阵形式;y 为空间点数值向量;x_i 与 p 分别为空间点的数值与个数。

表 7-16 车身特征参数的样本点分布

序号	零件1	零件2	零件3	零件4	零件5	零件6	零件7	零件8	零件9	零件10	零件11	零件12	零件13	零件14	零件15	零件16	零件17	零件18	零件19	零件20	弯曲刚度/(kN/mm)	一阶模态频率/Hz	质量/kg
试验1	1.70	1.20	1.40	1.20	0.80	1.70	1.00	2.10	1.30	2.10	1.20	2.00	1.10	1.30	0.80	1.90	1.30	1.00	1.00	0.70	10.324	25.216	316.564
试验2	1.90	1.50	1.40	0.90	0.80	1.90	1.20	1.70	1.80	1.30	1.50	1.90	1.80	1.80	1.20	1.90	2.00	0.80	1.70	0.90	10.768	25.981	320.845
试验3	0.70	0.90	1.10	1.50	0.60	0.90	1.50	1.90	1.90	0.90	2.10	2.10	2.20	0.60	1.40	1.60	1.70	1.90	0.80	1.40	10.112	26.438	315.264
试验4	2.00	1.50	1.50	1.90	2.20	1.90	1.60	1.10	1.10	1.50	1.50	0.60	1.50	0.70	1.00	1.10	1.00	2.10	1.40	0.80	11.462	27.687	323.812
试验5	1.10	1.60	2.00	1.80	1.70	1.40	1.10	2.10	2.20	2.00	1.40	1.50	1.00	1.60	1.10	1.30	1.20	0.80	0.60	2.00	10.625	26.348	318.245
试验6	1.60	0.80	2.10	1.10	1.10	2.00	1.90	2.10	0.70	1.80	2.00	1.70	2.10	1.80	1.80	1.20	0.60	1.20	1.90	1.10	11.035	27.162	320.914
试验7	0.90	0.80	1.60	2.10	1.50	0.80	2.20	1.60	1.70	1.40	1.90	1.30	0.90	2.00	1.80	1.50	1.80	0.60	2.00	2.00	10.331	26.475	313.628
试验8	1.10	1.40	1.90	0.80	0.90	2.00	1.60	0.60	1.70	1.80	1.10	0.90	0.80	2.00	1.30	1.10	1.40	0.70	1.10	0.60	10.229	26.184	314.176
试验9	1.80	2.10	1.70	1.40	1.30	0.70	1.70	1.40	0.80	1.80	1.60	1.50	2.00	1.20	2.00	1.70	1.90	1.80	1.10	1.20	11.647	27.364	324.294
试验10	1.20	1.00	1.80	2.20	1.10	0.70	1.80	1.50	1.40	0.90	1.70	0.70	1.60	1.40	1.10	0.80	1.60	0.90	2.00	2.10	11.037	27.091	318.375
试验11	1.50	1.60	2.20	1.00	1.00	1.50	1.30	1.50	1.20	1.80	1.60	1.00	1.70	1.50	1.30	0.80	1.50	1.80	2.00	1.50	11.131	26.382	319.724
试验12	1.10	1.80	1.30	1.00	2.10	1.60	0.90	0.90	2.10	2.10	1.30	1.20	1.90	1.70	0.70	0.90	1.90	0.90	1.30	1.40	10.834	27.086	315.947
试验13	1.40	1.90	2.00	0.80	0.90	0.80	0.80	1.40	0.70	1.10	0.70	2.20	0.60	2.10	1.50	1.80	1.60	1.50	1.20	1.60	10.436	26.837	312.481
试验14	2.20	2.20	1.50	1.80	1.30	2.00	0.60	1.20	1.50	2.10	0.90	0.80	2.00	0.80	1.10	1.70	0.70	1.90	2.00	1.80	11.624	27.494	325.629
试验15	1.30	1.30	0.80	2.20	1.10	1.20	1.30	2.00	2.10	1.20	1.90	1.00	2.00	2.20	1.60	1.50	1.50	1.50	2.00	0.80	10.645	26.311	317.514
试验16	2.00	0.70	0.90	2.20	1.80	2.20	0.90	0.70	1.70	1.60	1.40	1.60	2.00	1.30	1.00	0.80	1.80	1.70	2.00	2.20	10.497	26.836	314.542
试验17	2.10	0.70	0.80	1.80	1.90	2.10	1.80	2.00	2.10	1.50	0.80	0.80	1.70	2.00	2.10	2.00	1.40	0.90	1.50	1.10	10.533	26.627	315.618
试验18	0.70	1.20	1.70	1.30	1.80	1.80	1.30	1.00	1.80	0.60	1.80	0.80	1.70	1.00	1.00	2.10	2.20	1.10	1.60	1.70	10.114	26.636	310.375
试验19	1.40	0.60	1.30	1.80	1.90	1.10	0.90	2.00	1.30	1.40	1.10	1.40	1.40	0.80	1.80	1.00	0.90	1.40	1.30	1.40	10.287	25.437	312.881
试验20	1.60	1.00	2.10	0.60	1.40	1.00	0.80	1.60	0.60	1.70	1.80	1.60	2.00	2.20	1.40	1.40	2.10	2.20	1.20	1.60	11.847	27.915	319.426
试验21	1.60	2.10	1.20	1.40	1.80	2.20	2.10	1.90	1.70	1.70	2.10	1.10	2.00	1.30	1.80	0.90	1.70	1.50	0.70	0.90	10.842	26.872	317.224
试验22	1.80	1.90	1.60	1.20	1.60	2.10	1.40	1.10	1.00	0.90	1.40	1.30	2.00	2.00	1.00	2.10	0.80	1.70	0.90	2.20	10.517	26.379	315.418
试验23	0.80	0.70	0.80	2.10	1.00	1.80	1.30	2.00	1.50	1.50	0.80	1.60	1.70	1.30	0.70	1.00	1.40	0.90	0.80	1.10	10.085	25.955	309.384
试验24	0.90	1.00	1.20	2.00	1.90	1.10	0.90	1.20	2.10	0.60	1.50	1.60	2.00	1.90	2.00	1.40	2.20	1.10	2.20	1.70	10.486	26.062	311.825
试验25	2.10	1.10	1.70	2.00	1.00	1.40	1.20	1.00	1.30	1.30	0.80	1.40	1.80	1.60	1.80	1.00	0.90	1.40	1.60	1.10	10.735	26.594	314.373
试验26	1.30	1.20	0.70	2.10	1.40	1.10	0.70	1.40	1.20	1.10	1.80	1.20	1.80	0.80	1.40	2.00	1.40	2.20	1.50	1.10	10.518	26.782	313.447
试验27	0.80	2.00	0.80	1.30	1.60	1.40	1.20	1.80	2.10	0.80	1.10	1.00	0.70	0.80	1.90	1.20	0.80	2.10	2.10	1.00	10.627	26.697	317.349
试验28	1.70	1.70	1.10	1.30	1.30	1.30	1.50	0.90	1.10	1.50	2.20	2.10	1.40	1.70	1.60	2.10	0.70	1.30	1.50	1.50	10.428	26.378	315.386
试验29	1.00	1.70	1.20	1.10	1.90	1.60	2.00	1.20	2.10	0.70	2.00	1.00	1.30	1.20	1.90	1.10	1.30	2.00	1.50	1.30	10.583	26.916	316.924
试验30	0.60	1.90	1.00	0.70	2.00	0.80	0.90	0.80	0.80	1.20	1.10	1.40	2.10	1.60	1.60	1.40	2.10	2.00	1.70	1.60	10.507	26.348	316.038

生成二次响应模型后，为保证后续优化的准确性，需对生成的响应模型的精确度进行评估，保证响应面模型的合理性，即检测拟合数学模型与实际数值模型的差别，通常使用优化后的决定系数 R_{adj}^2 来衡量其拟合状况，优化后的决定系数 R_{adj}^2 与 1 的差值越小，说明响应模型的建模精度越高，拟合结果越合理。决定系数 R_{adj}^2 的计算公式如下

$$R_{adj}^2 = 1 - \frac{\sum_{i=1}^{p}(\hat{y}_i - \overline{y}_i)^2 (p-1)}{\sum_{i=1}^{p}(y_i - \overline{y}_i)^2 (p-k-1)} \tag{7-31}$$

式中，k 为自变量个数；y_i、$\hat{y}_i$ 及 $\overline{y}_i$ 分别是响应量的实测值、预测值及实测值的平均值。

利用 Matlab 中多项式拟合工具中的 Regstats 函数进行板厚自变量与目标函数的拟合，分别拟合了构件板厚与微车车身的弯曲刚度、总质量、一阶模态频率参数之间函数关系，具体形式如式（7-27）所示，由于板厚自变量的数量过多，因此多项式响应模型的系数利用表来表示，具体的 3 个函数的拟合系数分别如表 7-17～表 7-19 所示。

最后分别计算各函数的优化决定系数 R_{adj}^2，分别为 0.9943、0.9952、0.9937，与 1 非常逼近，因此说明二次多项式响应模型的拟合精确度能够满足后续的优化计算，模型拟合合理。

7.4.3 多目标优化计算

Matlab 软件中内嵌强大的优化工具，可用于多约束条件下的多目标函数优化，求解多次多阶复杂方程的最优解，其计算优化过程每一步都是选择最优方式，避免了无法优化或得不到最优解的情况发生，针对车身质量的多约束最优值求解问题，采用多目标优化工具。

遗传算法（Genetic Algorithm）是 Matlab 多目标优化算法的一种，其原理与函数自变量形式类似，首先函数中的自变量对应物种个体中所包含的基因，物种不断进化而优化对应函数在特定约束下的筛选，物种之间的交叉变异与函数做一定形式的运算得到新的特性，最终物种表征出一种最佳状态即函数的最优特征解。

非支配排序算法 NSGA 采用的是 Pareto 排序筛选最优的思想，其求解最优解首先是将物种按照某种适应度标准进行划分，并赋予相应的数值，在物种内共享；接着忽略划分标准继续重新划分，直至所有物种赋予值趋势相同，在此类操作的基础上随机抽取物种，最终使解集往 Pareto 边沿移动。虽然 NSGA 对求解解集的维度以及解集边缘的形状等无其他要求，但是反复划分等级使得运算量急剧上升，并且对于最优个体的保存上存在不足。针对上述问题，NSGA-Ⅱ优化算法在原来算法的基础上增加了精英保存算子以及密度控制算子，其基本原理是从原始物种集合开始，继承了优化前的划分标准以及适应度标准，利用锦标赛方式筛选出子物种集合，接着类似之前边缘趋近方式得到最优解。从整体上来说该算法更加有效、省时，能够较好地保存原始优势物种个体，并且保证了物种种类的多样性。因此采用优化 NSGA-Ⅱ算法对微车的多目标特性进行优化。

以微车车身质量最小化的多目标优化问题为例，多目标数学模型中包括质量最小目标函数 $f_G(x)$ 以及处理后的弯曲刚度 $F_{EI}(x)$、模态频率 $K_f(x)$ 参数两个约束条件，自变量板厚的优化域为 $[0.6, 2.2]$，微车质量优化多目标数学模型如下

表 7-17 弯曲刚度拟合系数

自变量	1.00	x_1	x_2	x_3	x_4	x_5	x_6	x_7	x_8	x_9	x_{10}	x_{11}	x_{12}	x_{13}	x_{14}	x_{15}	x_{16}	x_{17}	x_{18}	x_{19}	x_{20}
1.00	1.00	—	—	—	—	—	—	—	—	—	—	—	—	—	—	—	—	—	—	—	—
x_1	5.30	—	—	—	—	—	—	—	—	—	—	—	—	—	—	—	—	—	—	—	—
x_2	−0.30	0.20	—	—	—	—	—	—	—	—	—	—	—	—	—	—	—	—	—	—	—
x_3	0.00	0.00	0.10	—	—	—	—	—	—	—	—	—	—	—	—	—	—	—	—	—	—
x_4	0.00	0.10	−0.05	0.20	—	—	—	—	—	—	—	—	—	—	—	—	—	—	—	—	—
x_5	0.60	0.00	0.00	0.30	0.60	—	—	—	—	—	—	—	—	—	—	—	—	—	—	—	—
x_6	0.20	−0.05	0.10	0.00	−0.70	−0.10	—	—	—	—	—	—	—	—	—	—	—	—	—	—	—
x_7	0.10	1.00	−0.04	0.00	0.00	0.60	0.20	—	—	—	—	—	—	—	—	—	—	—	—	—	—
x_8	0.05	0.00	0.00	1.30	0.80	0.00	−0.30	1.20	—	—	—	—	—	—	—	—	—	—	—	—	—
x_9	0.00	0.03	0.00	0.00	−0.30	0.00	0.20	−0.90	0.40	—	—	—	—	—	—	—	—	—	—	—	—
x_{10}	0.30	0.04	0.10	0.00	0.00	0.60	0.00	0.40	0.10	0.20	0.50	—	—	—	—	—	—	—	—	—	—
x_{11}	−1.00	−0.25	0.00	0.00	0.10	0.00	−0.10	0.00	0.00	−0.60	−0.10	0.00	—	—	—	—	—	—	—	—	—
x_{12}	0.30	0.00	0.40	0.40	−0.20	−0.10	0.00	0.00	0.10	0.00	−0.40	0.00	0.00	—	—	—	—	—	—	—	—
x_{13}	0.50	0.80	0.00	0.50	0.00	−0.20	0.10	−0.05	0.00	0.10	0.00	0.10	0.20	0.40	—	—	—	—	—	—	—
x_{14}	0.10	0.00	−0.10	0.30	0.10	0.40	0.00	0.00	0.20	−0.40	−0.70	0.00	0.50	−0.20	0.30	—	—	—	—	—	—
x_{15}	0.00	0.30	0.70	−0.30	−0.60	0.80	0.40	−1.20	−0.20	0.20	0.00	0.10	0.00	0.10	−0.10	1.10	—	—	—	—	—
x_{16}	−0.20	0.00	0.10	0.40	0.00	0.00	0.70	0.90	0.60	0.00	0.00	0.00	−0.80	0.00	0.40	−0.40	0.20	—	—	—	—
x_{17}	−0.40	−0.20	−0.30	0.00	−0.60	0.40	0.60	0.00	0.00	1.00	0.00	−0.40	0.00	0.10	0.00	0.00	0.00	0.40	—	—	—
x_{18}	0.40	0.40	0.10	0.40	0.00	0.80	0.00	0.30	0.10	0.50	0.00	0.00	0.10	0.20	0.30	0.20	−0.10	−0.20	1.40	—	—
x_{19}	0.00	0.00	−0.30	0.00	−0.10	0.00	−0.40	0.00	0.00	0.20	0.00	−0.20	0.00	0.00	0.00	0.00	0.00	0.10	0.30	0.50	—
x_{20}	0.00	0.10	0.50	0.10	0.00	0.40	−0.20	0.30	0.10	0.50	0.00	0.00	0.10	0.20	0.00	0.00	−0.25	0.10	0.00	0.10	0.20

表 7-18 质量数学模型拟合系数

自变量	1.00	x_1	x_2	x_3	x_4	x_5	x_6	x_7	x_8	x_9	x_{10}	x_{11}	x_{12}	x_{13}	x_{14}	x_{15}	x_{16}	x_{17}	x_{18}	x_{19}	x_{20}
1.00	1.00	—	—	—	—	—	—	—	—	—	—	—	—	—	—	—	—	—	—	—	—
x_1	97.50	1.20	—	—	—	—	—	—	—	—	—	—	—	—	—	—	—	—	—	—	—
x_2	0.40	0.90	5.70	—	—	—	—	—	—	—	—	—	—	—	—	—	—	—	—	—	—
x_3	0.80	0.60	0.40	4.90	—	—	—	—	—	—	—	—	—	—	—	—	—	—	—	—	—
x_4	0.00	1.80	0.40	1.80	0.30	—	—	—	—	—	—	—	—	—	—	—	—	—	—	—	—
x_5	0.40	3.70	0.00	5.40	1.40	0.70	—	—	—	—	—	—	—	—	—	—	—	—	—	—	—
x_6	2.60	0.10	3.10	2.70	0.90	0.20	1.50	—	—	—	—	—	—	—	—	—	—	—	—	—	—
x_7	0.00	7.20	2.40	0.20	0.00	0.60	1.30	2.50	—	—	—	—	—	—	—	—	—	—	—	—	—
x_8	1.20	0.60	0.00	1.30	1.50	3.70	0.60	0.20	0.30	—	—	—	—	—	—	—	—	—	—	—	—
x_9	0.80	2.50	3.60	0.20	0.60	0.30	0.00	1.20	0.70	0.10	—	—	—	—	—	—	—	—	—	—	—
x_{10}	1.20	0.00	1.20	0.70	0.00	2.50	3.20	0.70	3.60	1.80	0.40	—	—	—	—	—	—	—	—	—	—
x_{11}	0.60	0.70	0.60	6.30	7.40	0.30	0.10	1.10	0.90	0.30	1.70	1.20	—	—	—	—	—	—	—	—	—
x_{12}	0.80	0.90	1.30	0.10	9.60	0.40	0.10	3.40	0.30	0.20	0.80	3.50	0.80	—	—	—	—	—	—	—	—
x_{13}	0.00	2.60	0.00	0.10	0.00	0.20	0.00	0.40	1.20	0.10	0.30	0.10	0.00	3.70	—	—	—	—	—	—	—
x_{14}	2.50	0.30	0.10	0.60	7.30	0.60	0.40	0.90	0.00	0.10	0.20	1.20	0.30	2.10	8.50	—	—	—	—	—	—
x_{15}	0.00	0.20	1.60	0.30	4.60	0.70	0.80	1.60	0.80	0.00	6.50	1.70	1.20	3.30	0.30	2.60	—	—	—	—	—
x_{16}	0.10	1.90	0.00	0.80	2.60	2.10	0.00	0.70	1.60	0.00	4.70	0.30	1.40	0.10	1.10	0.70	3.40	—	—	—	—
x_{17}	1.30	0.30	2.60	3.90	0.00	3.40	4.90	1.50	3.50	0.30	3.90	0.60	0.00	6.30	0.30	1.40	2.70	4.50	—	—	—
x_{18}	0.10	0.70	4.20	5.30	0.00	0.60	2.60	0.00	8.60	0.00	0.20	1.90	0.40	0.60	2.10	7.20	0.40	0.70	2.70	—	—
x_{19}	0.00	0.10	0.80	0.00	3.20	0.00	0.00	3.80	0.70	0.80	0.60	2.60	0.00	5.40	0.40	2.60	5.00	1.30	3.70	0.30	—
x_{20}	1.90	0.50	0.00	1.20	0.00	0.10	0.00	0.00	0.60	0.00	2.70	0.10	0.00	0.00	1.20	0.40	0.30	0.10	3.60	0.00	0.40

表 7-19 模态频率参数拟合系数

自变量	1.00	x_1	x_2	x_3	x_4	x_5	x_6	x_7	x_8	x_9	x_{10}	x_{11}	x_{12}	x_{13}	x_{14}	x_{15}	x_{16}	x_{17}	x_{18}	x_{19}	x_{20}
1.00	1.00	—	—	—	—	—	—	—	—	—	—	—	—	—	—	—	—	—	—	—	—
x_1	10.60	—	—	—	—	—	—	—	—	—	—	—	—	—	—	—	—	—	—	—	—
x_2	1.20	0.60	—	—	—	—	—	—	—	—	—	—	—	—	—	—	—	—	—	—	—
x_3	0.40	0.10	0.70	—	—	—	—	—	—	—	—	—	—	—	—	—	—	—	—	—	—
x_4	0.00	0.20	0.40	−0.20	—	—	—	—	—	—	—	—	—	—	—	—	—	—	—	—	—
x_5	0.00	0.00	1.20	0.60	−0.70	—	—	—	—	—	—	—	—	—	—	—	—	—	—	—	—
x_6	0.60	−0.50	0.00	0.20	1.30	1.60	—	—	—	—	—	—	—	—	—	—	—	—	—	—	—
x_7	0.20	0.80	0.00	0.10	0.80	−0.70	1.40	—	—	—	—	—	—	—	—	—	—	—	—	—	—
x_8	0.00	−0.90	−0.40	0.20	−0.30	1.20	0.00	0.80	—	—	—	—	—	—	—	—	—	—	—	—	—
x_9	1.70	0.00	0.20	0.00	−0.40	0.00	0.70	0.00	0.10	—	—	—	—	—	—	—	—	—	—	—	—
x_{10}	0.00	1.30	0.00	1.60	0.30	0.90	0.40	0.40	0.10	−0.30	—	—	—	—	—	—	—	—	—	—	—
x_{11}	−0.40	0.00	−0.30	0.10	−0.80	0.40	0.60	−1.60	0.20	0.00	0.20	—	—	—	—	—	—	—	—	—	—
x_{12}	0.00	1.40	0.90	0.00	0.40	−0.80	0.90	2.30	0.40	0.20	0.60	1.20	—	—	—	—	—	—	—	—	—
x_{13}	−0.20	−0.80	−0.60	0.10	1.00	0.00	−0.20	0.70	−1.50	0.00	0.00	0.20	0.10	—	—	—	—	—	—	—	—
x_{14}	0.00	−0.30	0.00	0.30	0.00	0.20	−0.40	1.90	−1.00	−0.40	0.10	−0.70	0.00	0.60	—	—	—	—	—	—	—
x_{15}	0.10	0.40	−0.40	0.70	−0.60	−0.10	0.20	0.40	−1.20	0.90	0.30	0.50	0.40	0.40	0.50	—	—	—	—	—	—
x_{16}	1.00	0.00	1.50	0.20	0.20	0.10	0.40	0.20	0.10	0.60	0.20	1.00	0.10	0.00	0.70	0.50	—	—	—	—	—
x_{17}	0.00	1.40	−0.60	0.20	−1.30	0.20	−0.60	0.30	−0.30	0.10	0.30	−0.50	0.20	−0.90	0.20	0.20	1.60	—	—	—	—
x_{18}	−0.30	0.00	0.70	−0.40	2.10	0.30	0.50	0.70	0.40	0.70	0.00	0.70	−0.40	1.10	−0.60	0.10	1.30	0.40	1.50	—	—
x_{19}	0.00	0.90	0.00	1.50	0.80	0.00	0.20	−0.10	0.40	0.10	−0.20	−0.30	0.00	−0.10	0.00	0.20	−0.50	−1.20	0.10	0.70	—
x_{20}	−1.00	0.20	0.00	0.20	0.40	0.10	0.40	0.60	1.40	0.60	0.00	1.30	−0.60	0.00	0.40	0.30	−0.80	0.20	−0.40	−0.70	0.40

212

$$\begin{cases} \text{Minimize} \\ \text{Subject to} \\ \\ \text{Where} \end{cases} \begin{aligned} y &= f_G(x) = (f(x_1), f(x_2), \cdots, f(x_k)) \\ F_{EI} &= (F(x_1), F(x_2), \cdots, f(x_n)) \geq 11000 \\ K_f &= (K(x_1), K(x_2), \cdots, K(x_n)) \geq 27 \\ & (x_1, x_2, x_3, \cdots, x_n) \in [0.6, 2.2] \end{aligned}$$

(7-32)

利用 Matlab 优化函数，将多目标优化相关参数代入，得到多目标优化解集，筛选出质量最小的板厚组合体，如表 7-20 所示。

表 7-20 车身最优料厚解集

序号	零件1/mm	零件2/mm	零件3/mm	零件4/mm	零件5/mm	零件6/mm	零件7/mm	零件8/mm	零件9/mm	零件10/mm	零件11/mm
最优	1.3	0.8	1.5	1.6	0.7	0.8	1.2	0.9	0.6	1.9	0.8
零件12/mm	零件13/mm	零件14/mm	零件15/mm	零件16/mm	零件17/mm	零件18/mm	零件19/mm	零件20/mm	弯曲刚度/(kN/mm)	一阶模态频率/Hz	质量/kg
1.2	2.0	2.0	0.9	1.6	1.8	1.3	1.0	1.7	11.052	27.467	310.562

从表 7-20 可知，优化后微车车身的弯曲刚度达到了 11052N/mm，一阶模态频率达到 27.467Hz，质量相比原车型下降了 11kg，减少为 310.562kg。

7.5 微车车身碰撞性能优化及验证

微车车身的耐撞性对保护乘员舱有效空间，降低乘员撞击伤害有着重要意义，耐撞性良好的车身能够有效降低加速度峰值，使车身主要变形发生在微车的前部。由于轻量化后的微车车身结构发生了改变，其整车的耐撞性能也随之发生改变，因此需对微车的耐撞性能进行研究及优化。这里基于相关正面碰撞法规标准以及 C-NCAP 标准，对轻量化前后微车的耐撞性进行对比分析，提出关键吸能件的优化方案，进一步改善微车的耐撞性能。

7.5.1 微车安全碰撞国家标准及工况分析

国外针对微车耐撞性建立了完善的乘员保护行业法规国家标准，行业标准如 EuroNCAP（欧洲）、ANCAP（澳大利亚）、USNCAP（美国）等，国家标准如欧洲、美国分别拟定了正面碰撞 FMVSS208、ECER94 法规等。

我国从 21 世纪以来制定了包括微车的 CMVDR294 乘员保护国标，企业也制定出 CNCAP 行业法规，说明我国微车正面碰撞研究逐渐深化。CMVDR294 标准规定 M1 类车型在做碰撞试验时，微车需保持 50km/h 的撞击速度，并在乘员舱驾驶及其他座椅处放置相应的假人模型，碰撞过程车身前部与放置壁障保持 0°，即车身运动方向与壁障保持垂直。行业 CNCAP 法规针对微车正面碰撞问题进行了划分，相关实验可分为两类：一类是 40% OBD（40%重叠率的偏置变形壁障碰撞），用来模拟车身左侧发生碰撞偏置的状况，如图 7-49 所示；另一类是 100% RB（100%重叠率的刚性固定壁障碰撞），用来模拟车身前部与碰撞物全部碰撞接触的状况，如图 7-50 所示。

40%OBD 碰撞试验要求微车的撞击速度为 64km/h，车身左前侧碰撞重叠区域为微车车

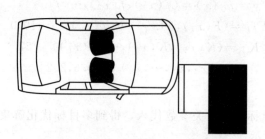

图 7-49　40%OBD 正面碰撞

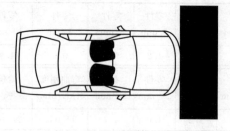

图 7-50　100%RB 正面碰撞

宽的 40% 可上下浮动 20mm，按照法规的要求在相应位置放置相应假人（利用质量体代替），用于测量相应位置的加速度对人体的伤害。

100%RB 碰撞试验要求微车的撞击速度为 50km/h，按照法规的要求在相应位置放置相应假人（利用质量体代替），微车车身前部全部参与撞击，且运动方向与接触物保持垂直，此时车身前部结构通过变形吸收碰撞内能，乘员舱的变形空间以及乘员处的加速度最大值决定着人员受伤害情况。针对轻量化后的微车车身结构，采用整车参与正面碰撞的 100%RB 碰撞试验，较好地呈现出微车在碰撞过程的变形特性，研究优化前后车身耐撞特性的改变。

根据标准与法规对微车耐撞性的要求，设置相应有限元微车模型，结构体的对应材料，焊点及螺纹接触等，以及碰撞过程的刚性墙与微车的接触，微车的自接触等参数，得到微车的 100%RB 模型如图 7-51 所示。微车正面碰撞时其中间 B 柱底部处的形变不大，并且与乘员相平齐，该处设置测量点可以较好地表征出乘员处的加速度特性，可得到用于评价微车耐撞性的指标。

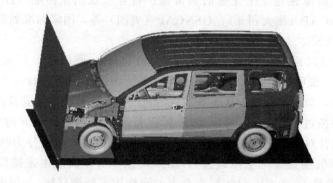

图 7-51　微车 100%RB 模型

7.5.2 微车车身轻量化前后正面碰撞性能对比

7.5.2.1 轻量化前微车正面碰撞性能分析

设置 HyperWorks 速度约束、沙漏控制等单元卡片后，将轻量化前集成微车车身正面碰撞接触及约束的模型导入到 LS-DYNA 进行计算，得到微车各时刻的形变如图 7-52 所示。

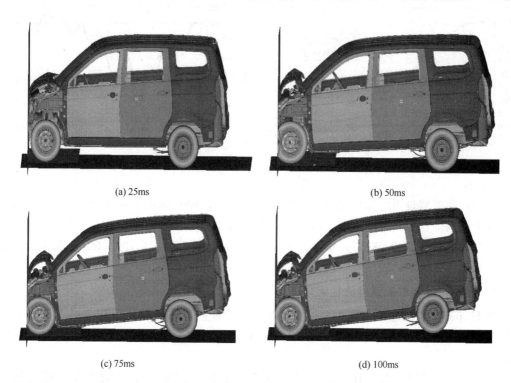

图 7-52 轻量化前微车车身正面碰撞时各时刻的变形

通过微车各时刻的形变图可知，在 100%RB 工况下微车前部结构体接触刚性墙后呈现较大形变，如微车引擎盖、发动机、散热器以及前纵梁等结构体，变形主要集中在 25ms 至 75ms 之间，微车尾部在 100%RB 工况下形变很小。

微车碰撞变形时，其运动的动能转化为各结构件的内能，针对微车复杂结构体进行碰撞仿真时，需采用合理的计算方法，如单点积分法等，此类方法会导致沙漏模态的出现，在最终能量吸收时出现沙漏能，为保证在 100%RB 工况碰撞的计算精度，需控制沙漏能小于碰撞能量的 5%，微车碰撞过程的能量转换曲线如图 7-53 所示。

从图 7-53 可知，碰撞过程能量转换稳定，微车的碰撞动能逐渐转化为结构体的内能，微车整体能量几乎不发生改变，其中沙漏能的大小为 2.5kJ，占微车碰撞能量的

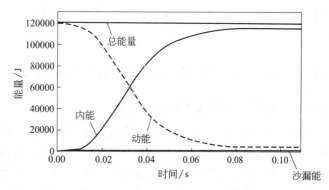

图 7-53 微车 100%RB 工况下能量转换

2.0%，说明模型计算准确度较高，能量损失较少。

微车碰撞过程加速变化以及速度变化是衡量微车耐撞性的重要标准，研究采集的是微车左右中柱底部测量点加速度与速度数据。中柱底部的速度参数能够体现碰撞吸能时间，加速度峰值能表征乘员身体所受伤害，中柱底部左右测量点的速度和加速度参数曲线如图 7-54 和图 7-55 所示。

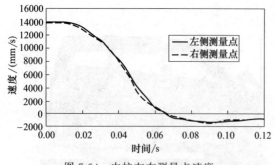

图 7-54 中柱左右测量点速度

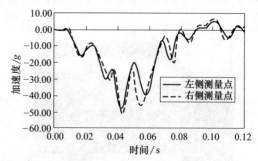

图 7-55 中柱左右测量点加速度

通过中柱底部测量点的加速度与速度曲线特性可知，100%RB 工况下微车在 69ms 碰撞结束，由于结构件在不同时间点的压溃作用，其运动加速度峰值交替出现，其中左右两测量点的加速度最高值分别为 53.67g 和 48.38g，虽然加速度峰值小于 100%RB 工况下的标准峰值，但其与标准峰值比较接近，应继续对微车耐撞性进行优化。

7.5.2.2 轻量化后微车正面碰撞性能分析

设置 HyperWorks 速度约束、沙漏控制等单元卡片后，将轻量化后集成微车车身正面碰撞接触及约束的模型导入到 LS-DYNA 进行计算，得到微车各时刻防火墙的形变如图 7-56 所示。

根据图 7-56 可知，微车轻量化前后防火墙变形最大区域位于结构边界，轻量化前微车防火墙的最大形变分别为 471.6mm、458.0mm，轻量化后微车防火墙最大形变较轻量化前最大形变略微降低，说明改善微车车身动静态特性对增强微车耐撞性有一定的改善作用。

轻量化后微车左右中柱测量点的加速度特性曲线如图 7-57 所示。

轻量化后微车中柱左右测量点的加速度分别为 45.53g、48.98g，其值低于微车轻量化前测量点的最大加速度，且测量点加速度曲线趋势基本一致，说明在微车车身板厚优化的过程中，保持微车关键吸能件的板厚未对微车的正面碰撞耐撞性产生影响，说明微车的板厚轻量化方案可行。

7.5.3 微车耐撞性结构优化及轻量化性能验证

7.5.3.1 微车关键吸能件的结构改进

微车前部结构组在发生正面碰撞时依次变形吸能，因此可将微车前部结构组分为 3 个部分，分别为前吸能变形区、主吸能变形区、后吸能变形区。前吸能变形区主要由前保险杠总成组成，该区域最先接触墙体，将碰撞过程中的主要力和能量传递给主吸能变形区；主吸能变形区主要由散热风扇、动力总成前部结构、前纵梁等结构体组成，该区域吸收了大部分的碰撞能量，大大降低了乘员舱的变形及乘员所受冲击，并将剩余的力传递给后吸能变形区；

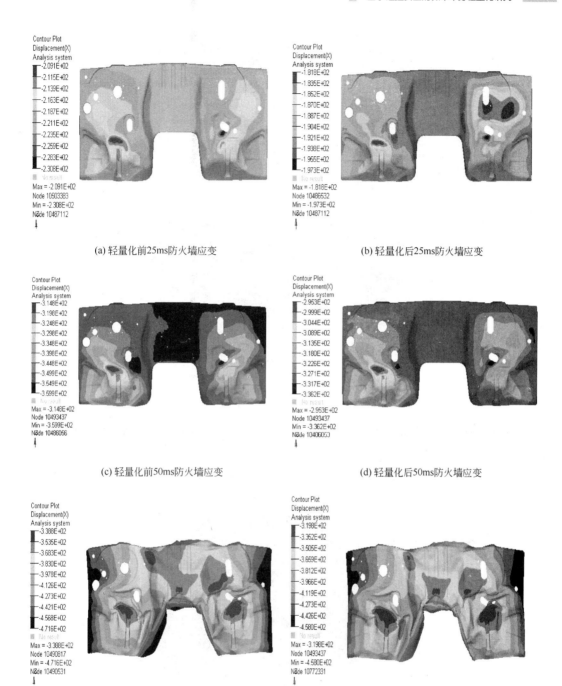

图 7-56 轻量化前后微车车身正面碰撞时各时刻防火墙的形变

后吸能变形区主要由前 A 柱总成结构、防火墙总成结构、前地板总成等结构组成,该区域结构体继续传递力与能量,保护乘员安全。车身碰撞的力传递途径及吸能区分布如图 7-58 所示。

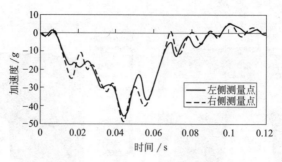

图 7-57　轻量化后测量点加速度

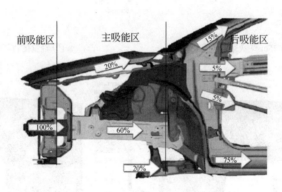

图 7-58　力传递途径及吸能区分布

微车车身前部结构组的变形吸收了碰撞过程的绝大部分能量,可有效保护乘员舱的空间及乘员安全,具体各结构件的吸能比例如图 7-59 所示。

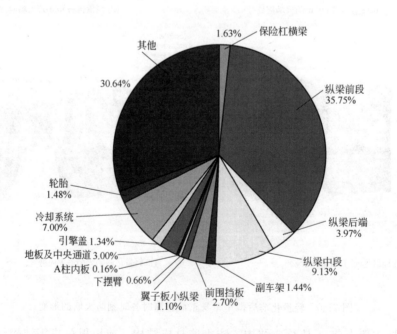

图 7-59　各结构件的吸能比例

从图 7-59 可知,微车前纵梁结构吸能效果明显,吸收能量占总能量的 35.75%。保证前纵梁良好的形变是增加其能量吸收、降低乘员伤害的有效方式。因此，针对微车车身结构，分别从在前纵梁前端加吸能结构体，改善其诱导结构并增添加强板，以及对相连的散热器结构体采用更高强度钢3个方面改善微车的耐撞性。

(1) 增加吸能结构

优化前微车前纵梁与横向连接板结构直接连接，没有辅助吸能结构，如图7-60所示，因此可以在横向连接梁与前纵梁之间增加吸能结构，增加微车纵梁前部吸能长度，有效利用车身前部空间。具体的吸能结构如图7-61所示，该吸能结构主要由一个圆柱结构及接触结构组成，长度约40mm，采用的是与前纵梁相同的材料，其主要功能是改善前吸能区的吸能特性，优化微车低速碰撞特性。

图7-60 改进前纵梁前部结构

图7-61 吸能结构模型

将增加吸能结构的微车模型导入到LS-DYNA进行计算，设置好100%RB工况下接触及约束，运算后得到优化后微车中柱测量点加速度如图7-62所示。

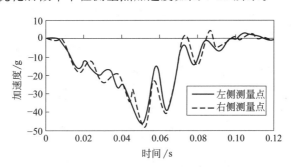

图7-62 优化后中柱测量点加速度

优化后的微车中柱测量点的最大加速度分别为 $44.7g$、$47.9g$，相比较轻量化后的微车加速度略微降低，说明吸能结构体能够在增加微车形变长度基础上，改善微车的耐撞性，缓解乘员的峰值加速度损伤，最终微车质量增加 $0.6kg$。

(2) 增加诱导结构及加强板

微车纵梁结构体的稳定性决定着其吸能效率，纵梁压溃形变失稳会显著降低其吸收能量，增加了后吸能变形区的吸能比例，乘员舱的变形量会大大增加，危害乘员安全。因此，需加强纵梁的Z向稳定性，分别在纵梁的内部增加加强结构，外部在原来基础上增加合理的诱导槽结构，保证微车纵梁有更好的压溃形式且不发生失稳，优化结构如图7-63和图7-64所示。

针对微车前纵梁侧板优化主要是在原来两个诱导槽的基础上增加了两条，保证纵梁轴向压溃形变时有较好的折叠形式，对纵梁主体内部则是增加带诱导槽的加强结构，对加强结构后段也进行了处理，形成了中空结构，避免主体结构强度过高向另一边失稳的现象。将增加吸能结构的微车模型导入到 LS-DYNA 进行计算，设置好 100%RB 工况下接触及约束，运算后得到优化后微车中柱测量点加速度如图 7-65 所示。

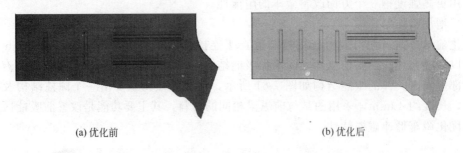

图 7-63 纵梁侧板诱导槽优化前后的结构图

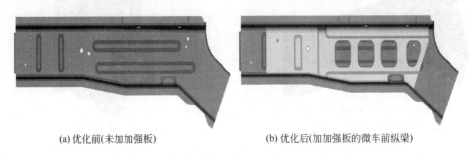

图 7-64 微车前纵梁优化前后的结构图

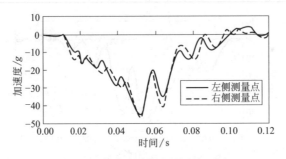

图 7-65 优化后中柱测量点加速度

优化后的微车中柱测量点的最大加速度分别为 44.1g、47.2g，较轻量化前的微车加速度继续降低，说明对微车关键吸能件纵梁的改进起到了改善微车的耐撞性作用，缓解了乘员的峰值加速度损伤，最终微车质量增加 1.0kg。

（3）高强度钢的使用

针对局部结构利用高强度钢材能够在降低微车质量的基础上，继续优化其耐撞性，高强度钢结构能够增加其相应结构的吸能效率，因此，对主吸能区的散热器结构总成使用高强度钢，加强动力总成零部件的碰撞牢固性，避免由于零部件的散落对乘员舱的冲击，替换材料采用的是 B340LA 型钢，并将结构体减薄 0.1mm，具体的替换结构分布如图 7-66 所示。

将改进后的散热器结构总成的微车模型导入到 Ls-dyna 中进行计算，设置好 100%RB 工况下接触及约束，运算后得到优化后微车中柱测量点加速度如图 7-67 所示。

优化后的微车中柱测量点的最大加速度分别为 44.0g、46.8g，说明对微车散热器总成的材料更换起到了改善微车的耐撞性作用，缓解了乘员的峰值加速度损伤，减薄后的散热器

图 7-66 微车散热器总成结构

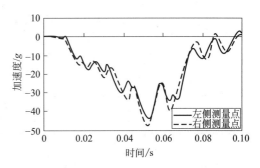
图 7-67 优化后中柱测量点加速度

总成质量降低 2.1kg，综合微车吸能结构体、纵梁加强结构质量的变化，在优化微车耐撞性的同时，微车前部吸能形变区共减重 0.5kg。

7.5.3.2 微车轻量化车身性能验证

将基于碰撞安全优化后的微车车身模型进行动静态特性分析，得到微车车身弯曲工况变形、模态频率参数、扭转工况参数如图 7-68 所示。

与微车车身轻量化前的动静态特性相比，考虑微车质量及耐撞性优化后的微车车身，其弯曲刚度以及模态频率参数有所提高，证明了基于正面碰撞微车车身轻量化优化的可行性。微车车身轻量化前后性能对比如表 7-21、表 7-22 所示。

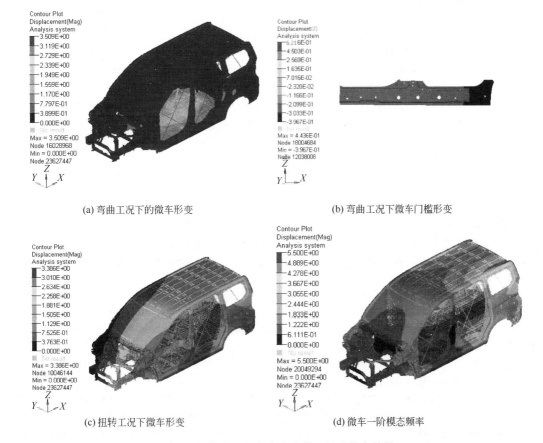

(a) 弯曲工况下的微车形变　　　　　(b) 弯曲工况下微车门槛形变

(c) 扭转工况下微车形变　　　　　　(d) 微车一阶模态频率

图 7-68 优化后的微车车身模型的动静态特性

表 7-21　轻量化前后微车动静态特性对比

工况	弯曲刚度/(N/mm)	扭转刚度/[N·m/(°)]	一阶模态频率参数/Hz
轻量化前	9918.00	11500.00	24.51
轻量化后	11072.00	11230.00	27.34

表 7-22　微车耐撞性优化前后对比

工况	中柱下端峰值加速度/g	防火墙侵入量/mm	车身质量/kg
优化前	48.38	471.60	321.562
优化后	46.80	398.34	310.084

参考文献

[1] Musfirah A, HJaharah A G. Magnesium and Aluminum Alloys in Automotive Industry [J]. Journal of Applied Sciences Research, 2012, 8(9): 4865-4875.

[2] 王兴东. 国产某轿车车身刚度优化 [D]. 长春: 吉林大学, 2008.

[3] 羊军, 汪侃磊. 上汽自主品牌汽车车身轻量化现状及展望 [J]. 汽车工艺与材料, 2011(1): 6-10.

[4] 高新华, 王星昕, 李中兵, 等. 汽车轻量化技术在奇瑞轿车上的集成应用 [J]. 汽车工艺与材料, 2011(1): 11-17.

[5] 易辉成. 基于刚度和模态的车门结构件材料厚多目标优化设计研究 [D]. 长沙: 湖南大学, 2011.

[6] 雷明准, 陈剑, 陈心昭, 等. 灵敏度分析方法在车身轻量化中的应用 [J]. 汽车工程, 2009(7): 682-685.

[7] 杨佳璘. 乘用车白车身有限元分析及其轻量化设计 [D]. 哈尔滨: 哈尔滨工业大学, 2013.

[8] 关永学. 江铃某SUV车型车身轻量化设计 [D]. 长春: 吉林大学, 2012.

[9] Sahr C, Berger L, Lesemann M. Systematic Material Selection for the Super Light-Car's Body-in-White [J]. ATZautotechnology, 2010, 10(3): 22-29.

[10] Goede M, Stehlin M, Rafflenbeul L. Super Light Car-lightweight construction thanks to a multi-material design and function integration [J]. European Transport Research Review, 2009, 1(1): 5-10.

[11] 单婷婷. 车身参数化轻量化设计与评价方法研究 [D]. 长春: 吉林大学, 2013.

[12] 刘伟燕, 王书伟. 轻量化技术在汽车车身上的应用 [J]. 汽车工程师, 2011(2): 50-54.

[13] 孙宏图, 申国哲, 胡平, 等. 考虑碰撞安全性的汽车车身轻量化设计 [J], 机械科学与技术, 2010, 28(3): 379-386.

[14] Laxman S, Iyengar R M, Morgans S. Achieving Light-Weight Design of Automotive Bodies with Advanced High Strength Steels Via Structural Optimization [J]. SAE Technical Paper 2009-01-0795, 2009.

[15] 王晓枫, 任康. 轿车白车身刚度分析及轻量化设计研究 [J]. 汽车制造技术, 2014(1): 42-44.

[16] 贺李平, 龙凯, 肖介平. ANSYS13.0与HyperMesh11.0联合仿真有限元分析 [M]. 北京: 机械工业出版社, 2012.

[17] 巩宇鹏. 某轿车白车身的有限元仿真分析及结构优化研究 [D]. 长春: 吉林大学, 2011.

[18] Jahani K, Beigmoradi S, Bayani Khaknejad M. Investigation of the Effect of Different Spot-Weld Modeling Approaches on Fundamental NVH Virtual Simulations [J]. SAE Technical Paper 2014-01-0025, 2014.

[19] 谢斌, 成艾国, 陈涛, 等. 基于汽车碰撞仿真的实体单元焊点模拟方法研究 [J]. 机械工程, 2011(5): 1226-1231.

[20] 杨凤玲. 车身刚度计算方法与优化研究研究 [D]. 长春: 吉林大学, 2013.

[21] 冯兰芳, 王宏晓, 惠延波, 等. 某轻客白车身刚度灵敏度分析与优化 [J]. 制造业自动化, 2013, 35(5): 102-105.

[22] 胡志远, 浦耿强, 高云凯. 轻型客车车身刚度灵敏度分析及优化 [J]. 机械强度, 2013, 25(1): 67-70.

[23] Li M. Robust optimization and sensitivity analysis with multi-objective genitival gorithms: single and multi-disciplinary applications [D]. Maryland: University of Maryland, 2007.

[24] 段月磊, 毕传兴. 基于刚度和模态灵敏度分析的轿车车身轻量化研究 [J]. 噪声与振动控, 2010(6): 79-81.

[25] Stander N, Craig K J. On the robustness of the successive response surface method for simulation-based optimization [J]. Engineering Computations, 2012 (19): 431-450.

[26] 谢然. 多目标优化方法在车身结构轻量化设计中的应用研究 [D]. 广州：华南理工大学，2010.

[27] 陈晓斌. 基于现代设计方法和提高整车碰撞安全性的车身轻量化研究 [D]. 长春：吉林大学，2011.

[28] 季枫. 白车身参数化建模与多目标轻量化优化设计方法研究 [D]. 长春：吉林大学，2014.

[29] Fabian Duddeck. New Approaches for Shape&Topology Optimization for Crashworthiness [C]. Munchen: NAFEMS World Congress, 2011.

[30] 胡侃. 车身碰撞安全的若干关键技术研究 [D]. 长春：吉林大学，2013.

[31] GB 11551—2014, 汽车正面碰撞的乘员保护 [S]. 北京：中国标准出版社，2015.

[32] 王金涛. 基于碰撞安全的微车车身轻量化研究 [D]. 武汉：武汉理工大学，2015.

第 8 章 面向正面碰撞的微型汽车前纵梁结构设计

美国高速公路安全局公布的汽车碰撞事故统计数据显示，正面碰撞（包括正面偏置碰撞和正面斜向碰撞）所占比例约为49%，侧向碰撞事故约为25%，而追尾碰撞事故占22%左右，其余碰撞事故类型约为4%。正面碰撞事故是汽车被动安全中最普遍的碰撞类型。据日本相关责任部门统计，所有汽车碰撞安全事故中，正面碰撞（包括正面斜向碰撞）死亡率约为71.6%，车辆碰撞部位对应死亡率如图8-1所示。以上两组统计数据充分说明，正面碰撞不仅是碰撞事故中发生最频繁的事故类型，而且更是导致人员伤亡的最大威胁，因此，正面碰撞是被动安全研究内容的重中之重。

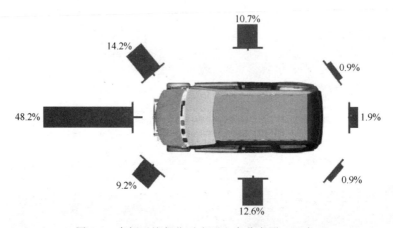

图 8-1 车辆碰撞部位对应死亡率分布图（日本）

近年来，微型汽车凭借其价格低廉、低油耗等独特优势，在我国已进入飞速发展阶段，其安全性能也得到了越来越多的关注，提高碰撞安全性能已成为微型汽车研发阶段的主要目标之一。与普通乘用车不同的是，微型汽车前部车身较短，吸能区域有限，故其正面碰撞安全性设计难度更大。吸能盒设计并不适用于微型汽车，只能利用前纵梁代替吸能盒作为主要的吸能部件。作为正面碰撞过程中最关键的能量吸收部件，前纵梁结构设计的合理性与微型汽车的被动安全性能密切相关。合理的前纵梁结构设计，能够有效提高其能量吸收效率，从而增加微型汽车正面碰撞工况下的安全性能。

8.1 正面碰撞车身加速度波形目标分解

在汽车概念设计阶段，为了确保汽车安全系统设计的合理性，必须从碰撞过程中乘员所受损伤程度入手。根据乘员头部、胸部加速度等伤害值对前舱设计空间以及防火墙侵入量等设计参数进行约束，从而制定纵梁、防火墙等部件的设计目标。

为了对车身结构设计以及乘员约束系统提出设计目标，通常是先建立车辆-乘员系统动力学模型，将车身加速度、安全气囊点爆时间、安全带刚度等作为系统的输入量，进而获得乘员损伤曲线。图 8-2 为简化的车辆正面碰撞一维动力学模型，其中 M 和 m 分别为车辆与乘员质量，x_O、x_V 分别为乘员和车辆的正方向，a 为车辆加速度，k 为乘员约束系统的刚度，δ 为乘员与约束系统之间的间隙。在实际中，一般将车辆碰撞试验所获得的车身加速度曲线作为输入，并通过设置安全带刚度、气囊点爆时间等关键参数来完善车辆-乘员系统动力学模型。

在研究乘员约束系统时，采用 MADYMO 软件建立车辆-乘员系统。约束系统参数按照所研究车型的配置进行设置，假人模型采用 Hybrid Ⅲ 第 50 百分位男性假人，将假人坐姿调整到与实际相符状态。完成后的假人模型如图 8-3 所示。由于文中针对同一车型展开研究，为了保持前后研究内容一致，在此建立车辆—乘员系统模型时也完全按照该车型配置参数进行设置，由于该微型车型并未配置安全气囊，因此在该模型中也未考虑对安全气囊。本章所涉及的结果曲线、数据以及结论都是基于同一车型和相同配置。所有的乘员损伤计算结果均通过该模型获得。

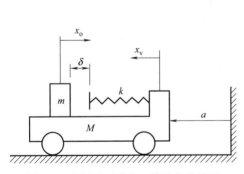

图 8-2 车辆正面碰撞一维动力学模型

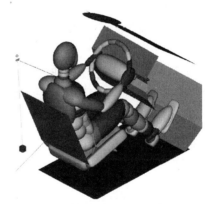

图 8-3 乘员约束系统模型

8.1.1 正面碰撞加速度的等效双台阶梯形波

车辆正面碰撞波形包含了碰撞过程中整车的信息，通常形式比较复杂，不能够直观地反映出车体碰撞特点，没有明显的波形特征。将正面碰撞波形简化为双台阶梯形波是碰撞波形处理的一种通用方法，并且通过简化波形，可以直观地获得车辆碰撞过程中的关键信息。

如图 8-4 所示，将正面碰撞加速度波形简化为双台阶梯形波，其中 A 到 F 6 个时刻分别对应不同的关键时刻。其中，A 点为碰撞起始时刻；B 点为前保险杠压平，吸能盒与刚性墙碰撞，加速度达到第一个峰值的时刻；C 点位为发动机或者动力总成不可变形的部件撞击到刚性墙的时刻；D 点为发动机悬置断裂的时刻，该时刻通过试验录像或者试验中断开关测量得到，C 到 D 一般经历 2~3ms；但不同的车型对应的时间不同，获取该数据的最好方法是试验；E 点对应整车速度为零，暂时处于静止状态，即将开始回弹反向运动的时刻；F 对应回弹速度达到最大，车身加速度近似为 0 的时刻。

车辆发生正面碰撞过程的时间历程分为 5 个部分，分别为 $t_1 \sim t_5$，如图 8-4 所示。且等效后的双台阶波形拥有两段加速度稳定区，分别为 t_2 和 t_4，对应的等效加速度为 G_1 和 G_2。等效后的每个参数都有各自的物理意义，且相互之间存在紧密联系。对于车辆的正面全宽碰撞，在车辆的纵向方向上吸能区可大致分为三个部分，分别为：防撞梁与发动机之间的距离 D_1；发动机后端到防火墙的距离 D_2；防火墙侵入量 D_3。如图 8-5 所示。为了将这三个吸能距离与图 8-4 进行对应，将 A-C 对应的变形量 D_1 更换为 S_{AC}，C-D 对应的发动机悬置破坏距离更换为 S_{CD}，D-E 对应距离更换为 S_{DE}。在实际中，根据车型结构设计的不同其中 S_{AC} 和 S_{DE} 往往变化较大，而发动机悬置断裂距离 S_{CD} 基本不发生变化，为了与双台阶波形中的 G_1、G_2 相对应，在后续内容中，将图 8-5 中 S_{AC} 和 S_{DE} 更换为 S_1、S_2。

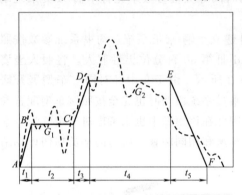

图 8-4 正面碰撞加速度的等效双台阶梯形波

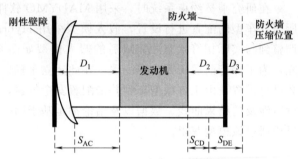

图 8-5 车辆能量吸收区域示意图

将正面碰撞波形简化为双台阶波形时，一般需要满足以下三个条件。
① 简化前后的曲线，计算获得的前舱压缩空间相同

$$S_{AC} = S_1 = \int_0^C \left[v_0 - \int a(t) dt \right] dt = \int_0^C v_0 dt - \iint_0^C a(t) dt dt \tag{8-1}$$

② 简化前后的曲线，计算最大压缩量相等

$$S_{AE} = S_1 + S_{CD} + S_2 = \int_0^E \left[v_0 - \int a(t) dt \right] dt = \int_0^E v_0 dt - \iint_0^E a(t) dt dt \tag{8-2}$$

③ 简化前后的曲线，在整个碰撞历程中，车辆所吸收能量相等，即速度的变化量相等；以及回弹速度相等

$$\Delta v_{A\text{-}E} = v_0 = \int_0^E a(t) dt \tag{8-3}$$

$$\Delta v_{E\text{-}F} = \int_E^F a(t) dt \tag{8-4}$$

根据上述条件，将目标车型的正面碰撞加速度简化为等效双台阶波形，该车型的正面碰撞波形通过整车正面全宽碰撞试验获得，该车型正面碰撞试验结果为：$S_1 = 249.78$mm，$S_{CD} = 79.68$mm，$S_2 = 161.76$mm，简化后的波形 $G_1 = 130.47$m/s^2，$G_2 = 285.07$m/s^2，$t_1 = 0.0029$s，$t_2 = 0.0169$s，$t_3 = 0.0074$s，$t_4 = 0.034$s，$t_5 = 0.0149$s。等效后的曲线如图 8-6 所示。

分别利用式（8-5）、式（8-6）进行计算，可获得正面碰撞波形简化前后的速度-时间曲线和变形量-时间曲线。

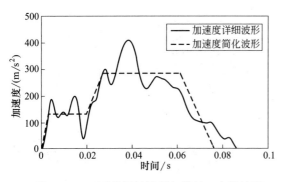

图 8-6　正面碰撞原始波形与等效双台阶波形

$$v(t) = v_0 - \int a(t)\mathrm{d}t \quad (8\text{-}5)$$

$$S(t) = \int \left[v_0 - \int a(t)\mathrm{d}t \right] \mathrm{d}t$$

$$= \int v_0 \mathrm{d}t - \iint a(t)\mathrm{d}t\,\mathrm{d}t \quad (8\text{-}6)$$

计算获得的速度历程曲线以及变形量历程曲线如图 8-7 所示。从图 8-7（a）可知，原始曲线积分获得的最大回弹速度为 2.137m/s，简化曲线积分获得最大回弹速度为 1.959m/s，相对误差为 8.33%，两条曲线所获得的速度归零时刻完全相同。从图 8-7（b）可知，原始曲线获得的最大变形量为 491.27mm，简化曲线获得的最大变形量为 501.29mm，相对误差为 2.04%。

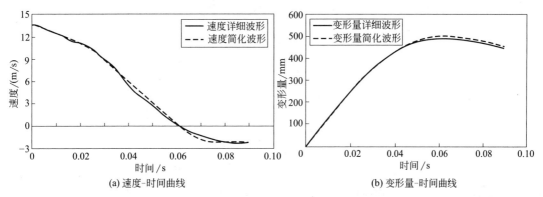

(a) 速度-时间曲线　　　　　　　　　(b) 变形量-时间曲线

图 8-7　正面碰撞波形等效前后的速度、变形量曲线

为了进一步验证曲线等效方法的合理性，将等效前后的加速度波形分别输入车辆-乘员系统动力学模型中，获得对应的乘员响应。根据我国碰撞法规中对正面碰撞乘员伤害值的要求，在对比乘员损伤程度时，先通过计算获得左右大腿压缩力曲线、乘员头部加速度曲线、乘员胸部加速度曲线、乘员胸部压缩量曲线，然后对曲线进行处理，获得左右大腿最大压缩力 F_{left} 和 F_{right}、乘员头部损伤指标 HIC_{36}、乘员胸部 3ms 累计加速度 $a_{3\text{ms}}$、胸部最大压缩量 C。正面碰撞波形简化前后所获得的乘员伤害曲线如图 8-8 所示。

对曲线进行处理，获得乘员在碰撞过程中的伤害值，为了对乘员损伤程度进行进一步的综合评价和对比，引入乘员加权伤害指标 WIC，其定义如下

$$WIC = 0.6 \left[\frac{HIC_{36}}{1000} \right] + 0.35 \left[\frac{a_{3\text{ms}}}{60} + \frac{C}{76.2} \right] / 2 + 0.05(F_{\text{left}} + F_{\text{right}})/20 \quad (8\text{-}7)$$

正面碰撞波形简化前后的乘员损伤指标结果如表 8-1 所示。

表 8-1　碰撞波形简化前后乘员损伤指标

项目	F_{left}/kN	F_{right}/kN	$a_{3\text{ms}}$/g	HIC_{36}	C/mm	WIC
详细波形	2.15	2.49	48.09	694.4	44.36	0.67
简化波形	2.33	2.52	48.36	696.12	45.44	0.68
相对误差/%	8.21	1.49	0.58	0.25	2.42	0.72

从表 8-1 可知，详细波形和简化波形的乘员伤害值中相差最大的为左大腿最大压缩力

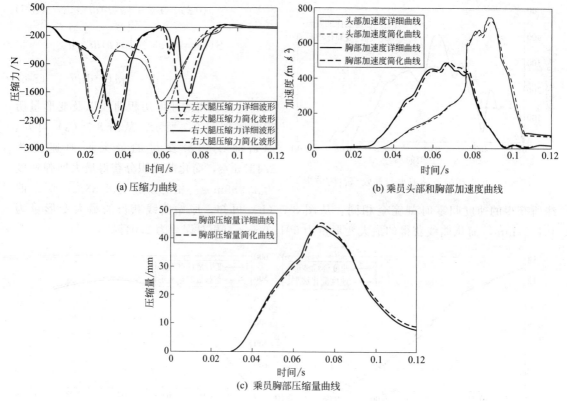

图 8-8 加速度波形简化前后乘员损伤曲线

F_{left},相对误差为 8.21%,其他项目均在 2.5% 以下,基本符合工程要求。由式(8-7)可知,大腿压缩力在综合伤害值评价中所占比例很小,相对更为重要的是头部和胸部的损伤,加权伤害值相对误差仅有 0.72%,说明该正面碰撞波形的简化方法精度较高,具有工程意义。

8.1.2 碰撞波形特征值对乘员损伤的影响分析

为了研究纵梁结构对于微型汽车正面碰撞中乘员伤害值的影响,在上一节所获结论的基础上进行进一步的研究。在获得正面碰撞等效双台阶梯形波后,可以研究不同碰撞波形特征值对乘员损伤的影响,从而对车辆结构提出合理的设计目标。

在已经获得的简化波形基础上,对波形特征值进行调整,并对特征值加以条件限制,可以获得多组双台阶波形,用以研究对乘员伤害值的影响。在此主要探索纵梁结构的设计方法,故需要明确纵梁结构的设计与乘员伤害值之间的相互关系。在汽车的正面碰撞中,尤其在正面全宽碰撞工况下,纵梁所吸收的能量在汽车总能量中占有很大的比例。所研究的微型汽车正面碰撞结果中,各部件的能量吸收分布如图 8-9 所示,其中前纵梁所吸收的能量占到了汽车总动能的 35.75%,是正面碰撞工况下微型汽车最主要的能量吸收部件。

在微型汽车的车身布置中,前纵梁位于发动机舱两侧,其前端与防撞梁连接,并且主要在发动机撞击到刚性墙之前吸收能量。若与双台阶波形进行对应,前纵梁的主要吸能区间对应为 B-C 之间,而事实上,在 C 时刻,纵梁所吸收能量占全部能量的 75.21%,换言之,纵梁结构的强弱直接影响到等效双台阶波形中一阶加速度 G_1 的高低,故这里主要研究 G_1 的改变对乘员伤害响应值的影响。由于等效双台阶波形中各特征值之间相互联系,因此在研

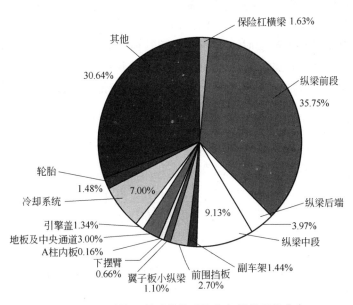

图 8-9 正面碰撞工况下某微型汽车各部件吸能分布

究 G_1 的改变对于乘员损伤的影响时，分为防火墙侵入量保持不变和二阶加速度 G_2 保持不变两种情况进行研究。

8.1.2.1 防火墙侵入量保持不变

在防火墙侵入量保持不变的条件下，改变 G_1 值的同时也需要对其进行对应的调整，才能满足侵入量不变的要求，对应的实际工程意义是在此过程中同时调整纵梁和防火墙的强度。为了保持与原车型正面碰撞波形之间的可比性，在设计双台阶波形时，需要保证能量守恒，故其中的时间参数也是跟随不同的 G_1 设计值而变化的。在原有车型加速度波形的基础上对双台阶波形进行设计，在此过程中未对该车型的空间布置进行改动，故其前舱吸能距离保持不变，根据式（8-8）可计算出知前舱空间的距离：

$$S_1 = v_0(t_1+t_2) - \iint_0^{t_1+t_2} a(t)\mathrm{d}t = v_0(t_1+t_2) - \iint_0^{t_1}\frac{G_1}{t_1}t\,\mathrm{d}t\,\mathrm{d}t - \iint_{t_1}^{t_1+t_2}G_1\,\mathrm{d}t\,\mathrm{d}t$$
$$= v_0(t_1+t_2) - \frac{2}{3}G_1 t_1^2 - \frac{1}{2}G_1(t_1+t_2)^2 \tag{8-8}$$

由于这里不对防撞梁进行研究，故在设计双台阶波形时，保持时间 t_1 不变，即所有的双台阶波形中 $t_1=0.0029\mathrm{s}$，则时间 t_2 可通过式（8-9）获得

$$t_2 = \frac{v_0 - \sqrt{v_0^2 - 2G_1\left[S_1 + \frac{2}{3}G_1 t_1^2\right]}}{G_1} - t_1 \tag{8-9}$$

继而可得到 C 点出的车身速度 $v_C = v_0 - \frac{1}{2}G_1 t_1 - G_1 t_2$，通过计算可以获得 t_3 与其他参数之间的关系式

$$t_3 = \frac{\frac{G_2-G_1}{2}(t_1+t_2)+v_C - \sqrt{\left[\frac{G_2-G_1}{2}(t_1+t_2)+v_C\right]^2 - 2\left[G_1+\frac{G_2-G_1}{3}\right]S_{CD}}}{G_1+\frac{G_2-G_1}{3}}$$
$$\tag{8-10}$$

由式（8-10）可以看出 t_3 的求解非常复杂，而且与后续待定参数 G_2 相关，无法直接获得。其他文献的研究结论表明，在一定范围内，t_3 的大小对乘员伤害值的影响很小，几乎可以忽略，而当其他特征值改变时，t_3 只是跟随其他参数改变，并且改变幅度不大，因此，为了方便计算，将 t_3 设为定值，在所设计的双台阶波形中其值保持原始波形中的 0.0074s。

由于在此限定不增加防火墙侵入量，及 S_2 不发生变化，那么根据以下方程组

$$\begin{cases} v_C - \frac{1}{2}(G_1+G_2)t_3 - G_2 t_4 = 0 \\ G_2 t_4^2 - 2S_2 = 0 \end{cases} \quad (8\text{-}11)$$

可以获得 G_2 和 t_4 的值

$$t_4 = \frac{2S_2 + \sqrt{4S_2^2 + (4v_C - 2G_1 t_3)S_2 t_3}}{2v_C - G_1 t_3} \quad (8\text{-}12)$$

$$G_2 = \frac{2S_2}{t_4^2} \quad (8\text{-}13)$$

回弹时间 t_5 在其他配置不变的情况下，该时间量基本不会发生变化。根据以上计算方法，通过对 G_1 进行设计，便可得到相应的双台阶波形。将 G_1 设计为（10～20）g，每隔 1g 为一个样本，共对应 11 条双台阶波形，如图 8-10（a）所示。

利用 MADYMO 将这 11 组双台阶波形先后导入到车辆—乘员系统动力学模型中，通过计算分别获得对应的乘员伤害曲线，如图 8-10（b）～图 8-10（f）所示。

对 11 条双台阶波形下的乘员损伤曲线（图 8-10）进行分析处理，得到在防火墙侵入量不变条件下，具有不同特征值的双台阶波形所对应的乘员伤害值，如表 8-2 所示。其中由于 t_1、t_3 和 t_5 在所有曲线中取定值，故不在此列出。

表 8-2　防火墙侵入量不变条件下双台阶波形特征值及对应乘员伤害值

t_2/s	t_4/s	G_1/(m/s²)	G_2/(m/s²)	F_{left}/kN	F_{right}/kN	$a_{3\text{ms}}$/g	HIC_{36}	C/mm	WIC
0.0164	0.0326	100	320.5	2.61	2.87	51.69	880.27	47.94	0.803
0.0165	0.0333	110	308.9	2.45	2.75	50.66	775.35	47.27	0.735
0.0167	0.0339	120	297.3	2.36	2.63	49.65	746.22	46.55	0.712
0.0169	0.0346	130	285.7	2.32	2.53	48.61	718.96	45.78	0.690
0.0171	0.0353	140	274.1	2.36	2.43	47.58	692.52	44.95	0.669
0.0173	0.0361	150	262.4	2.43	2.36	46.54	666.11	44.07	0.649
0.0175	0.0369	160	250.8	2.52	2.30	45.48	639.36	43.14	0.627
0.0177	0.0378	170	239.1	2.62	2.28	44.49	612.90	42.15	0.607
0.0179	0.0388	180	227.4	2.73	2.27	43.44	584.46	41.11	0.584
0.0181	0.0398	190	215.7	2.85	2.30	42.09	558.29	40.04	0.563
0.0183	0.0409	200	204.0	2.96	2.36	40.76	530.18	39.02	0.540

由表 8-2 可知，在保证防火墙侵入量不变的条件下，随着 G_1 的增高，左大腿压缩力 F_{left} 和右大腿压缩力 F_{right} 出现先下降后升高的趋势，但整体波动范围并不大；而其他三项乘员伤害值都随着 G_1 的升高逐渐降低，对比 $G_1=100\text{m/s}^2$ 和 $G_1=200\text{m/s}^2$ 两种情况，胸部 3ms 累计加速度下降了 21.15%，HIC_{36} 下降了 39.77%，胸部压缩量降低了 18.16%；乘员加权伤害指标 WIC 降低了 32.75%。说明在防火墙侵入量不变的条件下，提升 G_1 对于

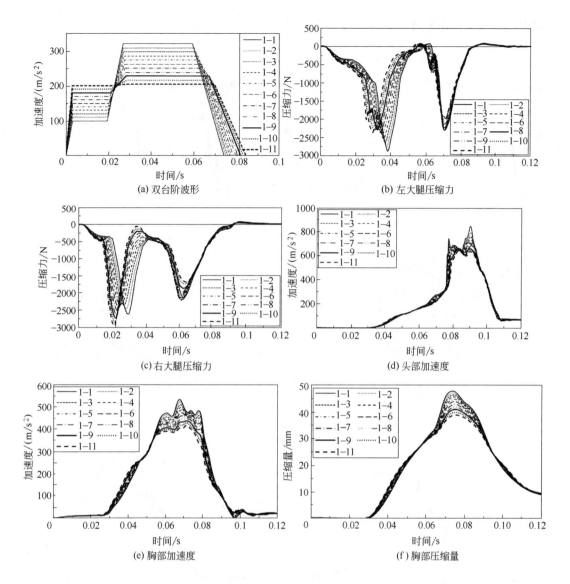

图 8-10 防火墙侵入量不变条件下的双台阶波形与对应乘员损伤曲线

降低乘员伤害值有明显的效果,而最直接有效的办法就是对纵梁的吸能效率进行提升。换言之,正面碰撞工况下,保持防火墙侵入量不变,对前纵梁进行加强可以有效提升车辆的安全性能。

8.1.2.2 二阶加速度 G_2 保持不变

在二阶加速度 G_2 保持不变的情况下,等效双台阶波形中 D-E 之间的压缩量 S_2 以及减速时间 t_4 需要根据 G_2 得出,计算方法与第一种情况的方法相同,式(8-14)为 t_4 与其他已知参数之间的关系式

$$t_4 = \frac{v_C - \frac{1}{2}(G_1 + G_2)t_3}{G_2} \tag{8-14}$$

其中,特征值 t_1、t_3 和 t_5 与第一种条件下相同,那么通过设计 G_1 值可以获得另外 11 条双台阶波形,如图 8-11(a)所示。利用相同的车辆-乘员系统动力学模型计算乘员损伤,

获得对应的乘员损伤曲线，如图 8-11（b）～图 8-11（f）所示。

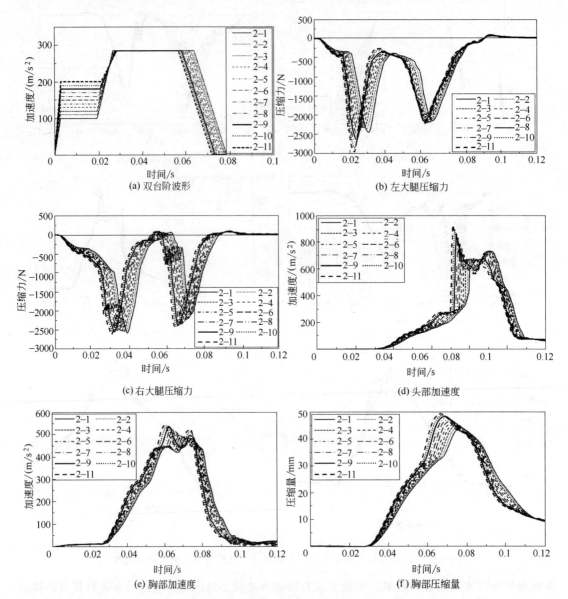

图 8-11　二阶加速度 G_2 不变条件下的双台阶波形与对应乘员损伤曲线

对二阶加速度 G_2 不变条件下获得的乘员损伤曲线进行分析处理，可以获得该条件下不同波形特征值所对应的乘员伤害值，如表 8-3 所示。

表 8-3　二阶加速度 G_2 不变条件下双台阶波形特征值及对应乘员伤害值

t_2/s	t_4/s	G_1/(m/s²)	G_2/(m/s²)	F_{left}/kN	F_{right}/kN	a_{3ms}/g	HIC_{36}	C/mm	WIC
0.0164	0.0372	100	285.1	2.45	2.58	48.25	667.21	44.02	0.655
0.0165	0.0363	110	285.1	2.36	2.56	48.07	683.78	44.60	0.665
0.0167	0.0355	120	285.1	2.32	2.54	48.20	700.91	45.16	0.677
0.0169	0.0347	130	285.1	2.32	2.52	48.53	716.74	45.71	0.689

续表

t_2/s	t_4/s	G_1/(m/s²)	G_2/(m/s²)	F_{left}/kN	F_{right}/kN	a_{3ms}/g	HIC_{36}	C/mm	WIC
0.0171	0.0338	140	285.1	2.37	2.51	49.13	730.55	46.19	0.700
0.0173	0.0329	150	285.1	2.44	2.51	49.83	741.44	46.69	0.710
0.0175	0.0320	160	285.1	2.53	2.51	50.46	751.23	47.24	0.719
0.0177	0.0311	170	285.1	2.63	2.53	50.91	760.42	47.80	0.727
0.0179	0.0302	180	285.1	2.74	2.55	51.34	766.51	48.34	0.734
0.0181	0.0292	190	285.1	2.85	2.58	51.84	773.33	48.81	0.741
0.0183	0.0282	200	285.1	2.96	2.62	52.28	777.73	49.31	0.746

从表 8-3 可知，在保持二阶加速度 G_2 不变的条件下，随着一阶加速度幅值 G_1 的提升，左腿压缩力 F_{left} 逐渐提升，右腿压缩力 F_{right} 基本持平，而较为重要的胸部 3ms 累计加速度、头部损伤 HIC_{36} 以及胸部压缩量 C 都有不同程度的提升。当 G_1 由 100m/s² 提升到 200m/s² 后，胸部 3ms 累计加速度上升了 8.35%，HIC_{36} 上升了 16.56%，胸部压缩量也上升了 12.02%，乘员加权伤害指标 WIC 上升了 12.18%。结果表明，在正面碰撞工况下，保持 G_2 不变，提升 G_1 不但不能降低乘员伤害值，反而会降低车辆的安全性能。

8.1.3 前纵梁设计目标

通过上述研究结果，可得出以下总结。

① 在微型汽车正面碰撞安全性设计过程中，当对防火墙最大侵入量进行限定后，加强发动机前舱结构强度，对正面碰撞过程中的乘员安全有明显的提升作用。

② 若在设计过程中首先确定了汽车发动机与防火墙之间的结构强度，则在正面碰撞过程中，正面碰撞波形中的二阶加速度 G_2 就基本确定。在这种情况下，前舱吸能结构的增强反而会导致乘员损伤的增加。

对以上结论进行深入分析，将所获得的数据进行数值拟合，其中 G_1、G_2、t_2、t_4 作为输入变量，WIC 作为响应变量。获得各输入变量与响应变量之间的相互影响关系，如图 8-12 所示。

由图 8-12 可知，当 t_2、t_4 保持不变，G_1、G_2 对于 WIC 的影响相差无几；相反，当 G_1、G_2 保持不变时，t_2、t_4 对于 WIC 值的影响存在明显的差异，t_4 对于 WIC 值的影响大大超过 t_2；在 G_1、G_2 与 t_2、t_4 进行交叉对比时，发现两个加速度量对于 WIC 的影响都小于两个时间量。将各变量对于 WIC 值的影响程度进行排序，为 $t_4 > t_2 > G_2 > G_1$。然而，在实际车型设计过程中，各参数之间都存在相互联系，并不存在某个变量的单独改变。

经过以上分析，可得出不同车型结构的汽车在正面碰撞安全性设计过程中的规律。

① 在车型开发过程中，若车身前部设计空间较大，则可以适当降低车身前部结构强度，以增加整个碰撞过程的维持时间，即"以空间换时间"。在对空间进行分配时，尽量为发动机分配更多的移动空间；

② 若对前部车身空间有所限制，则可以在设计过程中提升前舱的能量吸收，并适当降低二阶加速度，延长整个碰撞过程的时间。

微型汽车在设计过程中，对于前舱的分配空间往往较小，在这种情况下，对于纵梁结构的设计就非常重要。比较理想的情况是尽量提升纵梁结构的吸能能力，并在不超出侵入量限制的条件下，尽量降低发动机后端结构强度。然而，在实际过程中，无法达到这种理想的设

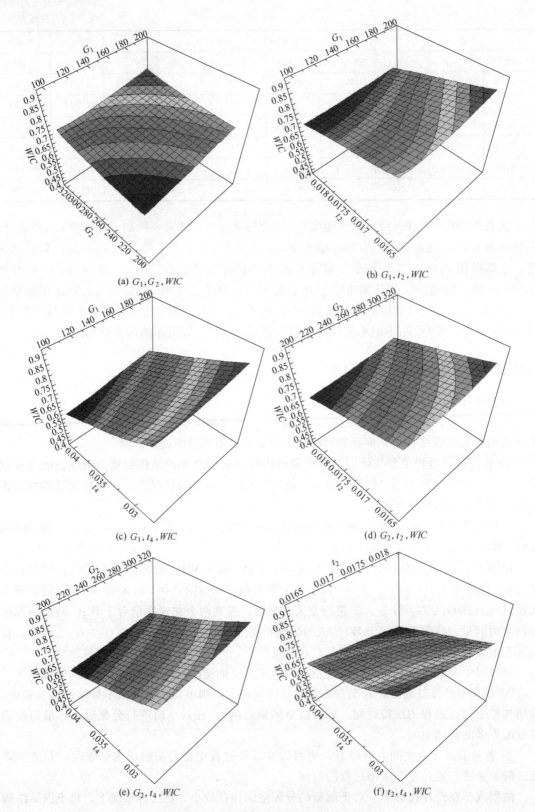

图 8-12 各特征参数对 WIC 值的影响

计，如图 8-13 所示为微型汽车发生正面碰撞时碰撞力的传递路径，提高前纵梁的吸能能力意味着碰撞力的升高。对于微型汽车而言，由于成本的控制，对车身刚度的设计有所限制，故加强前纵梁的同时需要考虑到其与整车之间的匹配。

在以往的研究中，对于前纵梁的设计一般只针对吸能能力的提升，而没有针对微型汽车车身提出系统性的设计方法。这里将针对微型汽车车身结构，对纵梁结构进行深入研究，以提升纵梁的结构吸能效率，并在此基础上，对微型汽车前部车身的主要部件进行匹配，以达到纵梁设计的最终目标，即提升微型汽车的正面碰撞安全性能，保障乘员安全。

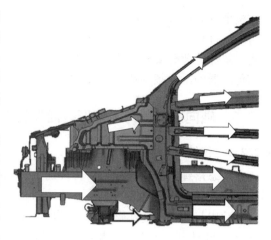

图 8-13　微型汽车碰撞力传递路径简图

8.2　前纵梁结构设计方法及试验验证

8.2.1　动态落锤试验

为了模拟微型汽车正面碰撞过程中前纵梁所受到的轴向冲击载荷，利用落锤试验台对所设计的吸能结构进行加载。落锤试验台的结构简单，利用质量块自由落体所产生的动能对样件进行加载，通过触发装置为传感器发送开关信号，采集薄壁梁样件压溃过程中的作用力和锤头位移等数据。

动态落锤试验台架如图 8-14 所示。试验台结构主要包括台架、锤头、底座以及导轨等装置，信号采集系统包括应变传感器、压电传感器以及高速摄像机。试验过程中锤头质量可调，基础质量为 187kg，每增加 65kg 为一个质量等级，对于不同的薄壁梁样件，所使用的锤头质量也不尽相同。试验中，为了保证不同薄壁梁样件之间的可比性，尽量要求各样件压溃距离一致，故设置了限位装置，避免过度压缩。

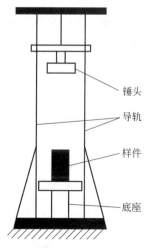

图 8-14　动态落锤试验台架

整个试验的持续过程一般在 30ms 左右，在试验中配置了高性能的摄像装置以便观察样件的压溃过程，该仪器的摄像频率可达到 30000 帧/s。通过对采集视频的观察分析，可以清楚地了解焊接薄壁梁样件完整的变形过程，对样件变形机理以及失效形式的分析有重要作用。传感器的采样频率达到 10000Hz。

8.2.2 轴向冲击载荷下帽形截面梁结构压溃特性分析

8.2.2.1 传统单、双帽形截面梁

在动态落锤试验中，主要以传统的单、双帽形截面为基础进行研究，并结合研究结论对焊接型薄壁梁进行改进。

试验中的基础结构截面尺寸为 85mm × 85mm，焊接边宽度为 20mm，板材厚度 1.4mm，材料为 B280VK，焊点间隔 35mm，样件轴向长度 400mm。试验台架中限位装置高度 150mm，即样件最终压缩量不超过 250mm。通过试验获得单、双帽形焊接薄壁梁的压溃力曲线，变形结果如图 8-15 所示。

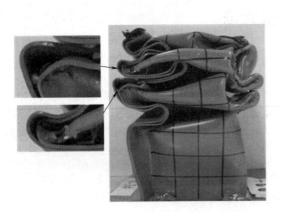
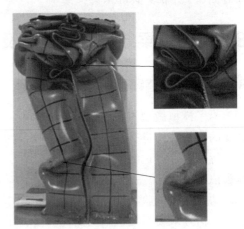

图 8-15 单、双帽形截面梁压溃变形图

所研究的前纵梁结构都是在单、双帽形截面的基础上进行设计，故在此对于单、双帽形截面梁压溃过程中存在的问题进行分析，在后续的内容中，结合理论分析对结构进行改进。

在试验中单帽形截面梁整体压溃变形比较规则，但在其焊接边处出现了焊点被撕裂的现象，焊点撕裂会对薄壁梁压溃力造成影响，也会对其压溃过程的稳定性形成隐患。而双帽形截面梁在试验中焊接边处出现了内陷变形，并且在梁的底端发生了弯折，并没有形成理想的褶皱变形。内陷和弯折变形的出现会使帽形梁的压溃变形变得不规则，使其变形模式变得不稳定且无法控制。以上是帽形截面梁压溃过程中最常见的几种失效形式，以下将针对这几种失效形式提出针对性的解决方法。除此以外，为了提升焊接薄壁梁的压溃吸能效率，对加强板的构造方式进行相应的研究。

平均压溃力 P_m 是考量薄壁梁轴向载荷下压溃特性好坏的直接指标，为了衡量结构的吸能效率，将单位质量所吸收能量定义为比吸能（Specified Energy Absorbed，SEA）：

$$SEA = \frac{E}{m_{\text{specified}}} = \frac{P_m D}{\frac{D/0.73}{L}m} = \frac{0.73 P_m L}{m} \tag{8-15}$$

式中，E 为压溃过程中吸收的总能量；$m_{\text{specified}}$ 为参与变形部分的质量；P_m 为平均压

溃力；D 为实际压缩距离；L 为样件轴向长度；m 为样件总质量。

试验中获得的单、双帽形截面梁的压溃力曲线如图 8-16 所示，两者的平均压溃力分别为 40.85kN 和 61.36kN，质量分别为 1.838kg 和 1.798kg，利用式（8-15）计算获得两者的比吸能，分别为 6.48kJ/kg 和 9.94kJ/kg。

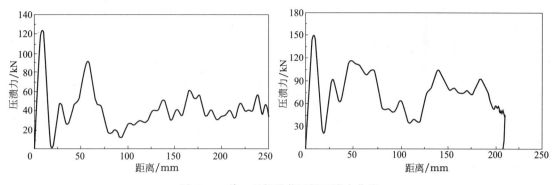

图 8-16　单、双帽形截面梁压溃力曲线

8.2.2.2　焊接型薄壁梁失效原因分析

在微型汽车前纵梁结构设计中，为了提升所设计结构的稳定性和吸能效率，需要避免结构失效的发生。从上述几种失效形式可以看出，焊接型薄壁梁的失效主要出现在焊接边处，受焊点位置的影响。焊接边处发生压溃褶皱变形时，褶皱的波峰处（移动塑性铰）变形量最大，两个褶皱交接处（固定铰）变形最小，处在褶皱波峰处的焊点很可能限制板的变形，从而造成失效。故将这两种焊点位置分别称为风险焊点位置和理想焊点位置，如图 8-17（a）所示。

图 8-17（b）为焊接边处某个焊点所处位置的截面示意图，其中 A1-B1-C1，A2-B2-C2 为变形前的位置，A1-B1-C1，A2-B2-C2 为变形后的位置，δ 为该截面上的塑性位移，当该截面处于褶皱波峰位置（移动塑性铰）时，δ 等于半波长大小 H，当该截面处于梁褶皱交接位置（固定铰）时，δ 等于 0。D 为变形前焊点与板之间的距离，为了方便表述，下文中统一称之为焊点距离。

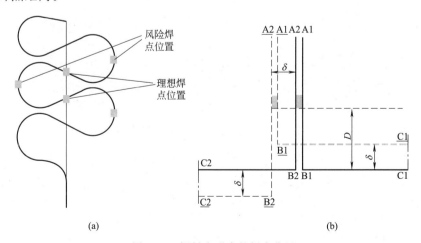

图 8-17　褶皱变形中的焊点位置

假设在压溃变形过程中，某个焊点所处的截面上，若 $\delta<D$，那么在折叠过程中，焊点

不会对变形造成限制；若 $\delta > D$，焊点则会阻碍移行铰的移动。若焊点的强度小于其所承受的载荷，就会发生焊点撕裂；相反，若焊点的强度大于其所承受的载荷，并且沿焊接边方向受力大于垂直于焊接边方向受力时，就会导致焊接边发生内陷变形，发生结构失效。由于在变形过程中 δ 始终小于等于 H，故在设计结构时，可以通过改变 D 或 H 来降低失效发生的风险。

8.2.3 前纵梁结构设计方法

在单、双帽形截面薄壁梁的基础上对前纵梁结构进行设计，主要从三个方面进行研究：①针对基础截面下出现的结构失效，提出改善方法，并进行验证；②为了保证前纵梁在碰撞过程中拥有稳定的压溃变形，对初始结构缺陷进行研究，确定诱导槽的布置方法；③为了提升前纵梁的吸能效率，对加强板的设计进行研究。

8.2.3.1 改善失效结构的设计方法及试验验证

焊点的存在会引起焊接型薄壁梁压溃过程的失效，通过改变 D 或 H 可避免由焊点引起的压溃失效。

（1）改变焊点距离 D

在加工过程中，焊点一般处于焊接边的中间位置，因而改变焊接边宽度实际上间接改变了焊点距离 D。通过仿真可知，增加焊接边宽度，可以有效改善焊接超单元中出现的弯曲和不规则变形。在不改变截面腔体形状和大小，对焊接边宽度进行改动，由此使焊点距离 D 发生改变。

在双帽形截面梁中，结构失效对变形模式影响更大，故在此设计了 3 个样本点，截面腔体为 85mm×85mm，厚度 1.4mm，焊接边宽度分别为 15mm、20mm、25mm。如图 8-18 所示为落锤试验中 3 种焊接边宽度下的变形结果。

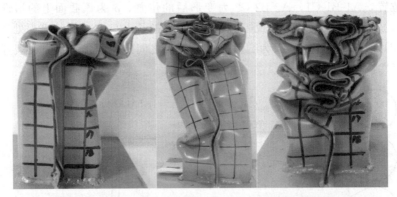

图 8-18 具有不同焊接边宽度的双帽形梁对应的变形模式

由图 8-18 可以看出，随着焊接边宽度的增加，压溃过程逐渐呈现出规律的褶皱，在焊接边宽度 $f=25$mm 时，没有发生明显的结构失效。

如图 8-19 所示为 3 个样本点所对应的压溃力曲线，可以看到，随着焊接边宽度的增加，压溃曲线区域平稳，且幅值逐渐升高。从 3 条压溃力曲线中提取的特征值如表 8-4 所示。由表 8-4 可知，随着焊接边宽度的增加，平均压溃力 P_m、质量 m 和比吸能 SEA 都逐渐增加，说明增加焊接边宽度除了可以有效避免压溃失效的发生，还可以通过改善变形来提升薄壁梁的吸能能力和吸能效率。

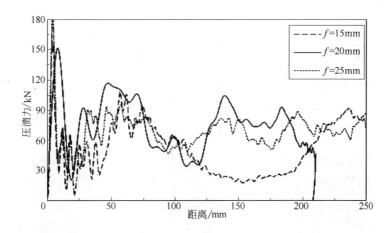

图 8-19 具有不同焊接边宽度双帽形梁对应的压溃力曲线

表 8-4 具有不同焊接边宽度双帽形梁对应的特征值

f/mm	P_m/kN	m/kg	SEA/(kJ/kg)
15	53.29	1.692	9.20
20	61.36	1.798	9.94
25	71.11	1.959	10.6

（2）改变半波长 H

薄壁梁轴向压溃的半波长 H 与 n、ψ_0、c、h 4 个参数相关，故 H 是这 4 个参数的函数，即

$$H = f(n, \psi_0, c, h) \tag{8-16}$$

式中，n 为截面的超单元数量；$2\psi_0$ 为管件轴向截面上两块相邻板之间的夹角；c 为超单元边长；h 为板材厚度。

通过对这 4 个参数进行调整，可以起到改变半波长的作用。为了保证调整前后试验结果的可比性，保持板材厚度 h 不变，主要对 n 和 ψ_0 两个参数进行调整，参数 c 随着这两个参数的改变而改变。截面周长不变情况下，n 增加会导致 c 降低，从而使半波长减小，焊接边宽度 f 保持不变。

针对单帽形和双帽形截面梁分别设计两个样本点，其中在单帽形截面中，首先对 n 进行了调整，又同时对 n 和 ψ_0 进行了调整；在双帽形截面中，首先对 ψ_0 进行了调整，然后对 n 和 ψ_0 进行了调整。截面形状及对应的变形结果如图 8-20 所示。

从结构调整前后的变形结果来看，对于单帽形截面薄壁梁，调整后的结构具有更小的半波长 H，降低了焊点撕裂失效产生的风险；对于双帽形截面薄壁梁，调整后的结构变形规律整齐，没有发生焊接边的内陷失效和局部弯折。

为进一步说明改进结构的有效性，将改进前后结构的压溃力曲线进行对比，如图 8-21 所示。

由图 8-21 可知，改进后的结构压溃力曲线更加平稳，在某个小范围内上下波动，这种效果主要是源于对压溃变形的改善。提取改进前后结构压溃结果的特征值，如表 8-5 所示。从表 8-5 可知，改进后的结构除了 B-Ⅰ的比吸能 SEA 稍稍降低，其他结构的 P_m 和 SEA 都有不同程度的提升。

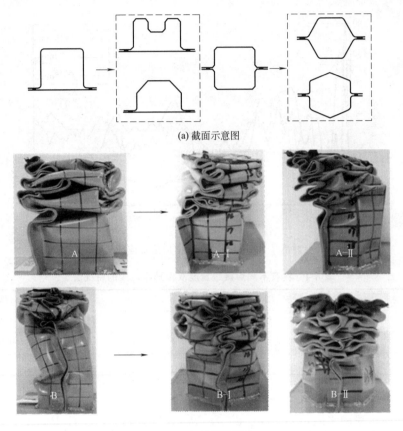

(a) 截面示意图

(b) 压溃变形

图 8-20 结构改进前后薄壁梁截面及变形结果对比

表 8-5 结构改进前后薄壁梁压溃特征值对比

编号	P_m/kN	m/kg	SEA/(kJ/kg)	编号	P_m/kN	m/kg	SEA/(kJ/kg)
A	40.85	1.838	6.48	B	61.36	1.798	9.94
A-Ⅰ	72.17	2.103	9.36	B-Ⅰ	62.36	1.799	9.47
A-Ⅱ	56.64	1.633	9.17	B-Ⅱ	78.50	1.901	11.14

从改进前后结构的变形结果、压溃力曲线以及特征值的对比结果可以看出，在理论分析的基础上，对结构参数进行合理的改进，可以有效避免压溃过程中失效的发生，使结构更加稳定。并且，合理的结构改进方法不但可以避免失效的发生，同时还有利于提升结构的吸能效率。

8.2.3.2 初始诱导结构对前纵梁吸能特性的影响

微型汽车在正面碰撞工况下，理想情况下要保证前纵梁前部吸能段先发生压溃变形来吸收能量。在前纵梁结构设计时，一般通过设置初始诱导结构来实现这个目的。根据现有研究结果，诱导结构的设置以顺应变化规律为佳，不同的设置方式会引导结构发生不同的变形模式。在设计诱导槽之间，首先对目标结构的变形模式进行预测，然后再对诱导结构进行设计，以提升结构的稳定性。

以双帽形截面梁为基础，对具有单个诱导槽的结构进行对比分析；然后以单、双帽形截

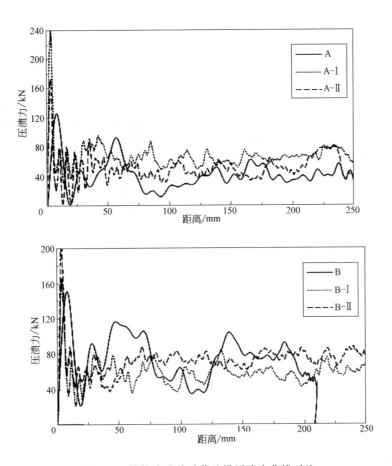

图 8-21 结构改进前后薄壁梁压溃力曲线对比

面梁为基础，对具有轴向阵列诱导槽的结构进行分析。对比分析的内容主要包括变形形式、压溃力曲线以及特征值。

(1) 具有单个初始诱导结构的双帽形梁

对于单帽形梁，其压溃力低于双帽形梁，且半波长较大，相对不易出现结构失稳。在轴向载荷工况下，双帽形梁更容易出现结构失稳，因此，在双帽形梁靠近顶部的位置设置初始诱导结构，研究轴向冲击工况下不同结构形式对于其压溃特性的影响。

在所研究的结构中，初始诱导结构都为槽型结构，且距离顶端距离相等，为 35mm。不同结构的轴向截面示意图和对应的压溃变形结果如图 8-22 所示。

从图 8-22 可以看出，诱导结构的有无以及诱导结构的设置形式都对最终的压溃变形有很重要的影响。无诱导结构的双帽形截面梁 C 没有呈现出明显的褶皱特征；C-Ⅰ诱导结构的双帽形截面梁呈现出褶皱压缩的特征，但是变形形式不够理想，出现了焊接边内陷失效和底部的弯折；C-Ⅱ种诱导结构的双帽形截面梁褶皱效果明显，且呈现渐进式的压缩特征，无明显的失效形式出现；C-Ⅲ诱导结构的双帽形截面梁也具有较为明显的褶皱特征，无明显的失效形式出现。

以上四种结构对应的压溃力曲线如图 8-23 所示，从曲线来看，未设置诱导结构的双帽形截面梁平均压溃力更高。结构 C-Ⅱ和 C-Ⅲ的压溃力曲线相对平稳，压溃力曲线越平稳，说明该结构抗失稳能力越强。

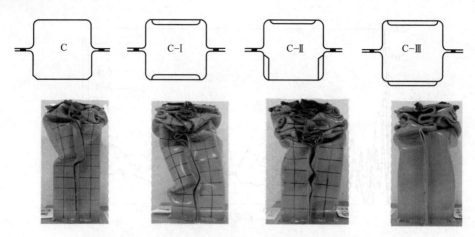

图 8-22　不同初始诱导结构的轴向截面和对应的压溃变形图

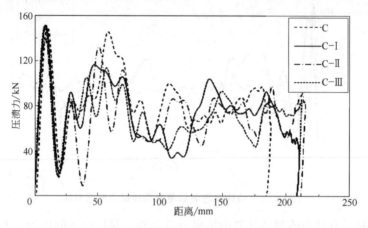

图 8-23　不同初始诱导结构的双帽形梁压溃力曲线

为了进行进一步对比，对 4 种结构对应的压溃特征值进行统计，如表 8-6 所示。未设置诱导槽的双帽形梁结构 C 的平均压溃力要大于带有诱导结构的 3 种结构，其原因是发生的变形并非折叠压溃变形，其他形式的变形吸收了更多的能量，虽然其具有更大的压溃力，但是在实际工况中，由于车身结构并非刚性，不带有诱导结构的薄壁梁很难从前端发生压溃，且这种变形不稳定，容易引起折弯等结构失稳，不能保证压溃力维持在一个较高水平。

表 8-6　不同初始诱导结构的双帽形梁压溃特征值

编号	P_m/kN	m/kg	SEA/(kJ/kg)
C	82.78	1.822	13.28
C-Ⅰ	61.36	1.798	9.94
C-Ⅱ	72.47	1.78	11.86
C-Ⅲ	72.18	1.816	11.61

结构 C-Ⅰ 的压溃力和比吸能都为最低，结构 C-Ⅱ 和结构 C-Ⅲ 的特征值基本持平，说明合理的诱导结构设置方法可以有效引导纵梁结构发生稳定的压溃变形，并且会在一定程度上改善结构失效，提升结构吸能效率。

（2）具有轴向阵列诱导结构的焊接薄壁梁

在实际的前纵梁结构中，诱导槽一般呈轴向阵列式布置，不同的布置方法会使纵梁出现不同的变形结果。为了寻求合理的诱导槽布置方式，以单、双帽形截面梁为基础，研究阵列布置的诱导槽结果对于压溃特性的影响。

对于单帽形截面梁，设计了两种诱导槽布置方法，第一种为两面内凹交错分布，第二种为一面内凹、一面外凸平行分布。对于双帽形截面梁，设计了 3 种诱导槽布置方法，第一种为两面内凹交错，第二种为两面内凹平行分布，第三种为一面内凹、一面外凸平行分布，结构示意图及对应的变形结果如图 8-24 所示。

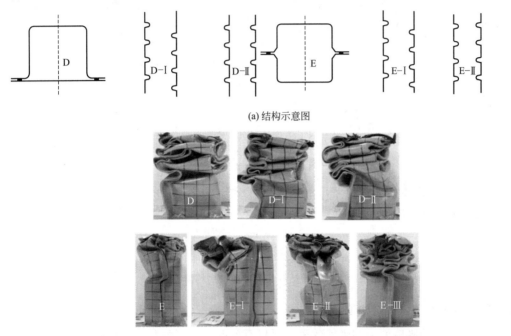

图 8-24 轴向阵列诱导结构的焊接型薄壁梁的结构示意图及其变形

由图 8-24 看出，不同的诱导结构布置方式其变形不同。尤其在双帽形截面梁中，不同诱导槽布置方式的结构其变形大不相同，以上几种结构的压溃力曲线如图 8-25 所示。

各结构对应的试验结果曲线特征值如表 8-7 所示。对于单帽形截面梁，增加轴向阵列诱导结构前后的特征值变化不大，3 种结构的变形结果相近，其原因为单帽形截面梁本身压溃特性较好，具有稳定的压溃折叠特征，轴向阵列诱导结构的设置主要用于变形次序的引导。对于双帽形截面梁，其本身压溃变形不稳定，轴向阵列诱导结构的设置的主要目的是改善其压溃变形，使其形成规律的折叠变形，提高结构稳定性。通过对比 4 种轴向阵列诱导布置方式的双帽形截面梁变形结果，可知 E-Ⅲ 结构稳定性最好，压溃力曲线波动也最小。

表 8-7 轴向阵列诱导结构的焊接型薄壁梁压溃特征值

编号	P_m/kN	m/kg	SEA/(kJ/kg)	编号	P_m/kN	m/kg	SEA/(kJ/kg)
D	41.14	1.840	6.54	E	82.78	1.822	13.28
D-Ⅰ	44.16	1.830	7.05	E-Ⅰ	61.98	1.806	10.02
D-Ⅱ	41.27	1.842	6.55	E-Ⅱ	58.51	1.797	9.51
—	—	—	—	E-Ⅲ	61.7	1.805	9.98

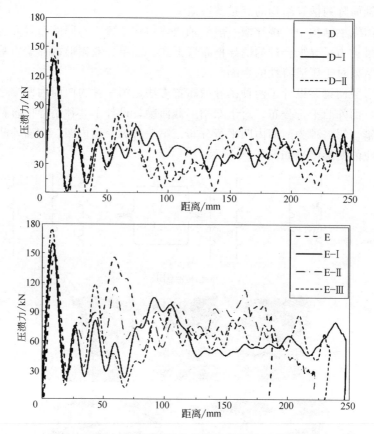

图 8-25 轴向阵列诱导结构的焊接薄壁梁压溃力曲线

8.2.3.3 前纵梁内部加强板结构设计方法

通过提升前纵梁的吸能能力和吸能效率，可以有效改善微型汽车正面碰撞安全性能，并降低材料成本。在折叠压溃变形条件下，薄壁梁平均压溃力 P_m 与材料参数 σ_0 以及 4 个结构参数 n、ψ_0、c、h 有关。若要提升薄壁梁的结构吸能效率，需要从这 5 个参数入手。在此，主要研究加强板结构对于焊接型薄壁梁压溃特性的影响，不同的样本采用同样的材料，故其材料参数 σ_0 以及板材厚度 h 保持不变。加强板的设置主要影响结构参数 n 和 c，在部分样本中会涉及角度 ψ_0 的变化。

在目标车型中，前纵梁加强板在梁内贴附于外板上，这种加强方式实际上是增加了板材厚度 h，虽然压溃力可以得到提升，但并非最佳的布置方式。国内外学者在对方形、圆形截面薄壁管件轴向压溃特性进行研究时，发现将薄壁梁截面改为多腔体截面可以大大提升结构的吸能效率。从理论上进行分析，这种方法实际上是增加了截面的超单元数量 n，并降低了超单元边长 c，这样的改变可以大大降低半波长，从而大幅提升压溃力。

本文中的加强板设计主要以将单腔体截面改进为多腔体截面为主。且为了保证实际加工工艺的可行性以及对成本进行控制，在所设计的结构装配中，都可以通过简单的点焊连接工艺实现。

增加加强板前后的结构对比主要从变形形式、压溃力曲线和压溃特征值 3 个方面进行。加强板结构改进前后的截面示意图和对应的变形结果如图 8-26 所示。

由图 8-26 可以看出，设置加强板之后的焊接型薄壁梁压溃变形较之前都更加规整，折

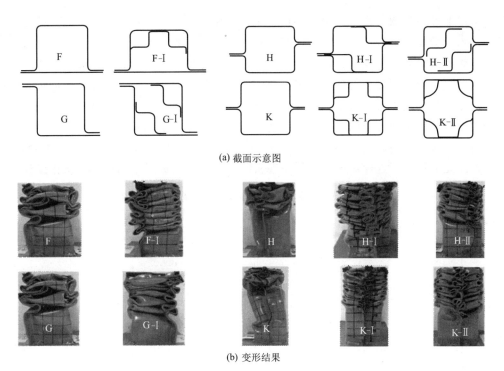

图 8-26 设置加强板前后的焊接型薄壁梁的截面示意图及其变形

叠褶皱也更小,没有出现结构失效,这也从另一方面验证了对于焊接型薄壁梁失效原因的分析,即减小半波长可以有效避免压溃过程中的结构失效。

改进前后的结构对应的压溃力曲线如图 8-27 所示。

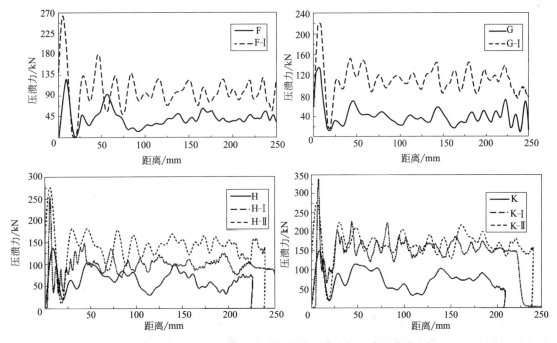

图 8-27 设置加强板前后的焊接型薄壁梁压溃力曲线

从变形结果与对应的压溃力曲线可以看出,设置加强板的结构具有更高的压溃力。其次，由于压溃变形的褶皱更小，半波长也更小，故压溃力曲线波动频率也更高，但波动幅度不大，基本维持在一个较高水平。这说明设置加强板不仅可以提升薄壁梁的结构吸能效率，还可以有效提高变形稳定性。提取结构改进前后的压溃特征值，如表 8-8 所示。

增加加强板后，焊接型薄壁梁能量吸收的能力和效率都得到了显著提升。通过观察可以发现，在所增加的加强板结构中，截面上形成更多超单元的结构吸能效率提升幅度也更大。这样的规律也验证了前文中的推断，说明通过增加加强板来增加截面超单元数量 n，并缩小超单元边长 c 可以有效降低压溃褶皱半波长 H，从而有效提升结构能量吸收的能力和效率，使材料得到充分利用。这种规律也有利于在实际结构中对前纵梁结构进行轻量化设计。

表 8-8 设置加强板前后焊接型薄壁梁的压溃特征值

编号	P_m/kN	m/kg	SEA/(kJ/kg)	编号	P_m/kN	m/kg	SEA/(kJ/kg)
F	40.85	1.838	6.48	G	39.79	1.839	6.31
F-Ⅰ	100.11	2.634	11.07	G-Ⅰ	102.32	2.616	11.42
	145.07%	43.31%	70.83%		157.15%	42.25%	80.98%
H	66.88	1.781	10.98	K	61.36	1.798	9.94
H-Ⅰ	120.47	2.591	13.58	K-Ⅰ	188.43	2.995	18.37
	80.13%	45.48%	23.68%		207.09%	66.57%	84.81%
H-Ⅱ	141.32	2.715	15.16	K-Ⅱ	168.04	2.871	17.05
	111.30%	52.44%	38.07%		173.86%	59.68%	71.53%

8.3 正面碰撞工况下前纵梁多目标优化设计

根据前面的研究结论，对前纵梁的结构进行改进，然后利用数学方法对前纵梁结构的板厚进行优化设计。在优化过程中，为了简化模型，缩短计算时间，将设计正面碰撞台车模型替代目标车型的整车模型，最终利用整车模型对设计结果的有效性进行验证。

8.3.1 近似模型方法

在工程优化问题中，不同的工程问题可以分为线性规划和非线性规划。对于汽车碰撞而言，由于在碰撞过程中存在大量的复杂变形，属于高度非线性问题。高度非线性问题通过简单的数据点来预测结果并不现实。针对这种问题，现行最广泛的优化方法是利用有限的试验或仿真数据建立数学模型，在数学模型的精度满足要求后，寻求该数学模型的最优解。这种方法称为近似模型优化方法，其中试验样本点的设计、近似模型的建立以及优化方法都会对最终的优化结果造成影响，因此，对于各个环节来说，选择合适的方法非常重要。对于近似模型优化方法来说，近似模型的选取非常重要，现有的近似模型建立方法有很多，在此，将对常用的近似模型进行介绍。

8.3.1.1 常用的近似模型

目前，工程中常用的近似模型建立方法主要包括多项式响应面（RSM）、Kriging、径向基函数（RBF）、人工神经网络（ANN）、移动最小二乘法（MLS）等。现有研究结果表明，在高度非线性问题中，多项式响应面模型的精度与其他方法相比较差，故在本文中不对该方法进行详细介绍。

(1) 移动最小二乘法（MLS）

移动最小二乘法的拟合函数为

$$u^h(x) = \sum_{i=1}^{m} p_i(x)\alpha_i(x) = \mathbf{P}^T(x)\boldsymbol{\alpha}(x) \tag{8-17}$$

式中，m 为基函数数量；$p_i(x)(i=1,2,\cdots,m)$ 为单项式基函数，在一维数据空间中，线性基函数和二次基函数分别表示为

$$\mathbf{P}^T(x) = [1, x] \tag{8-18}$$

$$\mathbf{P}^T(x) = [1, x, x^2] \tag{8-19}$$

通过最小化加权准则，可以得到式（8-17）中的 $\alpha_i(x)$

$$J = \sum_{i=1}^{n} w(x-x_i)[\mathbf{P}^T(x)\boldsymbol{\alpha}(x) - u_i]^2 \tag{8-20}$$

式中，n 为训练样本个数；$w(x\text{-}x_i)$ 为权函数，通常的权函数有指数型函数、三次样条函数和四次样条函数；u_i 为第 i 个函数的响应值。根据极值必要条件得到系数 $\boldsymbol{\alpha}(x)$

$$\boldsymbol{\alpha}(x) = \mathbf{A}^{-1}(x)\mathbf{B}(x)\mathbf{u} \tag{8-21}$$

式中：

$$\mathbf{A}(x) = \sum_{i=1}^{m} w(x-x_i)\mathbf{P}(x_i)\boldsymbol{\alpha}(x_i)^T \tag{8-22}$$

$$\mathbf{B}(x) = w(x-x_1)P(x_1)w(x-x_2)P(x_2)\cdots w(x-x_{n1})P(x_n) \tag{8-23}$$

将 $\alpha(x)$ 代入式（8-17）可以得到

$$u^h(x) = \mathbf{P}^T(x)\boldsymbol{\alpha}(x) = \sum_{i=1}^{n} N_i(x)\mu_i \tag{8-24}$$

式中：

$$N_i(x) = \sum P_j(x)[\mathbf{A}^{-1}(x)\mathbf{B}(x)]_{ji} \tag{8-25}$$

(2) Kriging 方法

Kriging 方法的有效性不依赖于随机误差的存在，并且在高度非线性情况下拟合精度较高。

Kriging 模型的基本原理如下：

设 $x_1, x_2, \cdots, x_N$ 为已知试验样本点，各样本点处的函数响应值为 $y(x_1)$，$y(x_2), \cdots, y(x_N)$，未知点 x_0 处的函数预测值为 $\tilde{y}(x_0)$，通过对相邻样本点的函数响应值进行加权得到

$$\tilde{y}(x_0) = \sum_{i=1}^{N} \alpha_i y(x_i) \tag{8-26}$$

式中，α_i 为待定加权系数，其必须同时满足以下条件。

① 无偏估计。设未知点的真实响应值为 $y(x_0)$，由于模型空间存在变异性，可将 $y(x_i)$，$\tilde{y}(x_0)$，$y(x_0)$ 视为变量，当预测值为无偏估计时

$$E[\tilde{y}(x_0) - y(x_0)] = 0 \text{ 即 } \sum_{i=1}^{N} \alpha_i = 1 \tag{8-27}$$

② 真值 $y(x_0)$ 与预测值 $\tilde{y}(x_0)$ 差值的方差最小。其表达式为

$$D[\tilde{y}(x_0) - y(x_0)] = 2\sum_{i=1}^{N} \alpha_i \gamma(x_0, x_i) - \sum_{i=1}^{N}\sum_{j=1}^{N} \alpha_i \alpha_j \gamma(x_i, x_j) \tag{8-28}$$

式中，以 x_0 和 x_i 之间的间距作为过滤间距时，参数的半方差值为 $\gamma(x_0, x_i)$；以 x_i 和 x_j 之间的间距作为过滤间距时参数的半方差值为 $\gamma(x_i, x_j)$。

③ 径向基函数（RBF）。RBF 模型设计之初主要用于多元离散函数的数据插值，现在已经广泛应用于工程领域的数据预测。

RBF 模型以每个采样点为中心建立一系列基础函数。假设 $f(x)$ 是真实目标函数，$f(x')$ 是相应的近似函数，其表达式如下

$$f'(x) = \sum_{i=1}^{n} \mu_i \tau(\|\boldsymbol{x} - \boldsymbol{x}_i\|) \tag{8-29}$$

式中，n 为样本点数量；μ_i 为权重系数；τ 为基础函数；$\boldsymbol{x}$ 为设计变量的向量；$\boldsymbol{x}_i$ 为在第 i 个样本点处的向量；$\|\boldsymbol{x} - \boldsymbol{x}_i\| = (\boldsymbol{x} - \boldsymbol{x}_i)^{\mathrm{T}}(\boldsymbol{x} - \boldsymbol{x}_i)$ 为欧拉距离。换言之，RBF 模型实际上是 n 个具有不同权衡系数的基础函数的线型组合。几种比较常用的基函数如下。

扁平样条函数 $\qquad \tau(r) = r^2 \lg(cr^2), 0 < c \leqslant 1 \tag{8-30}$

高斯函数 $\qquad \tau(r) = \mathrm{e}^{-cr^2}, 0 < c \leqslant 1 \tag{8-31}$

多元二次函数 $\qquad \tau(r) = \sqrt{r^2 + c^2}, 0 < c \leqslant 1 \tag{8-32}$

逆向多元二次函数 $\qquad \tau(r) = \dfrac{1}{r^2 + c^2}, 0 < c \leqslant 1 \tag{8-33}$

将式（8-29）中的向量 $\boldsymbol{x}$ 和 $\boldsymbol{x}_i$ 用 n 个样本点出的设计变量代替，则得到以下方程组

$$\begin{cases} f'(x_1) = \sum_{i=1}^{n} \mu_i \tau(\|x_1 - x_i\|) \\ f'(x_2) = \sum_{i=1}^{n} \mu_i \tau(\|x_2 - x_i\|) \\ \vdots \\ f'(x_n) = \sum_{i=1}^{n} \mu_i \tau(\|x_n - x_i\|) \end{cases} \tag{8-34}$$

写成矩阵形式为

$$\boldsymbol{f} = \boldsymbol{A}\boldsymbol{\mu} \tag{8-35}$$

式中，$\boldsymbol{f} = [f'(\boldsymbol{x}_1), f'(\boldsymbol{x}_2), \cdots, f'(\boldsymbol{x}_n)]^{\mathrm{T}}$；$\boldsymbol{A} = \boldsymbol{\mu}(\|\boldsymbol{x} - \boldsymbol{x}_i\|)(i = 1, 2, \cdots, n; j = 1, 2, \cdots, n)$；$\boldsymbol{\mu} = [\mu_1, \mu_2, \cdots, \mu_n]^{\mathrm{T}}$。

汽车正面碰撞属于高度非线性问题，各种基函数的对比结果显示，利用多元二次函数作为基函数可以在耐撞性预测中得到更高的精度。

8.3.1.2 最小二乘支持向量回归法（LS-SVR）

虽然 Kriging、RBF 等方法在复杂工程问题中应用较广泛，建模效率和精度也较高，但是针对不同的工程问题，不同的近似模型的精度也参差不齐。随着数据挖掘方法的发展，支持向量机（SVM）作为一种机器学习的新方法，最初主要应用于系统识别和图像处理领域。支持向量回归法（SVR）是在支持向量机基础上发展的一项重要技术，这种方法拥有极强的线性、非线性拟合能力，并且拟合所需样本相对较少，近年来被一致认为是工程领域中最具潜力的近似拟合方法。最小二乘支持向量回归法（LS-SVR）的算法原理如下。

利用样本点设计获得样本空间

$$D = \{(x_1, x_1), (x_2, x_2), \cdots, (x_i, x_i), \cdots (x_n, x_n)\}, x_i \in R^n, y_i \in R \tag{8-36}$$

优化问题可以表示为

$$\min_{w, \varepsilon} J(w, \varepsilon) = \frac{1}{2} w^{\mathrm{T}} w + \frac{1}{2} \gamma \sum_{i=1}^{n} \varepsilon_i^2 \tag{8-37}$$

式中，w 为加权向量；ε_i 为误差变量；γ 为惩罚因子，是一个大于 0 的常数，用来权

衡函数的"扁平度"。

函数的约束条件为

$$y_i = \boldsymbol{w}^T \varphi(x_i) + \boldsymbol{b} + \varepsilon_i, i=1,2,\cdots,n \tag{8-38}$$

式中，$\phi(\cdot)$ 为将样本空间映射到高维度空间的基函数；b 为偏移项。

原始空间中的模型可以表示为

$$\boldsymbol{y}(x) = \boldsymbol{w}^T \varphi(x) + \boldsymbol{b} \tag{8-39}$$

根据拉格朗日定理可以得到

$$l(\boldsymbol{w},\boldsymbol{b},\boldsymbol{\varepsilon},\boldsymbol{\alpha}) = J(\boldsymbol{w},\boldsymbol{\varepsilon}) - \sum_{j=1}^{n} \alpha_j \left[\boldsymbol{w}^T \varphi(x) + \boldsymbol{b} + \varepsilon_j - y_j \right] \tag{8-40}$$

式中，α_j 为拉格朗日乘子，$j=1,2,\cdots,n$。

最优拟合模型应满足以下条件方程组

$$\begin{cases} \dfrac{\partial [l(w,b,\varepsilon,a)]}{\partial w} = 0 \Rightarrow w = \sum_{i=1}^{n} a_i \varphi(x_i) \\ \dfrac{\partial [l(w,b,\varepsilon,a)]}{\partial b} = 0 \Rightarrow \sum_{i=1}^{n} a_i = 0 \\ \dfrac{\partial [l(w,b,\varepsilon,a)]}{\partial \varepsilon} = 0 \Rightarrow a_i = \gamma \varepsilon_i \\ \dfrac{\partial [l(w,b,\varepsilon,a)]}{\partial a} = 0 \Rightarrow w^T \varphi(x_i) + b + \varepsilon_i - y_i = 0 \end{cases} \tag{8-41}$$

联立消除 w 和 ε，最优解可以写成

$$\begin{bmatrix} 0 & \boldsymbol{I}^T \\ \boldsymbol{I} & \Gamma + \dfrac{1}{\gamma}\boldsymbol{I} \end{bmatrix} \begin{bmatrix} \boldsymbol{b} \\ \boldsymbol{a} \end{bmatrix} = \begin{bmatrix} 0 \\ \boldsymbol{y} \end{bmatrix} \tag{8-42}$$

式中，

$$\boldsymbol{y} = [y_1, y_2, \cdots, y_n] \tag{8-43}$$

$$\boldsymbol{I} = [1, 1, \cdots, 1] \tag{8-44}$$

$$\boldsymbol{a} = [a_1, a_2, \cdots, a_n] \tag{8-45}$$

$$\Gamma_{i,j} = \varphi(x_i)^T \varphi(x_j), i,j=1,2,\cdots,n \tag{8-46}$$

根据 Mercer 条件，存在一个核函数满足

$$K(x,y) = \sum_i \varphi_i(x)^T \varphi_i(y) \tag{8-47}$$

当且仅当对于任意随机函数 $g(x)$，若满足 $\int g(x)^2$ 为有限值，且

$$\iint K(x,y) g(x) g(y) \mathrm{d}x \mathrm{d}y > 0 \tag{8-48}$$

则 LS-SVR 拟合模型可以写为

$$y(x) = \sum_{i=1}^{n} a_i K(x,x_i) + b \tag{8-49}$$

式中的 a_i 和 b 可由式（8-42）求解得到，以下为几种常用的核函数。

线性核函数 $\qquad K(x_i, x_j) = x_i^T x_j \tag{8-50}$

多项式核函数 $\qquad K(x_i, x_j) = \langle x_i \cdot x_j \rangle^d = (1 + x_i^T x_j / c)^d \tag{8-51}$

高斯核函数 $\quad K(x_i, x_j) = \exp\left[\dfrac{-\|x_i - x_j\|^2}{\sigma^2}\right]$ (8-52)

Sigmoid 核函数 $\quad K(x_i, x_j) = \tanh(k x_i^T x_j + \theta)$ (8-53)

本文采用最小二乘支持向量回归法作为近似模型的建立方法，由于碰撞问题的高度非线性特征，选用高斯核函数建立近似模型。

8.3.1.3 近似模型预测精度评价方法

近似模型建立完成后，将被作为后续优化过程的基础，因此，近似模型是否拥有足够的精度直接影响到优化设计的准确性和所设计结构方案的可行性。在对近似模型的精度进行检验时，需要引入一些精度评价指标，一般包括下列几种。

最大绝对误差 $\quad MAE = \max|y_i - \hat{y}_i|$ (8-54)

相对平均绝对误差 $\quad RAAE = \dfrac{\sum\limits_{i=1}^{N}|y_i - \hat{y}_i|}{\sqrt{\dfrac{\sum\limits_{i=1}^{N}(y_i - \overline{y}_i)^2}{N}}}$ (8-55)

均方根误差 $\quad RMSE = \sqrt{\dfrac{\sum\limits_{i=1}^{N}(y_i - \hat{y}_i)^2}{N}}$ (8-56)

确定性系数 $\quad R^2 = 1 - \dfrac{\sum\limits_{i=1}^{N}(y_i - \hat{y}_i)^2}{\sum\limits_{i=1}^{N}(y_i - \overline{y}_i)^2}$ (8-57)

式中，y_i 为样本响应值；$\hat{y}_i$ 为近似模型预测响应值；$\overline{y}_i$ 为各样本点的平均响应值；N 为样本点数量，$i = 1, 2, \cdots, N$。

RAAE、RMSE 以及 R^2 这 3 个指标主要表征近似模型的平均精度，其中 RAAE 和 RMSE 越小，则近似模型的预测精度越高，而 R^2 越接近 1，说明近似模型精度越高。MAE 主要表征近似模型的局部预测能力，其值越小，则近似模型拟合精度越高。为了对比不同近似模型方法的精度，将对以上 4 个指标进行对比分析。

在建立近似模型后，通过对样本点处实际响应值和预测值进行对比分析，计算获得这 4 个精度检验指标值，当精度达到可接受范围时进行后续工作。

8.3.2 空间收缩回归法

在大部分的工程优化问题中，变量参数的初始边界都是根据经验确定的。若初始设计范围较小，则有可能错过设计区域之外的最优设计；反之，若初始范围较大，则需要更多的样本点来提高近似模型的精度，这样会大幅提高计算消耗。

为了在提高寻优效率的同时能够捕捉到初始设计域外的最优设计点，引入了空间收缩回归方法。该方法已在薄壁梁耐撞性优化中得到应用，其快速性和有效性得到了验证。文中对该方法进行了进一步的改进，使其更加稳定可靠。

空间收缩回归法在功能上可分为两部分：一是通过收缩或扩大变量设计区域寻找最优解；二是通过对僵尸变量进行判别并将其排除变量空间，以加快收敛速度。该方法的主要思想是在最优解收敛前不断更新设计域,使设计域逐渐接近最优解,一直到满足收敛条件为止,其算法流程如图 8-28 所示。

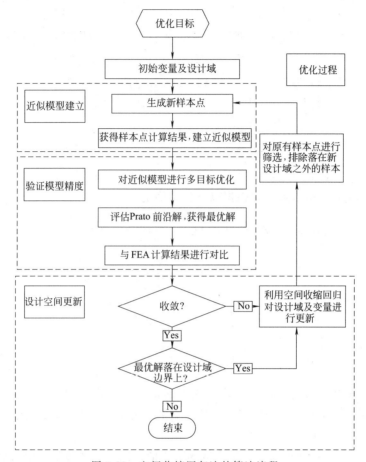

图 8-28 空间收缩回归法的算法流程

空间收缩回归法的具体步骤如下。

(1) 根据样本点的响应结果,建立 RBF 模型,并提取满足约束条件的变量可行域。将可行域边界与设计域边界进行对比,检查是否有重合边界。

(2) 根据重合边界存在与否,可分为以下 4 种情况(以第 i 个变量在第 k 轮迭代中为例):

① 变量可行域的下边界与设计域下边界重合,可行域上边界小于设计域上边界。

$$x_{i,k}^{\text{Overlapped}} = x_{i,k}^{\text{Lower}} = m_{i,k}^{\text{Lower}}, m_{i,k}^{\text{Upper}} < x_{i,k}^{\text{Upper}} \tag{8-58}$$

② 变量可行域下边界大于设计域下边界,可行域上边界与设计域上边界重合。

$$m_{i,k}^{\text{Lower}} > x_{i,k}^{\text{Lower}}, x_{i,k}^{\text{Overlapped}} = x_{i,k}^{\text{Upper}} = m_{i,k}^{\text{Upper}} \tag{8-59}$$

③ 变量可行域上边界和下边界分别与设计域上边界和下边界重合。

$$m_{i,k}^{\text{Lower}} = x_{i,k}^{\text{Lower}}, m_{i,k}^{\text{Upper}} = x_{i,k}^{\text{Upper}} \tag{8-60}$$

④ 变量可行域上边界小于设计域上边界,可行域下边界大于设计域下边界,即无边界重合。

$$m_{i,k}^{\text{Lower}} > x_{i,k}^{\text{Lower}}, m_{i,k}^{\text{Upper}} < x_{i,k}^{\text{Upper}} \tag{8-61}$$

式中,x 和 m 分别为设计域和可行域边界;上标 Lower 和 Upper 分别代表下边界和上边界，Overlapped 表示重合边界。以上 4 种情况下，设计域的边界可根据以下公式进行收缩或者扩张。

$$\begin{cases} x_{i,k+1}^{\text{Lower}} = m_{i,k}^{\text{Lower}} - \lambda 1_{k+1} \times (m_{i,k}^{\text{Upper}} - m_{i,k}^{\text{Lower}}) \\ x_{i,k+1}^{\text{Upper}} = m_{i,k}^{\text{Upper}} - \lambda 2_{k+1} \times (m_{i,k}^{\text{Upper}} - m_{i,k}^{\text{Lower}}) \end{cases} \tag{8-62}$$

$$\begin{cases} x_{i,k+1}^{\text{Lower}} = m_{i,k}^{\text{Lower}} + \lambda 2_{k+1} \times (m_{i,k}^{\text{Upper}} - m_{i,k}^{\text{Lower}}) \\ x_{i,k+1}^{\text{Upper}} = m_{i,k}^{\text{Upper}} + \lambda 1_{k+1} \times (m_{i,k}^{\text{Upper}} - m_{i,k}^{\text{Lower}}) \end{cases} \tag{8-63}$$

$$\begin{cases} x_{i,k+1}^{\text{Lower}} = m_{i,k}^{\text{Lower}} - \lambda 3_{k+1} \times (m_{i,k}^{\text{Upper}} - m_{i,k}^{\text{Lower}}) \\ x_{i,k+1}^{\text{Upper}} = m_{i,k}^{\text{Upper}} + \lambda 4_{k+1} \times (m_{i,k}^{\text{Upper}} - m_{i,k}^{\text{Lower}}) \end{cases} \tag{8-64}$$

$$\begin{cases} x_{i,k+1}^{\text{Lower}} = m_{i,k}^{\text{Lower}} + \lambda 4_{k+1} \times (m_{i,k}^{\text{Upper}} - m_{i,k}^{\text{Lower}}) \\ x_{i,k+1}^{\text{Upper}} = m_{i,k}^{\text{Upper}} - \lambda 3_{k+1} \times (m_{i,k}^{\text{Upper}} - m_{i,k}^{\text{Lower}}) \end{cases} \tag{8-65}$$

式中，λ1~λ4 为权衡系数，并根据以下公式确定

$$\begin{cases} \lambda 1_{k+1} = \gamma 1 \times \left(1 - \upsilon 1 \times \dfrac{|X_{i,k} - x_{i,k}^{\text{Overlapped}}|}{m_{i,k}^{\text{Upper}} - m_{i,k}^{\text{Lower}}}\right) \\ \lambda 2_{k+1} = \gamma 2 \times \left(1 - \upsilon 2 \times \dfrac{|X_{i,k} - x_{i,k}^{\text{Overlapped}}|}{m_{i,k}^{\text{Upper}} - m_{i,k}^{\text{Lower}}}\right) \\ \lambda 3_{k+1} = \gamma 3 \times \left(1 - \upsilon 3 \times \dfrac{|X_{i,k} - x_{i,k}^{\text{Lower}}|}{m_{i,k}^{\text{Upper}} - m_{i,k}^{\text{Lower}}}\right) \\ \lambda 4_{k+1} = \gamma 4 \times \left(1 - \upsilon 4 \times \dfrac{|X_{i,k} - x_{i,k}^{\text{Upper}}|}{m_{i,k}^{\text{Upper}} - m_{i,k}^{\text{Lower}}}\right) \end{cases} \tag{8-66}$$

式中，$X_{i,k}$ 为第 i 个变量在第 k 轮迭代中的最优解；$\gamma 1, \gamma 2, \gamma 3, \gamma 4, \upsilon 1, \upsilon 2, \upsilon 3, \upsilon 4$ 分别为控制设计域收缩或扩张幅度的参数，文中均设定为 0.7。空间收缩回归法设计域边界更新示意图如图 8-29 所示。

（3）定义各变量设计域更新前后重合度的平均值为区域设计域重合度（Ψ_{k+1}），如果设计域重合度满足：

$$\Psi_{k+1} = \dfrac{\sum\limits_{j=1}^{n} \dfrac{x_{j,k+1}^{\text{Upper}} - x_{j,k+1}^{\text{Lower}}}{x_{j,k}^{\text{Upper}} - x_{j,k}^{\text{Lower}}}}{n} > \psi, \psi \in (0,1) \tag{8-67}$$

则表示新的设计域与前一轮设计域高度重合，式中 ψ 为判别阈值，可由使用者根据实际问题进行定义，文中定义该值为 0.9。

若新的设计域与前一轮设计域没有达到高度重合，则利用 NSGA-II 方法在新的设计域中进行寻优，并判别寻优结果收敛性。反之，则进入步骤（4）。

（4）若新的设计域与前一轮设计域高度重合，则对每个变量对响应目标的贡献度（$\Phi_{i,k+1}$）进行计算，若第 i 个变量满足

$$\Phi_{i,k+1} = \dfrac{\sum\limits_{l=1}^{k} \dfrac{\text{Max}(\eta_{1,l}, \eta_{2,l}, \cdots, \eta_{n,l})}{\eta_{i,l}}}{k} > \phi \quad \phi \in (1, \infty), i = 1, 2, \cdots, n \tag{8-68}$$

则被认定为僵尸变量，并从设计空间中排除，即设计变量总数减少，该变量转变为定量，其值为转换为定量前的变量值。随后继续寻优，若不存在僵尸变量，则直接进入寻优。

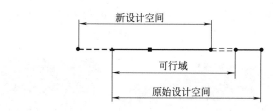

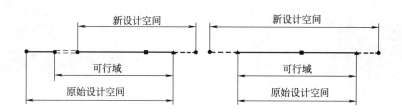

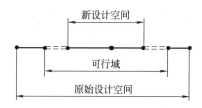

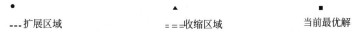

图 8-29　空间收缩回归法设计域边界更新示意图

式中，η 为变量对于响应的贡献度；ϕ 为判别阈值，可由使用者根据实际问题进行定义，文中定义该值为 20。变量更新流程如图 8-30 所示。

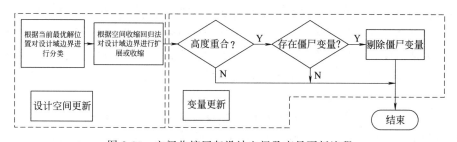

图 8-30　空间收缩回归设计空间及变量更新流程

8.3.3　正面碰撞台车模型

文中轻量化设计主要是以有限元计算结果为基础的，本文的目标车型整车模型中包含 12 种材料，1162187 个节点，1074871 个壳单元以及 26955 个体单元，利用 LS-DYNA971 求解器在 DELL T7600 工作站（32 线程，2.7GHz 主频，64G RAM）上需要超过 6h 才能完成一次计算，因此构造简化模型是非常必要的。

在对整车模型进行简化之前,需要对整车模型的精度进行验证,即将整车正面碰撞试验和数值计算结果进行对比。图 8-31 为试验和仿真的变形结果对比。

(a) 前部车身　　　　　　　　　　　　　　　　(b) 关键吸能件

图 8-31　微型汽车正碰试验与仿真结果对比

从车身变形上来看,仿真与试验结果基本一致,尤其是前纵梁的变形形式非常接近。微型汽车正碰试验和仿真计算的速度和加速度曲线如图 8-32 所示。

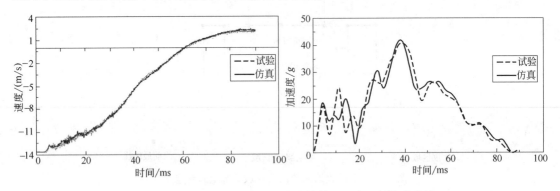

图 8-32　微型汽车正碰试验和仿真计算的速度和加速度曲线

仿真和试验结果中的车身速度和加速度曲线基本一致,速度归零时刻等关键点也基本吻合。故在后续的研究中,以整车有限元模型为基础,进行模型的简化和后续的轻量化设计。

在整车模型的基础上,对其进行结构简化,以达到节省计算时间的目的。由于本文中轻量化的对象为前纵梁,故在对整车模型进行简化时,将其他车身结构进行整合,利用简单的梁系代替其他车身结构,在碰撞过程中,梁系变形使简化后的模型拥有与整车模型类似的速度和加速度曲线。

在对整车模型进行简化前,先对整车模型车身速度和加速度曲线进行分析,主要包括几个关键的时间节点,以及曲线的整体趋势和幅值,如图 8-33 所示,图中的几个关键时间点是构造简化碰撞模型时需要考虑的关键节点。

通过对角度、材料以及结构的不断调节,利用有限元软件进行仿真计算,并对结果进行对比,最终将目标车型正面碰撞模型进行了简化,简化后的结构安装在碰撞小车上,称为正面碰撞台车模型。在简化后的正面碰撞台车模型中,所用材料被降低到了 8 种,壳单元数量降低到 216425 个,体单元数量降低到 8325 个,同等计算机配置下,单个模型的计算时间降低到了 127min,计算消耗大幅降低。简化前后的模型如图 8-34 所示。

图 8-35 为模型简化前后的速度和加速度曲线,简化后的台车模型曲线关键节点时间与

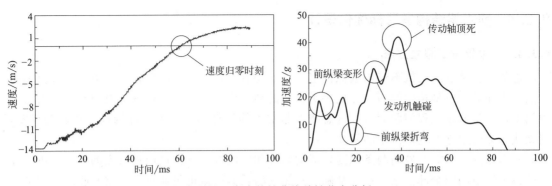

图 8-33 车身特性曲线关键节点分析

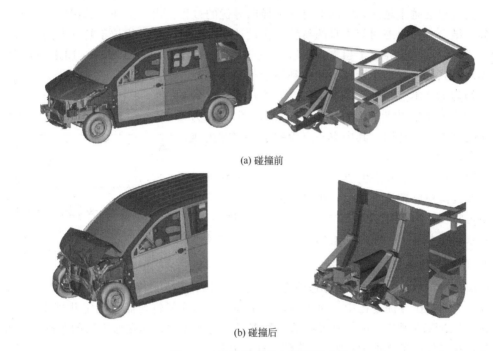

(a) 碰撞前

(b) 碰撞后

图 8-34 整车模型和台车模型对比

整车模型基本一致，曲线的趋势和幅值也基本吻合，说明简化后的台车模型拥有足够的精度，能够在数值计算中代替整车碰撞模型。

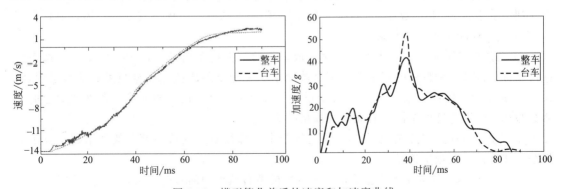

图 8-35 模型简化前后的速度和加速度曲线

8.3.4 前纵梁结构多目标优化设计

8.3.4.1 边界拉丁超立方方法

近似模型精度的高低不仅与近似模型方法本身有关，样本点的选择直接关系到计算消耗量的大小和近似模型精度的高低。更多更密集的初始样本点往往可以保证近似模型拥有较高的精度，但是对于工程问题而言，这意味着非常大的计算消耗。若设计的样本点较为稀疏，则无法保证所建立的近似模型的精度。

样本点的设计需要遵循两条原则，即均匀性和广泛性。具备这两种特点的样本点可以充分获得设计空间的全部信息，在此基础上所建立的近似模型也更加可靠。空间收缩回归的思想是逐渐缩小设计空间，这种情况下，随着设计空间的缩小，样本也越来越密集，所建立的近似模型精度也会越来越高，实际上是一个导向寻优的过程。由于空间收缩回归对边界精度要求较高，结合空间收缩回归本身的特性，在设计样本点时，在最优拉丁超立方方法的基础上加入边界样本，称为边界拉丁超立方（Boundary Latin Hypercube Method，BLHM）样本。其具体实现方式为：首先在设计空间中利用最优拉丁超立方方法生成均匀的样本点；然后以拉丁超立方方法样本密度的一半在设计空间的各边界上增加均匀样本点。图 8-36 为边界拉丁超立方方法示意图，其中空心点为拉丁超立方方生成样本，实心点为边界样本。

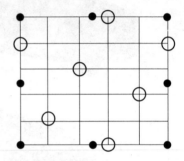

图 8-36　边界拉丁超立方样本示意图

按照边界拉丁超立方方法生成样本，对近似模型精度进行检验，若近似模型精度可接受，则进行后续计算。若近似模型不可接受，则利用边界超立方方法另外生成样本点，并插入到原有样本中，直到近似模型精度达到可接受水平。

8.3.4.2 NSGA-II 多目标优化方法

NSGA 是一种非支配排序多目标遗传算法，这种算法在寻求最优解方面表现优异，但是计算消耗较大，因为在寻优过程中，为了保证一个种群具备多样性，需要制定共享变量 σ_{share}。NSGA-II 是在 NSGA 基础上进行改进后的一种多目标遗传算法，其在原算法的基础上引入了精英策略，并对共享变量进行了改进，降低了计算消耗。

NSGA-II 算法的具体实现步骤如下。

① 种群初始化。根据种群范围和限制条件对种群进行初始化。

② 非支配排序。对初始化以后的种群进行快速排序。这种算法较 NSGA 更加有效，因为其利用了集合 S_p 和计数器 n_p 的信息，集合 S_p 包含所有受个体 p 支配的个体，而计数器 n_p 等于所有支配个体 p 的数量。

③ 设置拥挤距离。一旦非支配排序完成，就会对拥挤距离进行设置，由于每个都是根据排序进行选择，种群中的每个个体都会被赋予一个拥挤距离值。拥挤距离的基本思想是，在一个 m 维度空间内，基于 m 个目标变量寻找每个个体之间的欧拉距离。落在边界上的个体会被选中，因为这些个体具有无限的拥挤距离。

④ 选择。一旦非支配排序完成，并且每个个体都被赋予拥挤距离，就利用拥挤算子对每个个体进行二元竞争选择。

⑤ 遗传算子。种群交叉模拟算法（SBX）模拟自然界中的种群交叉，表达式如下

$$\begin{cases} c_{1,k} = \dfrac{1}{2}\left[(1-\beta_k)p_{1,k} + (1+\beta_k)p_{2,k}\right] \\ c_{2,k} = \dfrac{1}{2}\left[(1+\beta_k)p_{1,k} + (1-\beta_k)p_{2,k}\right] \end{cases} \tag{8-69}$$

式中，$c_{i,k}$ 为拥有第 k 个元素的第 i 代后代；$p_{i,k}$ 为所选择的父代；β_k 不小于 0，表示由随机数字生成的一个样本，这个随机数字的密度为

$$\begin{cases} p(\beta) = \dfrac{1}{2}(\eta_c+1)\beta^{\eta_c} & 0 \leqslant \beta \leqslant 1 \\ p(\beta) = \dfrac{1}{2}(\eta_c+1)\dfrac{1}{\beta^{\eta_c+2}} & \beta > 1 \end{cases} \tag{8-70}$$

这种分布可由一个非均匀分类的随机数字 u（$0 < u < 1$）获得，η_c 为交叉分布指数，有如下关系式

$$\begin{cases} \beta(u) = (2u)^{\frac{1}{\eta+1}} & u(0,1) \leqslant \dfrac{1}{2} \\ \beta(u) = \dfrac{1}{[2(1-u)]^{\frac{1}{\eta+1}}} & u(0,1) > \dfrac{1}{2} \end{cases} \tag{8-71}$$

突变多项式为

$$c_k = p_k + (p_k^u - p_k^l)\delta_k \tag{8-72}$$

式中，c_k 为后代；p_k 为父代；p_k^u 为父代元素的上边界；p_k^l 为父代元素下边界；δ_k 为一个微小变量，可由分布多项式计算得到

$$\begin{cases} \delta_k = (2r_k)^{\frac{1}{\eta_k+1}} - 1 & r_k < 0.5 \\ \delta_k = 1 - [2(1-r_k)]^{\frac{1}{\eta_k+1}} & r_k \geqslant 0.5 \end{cases} \tag{8-73}$$

式中，r_k（$0 < r_k < 1$）为非均匀分类的随机数字；η_m 为突变分布指数。

⑥ 重组和选择。将后代种群与当代种群进行融合，并通过选择确定下代种群个体。由于之前多代和当代种群中最好的个体被挑选出，因此可以确定这些个体为精英个体。利用非支配算法对种群个体进行排序，排序后的个体依次进入新一代的种群，直到超过种群容量。如果前沿 F_j 上的所有个体超出了种群容量 N，那么根据拥挤距离自上向下对前沿 F_j 上的个体进行选择，直到种群内个体数量为 N。在下代种群中，重复以上步骤，直到收敛。

由于该优化问题同时考虑耐撞性和轻量化，属于多目标问题，故采用 NSGA-II 作为近似模型寻优算法。

8.3.4.3 设计变量和优化目标

由 8.1 的分析可知，目标车型在侵入量保持不变的条件下，提高一阶加速度幅值可以有效地全面降低乘员伤害值，其中一阶加速度幅值与前纵梁结构吸能量有直接关系。这里以前纵梁为主要优化对象，优化的主要目标是在保证目标车型正面碰撞的耐撞性前提下实现轻量化。因此，在优化过程中，需要保证纵梁的吸能效率优于原有设计。故对目标车型原前纵梁截面进行改进，主要是将原截面 z 向宽度缩小，并对加强板的形状进行改进，改进前后的纵梁结构如图 8-37 所示。以前纵梁作为优化对象，车身刚度并不会发生变化，因此，若将前纵梁的吸能量作为主要优化目标，并不能达到理想的效果，其原因是前纵梁强度提升后可能造成车身提前变形。图 8-38 为直接更换纵梁结构的车身速度和加速度曲线。

从加速度波形可以发现，更换纵梁结构以后，前端加速度并没有得到提升，反而出现了骤降的现象，原因是在碰撞过程中，由于前纵梁强度较大，其未发生变形时，纵梁后段的 kick-

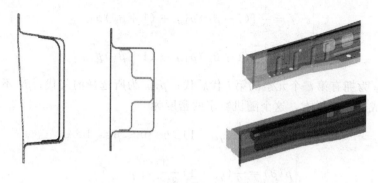

图 8-37 前纵梁改进前后的截面和结构示意图

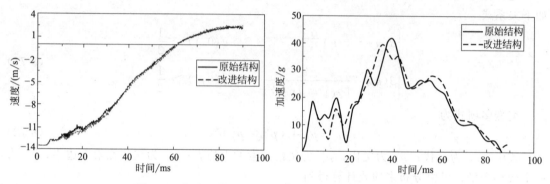

图 8-38 仅改变前纵梁结构时车身的速度和加速度曲线

down（换低挡）等位置先出现了变形，导致纵梁没有完全压溃。发生这种现象的原因是前纵梁强度与车身强度不匹配，这正是微型汽车正面碰撞安全性设计中的重点之一，这种现象也说明仅仅对纵梁结构进行加强不足以提升微型汽车碰撞性能，需要根据实际工况对改进后的纵梁结构进行优化。因此，这里以 8.2 节的研究结果为基础对纵梁结构进行改进，提升纵梁完全压溃条件下的吸能效率，然后以前纵梁原始结构的吸能量、总压缩量、原结构质量作为约束条件，以改进后的纵梁结构板材厚度作为优化变量，以实现目标车型耐撞性的提升和轻量化设计。

由于在目标车型中，前纵梁吸能区域长度为 325mm，故将压缩量 325mm 时的纵梁吸能量 E_{325} 作为约束条件之一，优化部件总质量 m 作为另一个约束条件。为了保证不增加车体防火墙侵入量，将台车模型的总压缩量 D 作为第三个约束条件。将 E_{325}、m 以及速度归零时间 $t_{v=0}$ 作为优化目标，其中，m 要求最小化，E_{325} 和 $t_{v=0}$ 要求最大化。

在选择变量时，虽然前纵梁是主要的吸能部件，但是为了实现进一步的轻量化设计以及各部件之间更好的匹配，共选择了 12 个部件的厚度作为优化对象，其中对称结构的厚度相同，故实际上是 7 个变量，分别为 $t1 \sim t7$。

该优化问题的数学表达式为

$$\begin{cases} \min F(x) = (-f_1(x), f_2(x), -f_3(x)) \\ \text{s. t.} \ \dfrac{M_{\text{new}}}{M_{\text{old}}} - 1 < 0 \\ E_{325} \geqslant 60 \text{kJ} \\ D \leqslant 473.79 \text{mm} \\ t_{v=0} \geqslant 61 \text{ms} \\ x_i^l \leqslant x_i \leqslant x_i^u \ i=1,2,\cdots,n \end{cases} \tag{8-74}$$

式中，$f_1(x)$、$f_2(x)$ 和 $f_3(x)$ 分别为压缩量为 325mm 时所吸收的内能 E_{325}、优化对象部件总质量 m 和速度归零时刻 $t_{v=0}$。M_{new} 和 M_{old} 分别为所选部件优化前后的总质量，D 为总体压缩量，x_i 为优化变量，此处 $n=7$。为了对最优解进行判定，在利用多目标优化方法获得 Prato 前沿以后，对 Prato 前沿上所有待选解根据式（8-75）进行判别，然后选出最优解。

$$\max G_i(x) = (-W_1 f_{i,1}(x) + W_2 f_{i,2}(x) - W_3 f_{i,3}(x))$$
$$W_j > 0, \sum W_j = 1; i = 1, 2, \cdots, k; j = 1, 2, 3 \tag{8-75}$$

式中，k 为 Prato 前沿上所有解的数量；W_1、W_2、W_3 分别为 3 个目标函数的加权系数。由于不同优化目标的单位不同，对应的数量级也不同，为避免因此造成的最优解遗漏，设定加权系数之间的关系如下

$$W_1 : W_2 : W_3 = \frac{1}{\max(f_{i,1}(x))} : \frac{1}{\max(f_{i,2}(x))} : \frac{1}{\max(f_{i,3}(x))} \tag{8-76}$$

在该优化问题中，为确定迭代过程是否停止并保证所建立模型具有足够高的精度，将收敛条件定义为：在最优解处得到的约束变量以及各目标预测结果与有限元计算结果之间的相互误差都小于 5%。即若要终止优化迭代过程，则要同时满足优化问题中的约束条件以及优化结果的收敛条件。

其相对误差 e_r 表达式为

$$e_r = \frac{|\hat{y} - y|}{|y|} \times 100\% \tag{8-77}$$

式中，$\hat{y}$ 为近似模型预测值；y 为有限元计算值。

根据工程经验，确定优化变量的初始设计范围。为了体现空间收缩回归法的优势，并尽量减少初始样本数量，初始设计空间的大小控制在一个小范围内。初始结构中各变量初始值及各目标函数初始响应和初始设计边界如表 8-9 所示。

表 8-9 优化变量及目标初始值和设计边界

项目	变量/mm							目标参数		
	t_1	t_2	t_3	t_4	t_5	t_6	t_7	m/kg	E_{235}/kJ	$t_{v=0}$/ms
初始值	1.4	1.4	1.5	1.0	1.2	1.0	1.2	16.01	78.47	61
下边界	1.0	1.0	1.0	0.5	0.8	0.5	0.8	—	78.47	61
上边界	2.0	2.0	2.0	1.5	1.8	1.5	1.8	16.01	—	—

8.3.4.4 空间收缩回归优化迭代

利用边界拉丁超立方方法生成初始试验样本点，其中样本水平为 11。利用 LS-SVR 方法建立近似模型，对所建立的模型进行精度检验，初始样本点所建立的近似模型各精度检验指标如表 8-10 所示，精度在可接受范围内，故在该近似模型基础上进行后续的优化工作。

表 8-10 初始样本所建立的近似模型的各目标精度检验指标值

项目	m	E_{325}	$t_{v=0}$
MAE	0.54	6.7	3.15
RAAE	0.08	0.15	0.11
RSME	0.14	3.12	2.16
R^2	0.99	0.95	0.97

在确认近似模型后，利用NSGA-Ⅱ算法获得Pareto前沿，并利用式（8-75）和式（8-76）中的加权方法，对Pareto前沿上的最优解集进行加权，确定唯一的最优解。并利用有限元计算，获得该最优解处的计算结果，与近似模型的优化值进行对比。

对优化后的结果进行分析，发现在第一轮优化中，有部分变量落在了初始设计域的边界上。利用空间收缩回归中的边界调整规则对初始设计域进行扩张和收缩，获得新的设计空间。

获得第一轮计算结果中的变量和目标值，以及新设计空间范围，如表8-11所示。

表8-11 第一轮最优解和新的设计空间

项目	变量/mm							目标参数		
	t_1	t_2	t_3	t_4	t_5	t_6	t_7	m/kg	E_{235}/kJ	$t_{v=0}$/ms
近似模型	1.87	1.00	1.26	0.71	0.80	1.48	0.80	14.94	89.62	63.20
有限元计算	—	—	—	—	—	—	—	14.98	85.46	61.80
相对误差	—	—	—	—	—	—	—	0.27%	4.87%	2.27%
下边界	1.48	0.79	1.05	0.56	0.64	0.86	0.67	—	78.47	61.00
上边界	1.93	1.44	1.65	1.02	1.21	1.5	1.17	16.01	—	—

由表8-11可以看出，在第一轮优化结果中，目标值 E_{325} 的最大相对误差为4.87%，没有超出规定的收敛范围，而其他两项目标值的相对误差较小，都在收敛条件要求范围内。在第一轮计算中，近似模型的优化结果与有限元的计算结果达到收敛条件，说明样本点的设计以及近似模型的建立方法的可靠性都很高。虽然近似模型的优化结果达到了收敛条件，但是最优解中的部分设计变量落在了初始设计空间的边界上，说明真正的最优解可能落在初始设计空间之外。为了进一步寻求初始设计空间外的最优解，将在调整后的设计空间中新生成样本并建立近似模型，重复第一轮的过程，获得第二轮的优化结果。第二轮优化结果及调整边界如表8-12所示。

表8-12 第二轮最优解和新的设计空间

项目	变量/mm							目标参数		
	t_1	t_2	t_3	t_4	t_5	t_6	t_7	m/kg	E_{235}/kJ	$t_{v=0}$/ms
近似模型	1.92	0.83	1.21	0.67	0.72	1.46	0.76	14.35	91.52	65.10
有限元计算	—	—	—	—	—	—	—	14.37	90.03	63.40
相对误差	—	—	—	—	—	—	—	0.14%	1.66%	2.68%
下边界	1.57	0.80	1.09	0.58	0.66	1.06	0.69	—	78.47	61
上边界	1.93	1.19	1.46	0.99	1.02	1.49	1.10	16.01	—	—

在第二轮的设计空间调整后，各目标参数预测值与有限元计算值之间的误差都符合收敛条件，并且最优解中的各设计变量也落在设计空间中。因此，需要对更新前后的设计空间进行重合度分析，根据式（8-67），计算重合度为

$$\Psi_2 = \frac{\sum_{j=1}^{7} \frac{x_{j,2}^{\text{Upper}} - x_{j,2}^{\text{Lower}}}{x_{j,1}^{\text{Upper}} - x_{j,1}^{\text{Lower}}}}{7} = 0.719 \tag{8-78}$$

文中重合度阈值设置为0.9，故不认为更新前后的设计空间高度重合。第二轮的优化结

果满足收敛条件,且设计变量落在设计空间内部,满足空间收缩回归迭代终止准则。输出第二轮最优解为最终优化设计方案。

8.3.4.5 优化结果验证

为了验证优化方法的可靠性,将最优解中的设计变量应用到整车模型中,获得计算结果,并与目标车型原设计进行对比。图 8-39 为结构优化前后对应的整车模型车身速度和加速度曲线。从图 8-39 可知,优化后一阶加速度变大,且速度归零时刻延迟,二阶加速度降低,该优化结果是较为理想的。

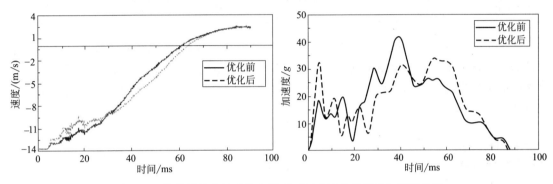

图 8-39 前纵梁优化前后整车模型正面碰撞的速度和加速度曲线

为了进一步确定优化结果的可靠性,将优化前后的加速度曲线输入乘员约束系统,进行乘员伤害值计算。前纵梁结构优化前后乘员伤害曲线如图 8-40 所示。

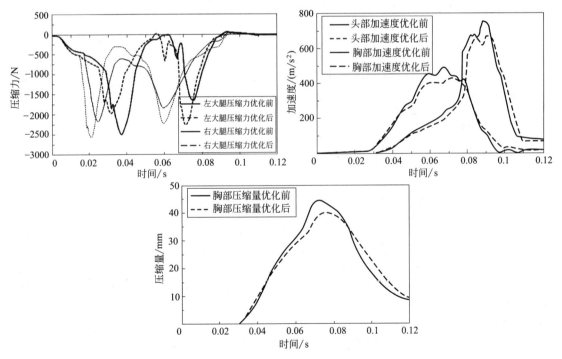

图 8-40 前纵梁优化前后的乘员伤害曲线

对曲线进行处理,获得乘员在碰撞过程中的伤害值,如表 8-13 所示。从表 8-13 可知,虽然左大腿压缩力上升了 18.14%,但是乘员伤害值中最主要的评分项头部损伤指标

HIC_{36}、胸部 3ms 累计加速度 a_{3ms} 以及胸部最大压缩量 C 都有不同程度的降低,乘员综合损伤指标 WIC 由 0.67 降低到 0.53,降幅达到 20.9%,优化后的结构应用到整车模型中,乘员安全有明显提升。

表 8-13 前纵梁优化前后的乘员伤害值

项目	F_{left}/kN	F_{right}/kN	a_{3ms}/g	HIC_{36}	C/mm	WIC
优化前	2.15	2.49	48.09	694.4	44.36	0.67
优化后	2.54	2.24	42.81	574.27	40.28	0.53
优化幅度/%	−18.14	10.04	10.98	17.30	9.20	20.90

除了车辆本身耐撞性得到了提升,另一个重要的指标质量 m 也得到了降低,所选对象部件的总质量由 16.01kg 降低到 14.37kg,轻量化幅度达到 10.24%。换言之,通过对关键吸能件的结构进行改进和优化设计,同时实现了车辆耐撞性能的提升和关键吸能部件的轻量化设计。

参考文献

[1] 张金换,杜汇良,马春生,等. 汽车碰撞安全性设计 [M]. 北京:清华大学出版社,2010.

[2] 朱航彬,刘学军. 正面碰撞波形对乘员伤害值的影响 [J]. 汽车工程,2008,30(11):964-968.

[3] 马志雄,朱西产. 假人主要伤害值对等效双梯形波减速度曲线的灵敏度分析 [J]. 汽车工程,2009,31(2):165-169.

[4] Zhang X, Huh H. Crushing analysis of polygonal columns and angle elements [J]. International Journal of Impact Engineering, 2010, 37(4): 441-451.

[5] Zarei H R, Kroger M. Bending behavior of empty and foam-filled beams: Structural optimization [J]. International Journal of Impact Engineering, 2008(35): 521-529.

[6] Nagel G M, Thambiratnam D P. Dynamic simulation and energy absorption of tapered thin-walled tubes under oblique impact loading [J]. International Journal of Impact Engineering, 2006(32): 1595-1620.

[7] Avalle M, Chiandussi G. Optimization of a vehicle energy absorbing steel component with experimental validation [J]. International Journal of Impact Engineering, 2007(34): 843-858.

[8] Peroni L, Avalle M, Belingardi G. Comparison of the energy absorption capability of crash boxes assembled by spot-weld and continuous joining techniques [J]. International Journal of Impact Engineering, 2009(31): 498-511.

[9] Qureshi O M, Bertocchi E. Crash behavior of thin-Walled box beams with complex sinusoidal relief patterns [J]. Thin-Walled Structures, 2012(53): 217-223.

[10] Adachi T, Atsuo Tomiyama1, Araki W, et al. Energy absorption of a thin-walled cylinder with ribs subjected to axial impact [J]. International Journal of Impact Engineering, 2008(35): 65-79.

[11] Toksoy A K, Guden M. Partial Al foam filling of commercial 1050H14 Al crash boxes: The effect of box column thickness and foam relative density on energy absorption [J]. Thin-Walled Structures, 2010(48): 482-494.

[12] Yamashita M, Kenmotsu H, Hattori T. Dynamic axial compression of aluminum hollow tubes with hat cross-section and buckling initiator using inertia force during impact [J]. Thin-Walled Structures, 2012(50): 37-44.

[13] Gumruk R, Karadeniz S. A numerical study of the influence of bump type triggers on the axial crushing of top hat thin-walled sections [J]. Thin-Walled Structures, 2008(46): 1094-1106.

[14] Cho Y B, Bae C, Suh M, et al. A vehicle front frame crash design optimization using hole-type and dent-type crush initiator [J]. Thin-Walled Structures, 2006(44): 415-428.

[15] Zhang X W, Su H, Yu T X. Energy absorption of an axially crushed square tube with a buckling initiator [J]. International Journal of Impact Engineering, 2009(36): 402-417.

[16] Han H P, Taheri F, Pegg N. Quasi-static and dynamic crushing behaviors of aluminum and steel tubes with a cutout [J].Thin Walled Structures, 2007(45): 283-300.

[17] Wang G G, Shan S Q. Review of Metamodeling Techniques in Support of Engineering Design Optimization [J]. ASME Journal of Mechanical Design, 2007, 129(4): 370-380.

[18] Yang R J, Wang N, Tho C H, et al. Metamodeling development for vehicle frontal impact simulation [J]. ASME, Journal of Mechanical Design, 2005, 127(9): 1014-1020.

[19] 廖兴涛, 李青, 张维刚. 基于连续相应表面法的汽车结构耐撞性仿真优化 [J]. 机械强度, 2007, 29(6): 941-945.

[20] 李恩颖, 李光耀, 王琥. 混合响应面法对汽车吸能部件优化关键技术 [J]. 计算机应用研究, 2008, 25(2): 368-370.

[21] 孙光永, 李光耀, 钟志华, 等. 基于序列响应面法的汽车结构耐撞性多目标粒子群优化设计 [J]. 机械工程学报, 2009, 45(2): 224-230.

[22] 王国春, 成艾国, 顾继超, 等. 基于混合近似模型的汽车正面碰撞耐撞性优化设计 [J]. 2011, 22(17): 2136-2141.

[23] 张宇. 基于稳健与可靠性优化设计的轿车车身轻量化研究 [D]. 上海: 上海交通大学, 2009.

[24] Fang H, Rais R. M, Liu Z, et al. A comparative study of metamodeling methods for multiobjective crashworthy-ness optimization [J]. Computers and Structures, 2005, 83(25-26): 2121-2136.

[25] 余同希, 卢国兴. 材料与结构的能量吸收 [M]. 北京: 化学工业出版社, 2006.

[26] Clarke S M, Griebsch J H, Simpson T W. Analysis of Support Vector Regression for Approximation of Complex Engineering Analyses [J]. ASME J Mech Des, 2005, 127(4): 1077-1087.

[27] Mo Y M, Zhang J, Qin B H, et al. Application of a Method on Optimization of Thin-walled Column's Crashworthiness Based on Metamodel [C]//2013 International Conference on Mechanical Engineering and Instrumentation (ICMEI 2013). Brisbane Australia, 2013: 109-114.

[28] 张杰. 面向正面碰撞的微型汽车前纵梁结构设计与研究 [D]. 武汉: 武汉理工大学, 2012.